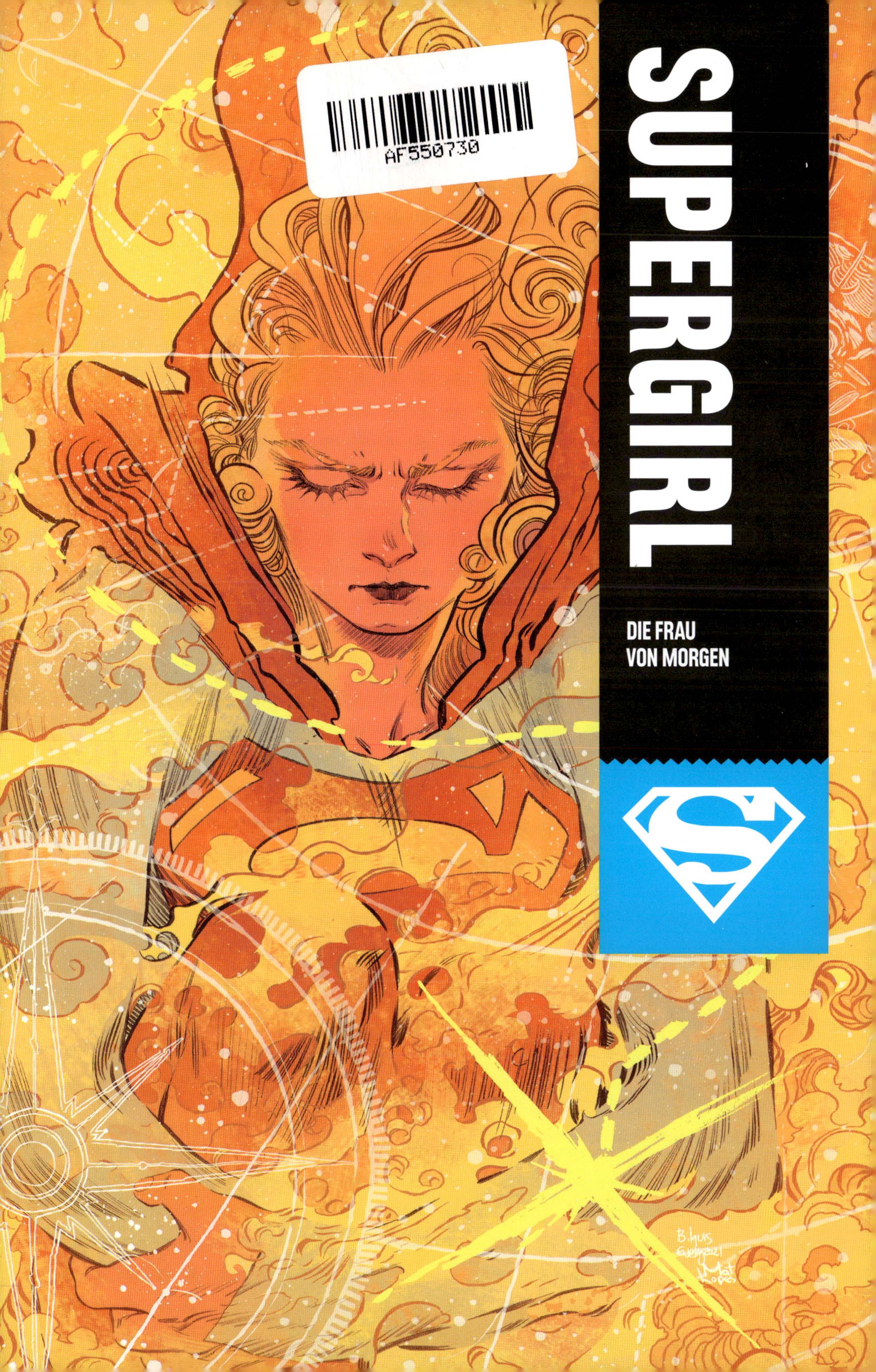
SUPERGIRL
DIE FRAU
VON MORGEN

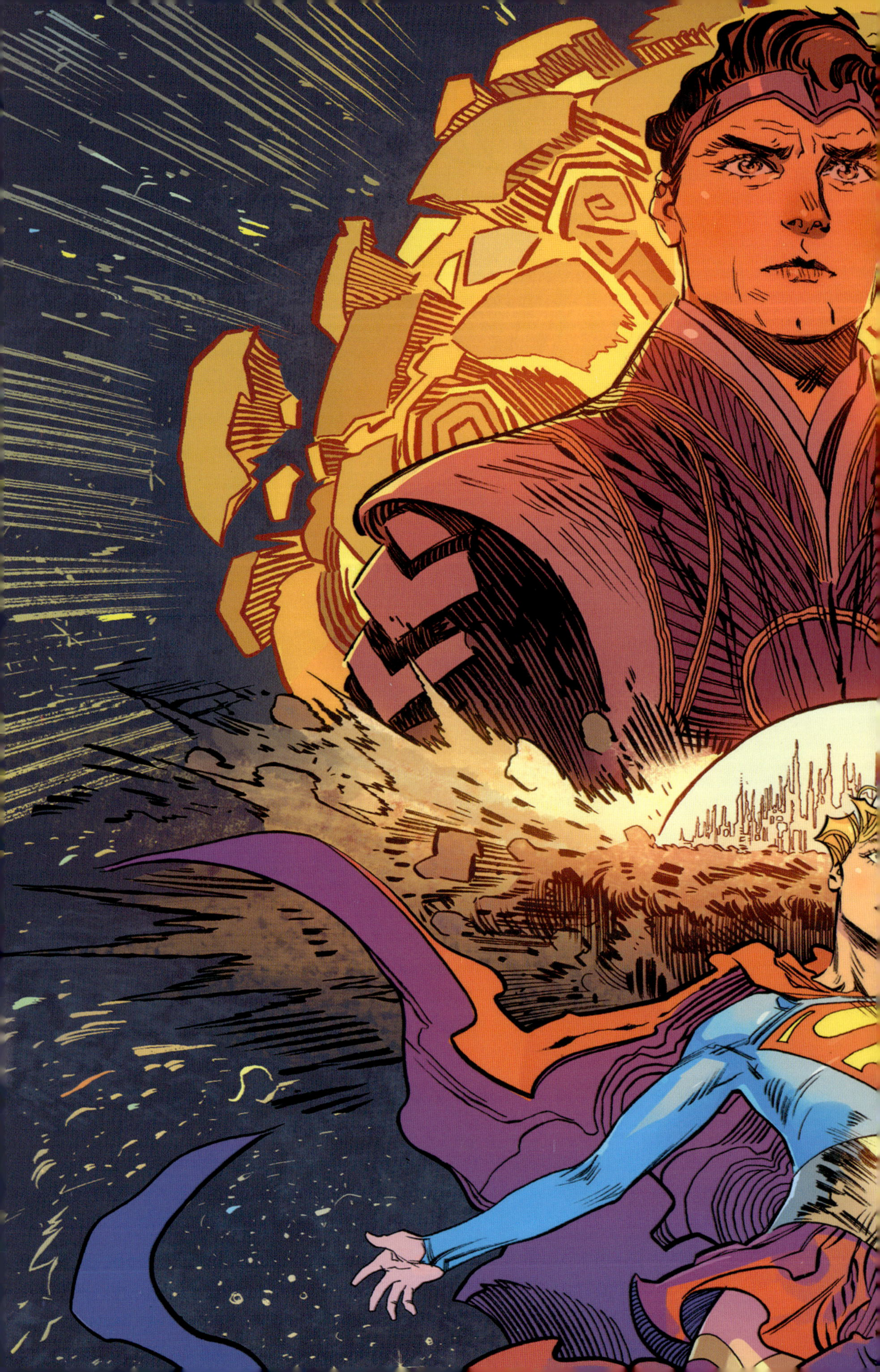

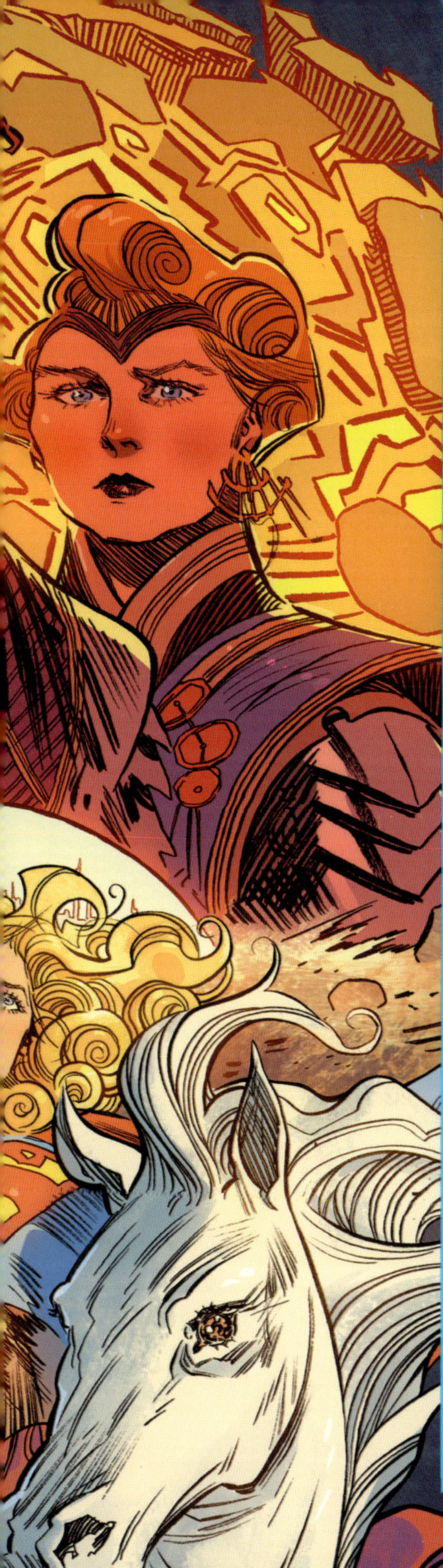

STAHL UND STERNE

Im Jahr 1959 führten Autor **Otto Binder** und Zeichner **Al Plastino** in US-ACTION COMICS 252 **Kara Zor-El** als **Supergirl** ins DC-Comic-Universum ein. Seitdem hat die Cousine von **Superman** viel erlebt und durchgemacht. Die auf der Erde nahezu unzerstörbare **Maid aus Stahl** wurde sogar umgebracht und zeitweise aus dem Kanon geschrieben. Das Schöne ist: Für diesen Einzelband spielt das alles keine Rolle. Autor **Tom King** und Zeichnerin **Bilquis Evely** präsentieren ein unabhängiges Weltraumabenteuer mit Supergirl. Man muss nur wissen, dass Kara die Zerstörung ihres Heimatplaneten **Krypton** miterlebt hat und all ihre Lieben sterben sah (was der fundamentale Unterschied zwischen Kara und **Clark** ist), dass die Strahlen einer **gelben Sonne** Kryptoniern Superstärke, Flugfähigkeit und mehr verleihen, während rote Sonnen, Magie oder Kryptonit sie schwächen, und dass Kara eine besondere Beziehung zu Superhund **Krypto** und Superpferd **Comet** hat.
Dieser Comic ist ein Vergnügen für alle Fans von Science-Fiction bzw. Science-Fantasy – von **Star Wars**, **Flash Gordon** sowie von **Valerian und Veronique**. Die neue Figur **Ruthye**, aus deren Sicht wir diese Story um Supergirl erleben, hat Tom King übrigens zum Teil nach seiner Tochter Claire modelliert, die zu dem Zeitpunkt, als er diesen Comic schrieb, elf Jahre alt war. Benannt ist sie nach seiner Nichte. Die Inspiration zu dieser Rachegeschichte im Weltraum lieferte das mehrfach verfilmte Western-Roman-Highlight *True Grit*. Außerdem wollte King einmal mehr auf **Frank Millers** Spuren wandeln und möglichst viel Ballast und Historie abwerfen, um den Kern einer ikonischen Figur einzufangen. Außerdem, so King in einem Interview, sei Bilquis Evely die perfekte Zeichnerin dieses Werks über die Existenz des Bösen: über böse Leute, die böse Dinge tun, die uns wütend machen und uns verändern können …

Christian Endres

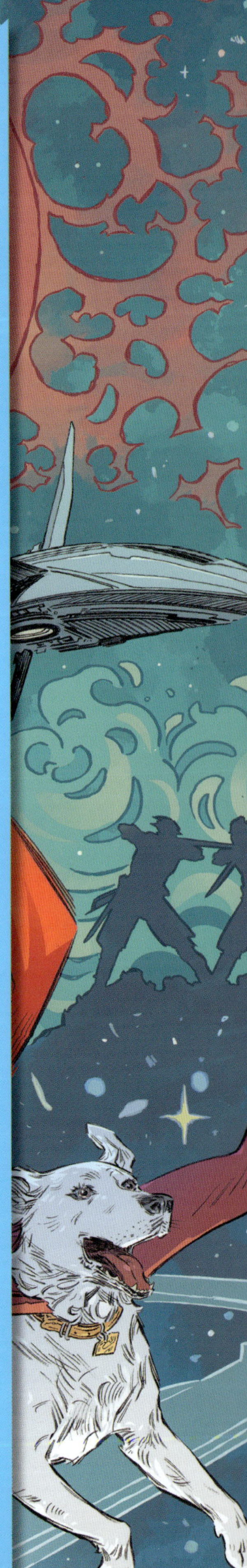

TOM KING
Story

BILQUIS EVELY
Zeichnungen & Tusche

MATHEUS LOPES
Farben

KATRIN AUST
Übersetzung

GIANLUCA PINI
Lettering

MIKE COTTON
JILLIAN GRANT
BRITTANY HOLZHERR
PAUL KAMINSKI
BIXIE MATHIEU
JAMIE S. RICH
Redaktion USA

Supergirl nach Ideen von **Jerry Siegel** und **Joe Shuster**.
Mit besonderer Genehmigung der **Jerry Siegel**-Familie.

SUPERGIRL: DIE FRAU VON MORGEN erscheint bei **PANINI COMICS**, Schloßstraße 76, D-70176 Stuttgart. gpsr@panini.de. Druck: Gravinese Industrie Grafiche Srl – Leini (TO). Pressevertrieb: Stella Distribution GmbH, D-22297 Hamburg. Direkt-Abos auf **www.paninicomics.de**. Geschäftsführer **Hermann Paul**, Executive Director of Publishing and Licensing **Marco M. Lupoi**, Finanzen/Logistik **Felix Bauer**, Marketing Director **Holger Wiest**, Marketing **Thorsten Kleinheinz**, Vertrieb **Alexander Bubenheimer**, PR/Presse **Steffen Volkmer**, Publishing Manager **Lisa Pancaldi**, Redaktion **Tommaso Caretti**, **Christian Endres**, **Christian Grass**, **Daniela Uhlmann**, Übersetzung **Katrin Aust**, Proofreading **Katrin Hoppe**, Lettering **Gianluca Pini**, grafische Gestaltung **Rudy Remitti**, **Nicola Spano**, Art Director **Alessandro Gucciardo**, Redaktion Panini Comics **Annalisa Califano**, **Eleonora Conti**, Prepress **Francesca Aiello**, **Andrea Bisi**, Repro/Packager **Alessandro Nalli** (coordinator), **Anna Boselli**, **Mario Da Rin Zanco**, **Valentina Esposito**, **Luca Ficarelli**, **Linda Leporati**.

Cover von **Bilquis Evely**, *Supergirl: Woman of Tomorrow* 1.

Digitale Ausgaben:
ISBN 978-3-7367-8920-3 (pdf) / ISBN 978-3-7367-8921-0 (.epub) / ISBN 978-3-7367-8919-7 (.mobi)

Bibliografische Information der Deutschen Nationalbibliothek
Die Deutsche Nationalbibliothek verzeichnet diese Publikation in der Deutschen Nationalbibliografie; detaillierte bibliografische Daten sind im Internet über dnb.d-nb.de abrufbar.

FSC
www.fsc.org
MIX
Paper | Supporting responsible forestry
FSC® C115044

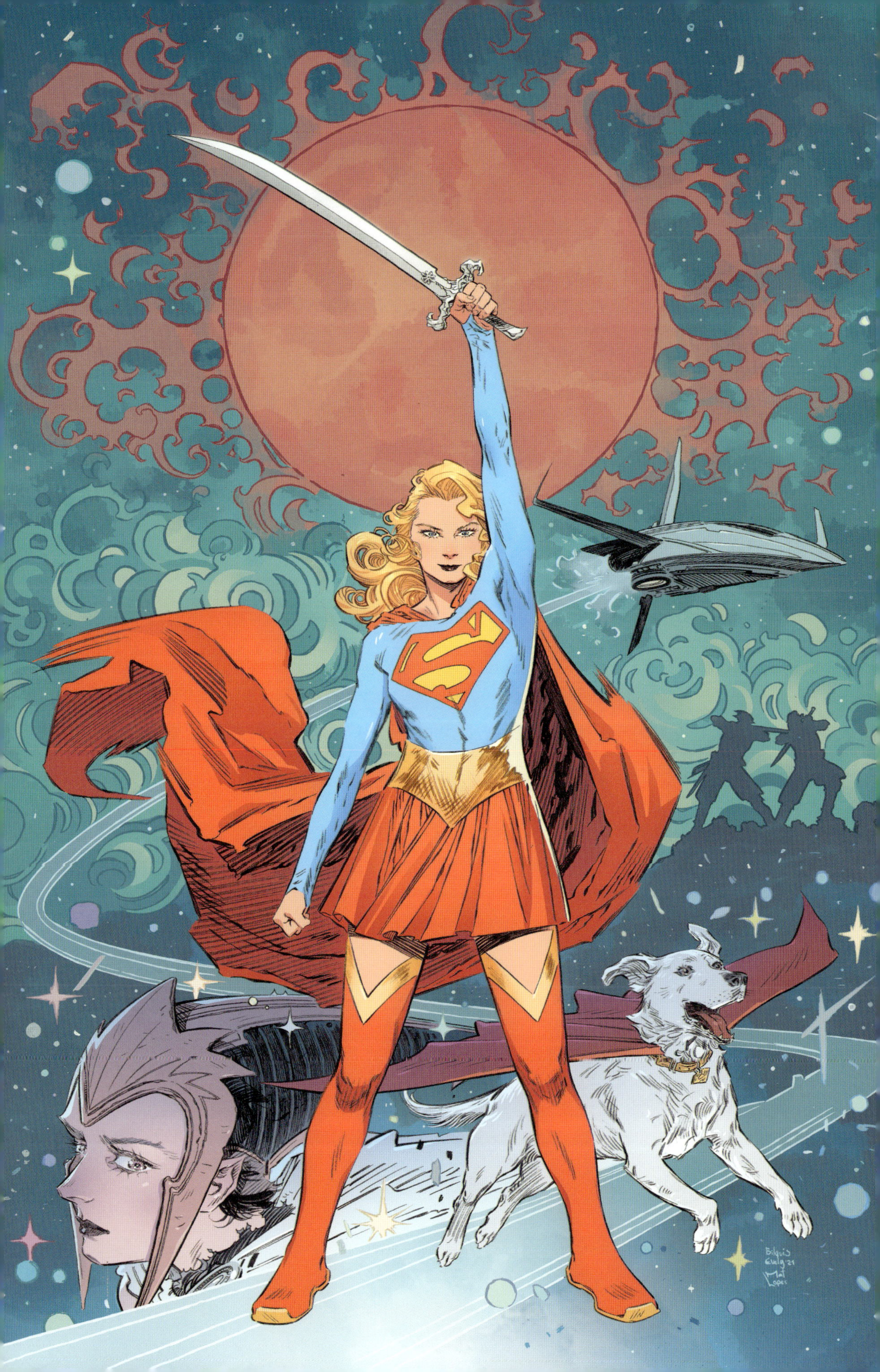

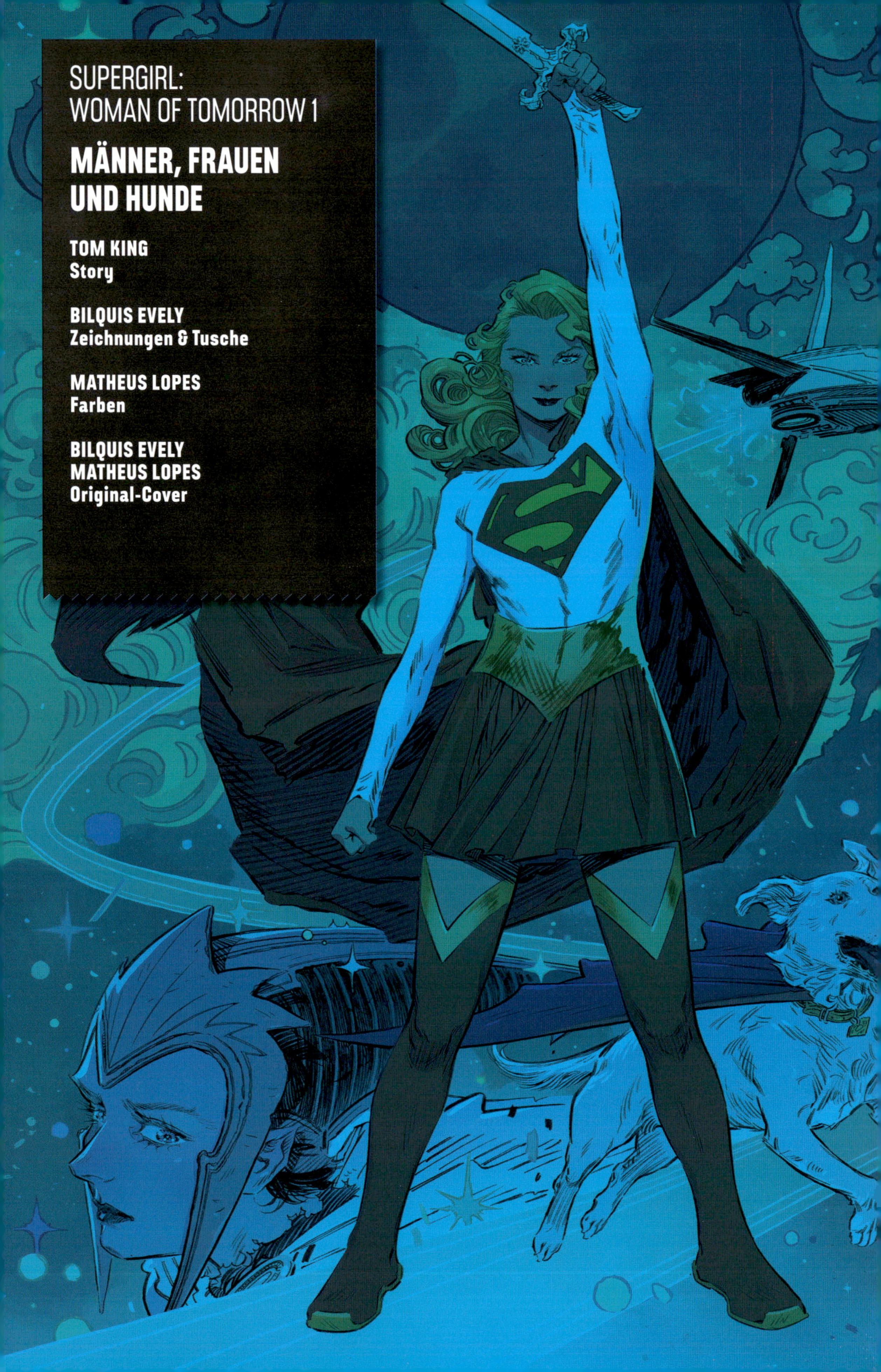
SUPERGIRL:
WOMAN OF TOMORROW 1
MÄNNER, FRAUEN
UND HUNDE
TOM KING
Story
BILQUIS EVELY
Zeichnungen & Tusche
MATHEUS LOPES
Farben
BILQUIS EVELY
MATHEUS LOPES
Original-Cover

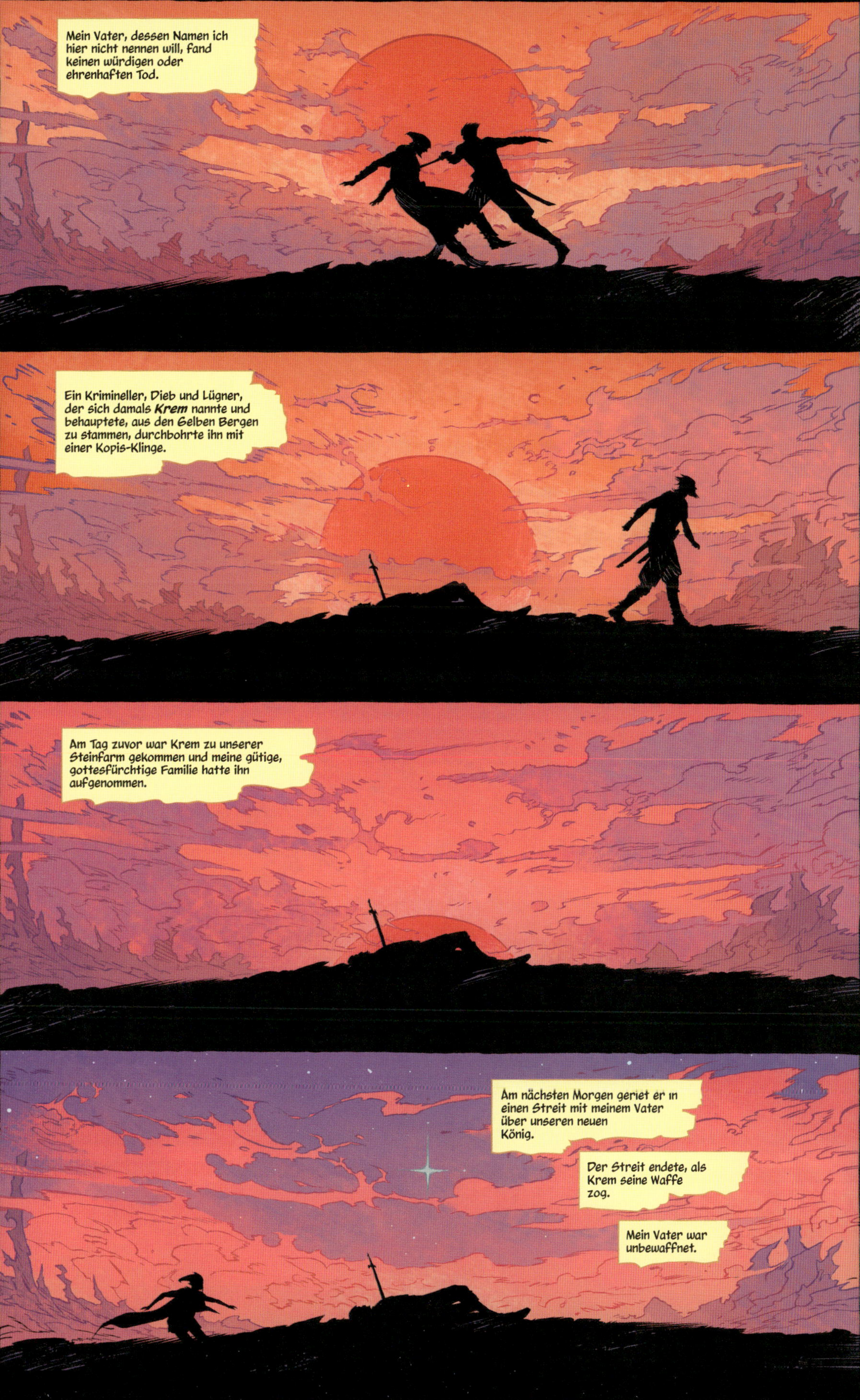
Mein Vater, dessen Namen ich hier nicht nennen will, fand keinen würdigen oder ehrenhaften Tod.
Ein Krimineller, Dieb und Lügner, der sich damals **Krem** nannte und behauptete, aus den Gelben Bergen zu stammen, durchbohrte ihn mit einer Kopis-Klinge.
Am Tag zuvor war Krem zu unserer Steinfarm gekommen und meine gütige, gottesfürchtige Familie hatte ihn aufgenommen.
Am nächsten Morgen geriet er in einen Streit mit meinem Vater über unseren neuen König.
Der Streit endete, als Krem seine Waffe zog.
Mein Vater war unbewaffnet.

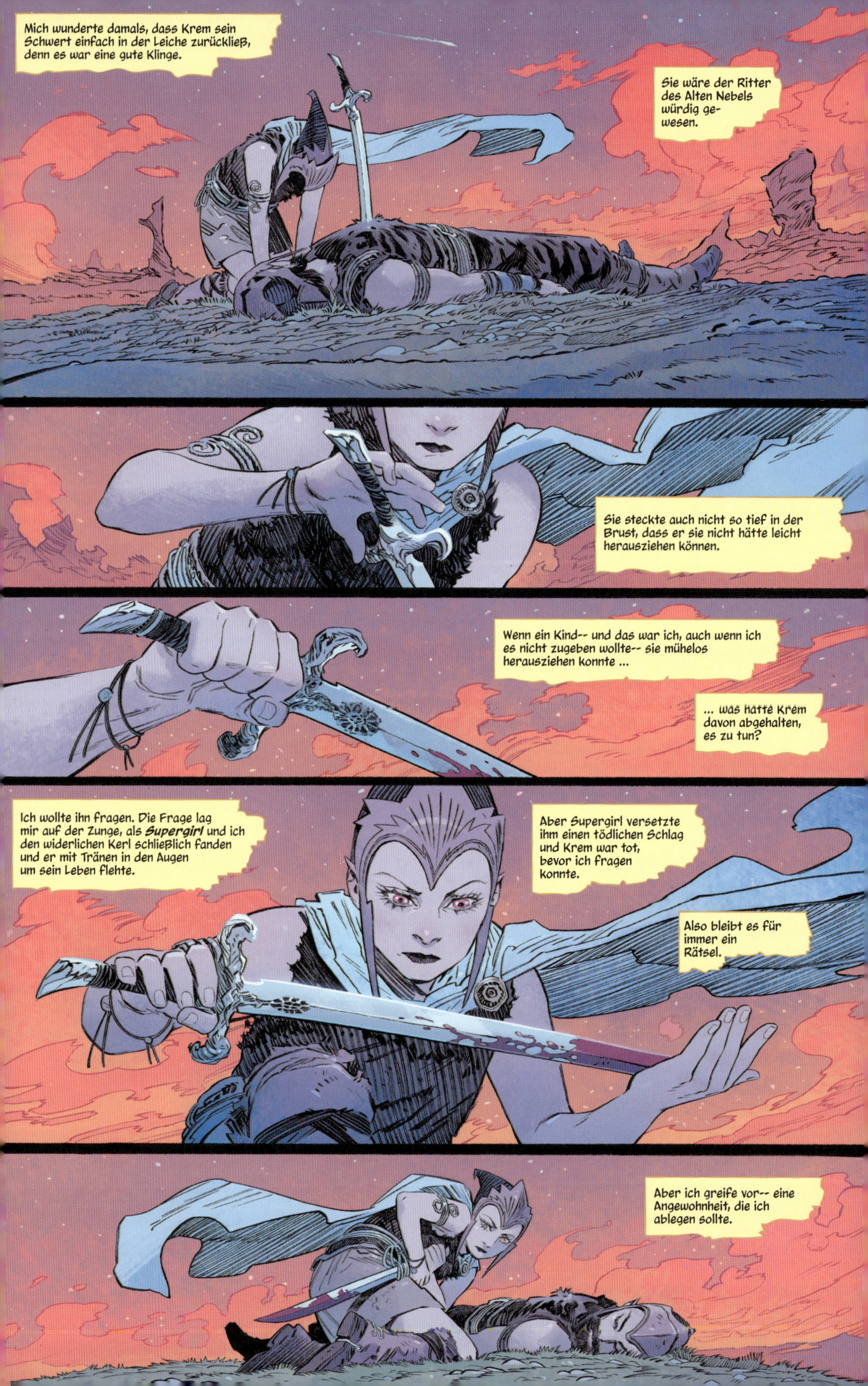
Mich wunderte damals, dass Krem sein Schwert einfach in der Leiche zurückließ, denn es war eine gute Klinge.
Sie wäre der Ritter des Alten Nebels würdig gewesen.
Sie steckte auch nicht so tief in der Brust, dass er sie nicht hätte leicht herausziehen können.
Wenn ein Kind-- und das war ich, auch wenn ich es nicht zugeben wollte-- sie mühelos herausziehen konnte ...
... was hatte Krem davon abgehalten, es zu tun?
Ich wollte ihn fragen. Die Frage lag mir auf der Zunge, als Supergirl und ich den widerlichen Kerl schließlich fanden und er mit Tränen in den Augen um sein Leben flehte.
Aber Supergirl versetzte ihm einen tödlichen Schlag und Krem war tot, bevor ich fragen konnte.
Also bleibt es für immer ein Rätsel.
Aber ich greife vor-- eine Angewohnheit, die ich ablegen sollte.

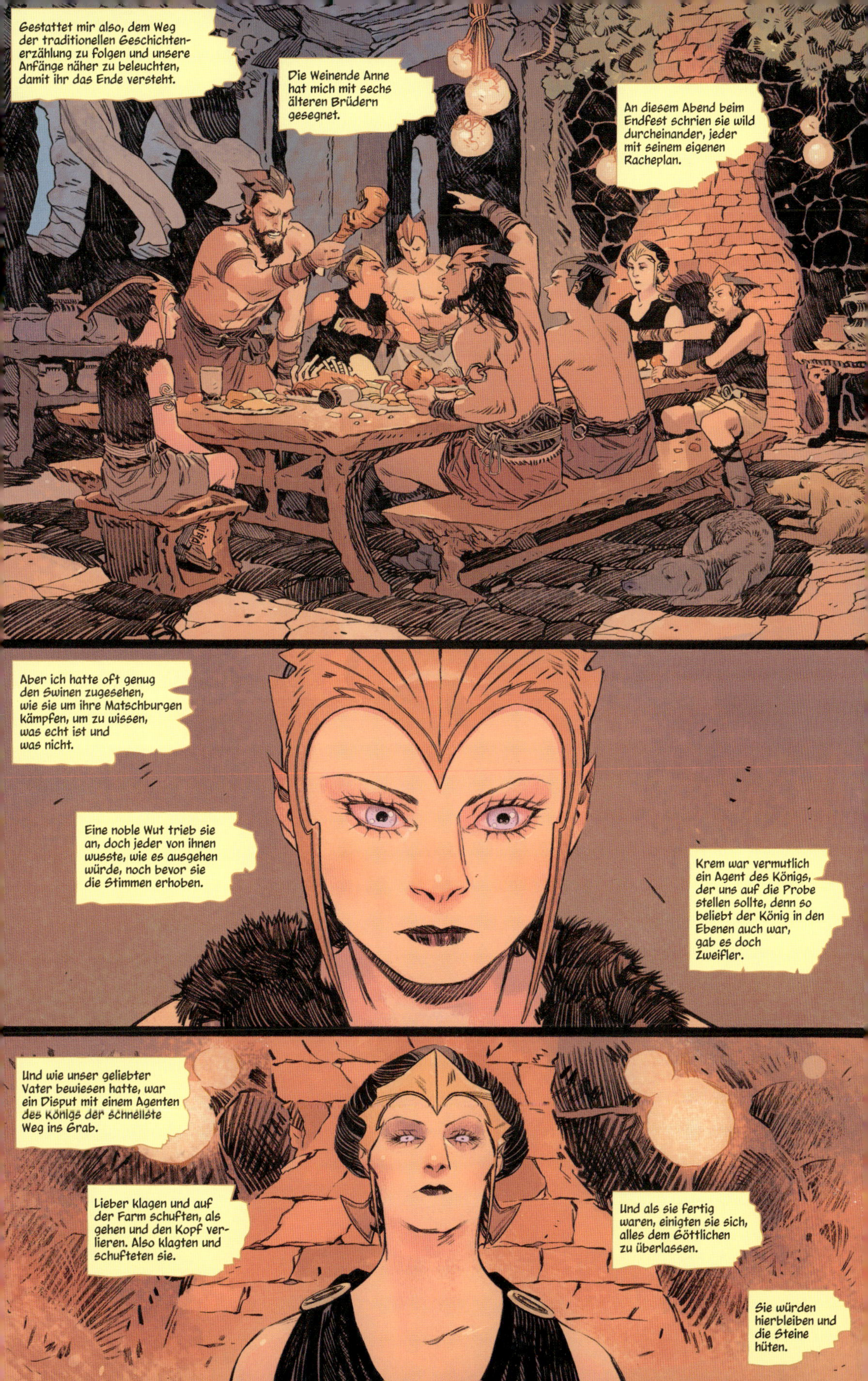
Gestattet mir also, dem Weg der traditionellen Geschichtenerzählung zu folgen und unsere Anfänge näher zu beleuchten, damit ihr das Ende versteht.
Die Weinende Anne hat mich mit sechs älteren Brüdern gesegnet.
An diesem Abend beim Endfest schrien sie wild durcheinander, jeder mit seinem eigenen Racheplan.
Aber ich hatte oft genug den Swinen zugesehen, wie sie um ihre Matschburgen kämpfen, um zu wissen, was echt ist und was nicht.
Eine noble Wut trieb sie an, doch jeder von ihnen wusste, wie es ausgehen würde, noch bevor sie die Stimmen erhoben.
Krem war vermutlich ein Agent des Königs, der uns auf die Probe stellen sollte, denn so beliebt der König in den Ebenen auch war, gab es doch Zweifler.
Und wie unser geliebter Vater bewiesen hatte, war ein Disput mit einem Agenten des Königs der schnellste Weg ins Grab.
Lieber klagen und auf der Farm schuften, als gehen und den Kopf verlieren. Also klagten und schufteten sie.
Und als sie fertig waren, einigten sie sich, alles dem Göttlichen zu überlassen.
Sie würden hierbleiben und die Steine hüten.

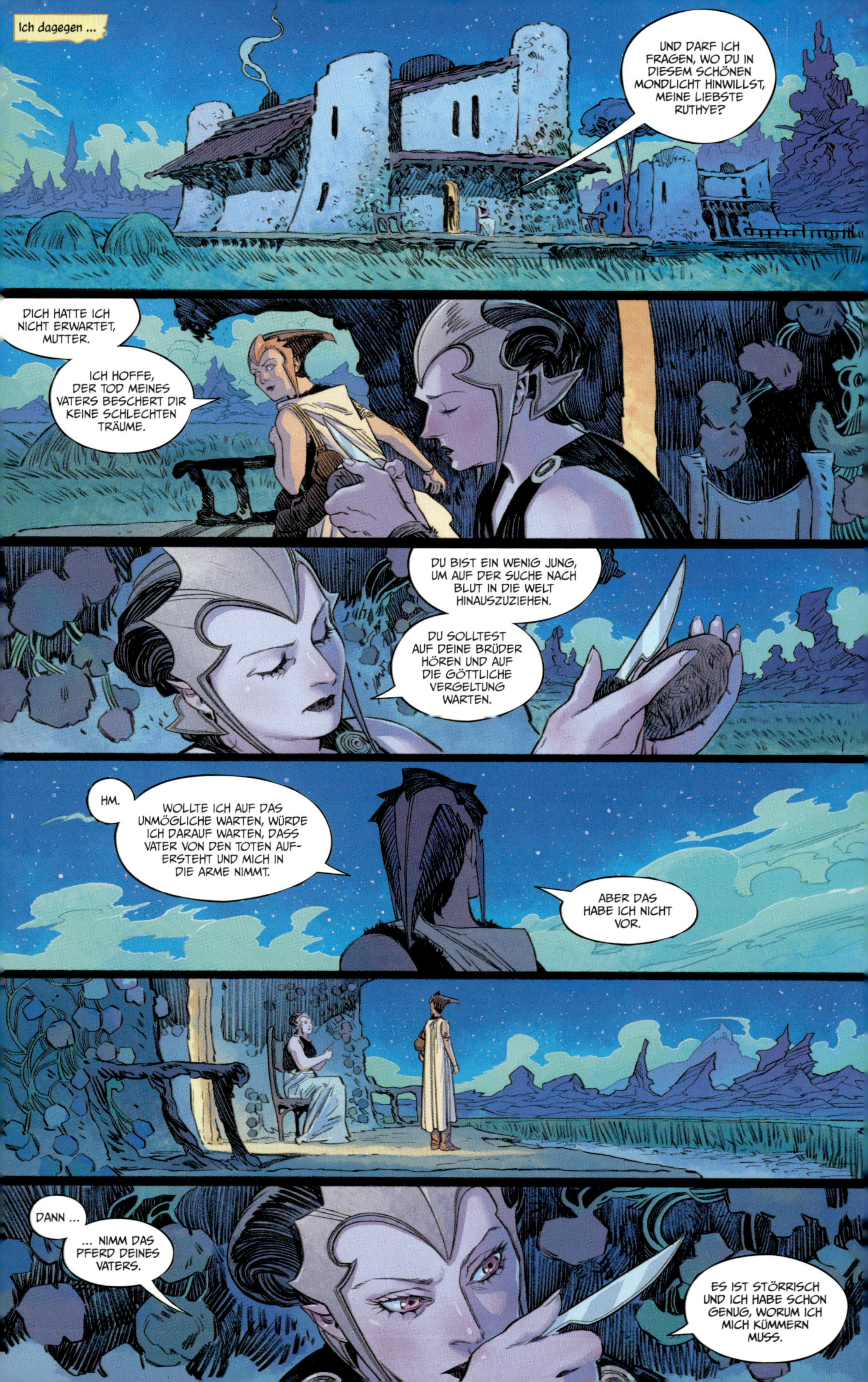
Ich dagegen ...
UND DARF ICH FRAGEN, WO DU IN DIESEM SCHÖNEN MONDLICHT HINWILLST, MEINE LIEBSTE RUTHYE?
DICH HATTE ICH NICHT ERWARTET, MUTTER.
ICH HOFFE, DER TOD MEINES VATERS BESCHERT DIR KEINE SCHLECHTEN TRÄUME.
DU BIST EIN WENIG JUNG, UM AUF DER SUCHE NACH BLUT IN DIE WELT HINAUSZUZIEHEN.
DU SOLLTEST AUF DEINE BRÜDER HÖREN UND AUF DIE GÖTTLICHE VERGELTUNG WARTEN.
HM.
WOLLTE ICH AUF DAS UNMÖGLICHE WARTEN, WÜRDE ICH DARAUF WARTEN, DASS VATER VON DEN TOTEN AUFERSTEHT UND MICH IN DIE ARME NIMMT.
ABER DAS HABE ICH NICHT VOR.
DANN ...
... NIMM DAS PFERD DEINES VATERS.
ES IST STÖRRISCH UND ICH HABE SCHON GENUG, WORUM ICH MICH KÜMMERN MUSS.

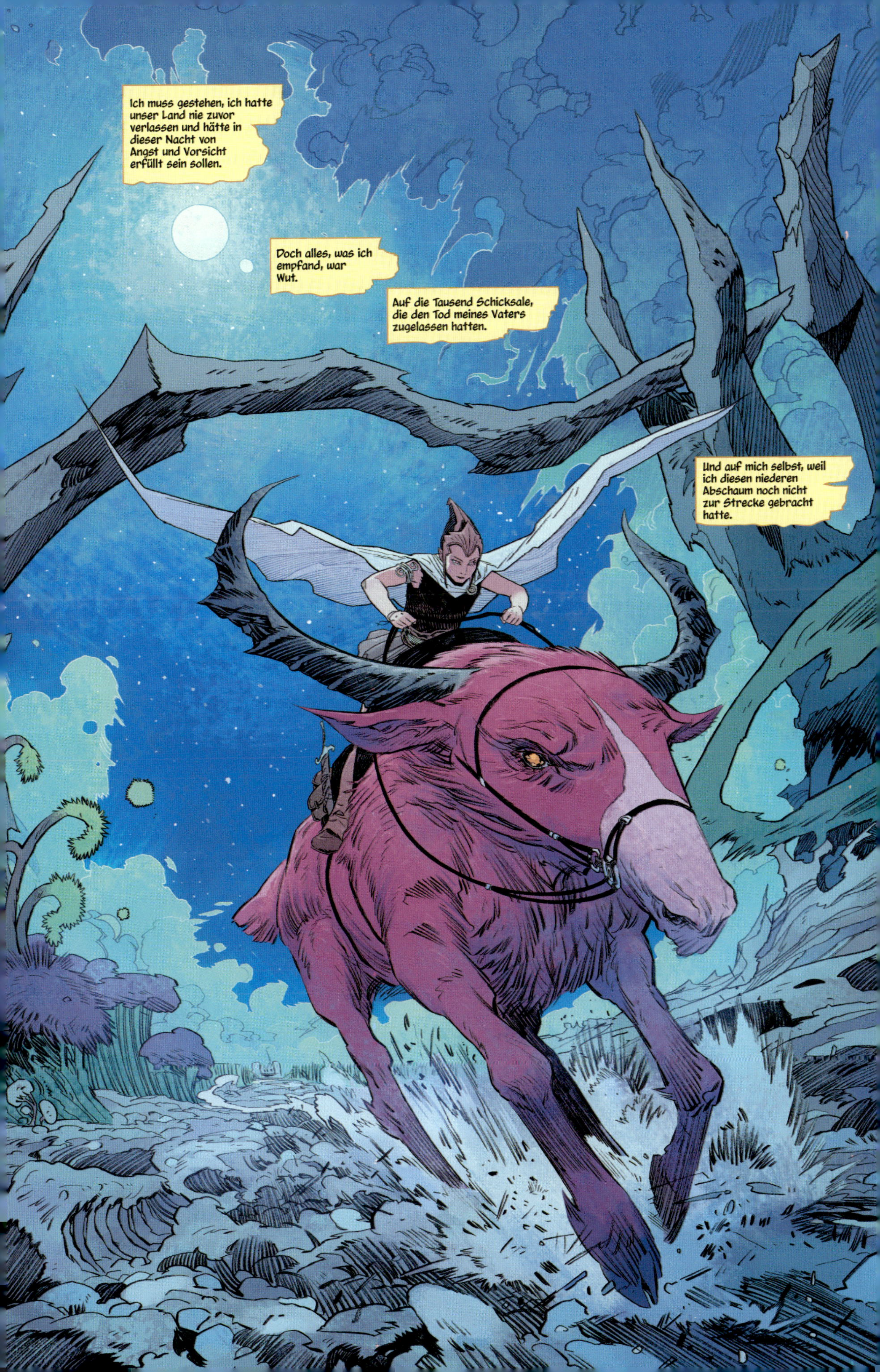
Ich muss gestehen, ich hatte unser Land nie zuvor verlassen und hätte in dieser Nacht von Angst und Vorsicht erfüllt sein sollen.
Doch alles, was ich empfand, war Wut.
Auf die Tausend Schicksale, die den Tod meines Vaters zugelassen hatten.
Und auf mich selbst, weil ich diesen niederen Abschaum noch nicht zur Strecke gebracht hatte.

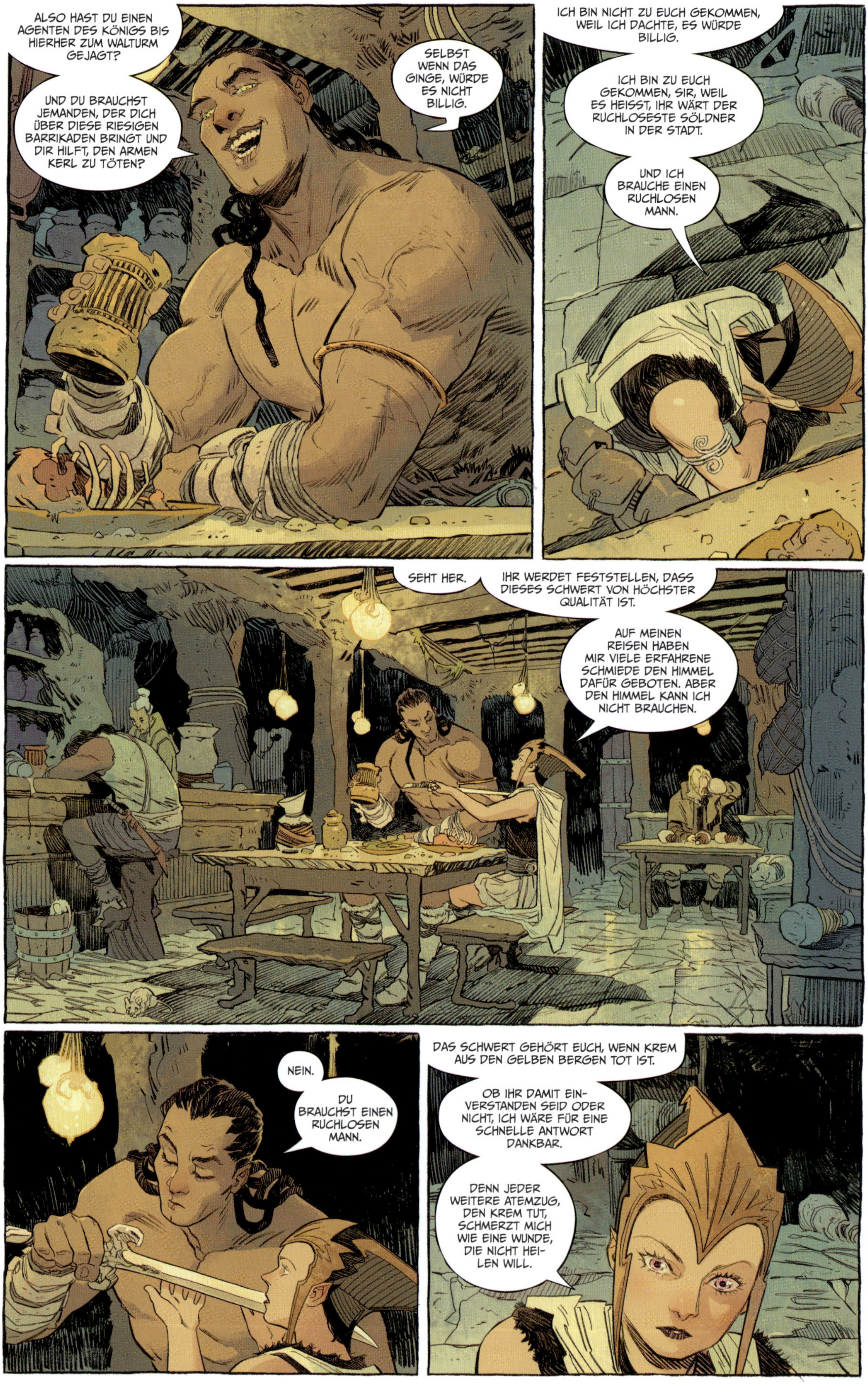

ALSO HAST DU EINEN AGENTEN DES KÖNIGS BIS HIERHER ZUM WALTURM GEJAGT?
UND DU BRAUCHST JEMANDEN, DER DICH ÜBER DIESE RIESIGEN BARRIKADEN BRINGT UND DIR HILFT, DEN ARMEN KERL ZU TÖTEN?
SELBST WENN DAS GINGE, WÜRDE ES NICHT BILLIG.
ICH BIN NICHT ZU EUCH GEKOMMEN, WEIL ICH DACHTE, ES WÜRDE BILLIG.
ICH BIN ZU EUCH GEKOMMEN, SIR, WEIL ES HEISST, IHR WÄRT DER RUCHLOSESTE SÖLDNER IN DER STADT.
UND ICH BRAUCHE EINEN RUCHLOSEN MANN.

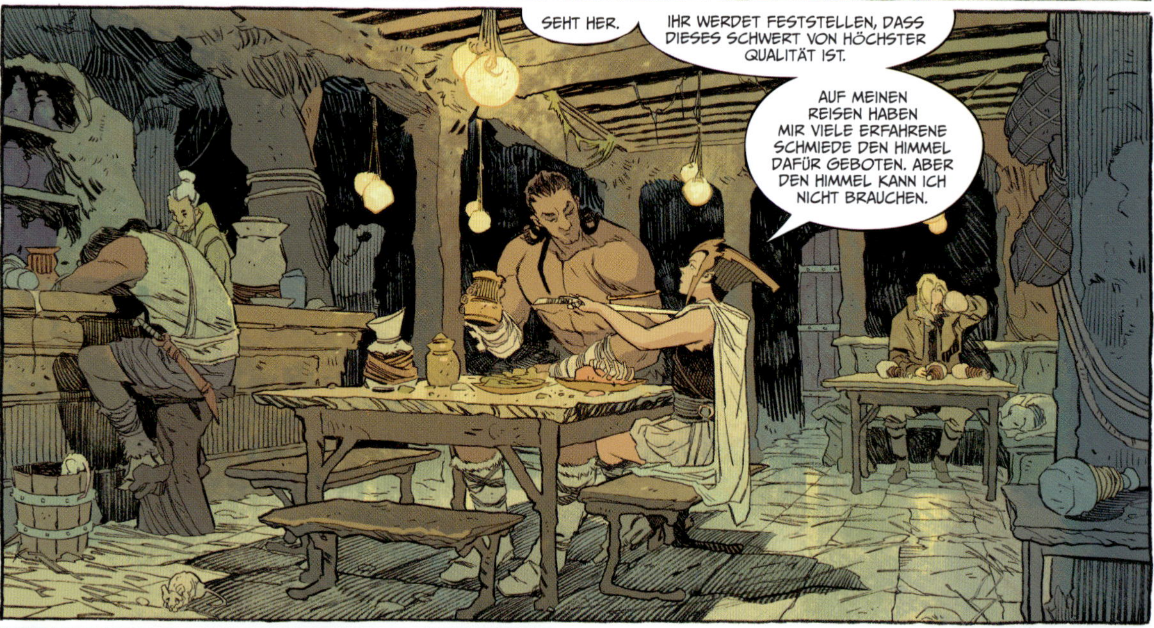

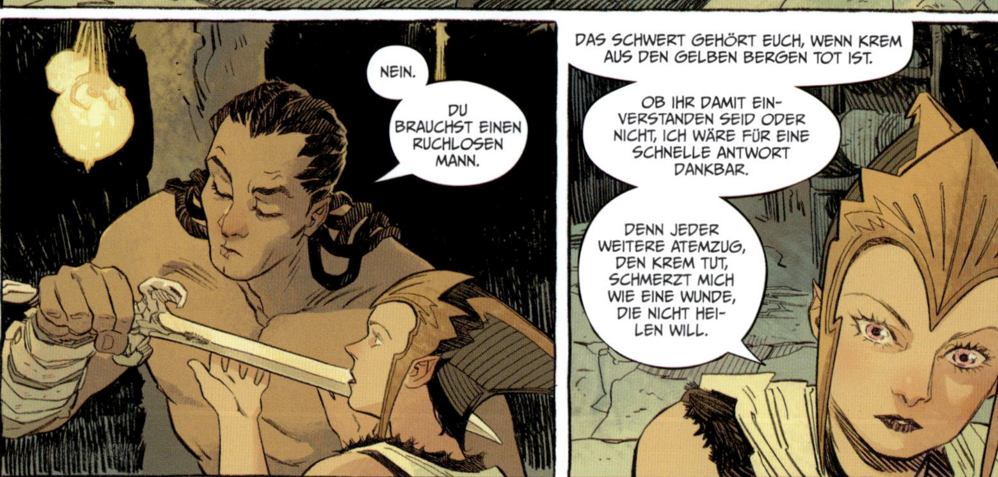

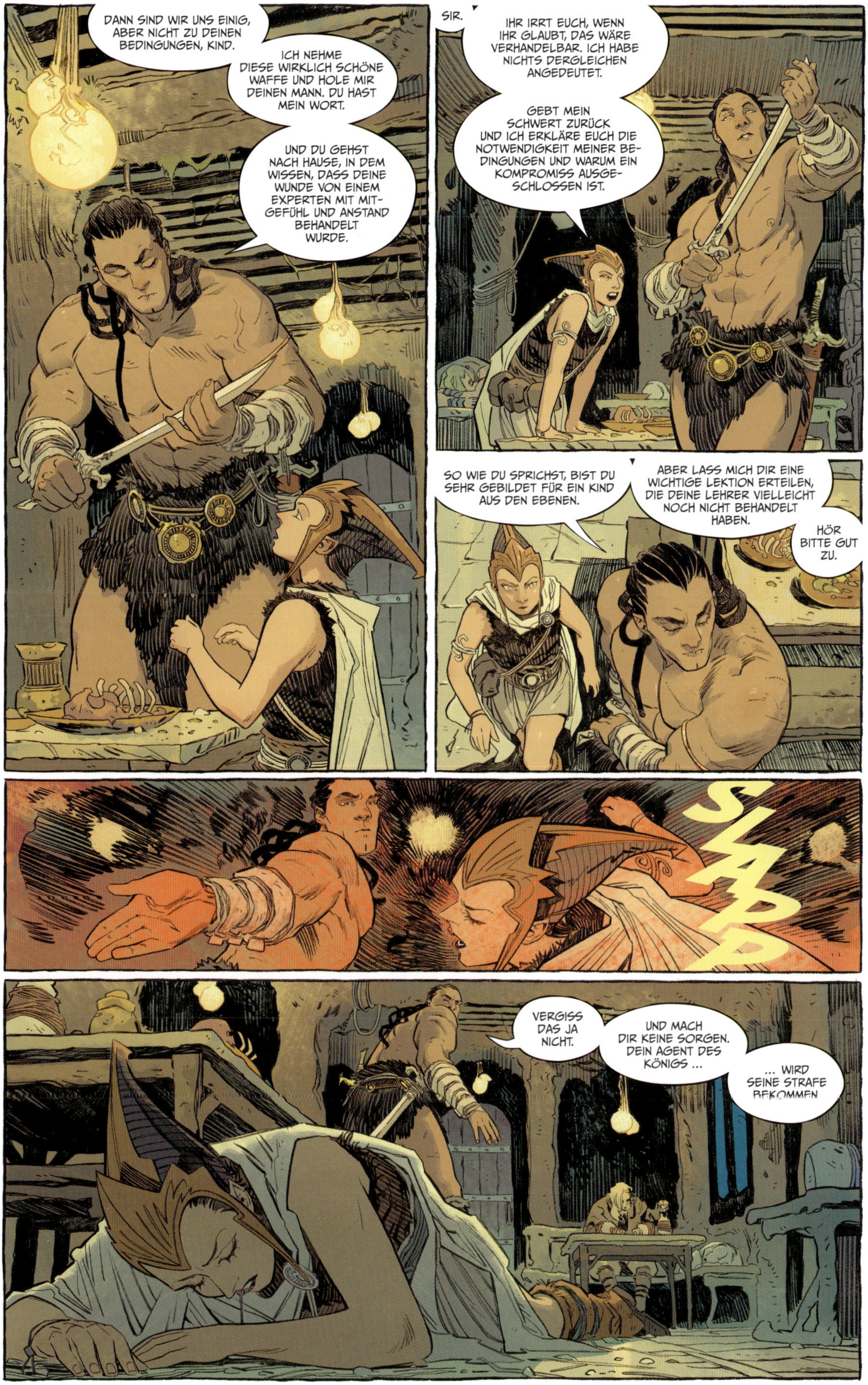

DANN SIND WIR UNS EINIG, ABER NICHT ZU DEINEN BEDINGUNGEN, KIND.

ICH NEHME DIESE WIRKLICH SCHÖNE WAFFE UND HOLE MIR DEINEN MANN. DU HAST MEIN WORT.

UND DU GEHST NACH HAUSE, IN DEM WISSEN, DASS DEINE WUNDE VON EINEM EXPERTEN MIT MITGEFÜHL UND ANSTAND BEHANDELT WURDE.

SIR.

IHR IRRT EUCH, WENN IHR GLAUBT, DAS WÄRE VERHANDELBAR. ICH HABE NICHTS DERGLEICHEN ANGEDEUTET.

GEBT MEIN SCHWERT ZURÜCK UND ICH ERKLÄRE EUCH DIE NOTWENDIGKEIT MEINER BEDINGUNGEN UND WARUM EIN KOMPROMISS AUSGESCHLOSSEN IST.

SO WIE DU SPRICHST, BIST DU SEHR GEBILDET FÜR EIN KIND AUS DEN EBENEN.

ABER LASS MICH DIR EINE WICHTIGE LEKTION ERTEILEN, DIE DEINE LEHRER VIELLEICHT NOCH NICHT BEHANDELT HABEN.

HÖR BITTE GUT ZU.

SLAP

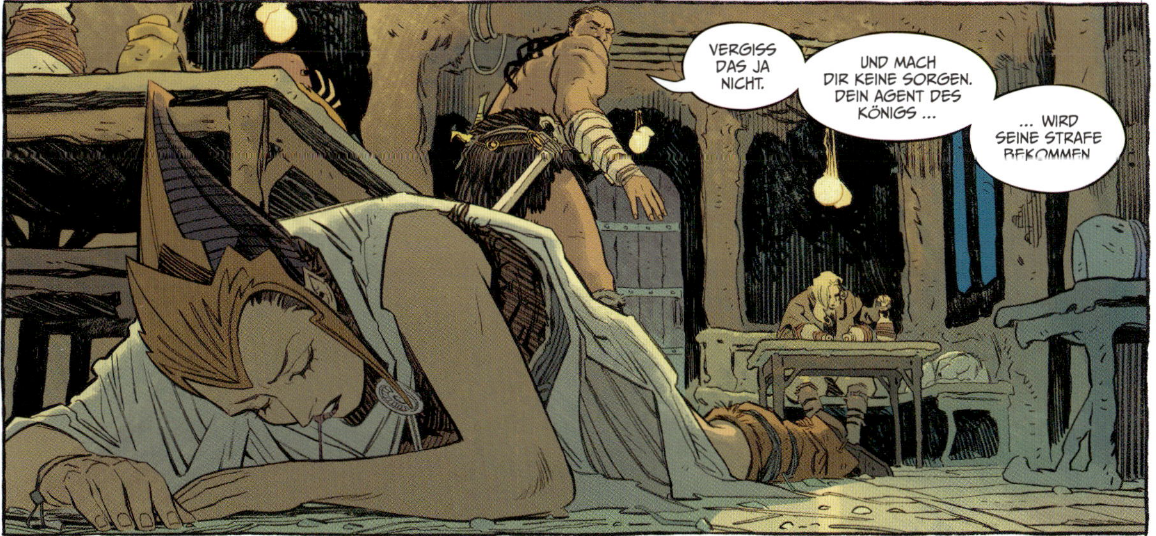

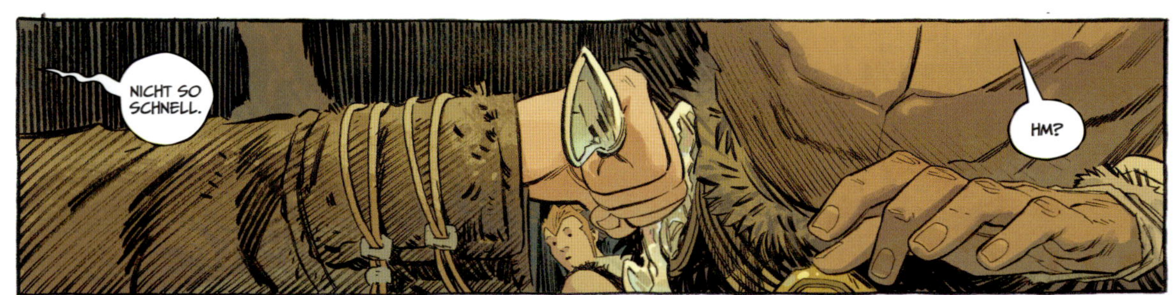
NICHT SO SCHNELL.
HM?

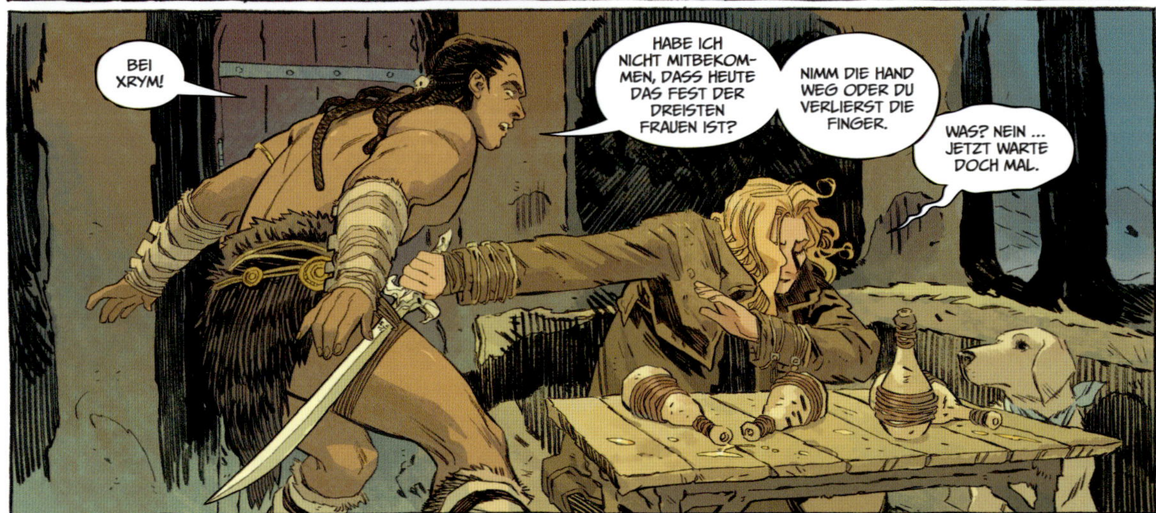
BEI XRYM!
HABE ICH NICHT MITBEKOM-MEN, DASS HEUTE DAS FEST DER DREISTEN FRAUEN IST?
NIMM DIE HAND WEG ODER DU VERLIERST DIE FINGER.
WAS? NEIN ... JETZT WARTE DOCH MAL.

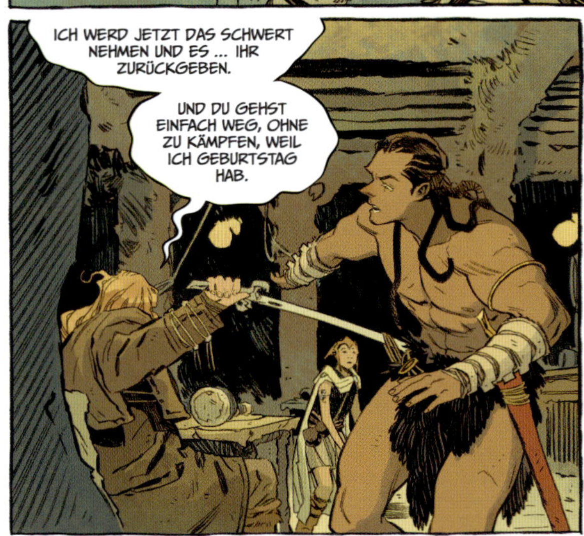
ICH WERD JETZT DAS SCHWERT NEHMEN UND ES ... IHR ZURÜCKGEBEN.
UND DU GEHST EINFACH WEG, OHNE ZU KÄMPFEN, WEIL ICH GEBURTSTAG HAB.

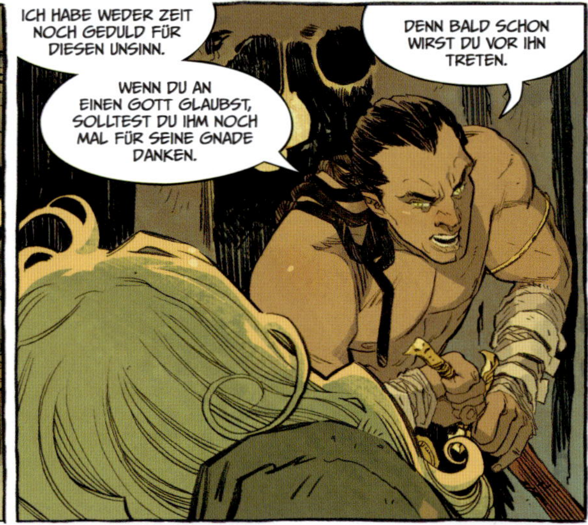
ICH HABE WEDER ZEIT NOCH GEDULD FÜR DIESEN UNSINN.
WENN DU AN EINEN GOTT GLAUBST, SOLLTEST DU IHM NOCH MAL FÜR SEINE GNADE DANKEN.
DENN BALD SCHON WIRST DU VOR IHN TRETEN.

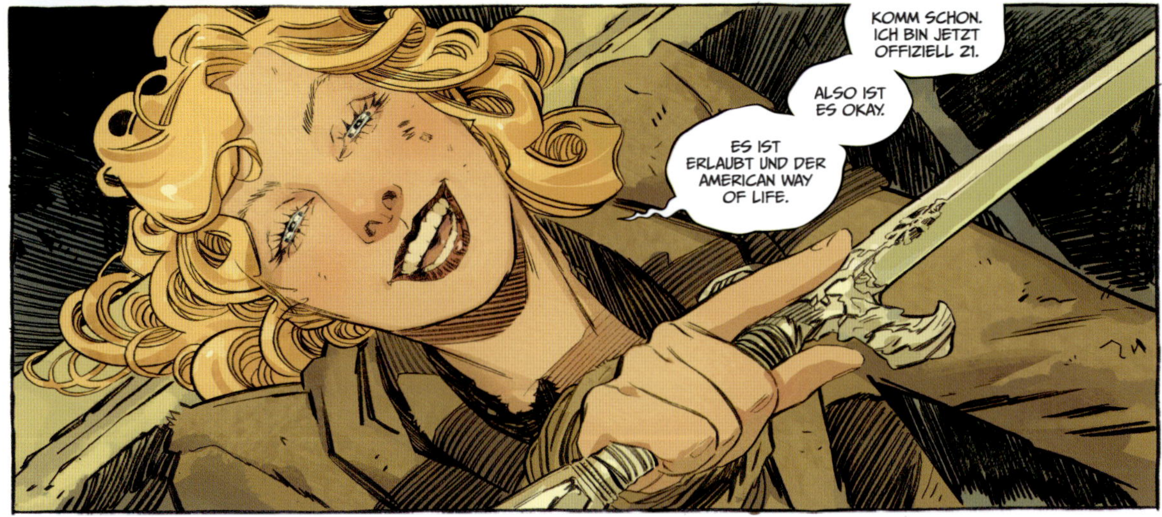
KOMM SCHON. ICH BIN JETZT OFFIZIELL 21.
ALSO IST ES OKAY.
ES IST ERLAUBT UND DER AMERICAN WAY OF LIFE.

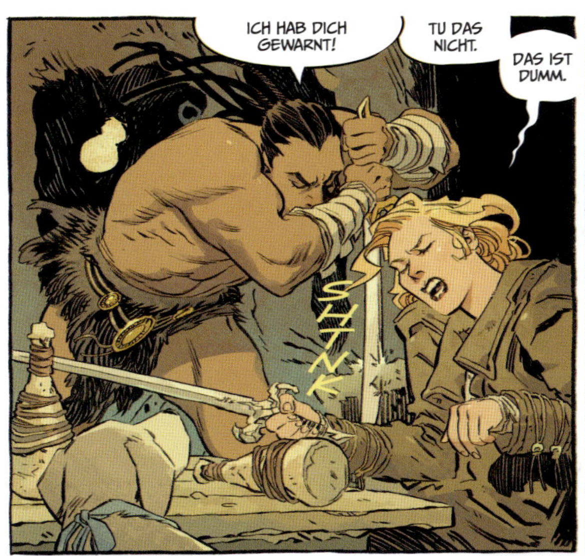
ICH HAB DICH GEWARNT!
TU DAS NICHT.
DAS IST DUMM.
SHTNK

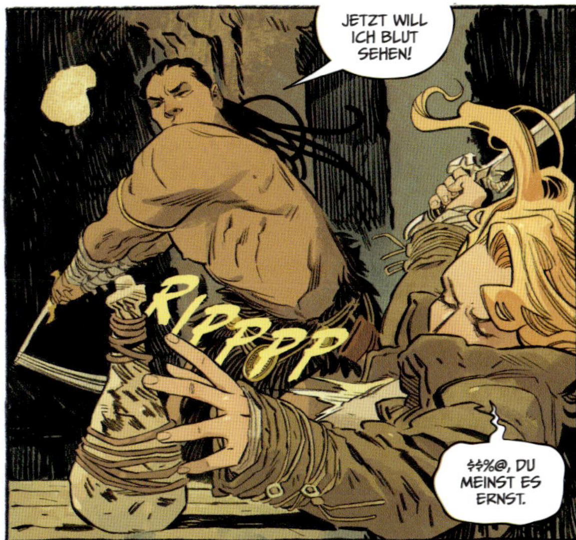
JETZT WILL ICH BLUT SEHEN!
RIPPPPP
$#%@, DU MEINST ES ERNST.

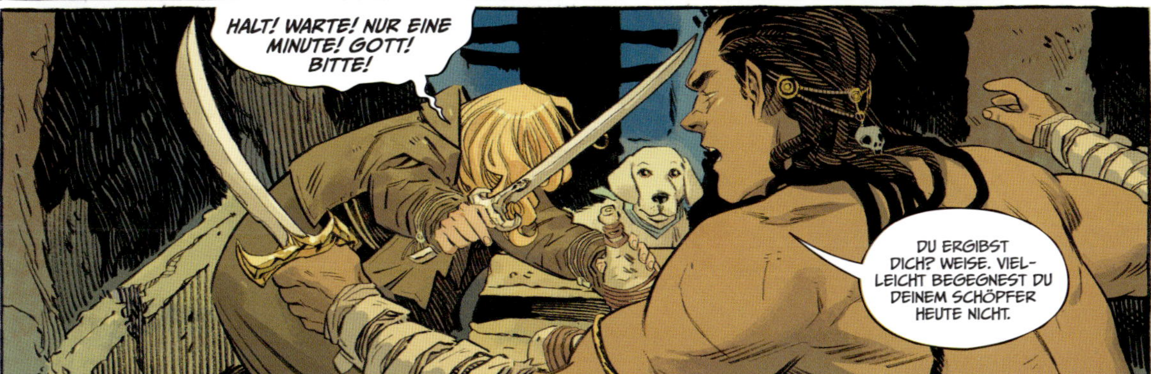
HALT! WARTE! NUR EINE MINUTE! GOTT! BITTE!
DU ERGIBST DICH? WEISE. VIELLEICHT BEGEGNEST DU DEINEM SCHÖPFER HEUTE NICHT.

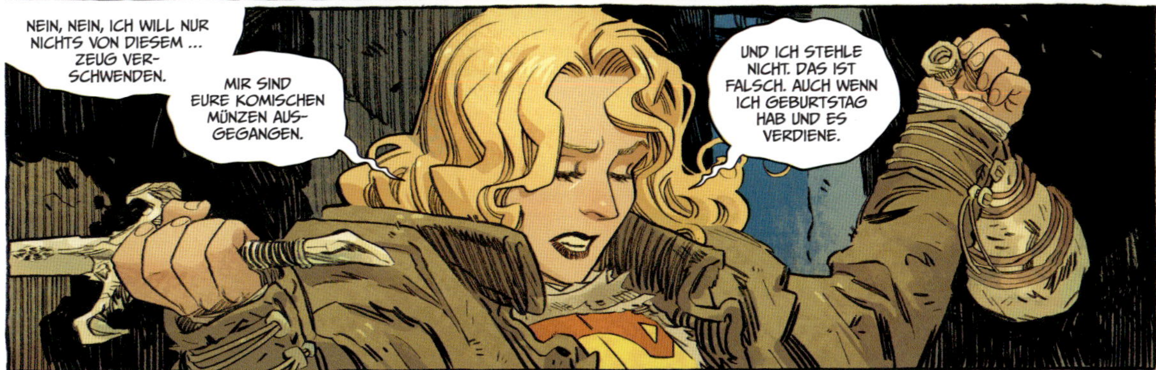
NEIN, NEIN, ICH WILL NUR NICHTS VON DIESEM ... ZEUG VERSCHWENDEN.
MIR SIND EURE KOMISCHEN MÜNZEN AUSGEGANGEN.
UND ICH STEHLE NICHT. DAS IST FALSCH. AUCH WENN ICH GEBURTSTAG HAB UND ES VERDIENE.

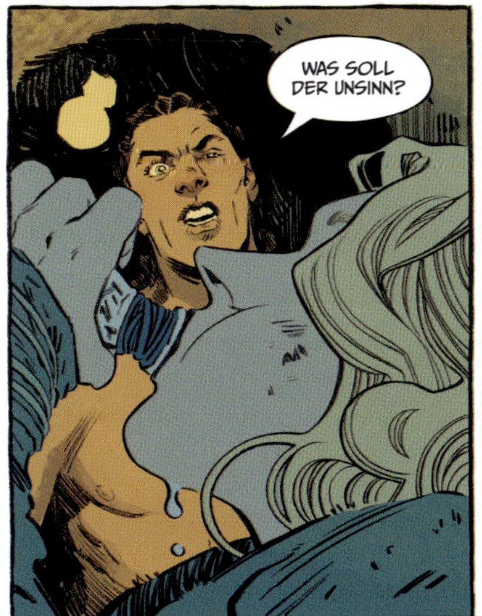
WAS SOLL DER UNSINN?

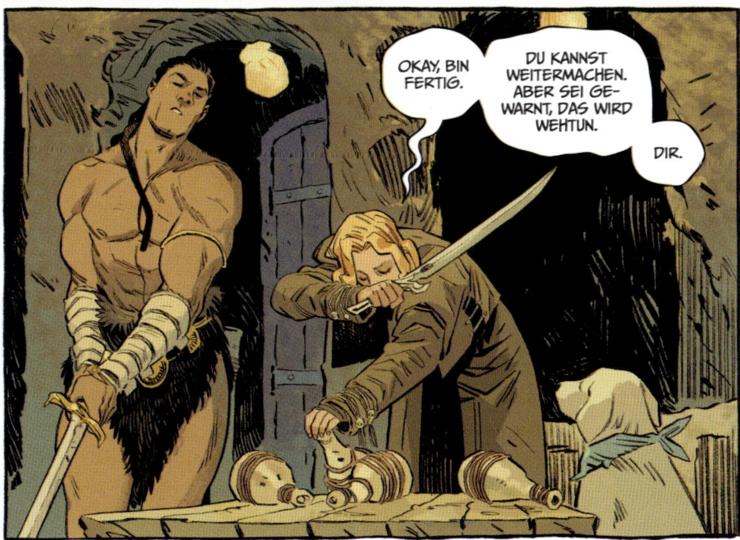
OKAY, BIN FERTIG.
DU KANNST WEITERMACHEN. ABER SEI GEWARNT, DAS WIRD WEHTUN.
DIR.

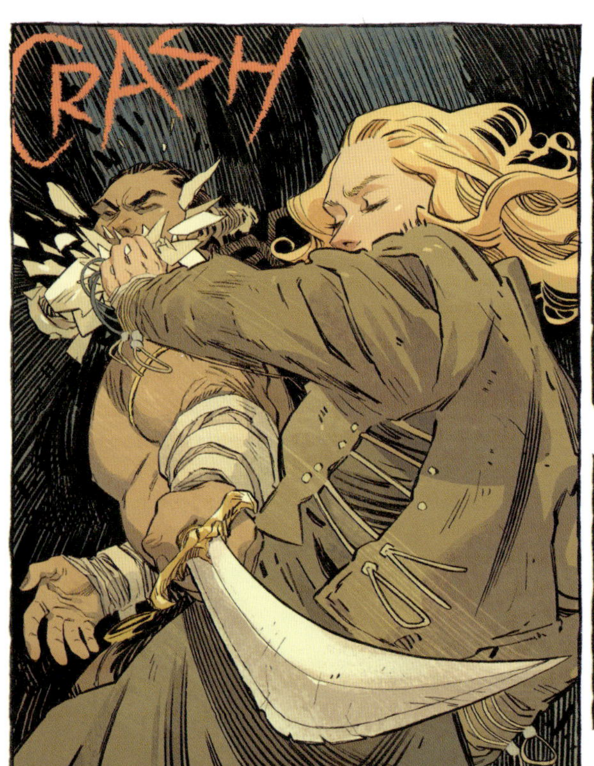
CRASH
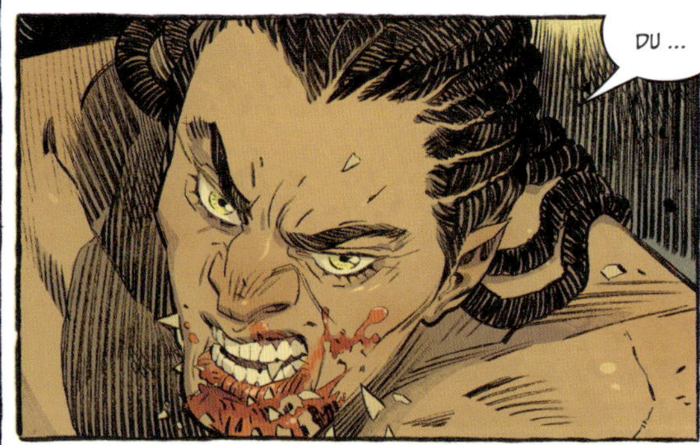
DU ...
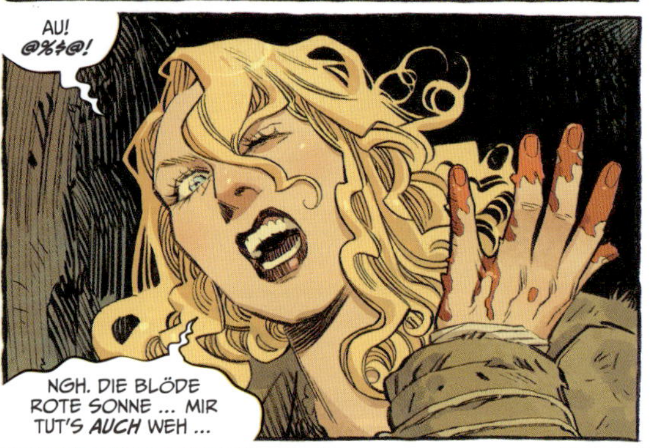
AU! @%$@!
NGH. DIE BLÖDE ROTE SONNE ... MIR TUT'S *AUCH* WEH ...
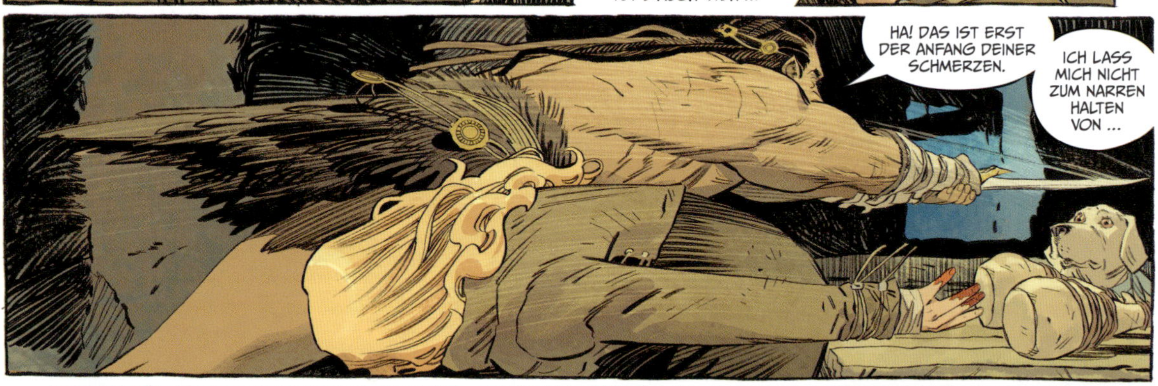
HA! DAS IST ERST DER ANFANG DEINER SCHMERZEN.
ICH LASS MICH NICHT ZUM NARREN HALTEN VON ...
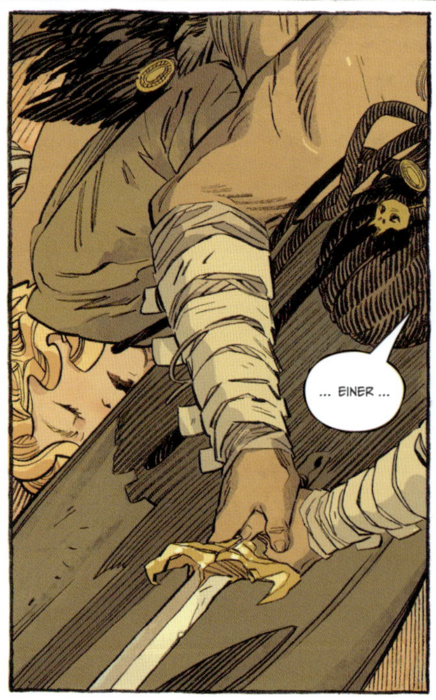
... EINER ...
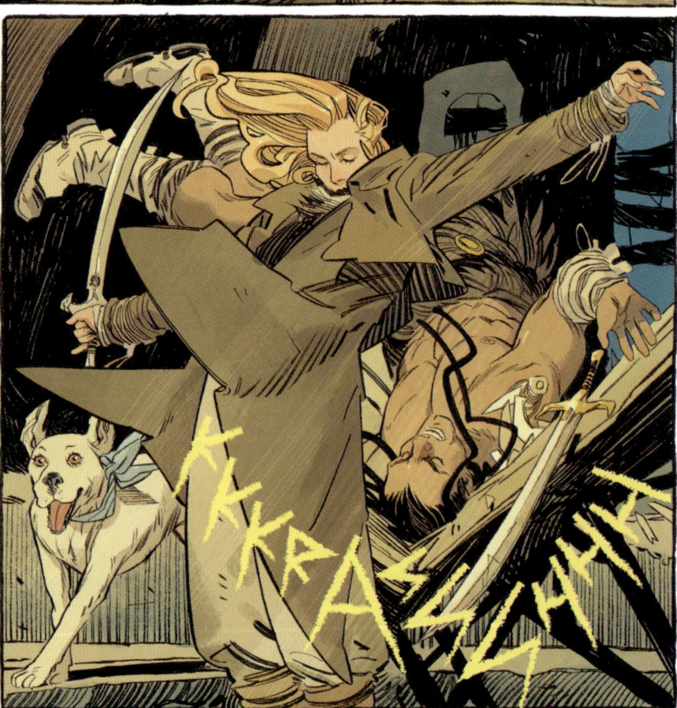
KKKRASSCHHH

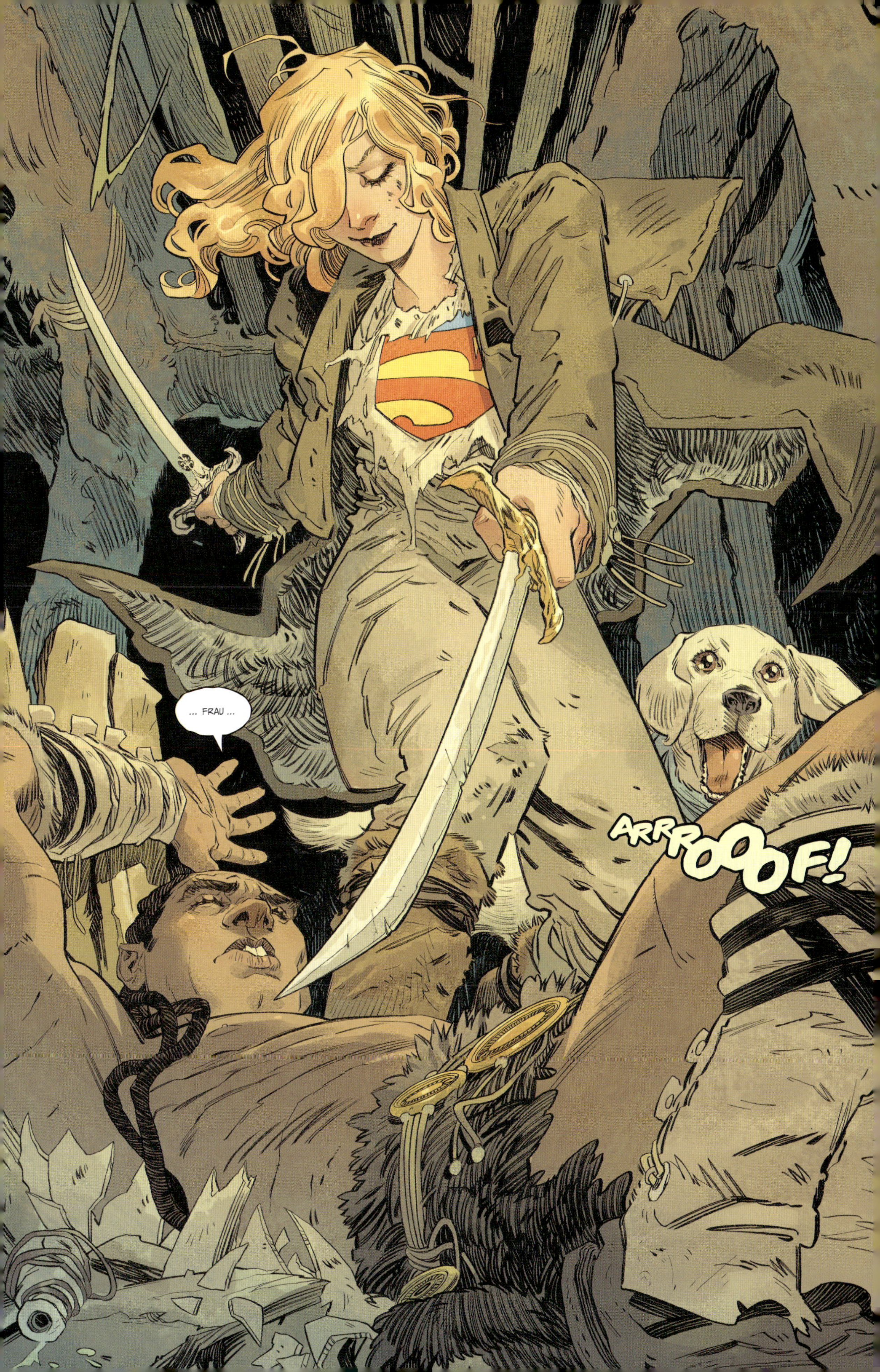
... FRAU ...
ARRROOOOF!

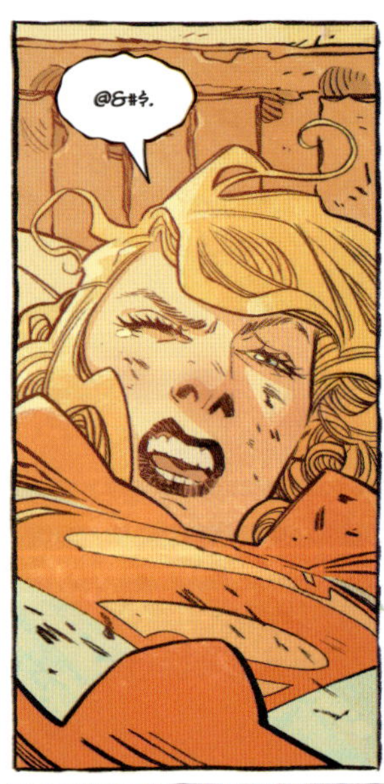
@&#$.

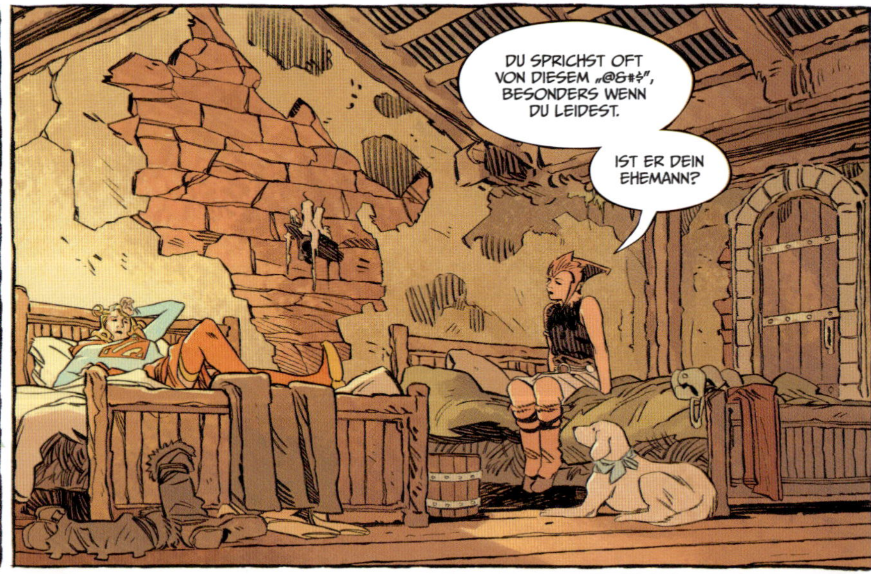
DU SPRICHST OFT VON DIESEM „@&#$“, BESONDERS WENN DU LEIDEST.
IST ER DEIN EHEMANN?

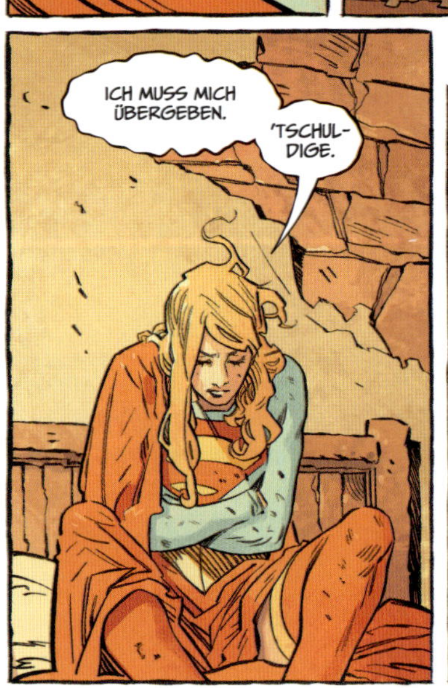
ICH MUSS MICH ÜBERGEBEN.
'TSCHULDIGE.

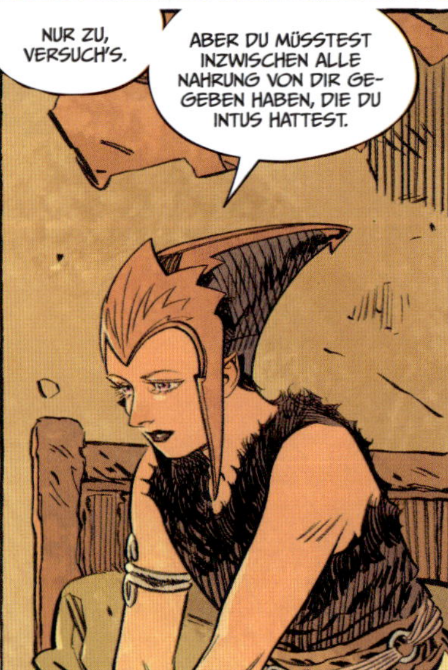
NUR ZU, VERSUCH'S.
ABER DU MÜSSTEST INZWISCHEN ALLE NAHRUNG VON DIR GEGEBEN HABEN, DIE DU INTUS HATTEST.

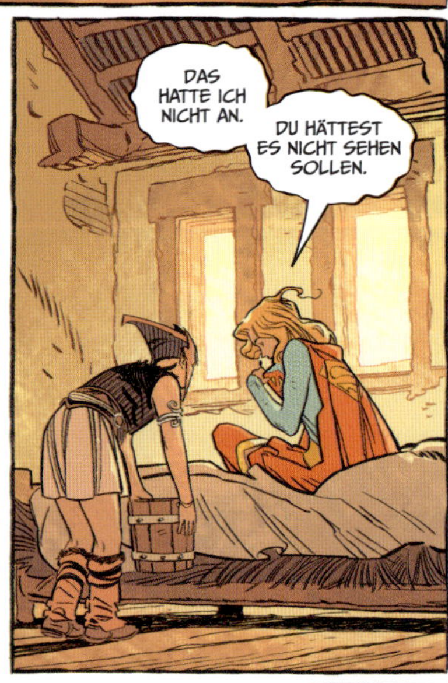
DAS HATTE ICH NICHT AN.
DU HÄTTEST ES NICHT SEHEN SOLLEN.

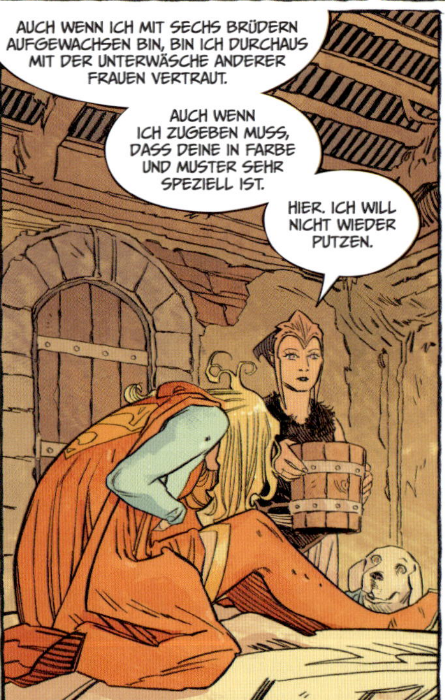
AUCH WENN ICH MIT SECHS BRÜDERN AUFGEWACHSEN BIN, BIN ICH DURCHAUS MIT DER UNTERWÄSCHE ANDERER FRAUEN VERTRAUT.
AUCH WENN ICH ZUGEBEN MUSS, DASS DEINE IN FARBE UND MUSTER SEHR SPEZIELL IST.
HIER. ICH WILL NICHT WIEDER PUTZEN.

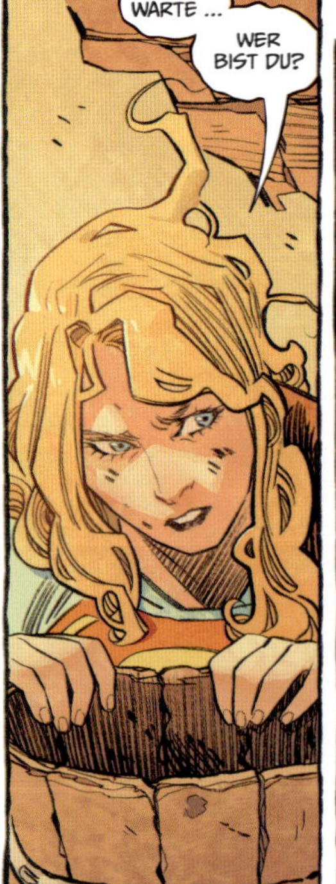
WARTE ...
WER BIST DU?

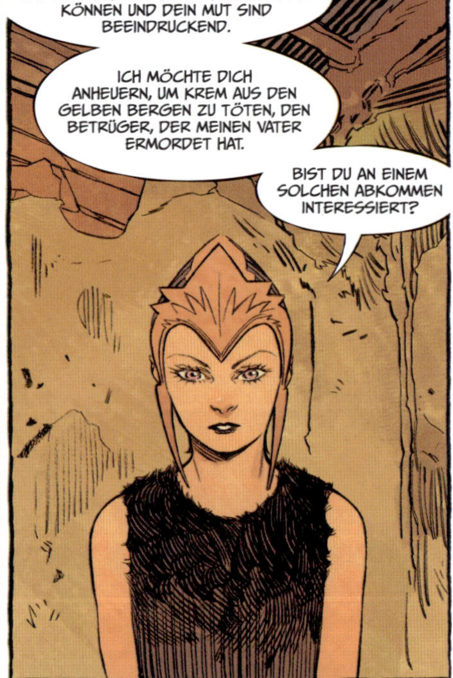
ICH BIN RUTHYE MARYE KNOLL. DEIN KÖNNEN UND DEIN MUT SIND BEEINDRUCKEND.
ICH MÖCHTE DICH ANHEUERN, UM KREM AUS DEN GELBEN BERGEN ZU TÖTEN, DEN BETRÜGER, DER MEINEN VATER ERMORDET HAT.
BIST DU AN EINEM SOLCHEN ABKOMMEN INTERESSIERT?

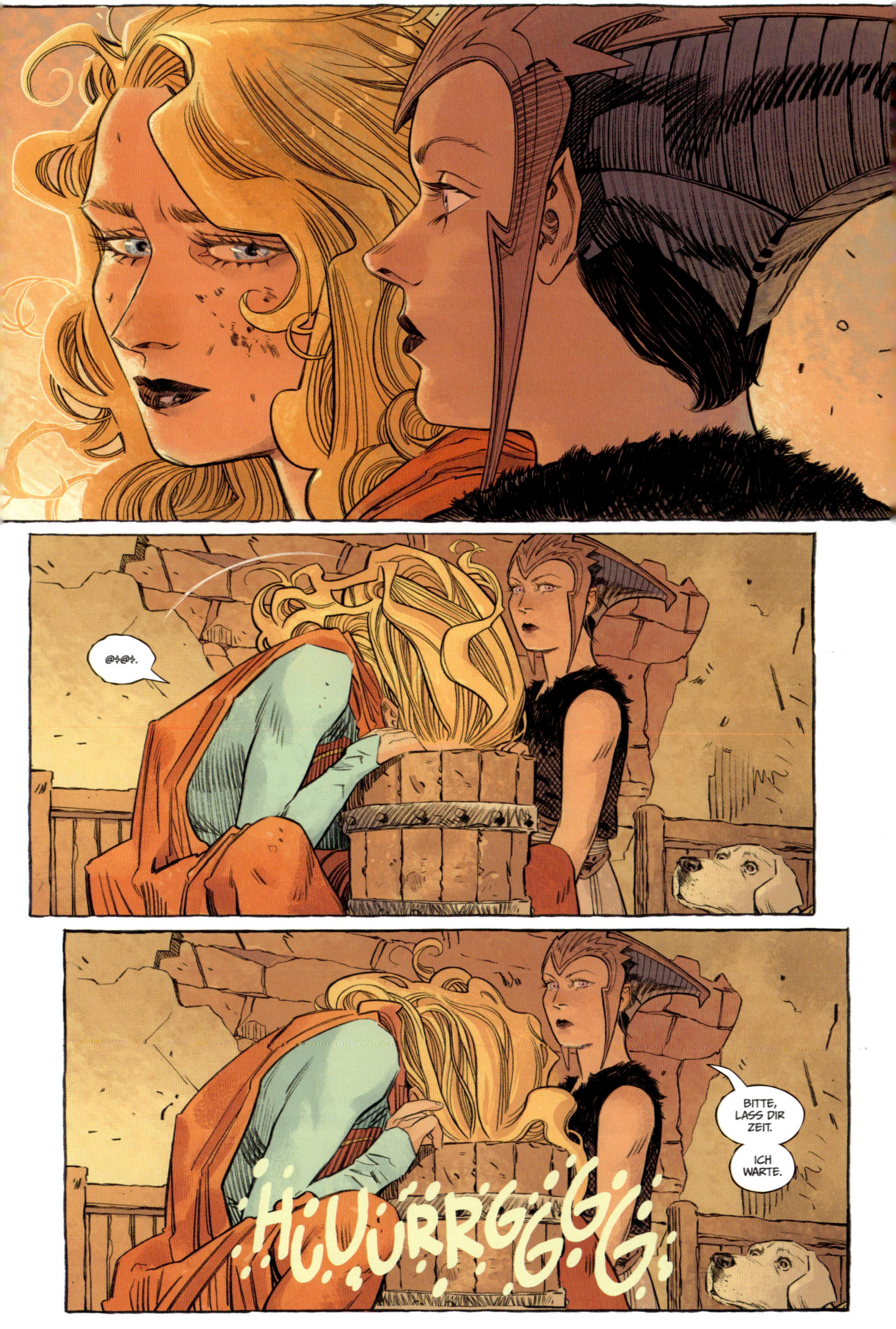

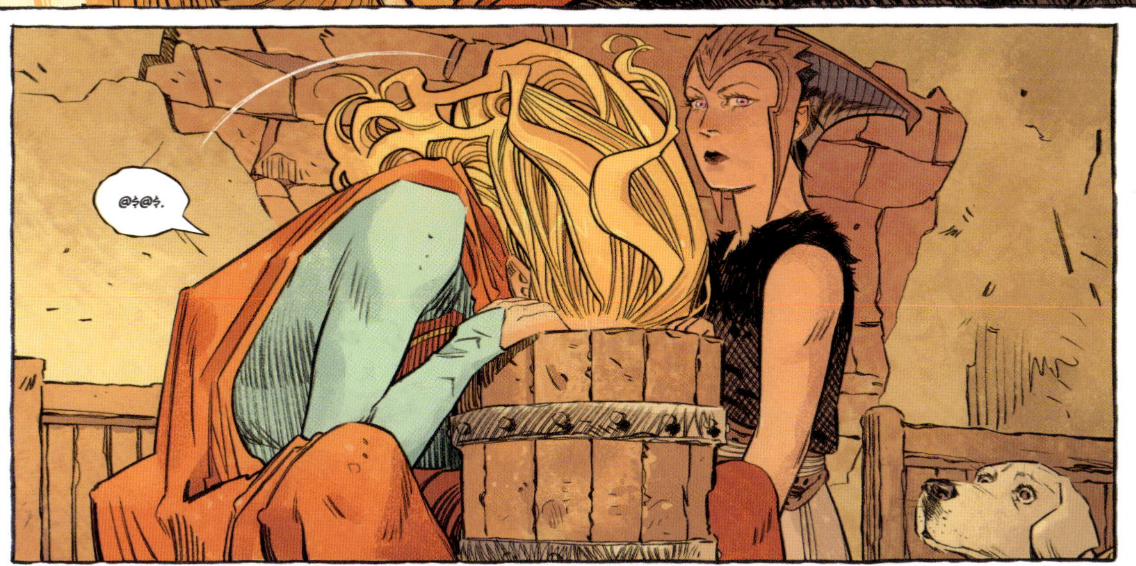
@$@$.

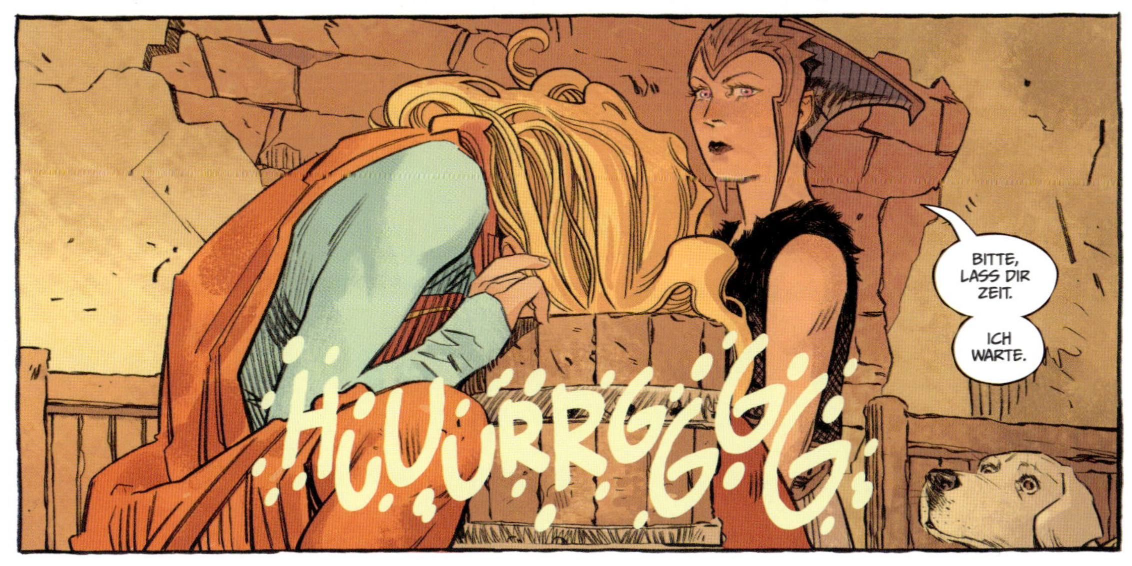
BITTE, LASS DIR ZEIT.
ICH WARTE.
HUURRGGG

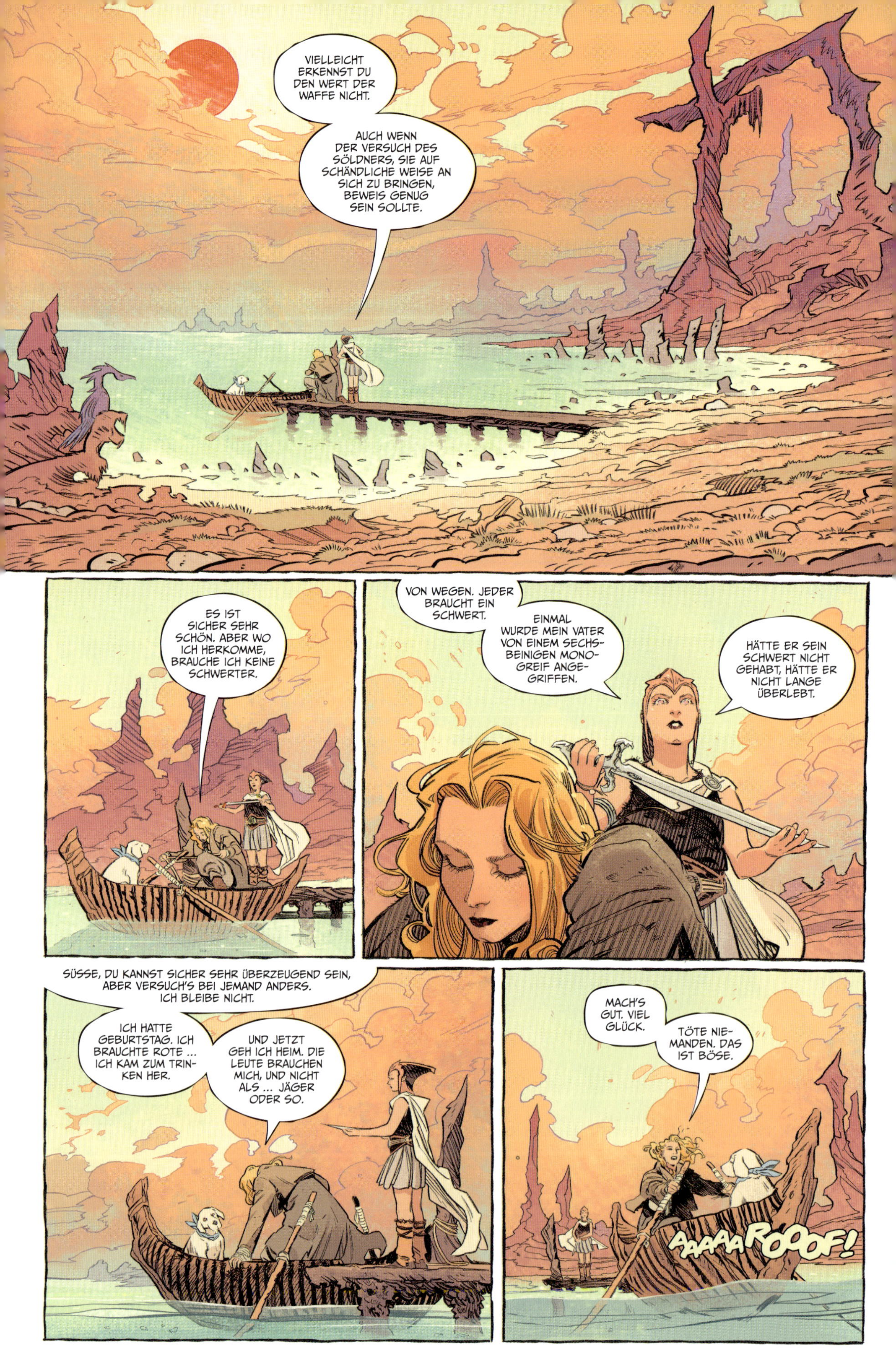

VIELLEICHT ERKENNST DU DEN WERT DER WAFFE NICHT.
AUCH WENN DER VERSUCH DES SÖLDNERS, SIE AUF SCHÄNDLICHE WEISE AN SICH ZU BRINGEN, BEWEIS GENUG SEIN SOLLTE.

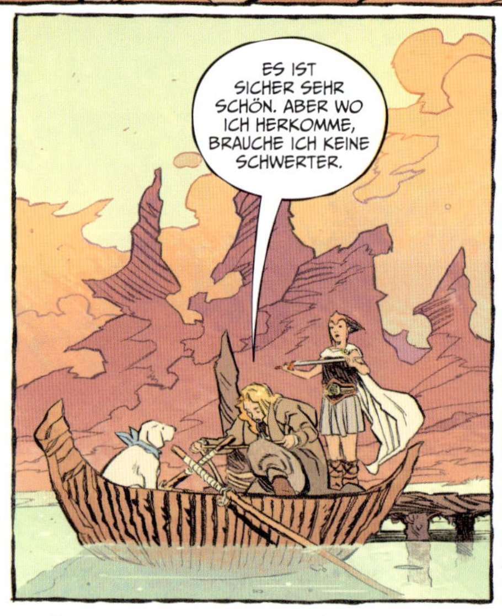
ES IST SICHER SEHR SCHÖN. ABER WO ICH HERKOMME, BRAUCHE ICH KEINE SCHWERTER.

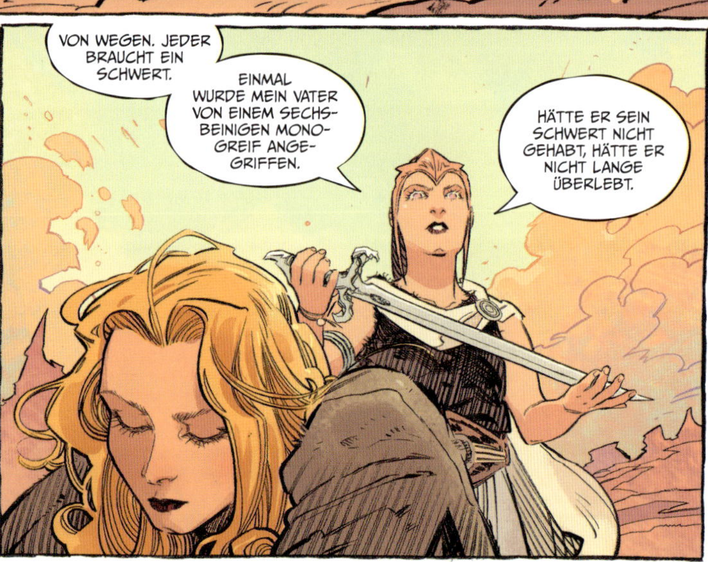
VON WEGEN. JEDER BRAUCHT EIN SCHWERT.
EINMAL WURDE MEIN VATER VON EINEM SECHS-BEINIGEN MONO-GREIF ANGE-GRIFFEN.
HÄTTE ER SEIN SCHWERT NICHT GEHABT, HÄTTE ER NICHT LANGE ÜBERLEBT.

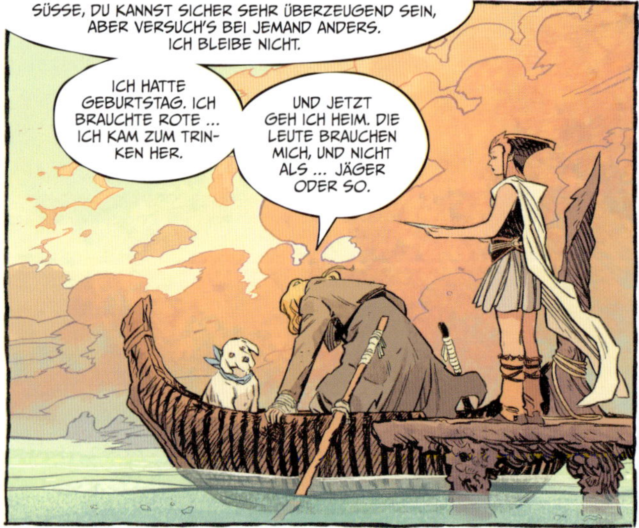
SÜSSE, DU KANNST SICHER SEHR ÜBERZEUGEND SEIN, ABER VERSUCH'S BEI JEMAND ANDERS. ICH BLEIBE NICHT.
ICH HATTE GEBURTSTAG. ICH BRAUCHTE ROTE ... ICH KAM ZUM TRIN-KEN HER.
UND JETZT GEH ICH HEIM. DIE LEUTE BRAUCHEN MICH, UND NICHT ALS ... JÄGER ODER SO.

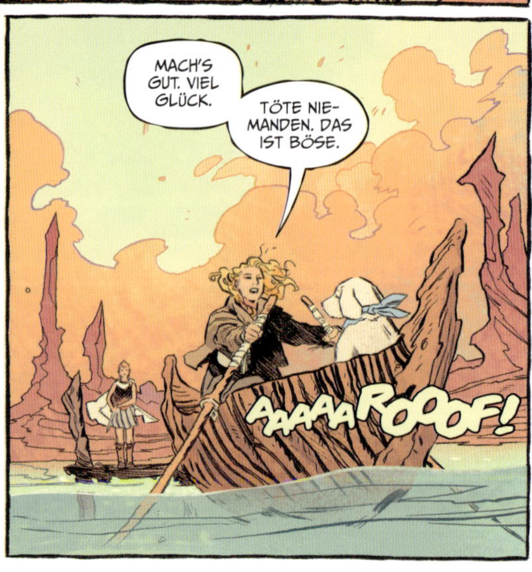
MACH'S GUT. VIEL GLÜCK.
TÖTE NIE-MANDEN. DAS IST BÖSE.
AAAAAROOOF!

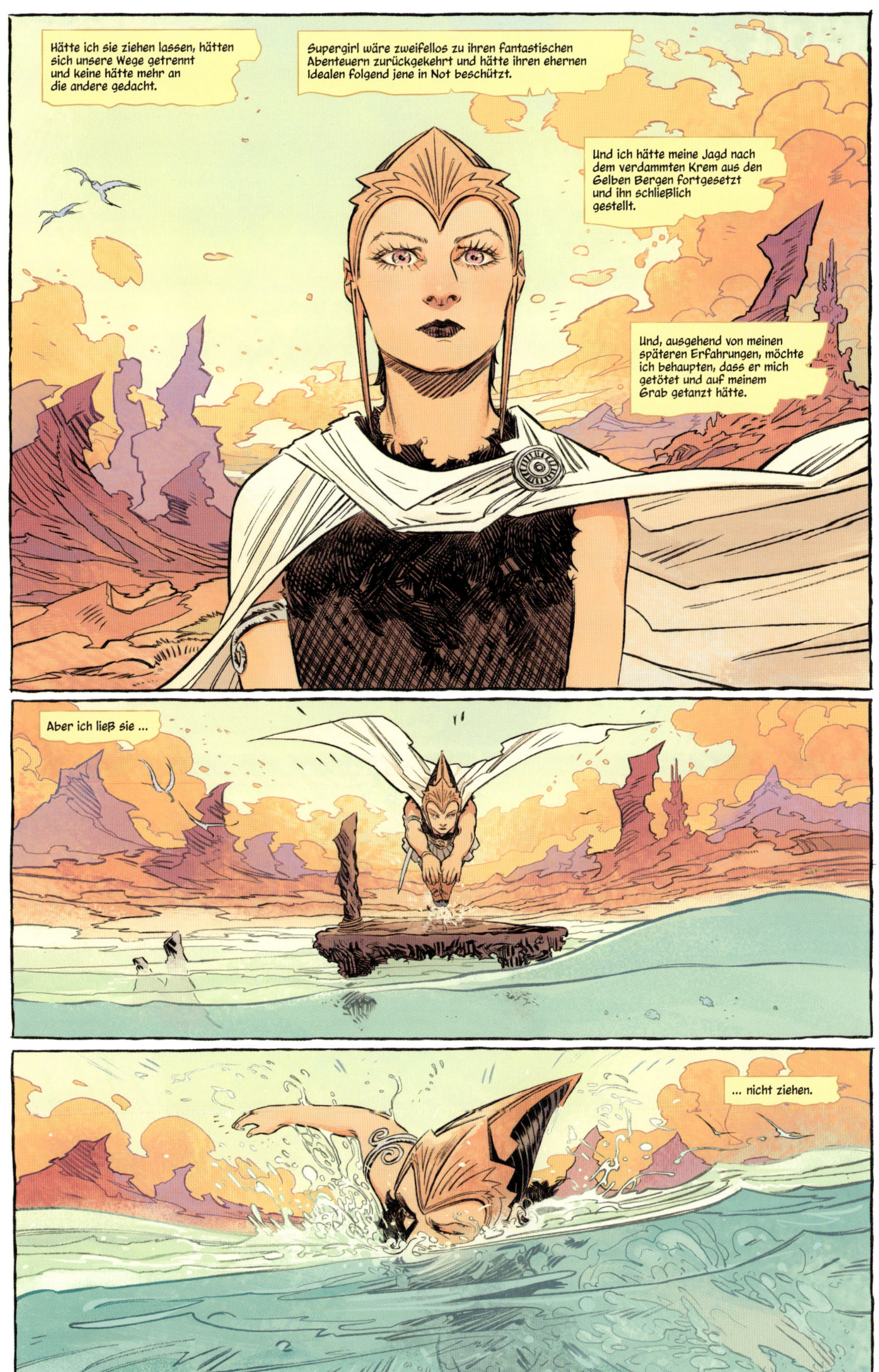
Hätte ich sie ziehen lassen, hätten sich unsere Wege getrennt und keine hätte mehr an die andere gedacht.
Supergirl wäre zweifellos zu ihren fantastischen Abenteuern zurückgekehrt und hätte ihren ehernen Idealen folgend jene in Not beschützt.
Und ich hätte meine Jagd nach dem verdammten Krem aus den Gelben Bergen fortgesetzt und ihn schließlich gestellt.
Und, ausgehend von meinen späteren Erfahrungen, möchte ich behaupten, dass er mich getötet und auf meinem Grab getanzt hätte.
Aber ich ließ sie ...
... nicht ziehen.

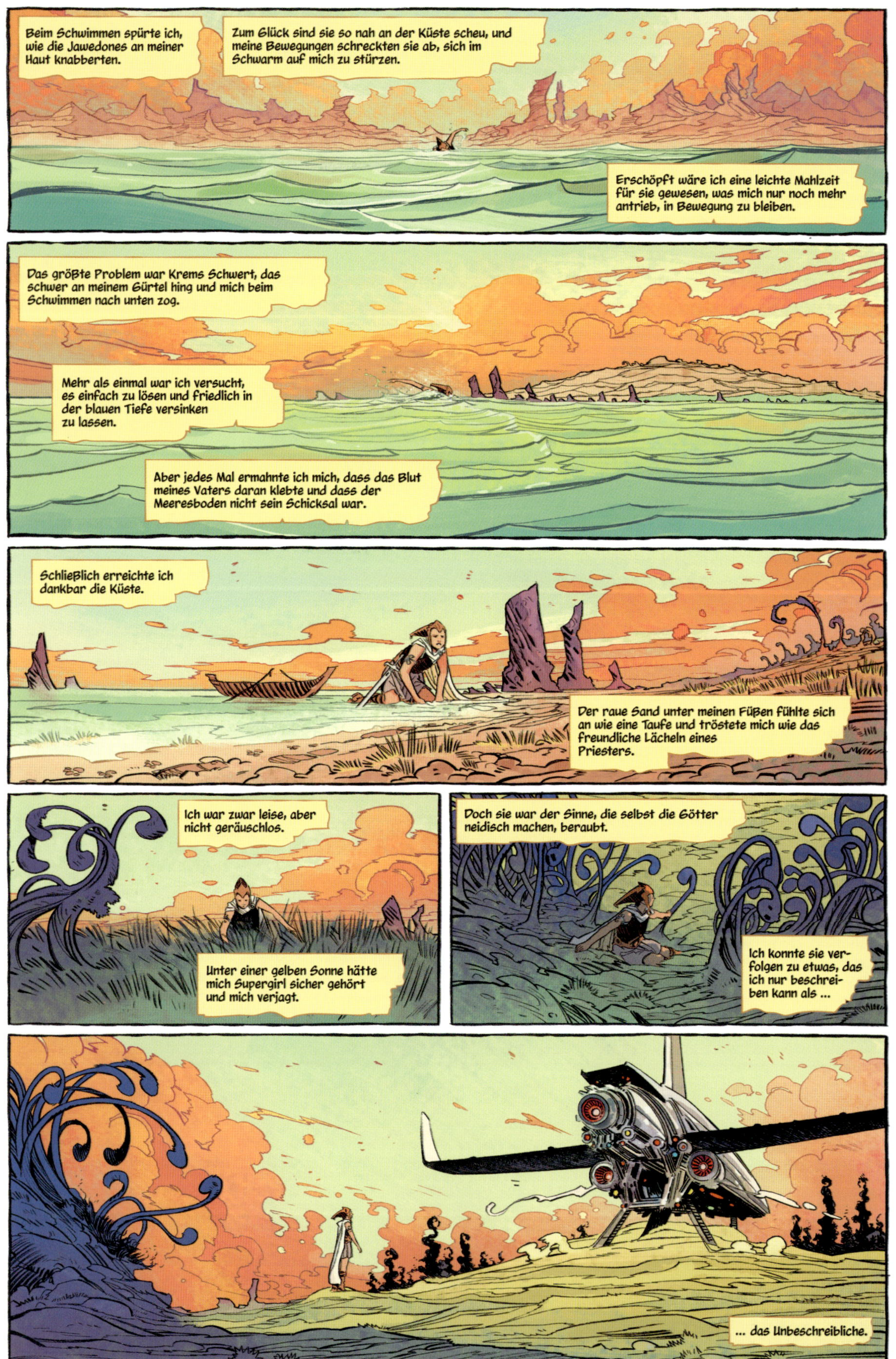
Beim Schwimmen spürte ich, wie die Jawedones an meiner Haut knabberten.
Zum Glück sind sie so nah an der Küste scheu, und meine Bewegungen schreckten sie ab, sich im Schwarm auf mich zu stürzen.
Erschöpft wäre ich eine leichte Mahlzeit für sie gewesen, was mich nur noch mehr antrieb, in Bewegung zu bleiben.
Das größte Problem war Krems Schwert, das schwer an meinem Gürtel hing und mich beim Schwimmen nach unten zog.
Mehr als einmal war ich versucht, es einfach zu lösen und friedlich in der blauen Tiefe versinken zu lassen.
Aber jedes Mal ermahnte ich mich, dass das Blut meines Vaters daran klebte und dass der Meeresboden nicht sein Schicksal war.
Schließlich erreichte ich dankbar die Küste.
Der raue Sand unter meinen Füßen fühlte sich an wie eine Taufe und tröstete mich wie das freundliche Lächeln eines Priesters.
Ich war zwar leise, aber nicht geräuschlos.
Unter einer gelben Sonne hätte mich Supergirl sicher gehört und mich verjagt.
Doch sie war der Sinne, die selbst die Götter neidisch machen, beraubt.
Ich konnte sie verfolgen zu etwas, das ich nur beschreiben kann als ...
... das Unbeschreibliche.

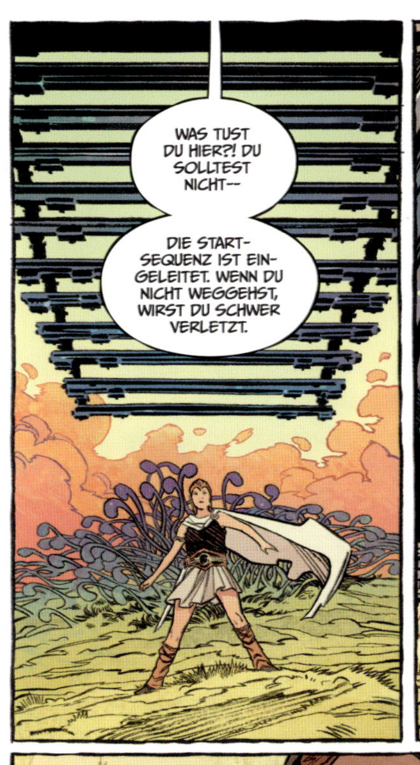
WAS TUST DU HIER?! DU SOLLTEST NICHT--
DIE START-SEQUENZ IST EINGELEITET. WENN DU NICHT WEGGEHST, WIRST DU SCHWER VERLETZT.

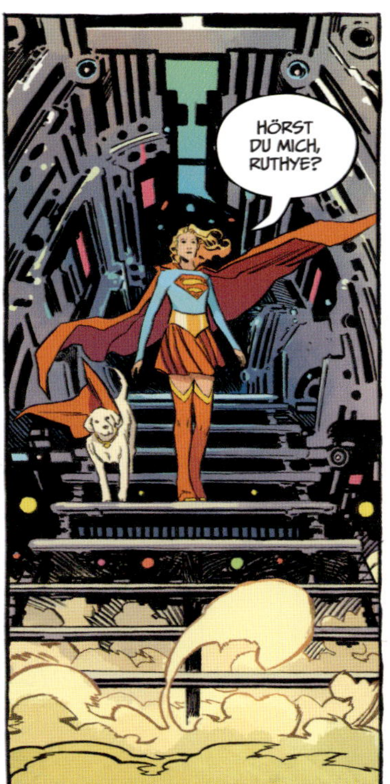
HÖRST DU MICH, RUTHYE?

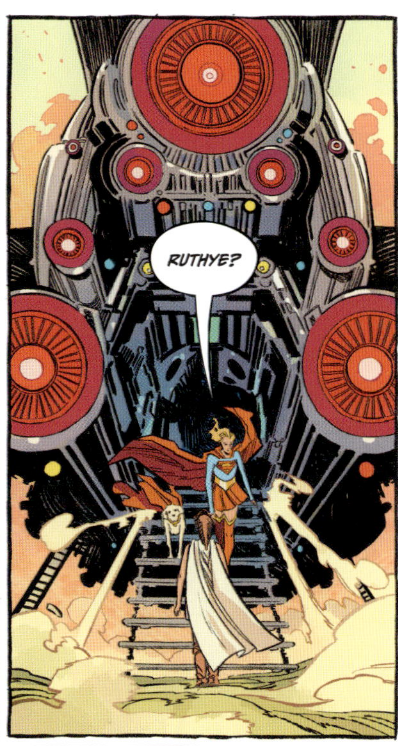
RUTHYE?

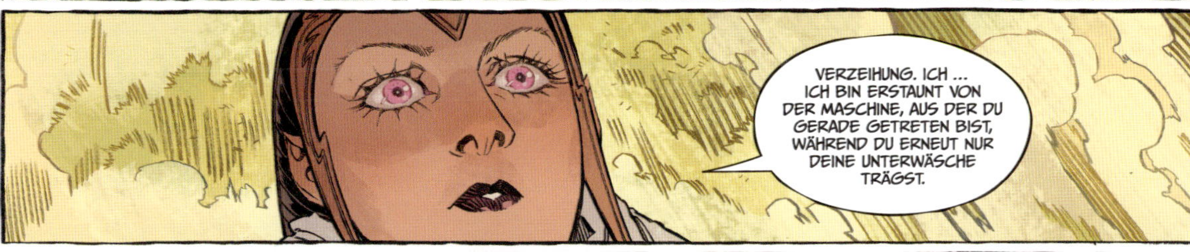
VERZEIHUNG. ICH ... ICH BIN ERSTAUNT VON DER MASCHINE, AUS DER DU GERADE GETRETEN BIST, WÄHREND DU ERNEUT NUR DEINE UNTERWÄSCHE TRÄGST.

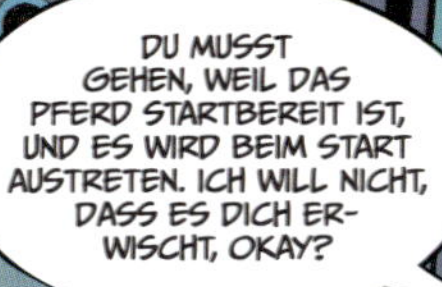
ICH BIN NICHT VON HIER. DAS IST ... EINE ART PFERD, MIT DEM ICH NACH HAUSE REITE.
UND DAS HIER TRAGE ICH ... DORT DRAUSSEN.
DU MUSST GEHEN, WEIL DAS PFERD STARTBEREIT IST, UND ES WIRD BEIM START AUSTRETEN. ICH WILL NICHT, DASS ES DICH ERWISCHT, OKAY?

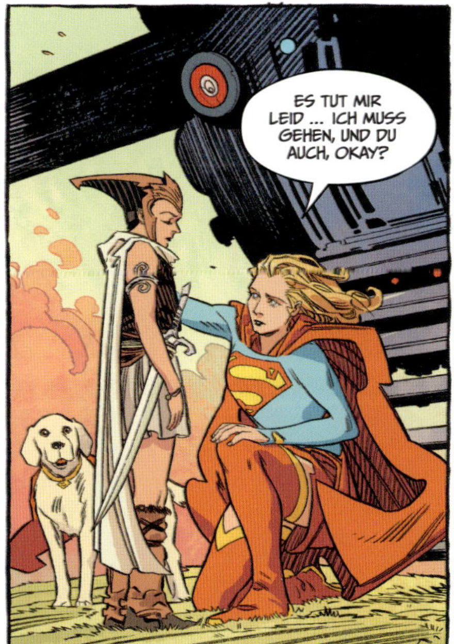
ES TUT MIR LEID ... ICH MUSS GEHEN, UND DU AUCH, OKAY?

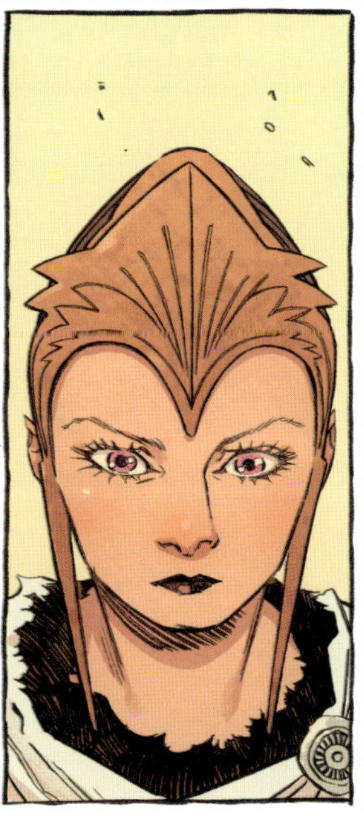

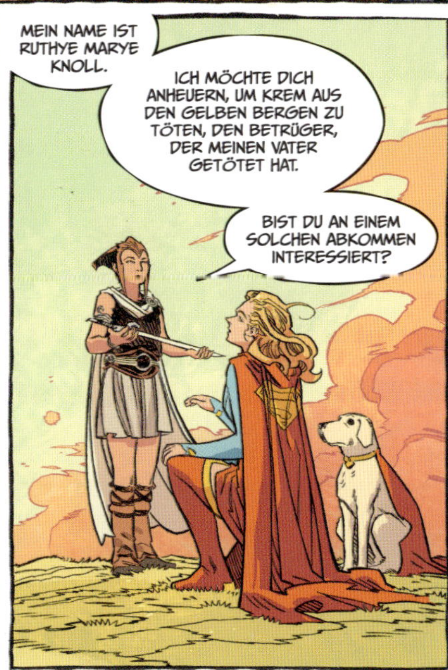
MEIN NAME IST RUTHYE MARYE KNOLL.
ICH MÖCHTE DICH ANHEUERN, UM KREM AUS DEN GELBEN BERGEN ZU TÖTEN, DEN BETRÜGER, DER MEINEN VATER GETÖTET HAT.
BIST DU AN EINEM SOLCHEN ABKOMMEN INTERESSIERT?

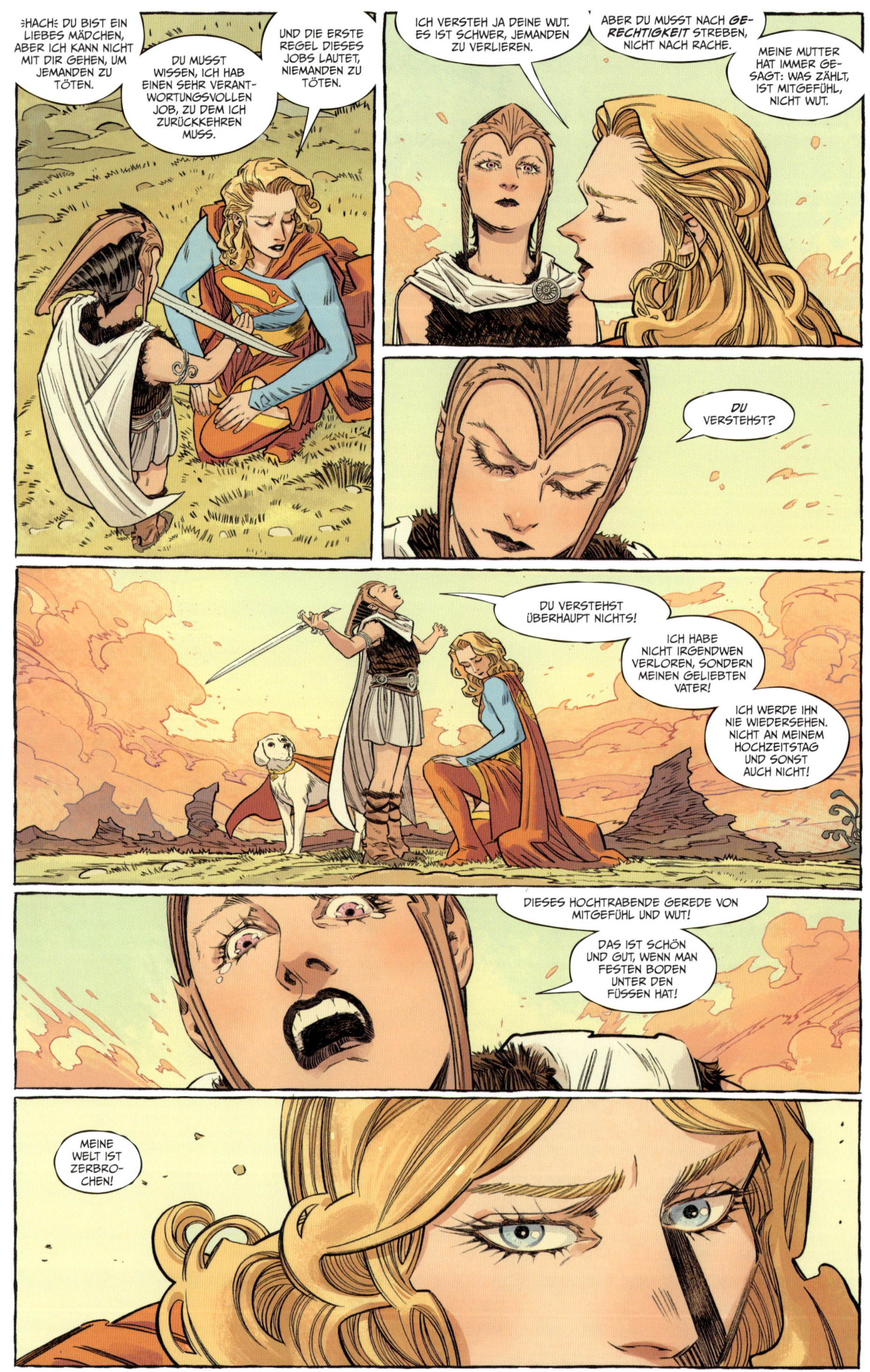

HACH DU BIST EIN LIEBES MÄDCHEN, ABER ICH KANN NICHT MIT DIR GEHEN, UM JEMANDEN ZU TÖTEN.
DU MUSST WISSEN, ICH HAB EINEN SEHR VERANTWORTUNGSVOLLEN JOB, ZU DEM ICH ZURÜCKKEHREN MUSS.
UND DIE ERSTE REGEL DIESES JOBS LAUTET, NIEMANDEN ZU TÖTEN.
ICH VERSTEH JA DEINE WUT. ES IST SCHWER, JEMANDEN ZU VERLIEREN.
ABER DU MUSST NACH GERECHTIGKEIT STREBEN, NICHT NACH RACHE.
MEINE MUTTER HAT IMMER GESAGT: WAS ZÄHLT, IST MITGEFÜHL, NICHT WUT.
DU VERSTEHST?
DU VERSTEHST ÜBERHAUPT NICHTS!
ICH HABE NICHT IRGENDWEN VERLOREN, SONDERN MEINEN GELIEBTEN VATER!
ICH WERDE IHN NIE WIEDERSEHEN. NICHT AN MEINEM HOCHZEITSTAG UND SONST AUCH NICHT!
DIESES HOCHTRABENDE GEREDE VON MITGEFÜHL UND WUT!
DAS IST SCHÖN UND GUT, WENN MAN FESTEN BODEN UNTER DEN FÜSSEN HAT!
MEINE WELT IST ZERBROCHEN!

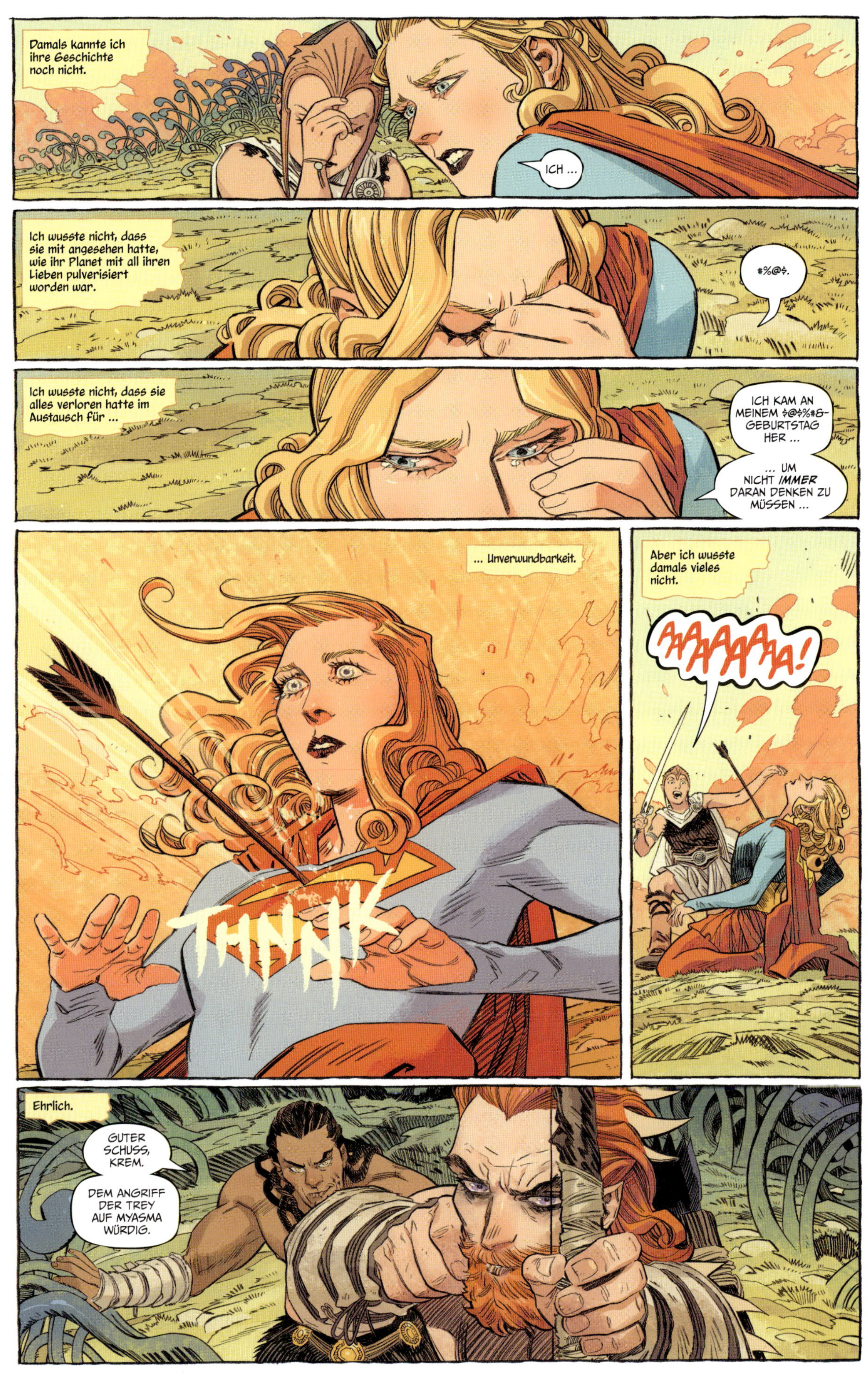
Damals kannte ich ihre Geschichte noch nicht.
ICH ...
Ich wusste nicht, dass sie mit angesehen hatte, wie ihr Planet mit all ihren Lieben pulverisiert worden war.
#%@$.
Ich wusste nicht, dass sie alles verloren hatte im Austausch für ...
ICH KAM AN MEINEM $@$%#&-GEBURTSTAG HER ...
... UM NICHT *IMMER* DARAN DENKEN ZU MÜSSEN ...
... Unverwundbarkeit.
THNNK
Aber ich wusste damals vieles nicht.
AAAAAAAA!
Ehrlich.
GUTER SCHUSS, KREM.
DEM ANGRIFF DER TREY AUF MYASMA WÜRDIG.

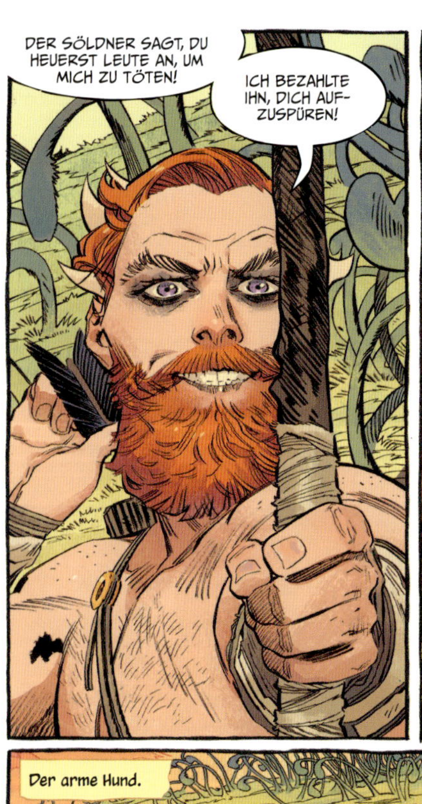
DER SÖLDNER SAGT, DU HEUERST LEUTE AN, UM MICH ZU TÖTEN!
ICH BEZAHLTE IHN, DICH AUF-ZUSPÜREN!

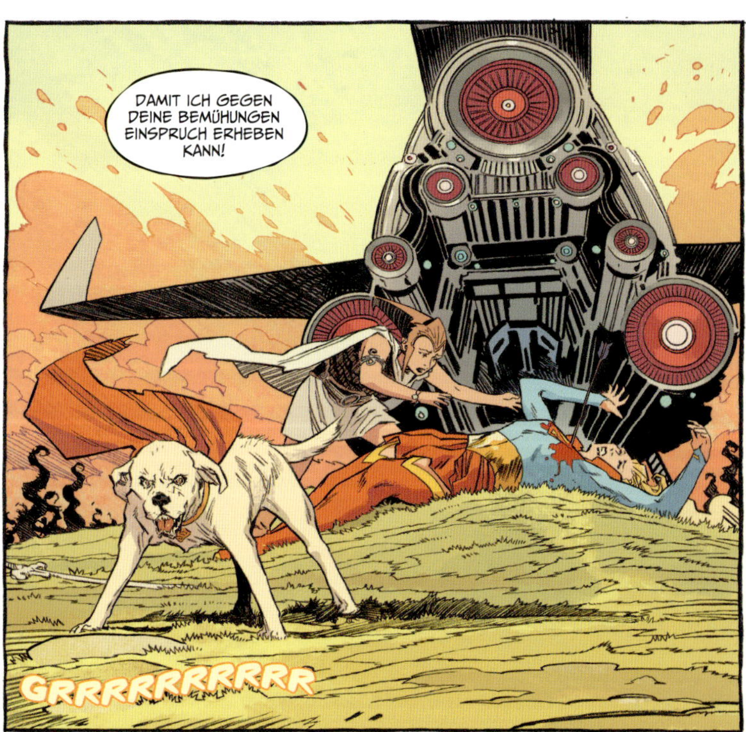
DAMIT ICH GEGEN DEINE BEMÜHUNGEN EINSPRUCH ERHEBEN KANN!
GRRRRRRRRRRR

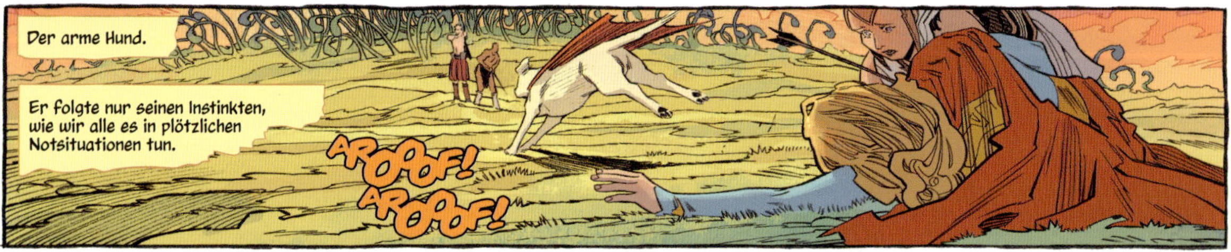
Der arme Hund.
Er folgte nur seinen Instinkten, wie wir alle es in plötzlichen Notsituationen tun.
AROOOF!
AROOOF!

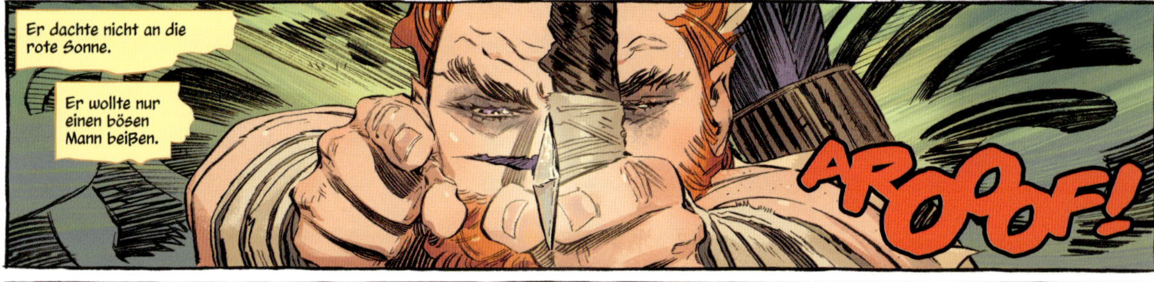
Er dachte nicht an die rote Sonne.
Er wollte nur einen bösen Mann beißen.
AROOOF!

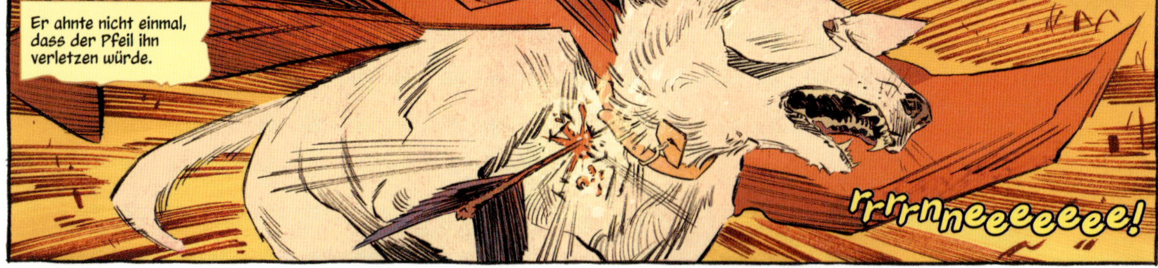
Er ahnte nicht einmal, dass der Pfeil ihn verletzen würde.
rrrrnneeeeeee!

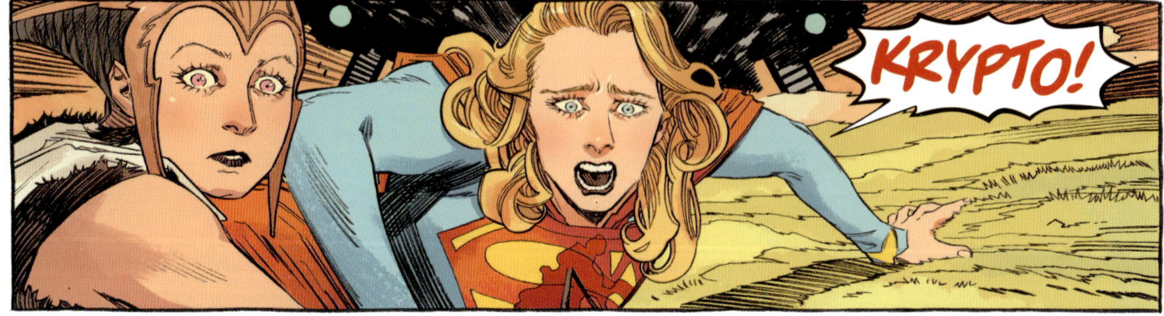
KRYPTO!

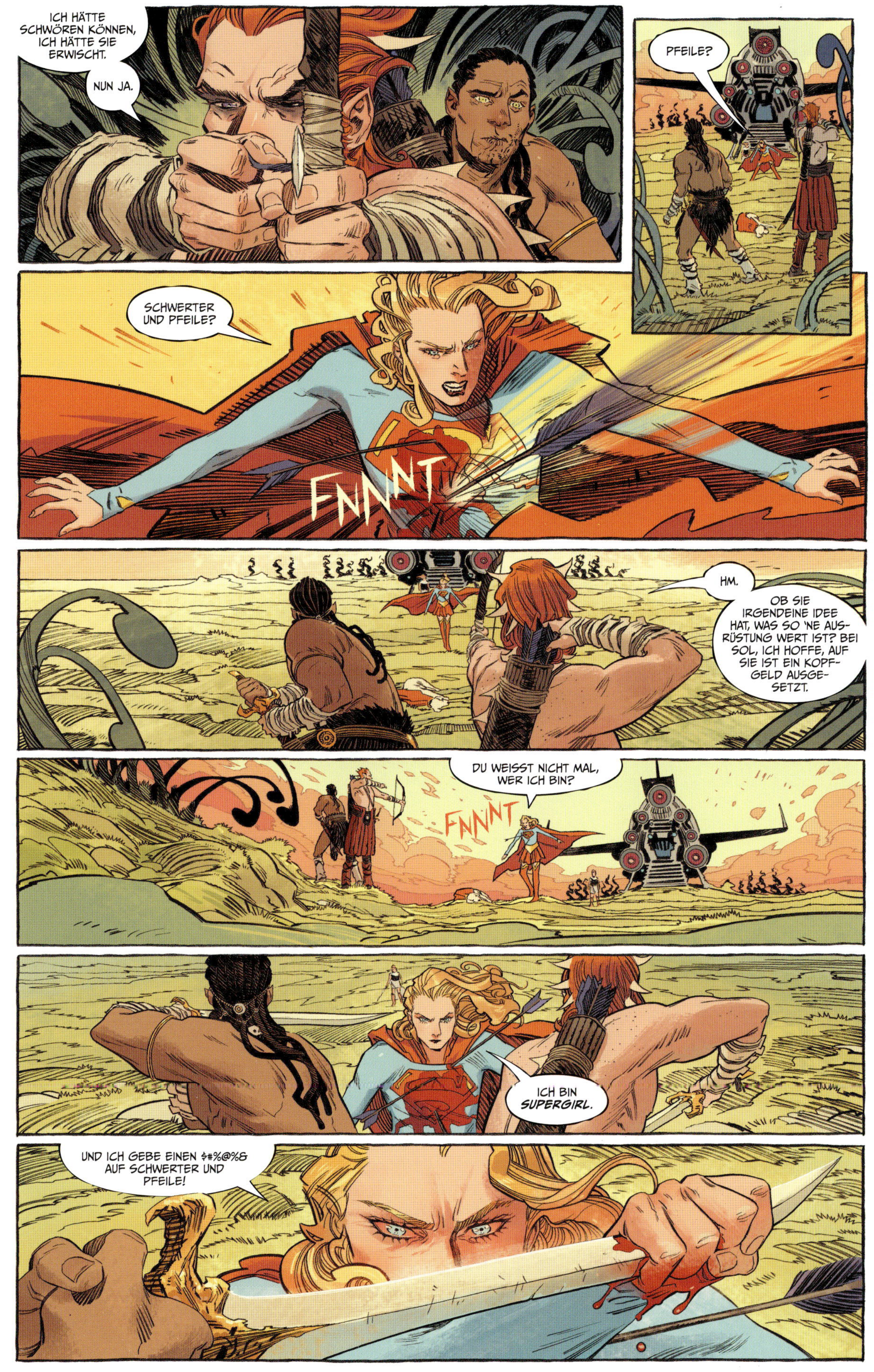
ICH HÄTTE SCHWÖREN KÖNNEN, ICH HÄTTE SIE ERWISCHT.
NUN JA.
PFEILE?
SCHWERTER UND PFEILE?
FNNNT
HM.
OB SIE IRGENDEINE IDEE HAT, WAS SO 'NE AUSRÜSTUNG WERT IST? BEI SOL, ICH HOFFE, AUF SIE IST EIN KOPFGELD AUSGESETZT.
DU WEISST NICHT MAL, WER ICH BIN?
FNNNT
ICH BIN *SUPERGIRL*.
UND ICH GEBE EINEN $#%@%& AUF SCHWERTER UND PFEILE!

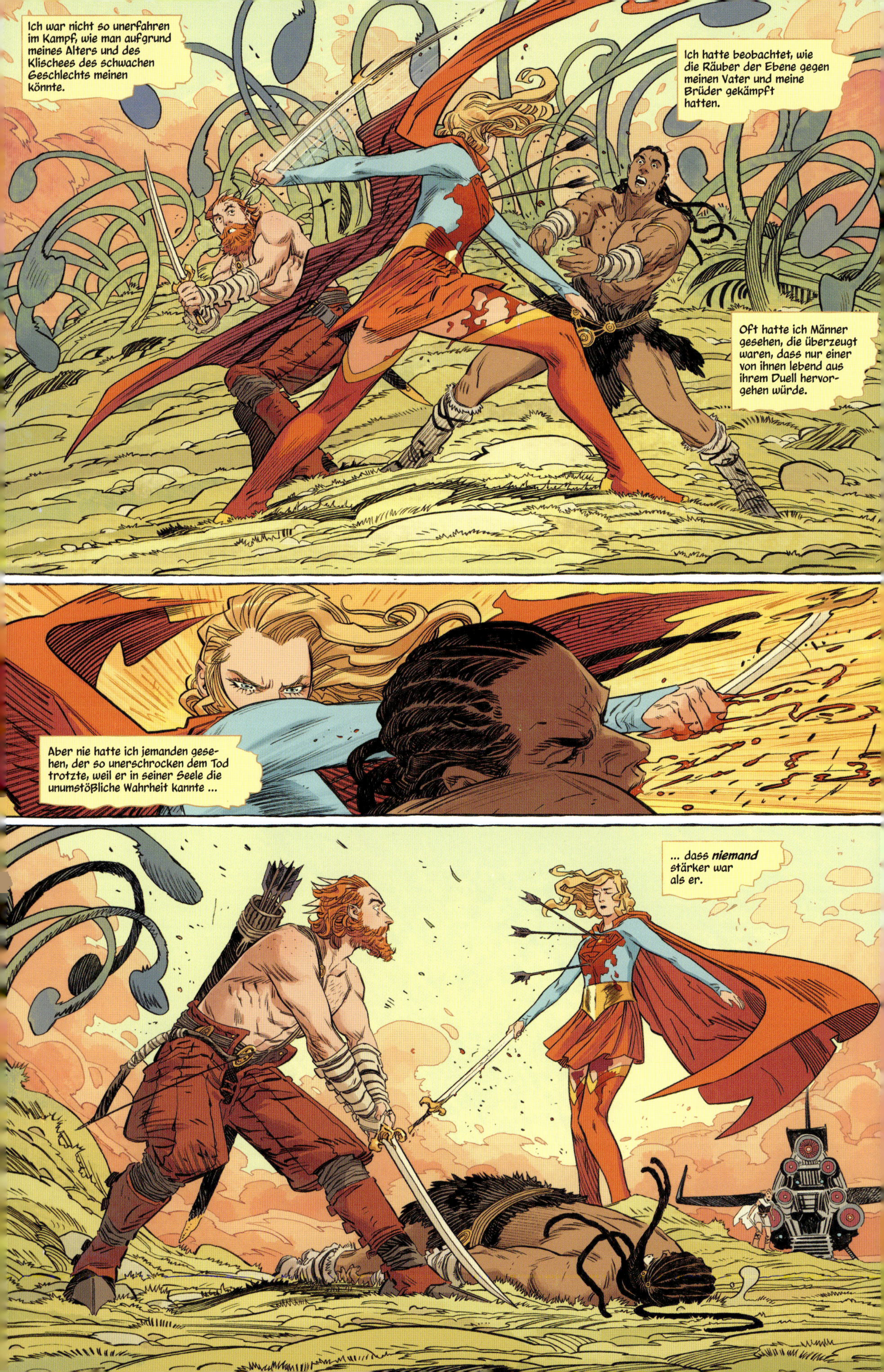
Ich war nicht so unerfahren im Kampf, wie man aufgrund meines Alters und des Klischees des schwachen Geschlechts meinen könnte.
Ich hatte beobachtet, wie die Räuber der Ebene gegen meinen Vater und meine Brüder gekämpft hatten.
Oft hatte ich Männer gesehen, die überzeugt waren, dass nur einer von ihnen lebend aus ihrem Duell hervorgehen würde.
Aber nie hatte ich jemanden gesehen, der so unerschrocken dem Tod trotzte, weil er in seiner Seele die unumstößliche Wahrheit kannte ...
... dass *niemand* stärker war als er.

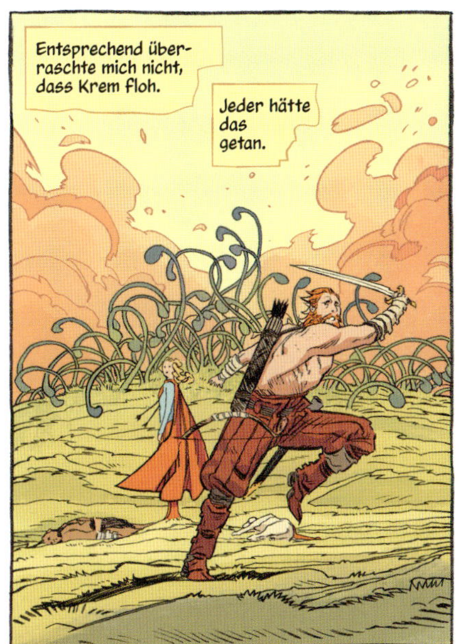
Entsprechend überraschte mich nicht, dass Krem floh.
Jeder hätte das getan.

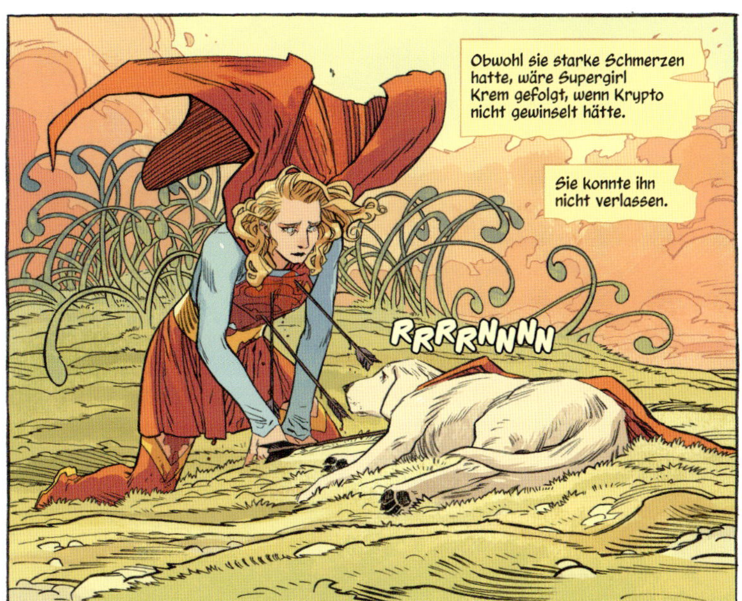
Obwohl sie starke Schmerzen hatte, wäre Supergirl Krem gefolgt, wenn Krypto nicht gewinselt hätte.
Sie konnte ihn nicht verlassen.
RRRRNNNN

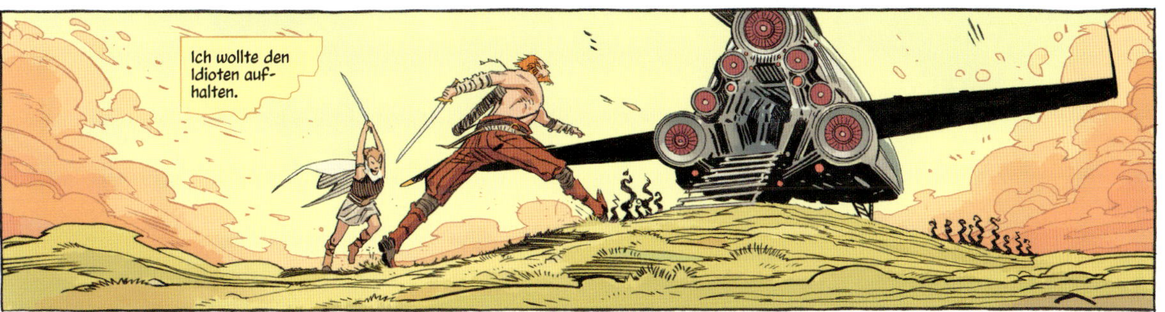
Ich wollte den Idioten aufhalten.

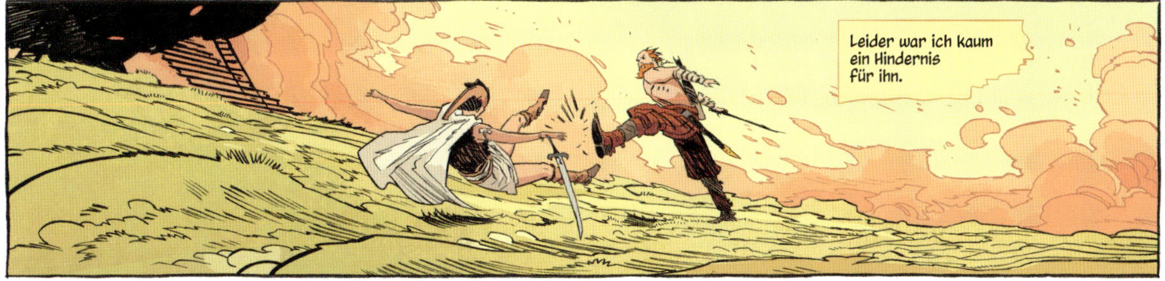
Leider war ich kaum ein Hindernis für ihn.

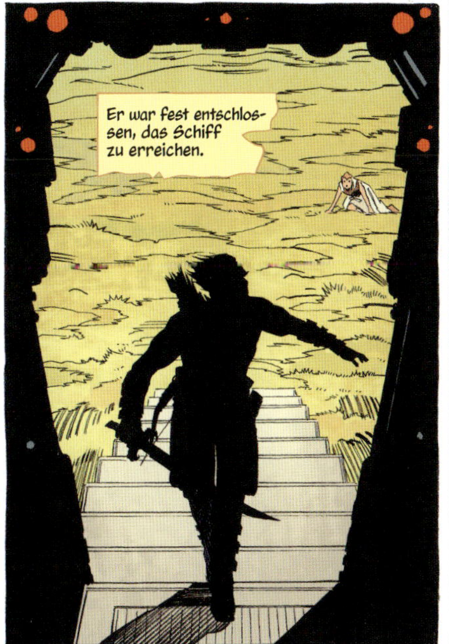
Er war fest entschlossen, das Schiff zu erreichen.

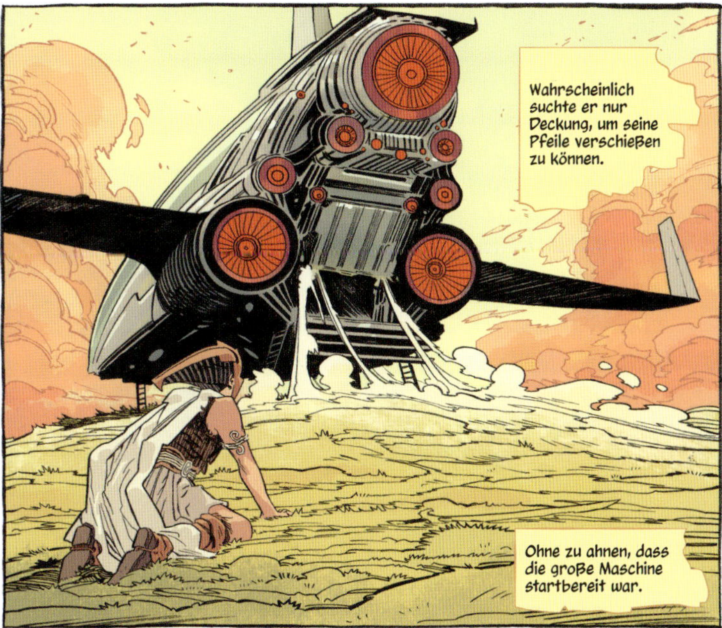
Wahrscheinlich suchte er nur Deckung, um seine Pfeile verschießen zu können.
Ohne zu ahnen, dass die große Maschine startbereit war.

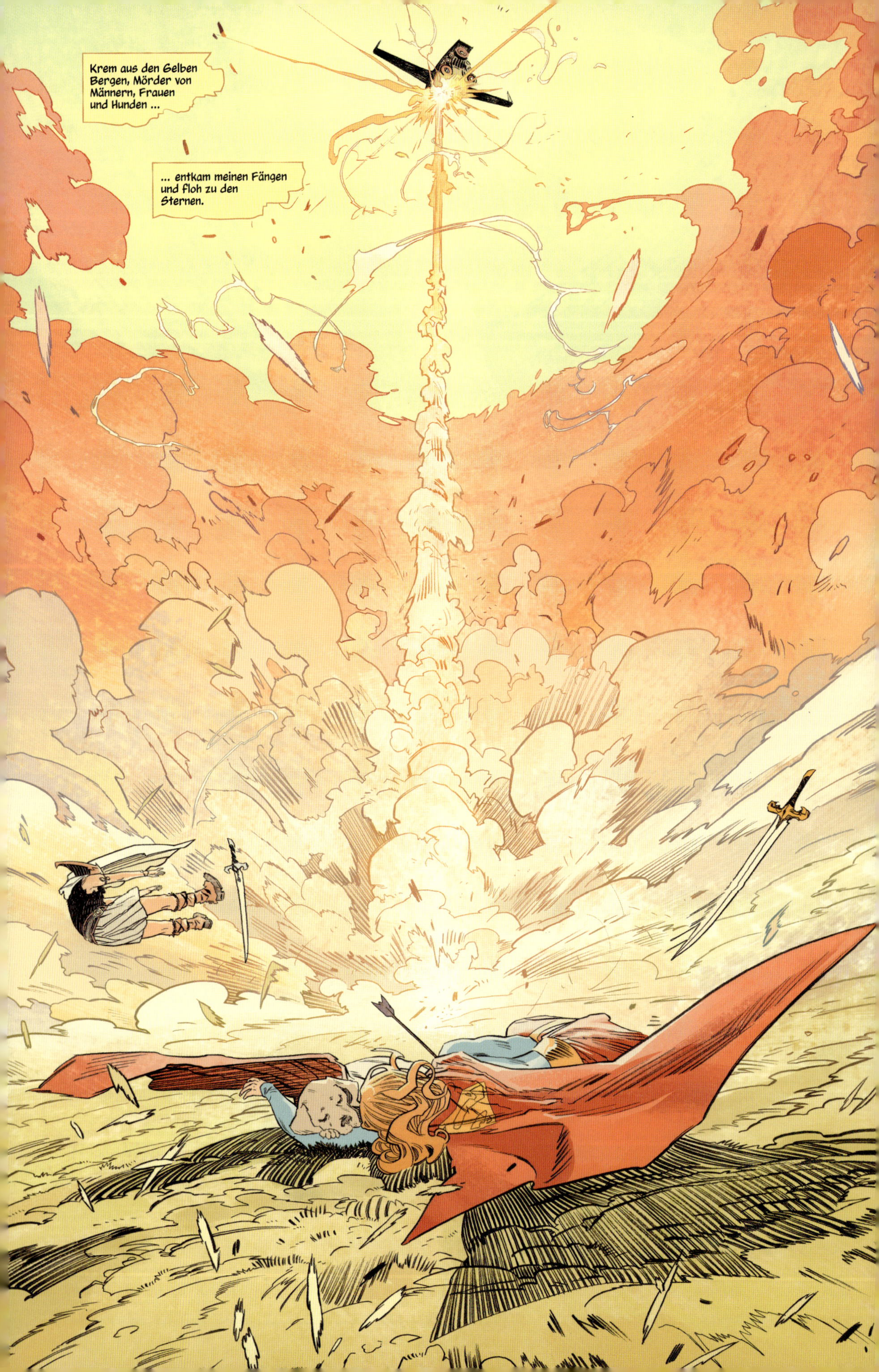
Krem aus den Gelben Bergen, Mörder von Männern, Frauen und Hunden ...
... entkam meinen Fängen und floh zu den Sternen.

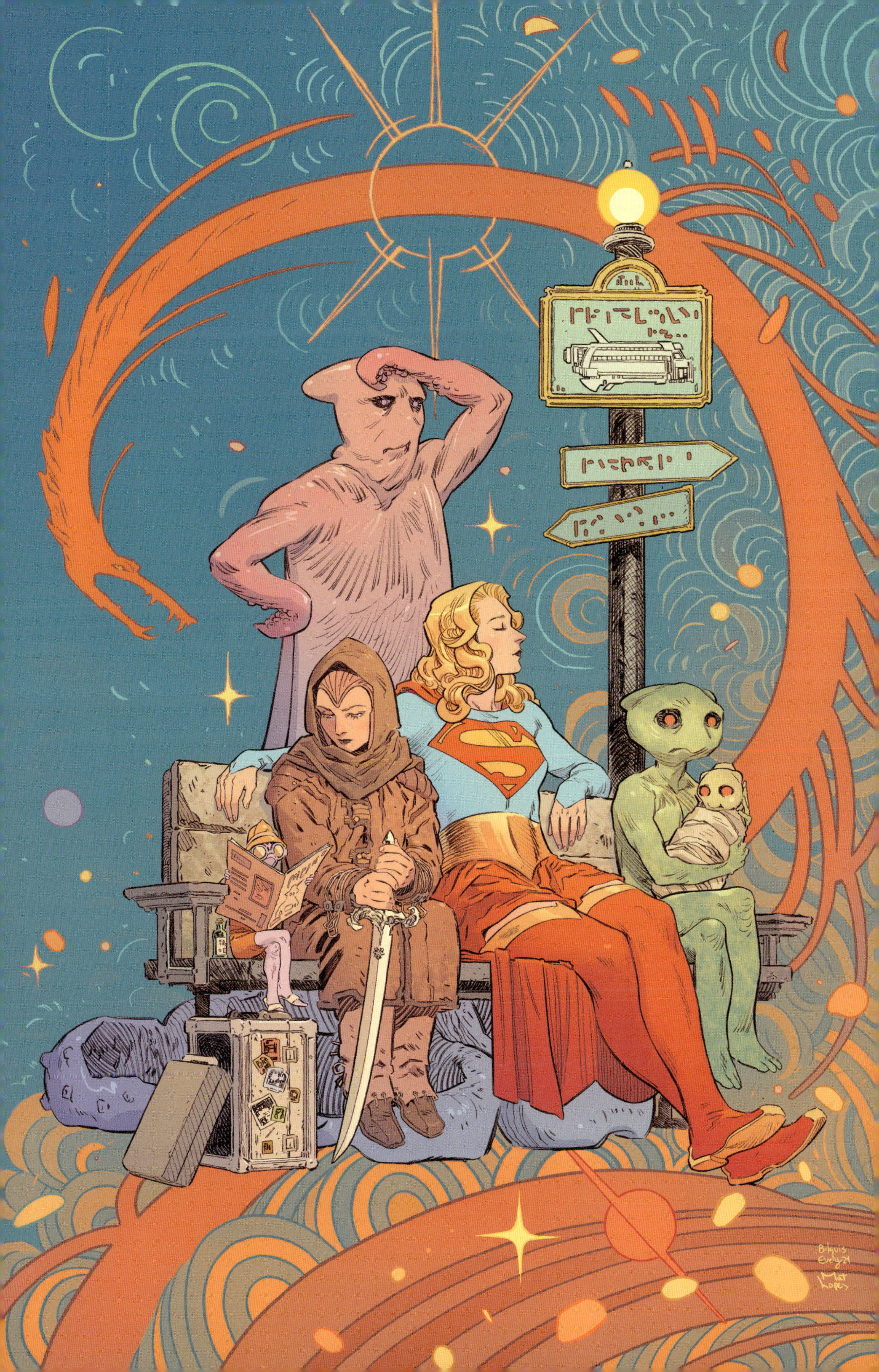

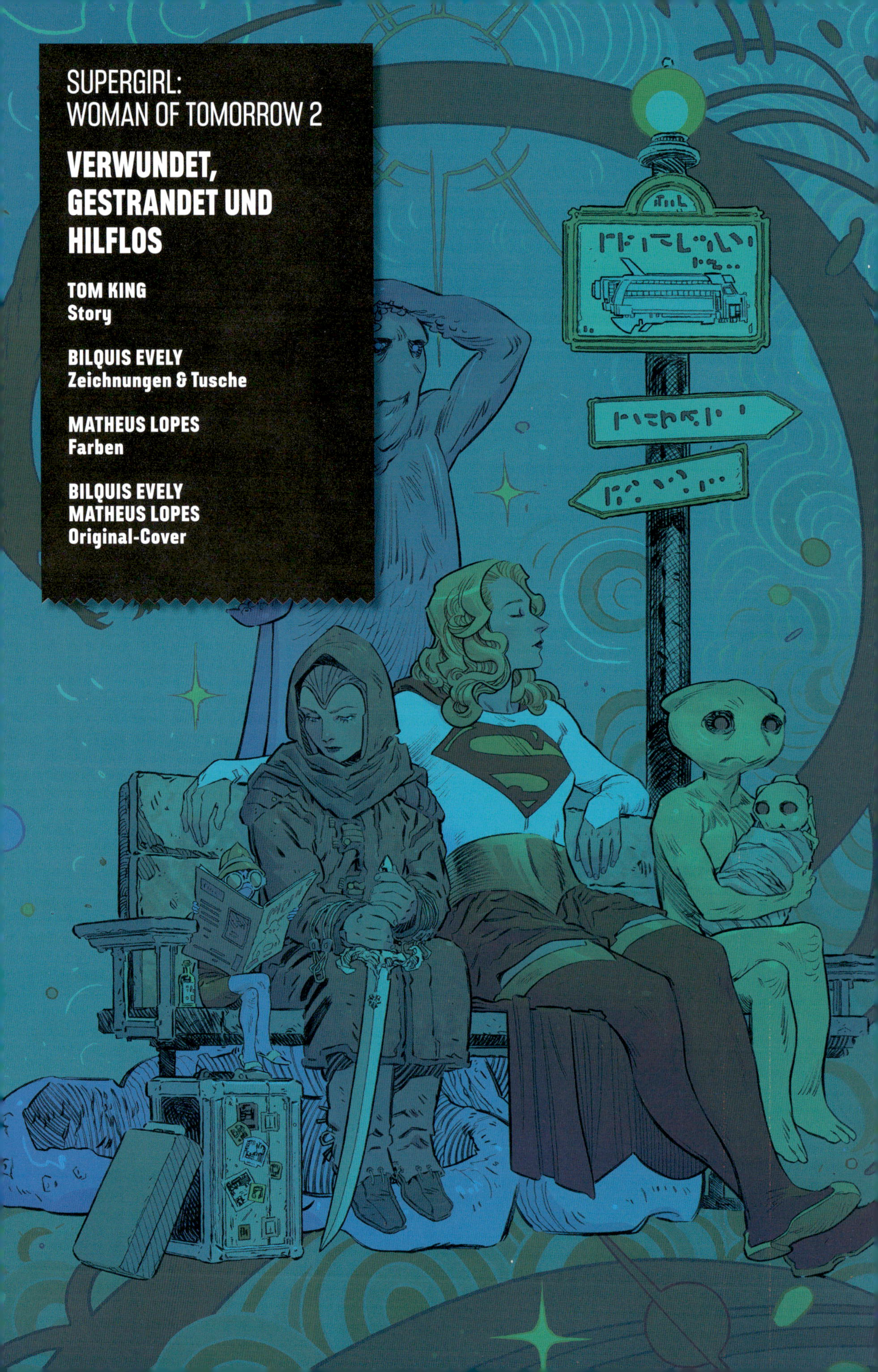

SUPERGIRL:
WOMAN OF TOMORROW 2

VERWUNDET, GESTRANDET UND HILFLOS

TOM KING
Story

BILQUIS EVELY
Zeichnungen & Tusche

MATHEUS LOPES
Farben

BILQUIS EVELY
MATHEUS LOPES
Original-Cover

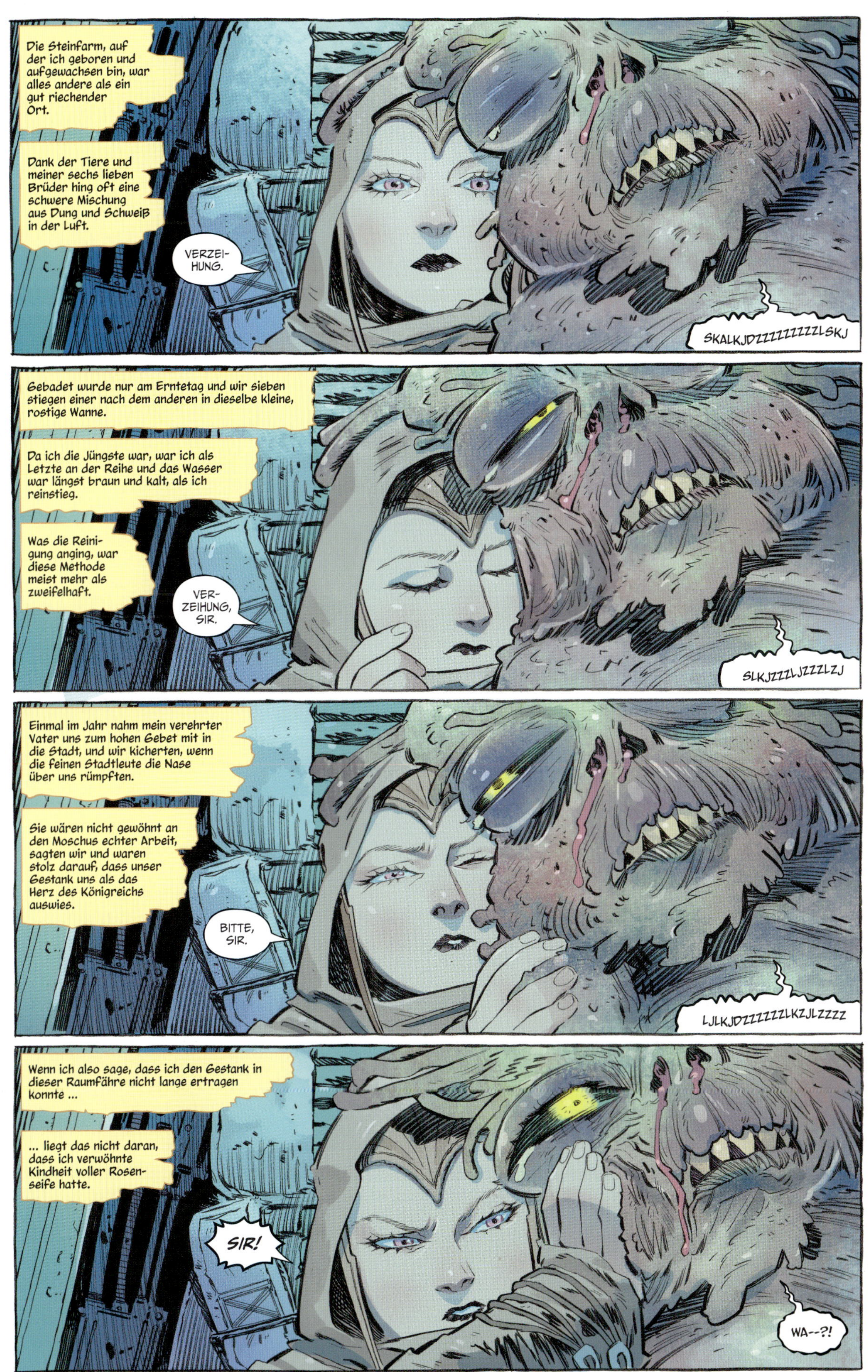
Die Steinfarm, auf der ich geboren und aufgewachsen bin, war alles andere als ein gut riechender Ort.
Dank der Tiere und meiner sechs lieben Brüder hing oft eine schwere Mischung aus Dung und Schweiß in der Luft.
VERZEI-HUNG.
SKALKJDZZZZZZZZZLSKJ
Gebadet wurde nur am Erntetag und wir sieben stiegen einer nach dem anderen in dieselbe kleine, rostige Wanne.
Da ich die Jüngste war, war ich als Letzte an der Reihe und das Wasser war längst braun und kalt, als ich reinstieg.
Was die Reinigung anging, war diese Methode meist mehr als zweifelhaft.
VERZEIHUNG, SIR.
SLKJZZZLJZZZLZJ
Einmal im Jahr nahm mein verehrter Vater uns zum hohen Gebet mit in die Stadt, und wir kicherten, wenn die feinen Stadtleute die Nase über uns rümpften.
Sie wären nicht gewöhnt an den Moschus echter Arbeit, sagten wir und waren stolz darauf, dass unser Gestank uns als das Herz des Königreichs auswies.
BITTE, SIR.
LJLKJDZZZZZZZLKZJLZZZZ
Wenn ich also sage, dass ich den Gestank in dieser Raumfähre nicht lange ertragen konnte ...
... liegt das nicht daran, dass ich verwöhnte Kindheit voller Rosenseife hatte.
SIR!
WA--?!

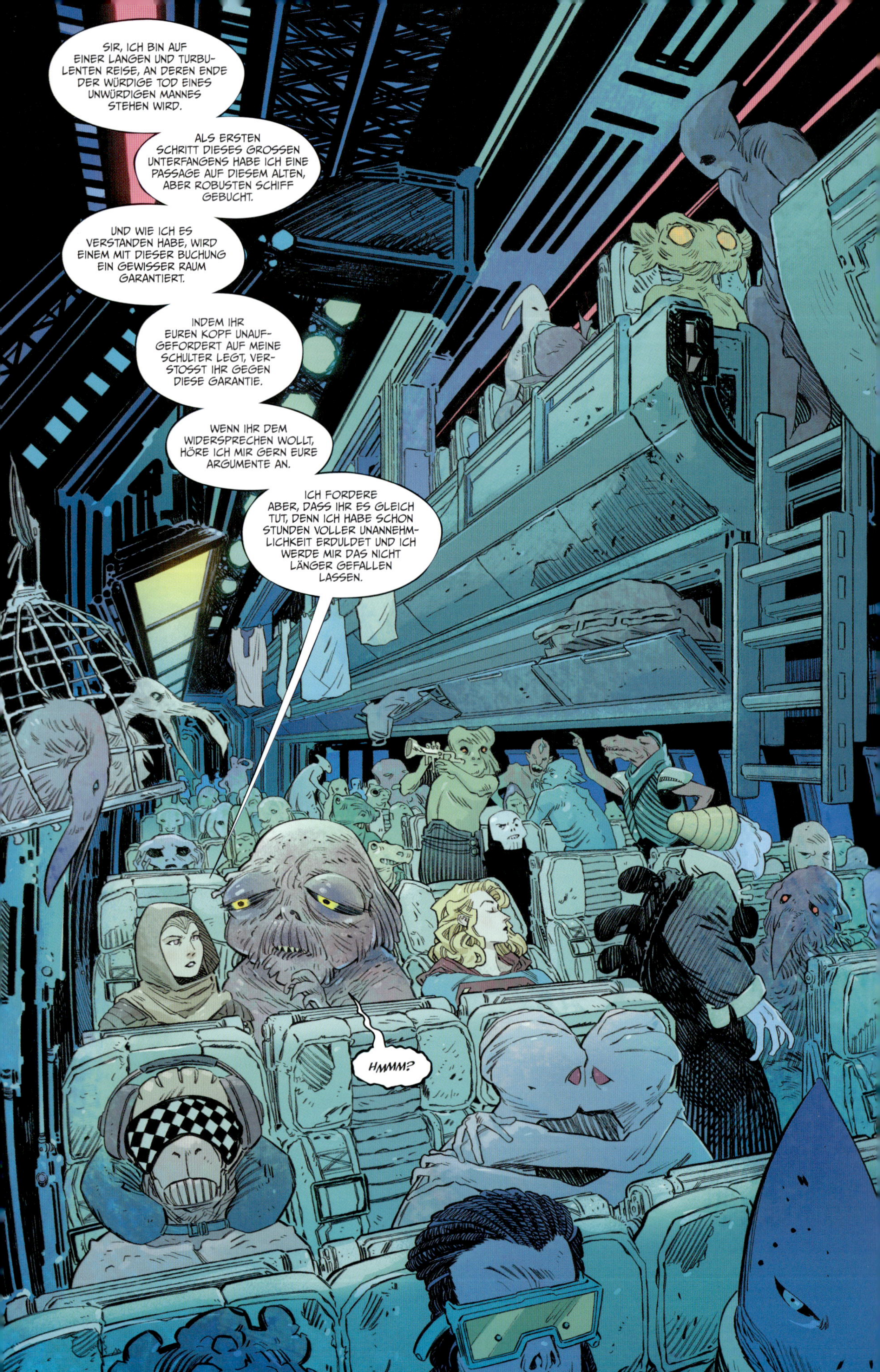
SIR, ICH BIN AUF EINER LANGEN UND TURBULENTEN REISE, AN DEREN ENDE DER WÜRDIGE TOD EINES UNWÜRDIGEN MANNES STEHEN WIRD.
ALS ERSTEN SCHRITT DIESES GROSSEN UNTERFANGENS HABE ICH EINE PASSAGE AUF DIESEM ALTEN, ABER ROBUSTEN SCHIFF GEBUCHT.
UND WIE ICH ES VERSTANDEN HABE, WIRD EINEM MIT DIESER BUCHUNG EIN GEWISSER RAUM GARANTIERT.
INDEM IHR EUREN KOPF UNAUFGEFORDERT AUF MEINE SCHULTER LEGT, VERSTOSST IHR GEGEN DIESE GARANTIE.
WENN IHR DEM WIDERSPRECHEN WOLLT, HÖRE ICH MIR GERN EURE ARGUMENTE AN.
ICH FORDERE ABER, DASS IHR ES GLEICH TUT, DENN ICH HABE SCHON STUNDEN VOLLER UNANNEHMLICHKEIT ERDULDET UND ICH WERDE MIR DAS NICHT LÄNGER GEFALLEN LASSEN.
HMMM?

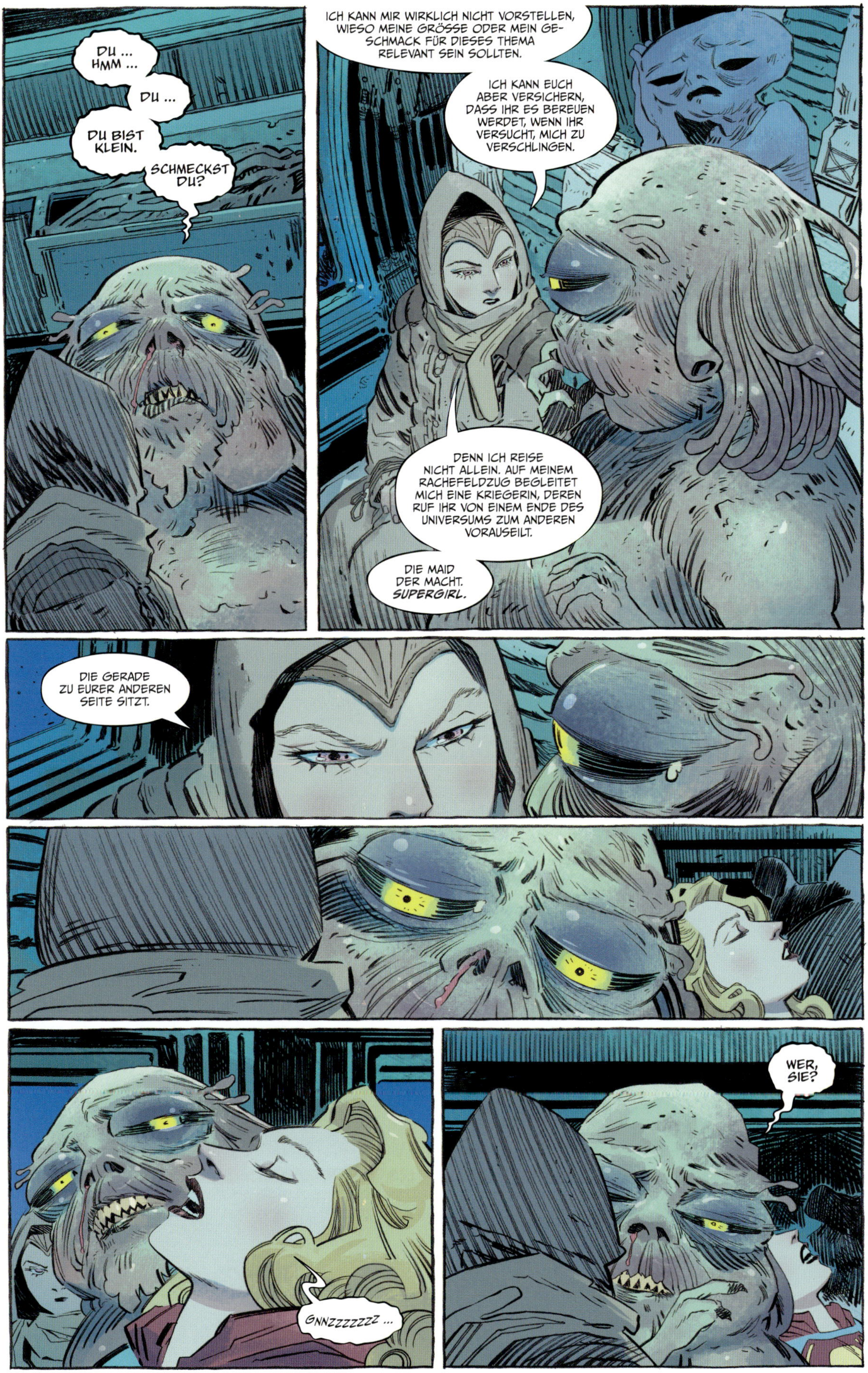

DU ... HMM ...
DU ...
DU BIST KLEIN.
SCHMECKST DU?

ICH KANN MIR WIRKLICH NICHT VORSTELLEN, WIESO MEINE GRÖSSE ODER MEIN GESCHMACK FÜR DIESES THEMA RELEVANT SEIN SOLLTEN.
ICH KANN EUCH ABER VERSICHERN, DASS IHR ES BEREUEN WERDET, WENN IHR VERSUCHT, MICH ZU VERSCHLINGEN.
DENN ICH REISE NICHT ALLEIN. AUF MEINEM RACHEFELDZUG BEGLEITET MICH EINE KRIEGERIN, DEREN RUF IHR VON EINEM ENDE DES UNIVERSUMS ZUM ANDEREN VORAUSEILT.
DIE MAID DER MACHT. ***SUPERGIRL.***

DIE GERADE ZU EURER ANDEREN SEITE SITZT.

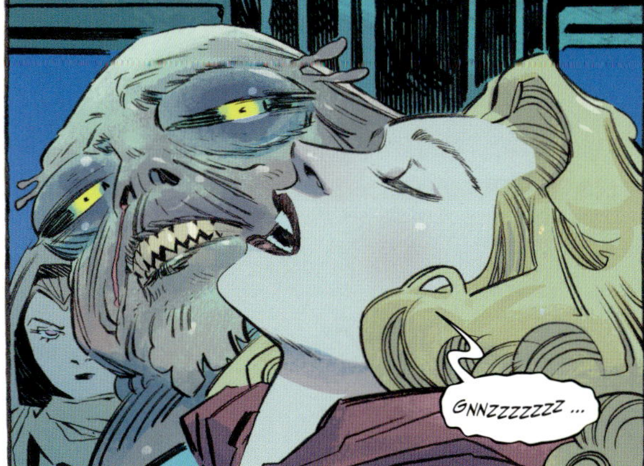

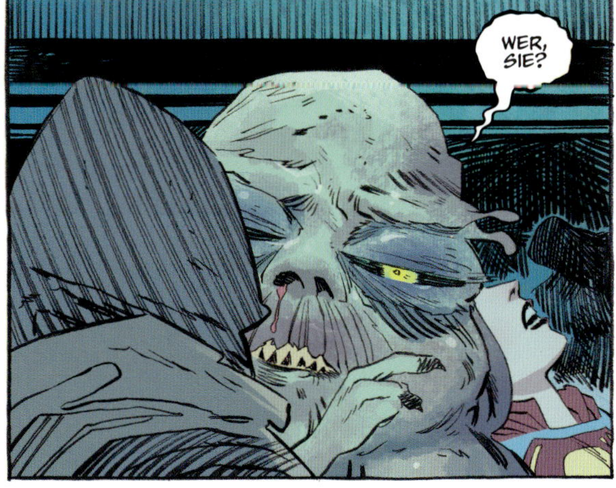

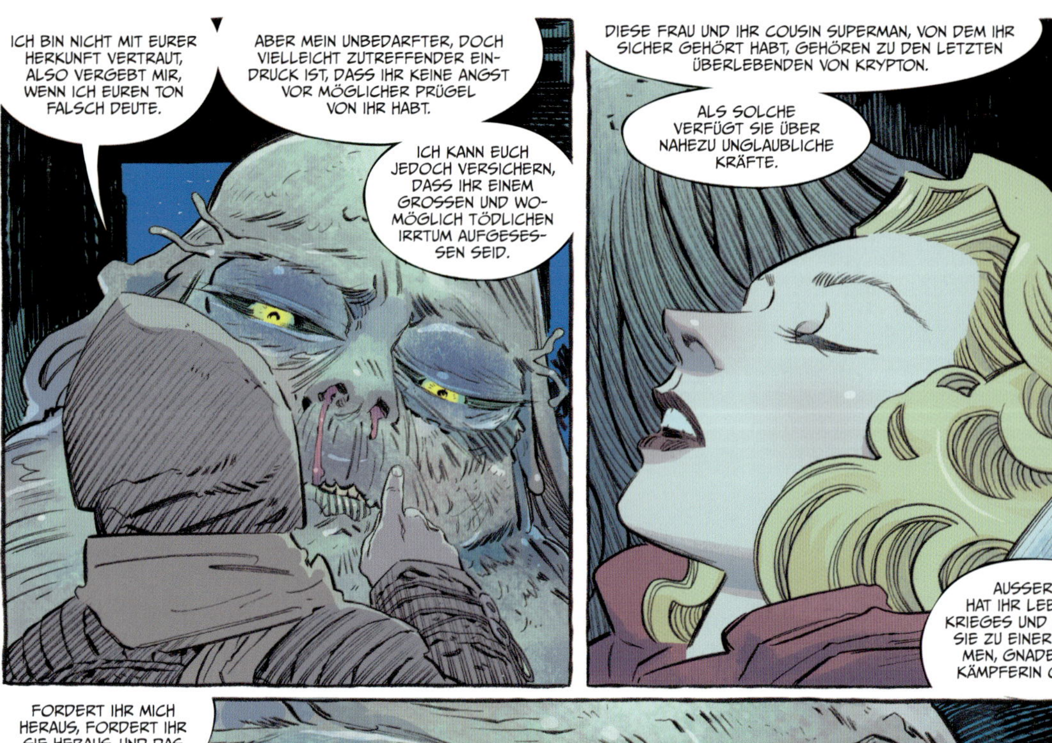
ICH BIN NICHT MIT EURER HERKUNFT VERTRAUT, ALSO VERGEBT MIR, WENN ICH EUREN TON FALSCH DEUTE.
ABER MEIN UNBEDARFTER, DOCH VIELLEICHT ZUTREFFENDER EINDRUCK IST, DASS IHR KEINE ANGST VOR MÖGLICHER PRÜGEL VON IHR HABT.
ICH KANN EUCH JEDOCH VERSICHERN, DASS IHR EINEM GROSSEN UND WOMÖGLICH TÖDLICHEN IRRTUM AUFGESESSEN SEID.
DIESE FRAU UND IHR COUSIN SUPERMAN, VON DEM IHR SICHER GEHÖRT HABT, GEHÖREN ZU DEN LETZTEN ÜBERLEBENDEN VON KRYPTON.
ALS SOLCHE VERFÜGT SIE ÜBER NAHEZU UNGLAUBLICHE KRÄFTE.
AUSSERDEM HAT IHR LEBEN DES KRIEGES UND DES LEIDS SIE ZU EINER GRAUSAMEN, GNADENLOSEN KÄMPFERIN GEMACHT.

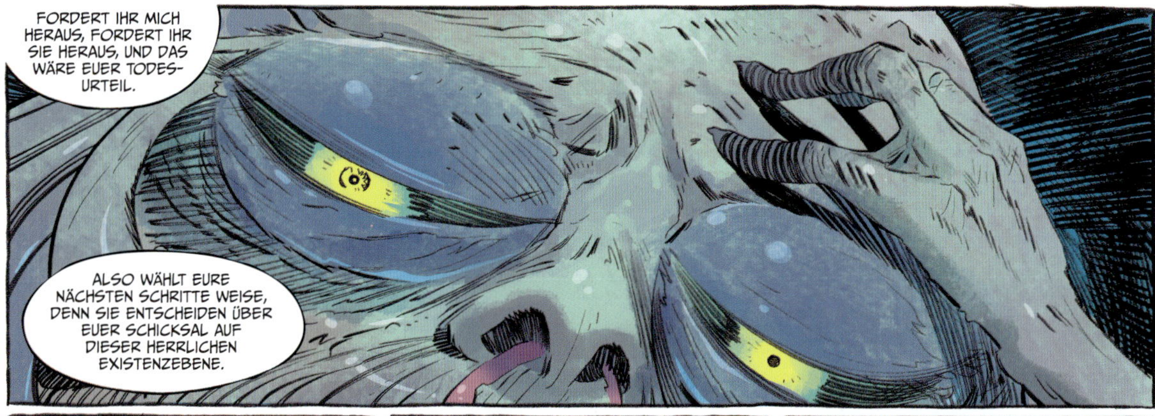
FORDERT IHR MICH HERAUS, FORDERT IHR SIE HERAUS, UND DAS WÄRE EUER TODESURTEIL.
ALSO WÄHLT EURE NÄCHSTEN SCHRITTE WEISE, DENN SIE ENTSCHEIDEN ÜBER EUER SCHICKSAL AUF DIESER HERRLICHEN EXISTENZEBENE.

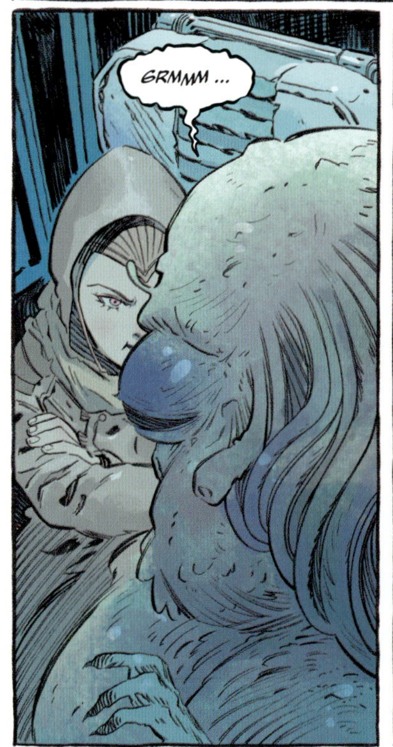
GRMMM ...

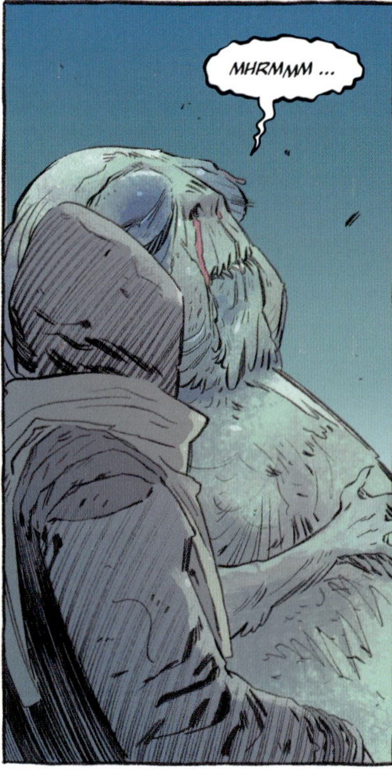
MHRMMM ...

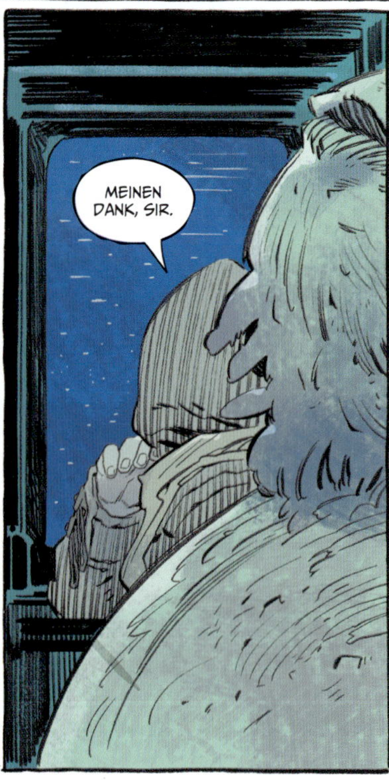
MEINEN DANK, SIR.

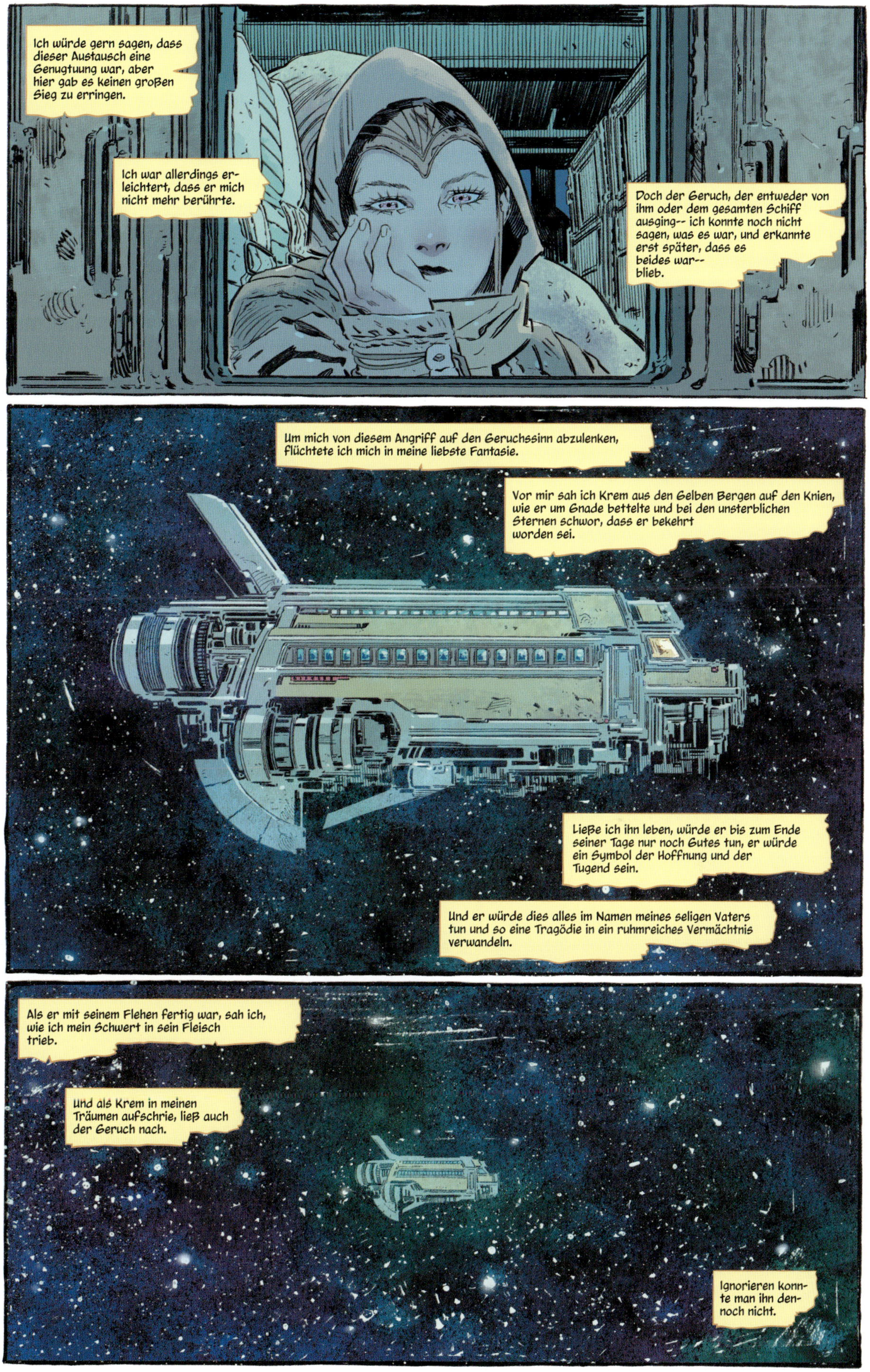

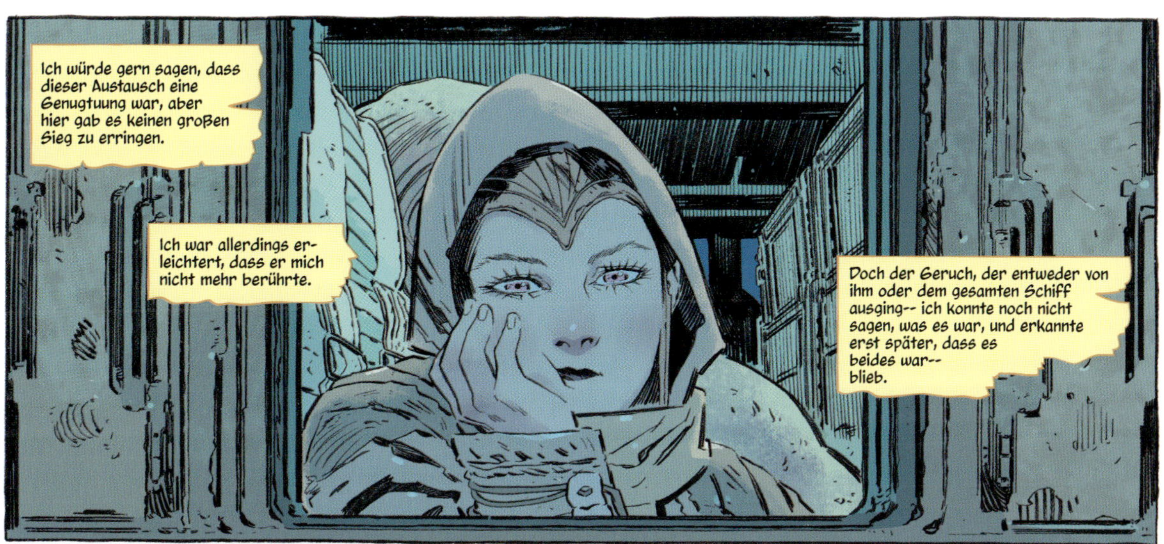

Um mich von diesem Angriff auf den Geruchssinn abzulenken, flüchtete ich mich in meine liebste Fantasie.

Vor mir sah ich Krem aus den Gelben Bergen auf den Knien, wie er um Gnade bettelte und bei den unsterblichen Sternen schwor, dass er bekehrt worden sei.

Ließe ich ihn leben, würde er bis zum Ende seiner Tage nur noch Gutes tun, er würde ein Symbol der Hoffnung und der Tugend sein.

Und er würde dies alles im Namen meines seligen Vaters tun und so eine Tragödie in ein ruhmreiches Vermächtnis verwandeln.

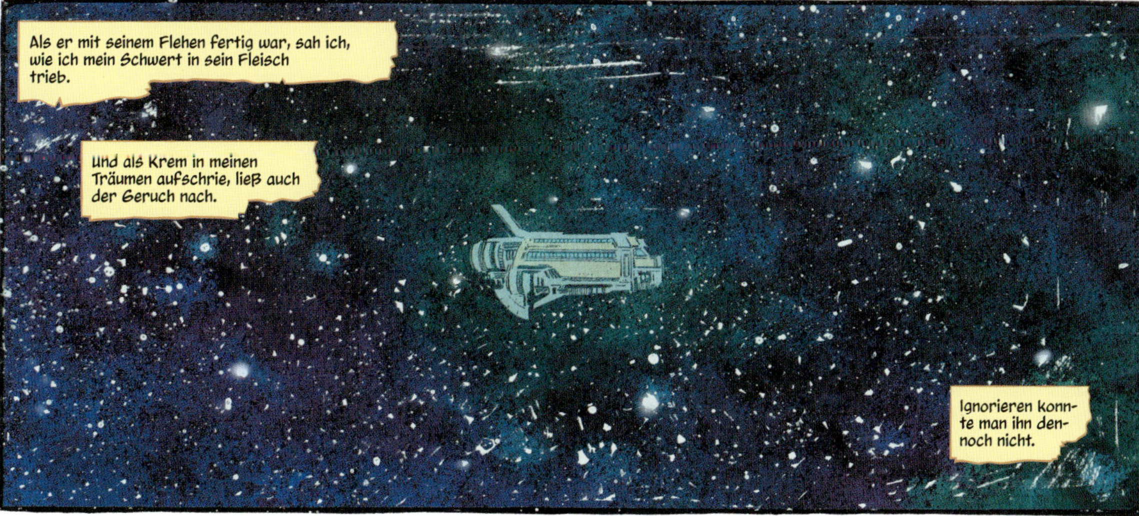

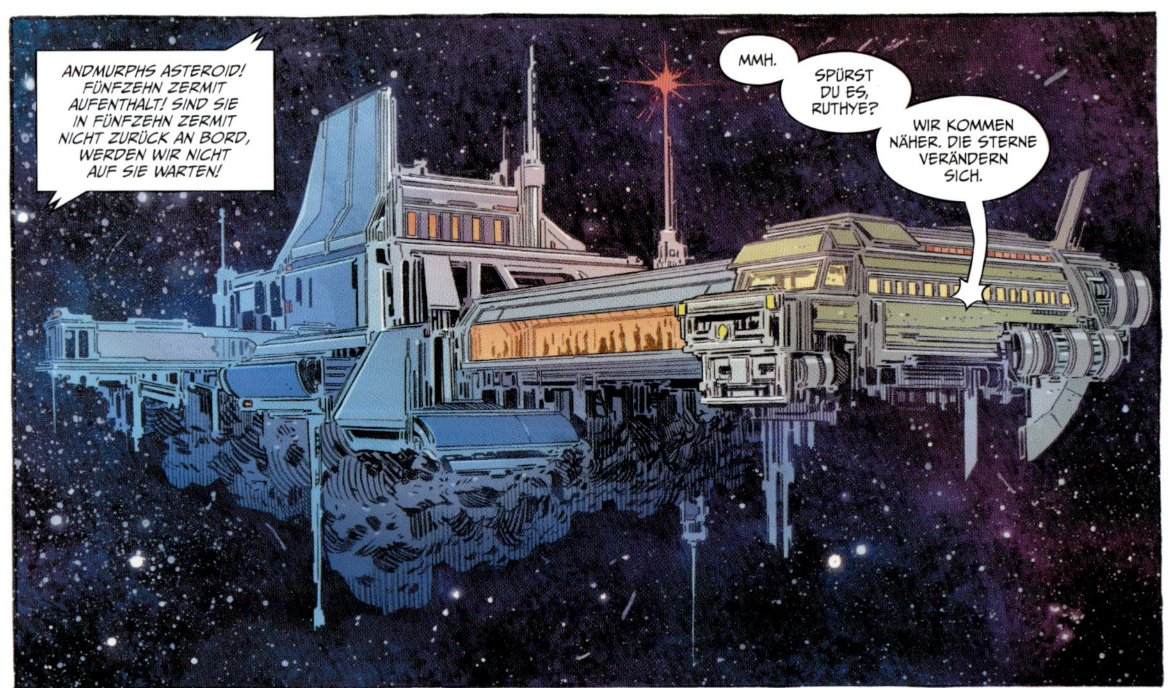
ANDMURPHS ASTEROID! FÜNFZEHN ZERMIT AUFENTHALT! SIND SIE IN FÜNFZEHN ZERMIT NICHT ZURÜCK AN BORD, WERDEN WIR NICHT AUF SIE WARTEN!
MMH.
SPÜRST DU ES, RUTHYE?
WIR KOMMEN NÄHER. DIE STERNE VERÄNDERN SICH.

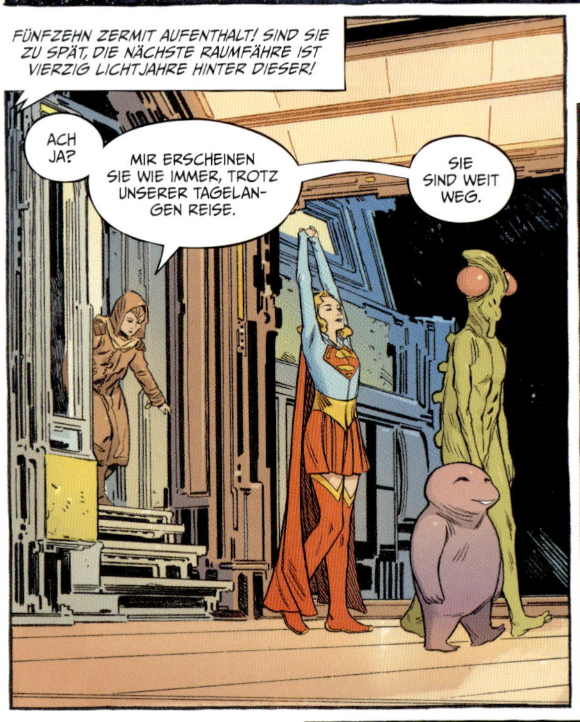
FÜNFZEHN ZERMIT AUFENTHALT! SIND SIE ZU SPÄT, DIE NÄCHSTE RAUMFÄHRE IST VIERZIG LICHTJAHRE HINTER DIESER!
ACH JA?
MIR ERSCHEINEN SIE WIE IMMER, TROTZ UNSERER TAGELANGEN REISE.
SIE SIND WEIT WEG.

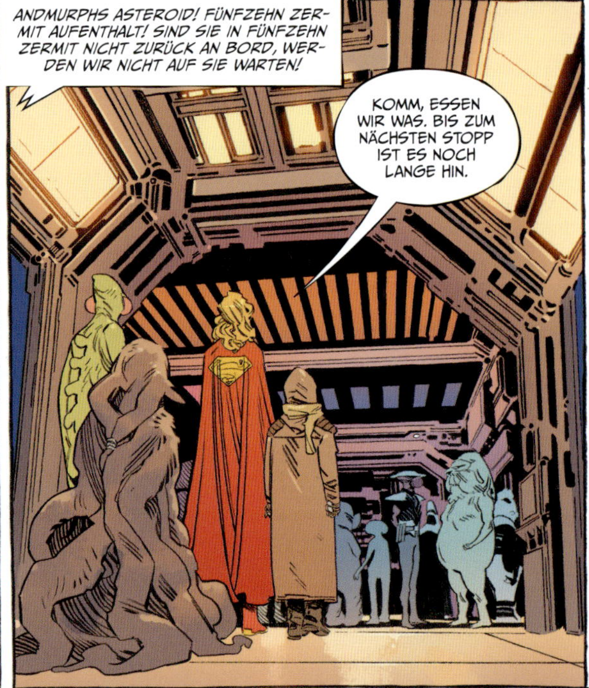
ANDMURPHS ASTEROID! FÜNFZEHN ZERMIT AUFENTHALT! SIND SIE IN FÜNFZEHN ZERMIT NICHT ZURÜCK AN BORD, WERDEN WIR NICHT AUF SIE WARTEN!
KOMM, ESSEN WIR WAS. BIS ZUM NÄCHSTEN STOPP IST ES NOCH LANGE HIN.

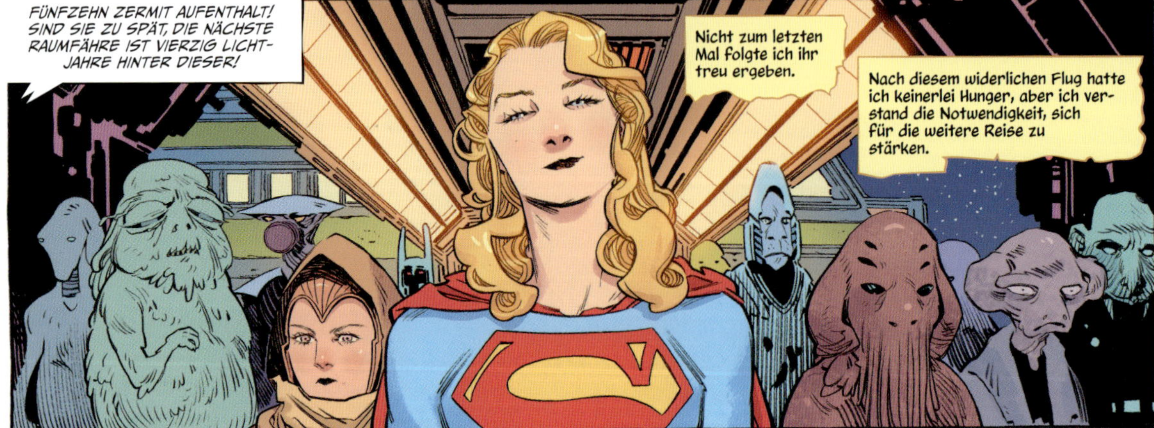
FÜNFZEHN ZERMIT AUFENTHALT! SIND SIE ZU SPÄT, DIE NÄCHSTE RAUMFÄHRE IST VIERZIG LICHTJAHRE HINTER DIESER!
Nicht zum letzten Mal folgte ich ihr treu ergeben.
Nach diesem widerlichen Flug hatte ich keinerlei Hunger, aber ich verstand die Notwendigkeit, sich für die weitere Reise zu stärken.

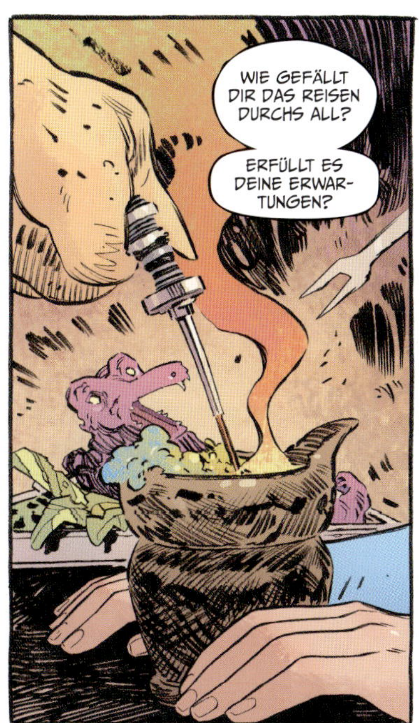
WIE GEFÄLLT DIR DAS REISEN DURCHS ALL?
ERFÜLLT ES DEINE ERWAR-TUNGEN?
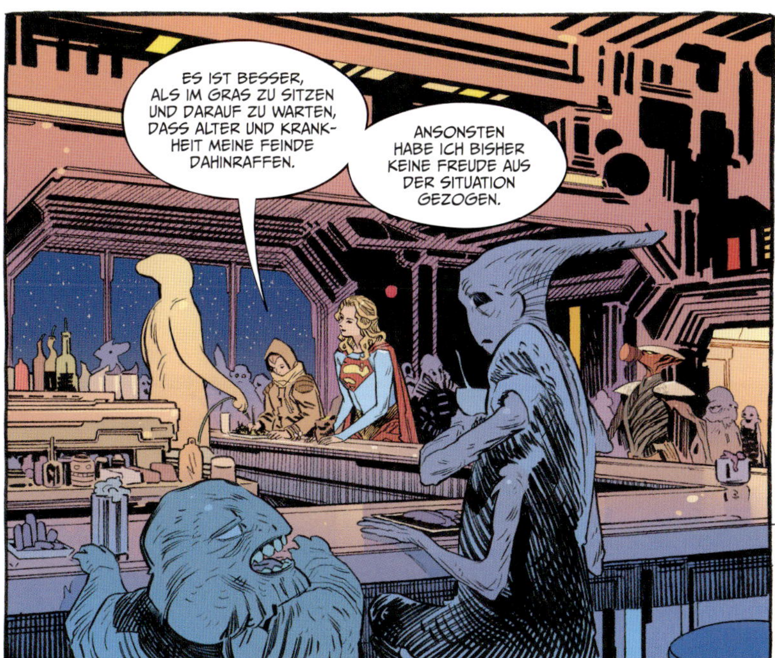
ES IST BESSER, ALS IM GRAS ZU SITZEN UND DARAUF ZU WARTEN, DASS ALTER UND KRANK-HEIT MEINE FEINDE DAHINRAFFEN.
ANSONSTEN HABE ICH BISHER KEINE FREUDE AUS DER SITUATION GEZOGEN.
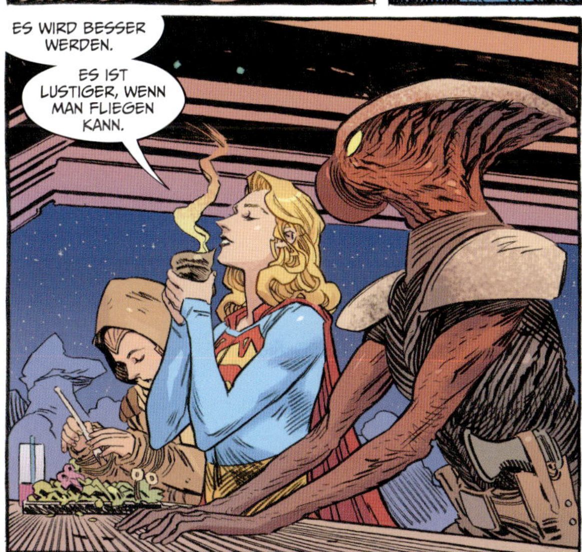
ES WIRD BESSER WERDEN.
ES IST LUSTIGER, WENN MAN FLIEGEN KANN.
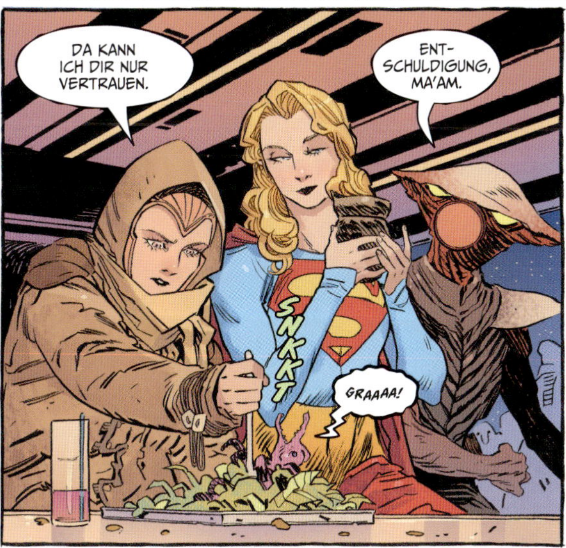
DA KANN ICH DIR NUR VERTRAUEN.
ENT-SCHULDIGUNG, MA'AM.
SNKKT
GRAAAA!
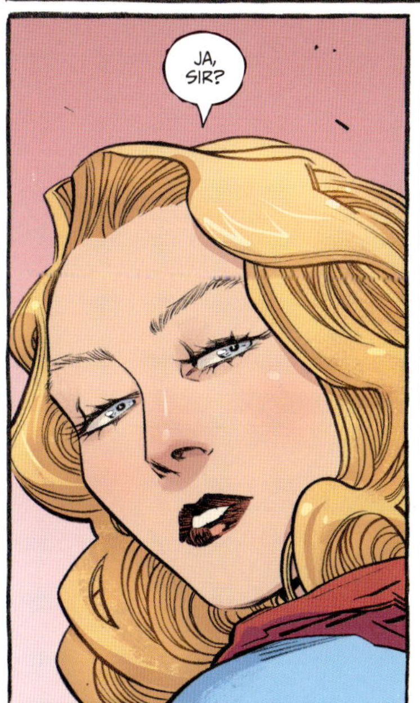
JA, SIR?
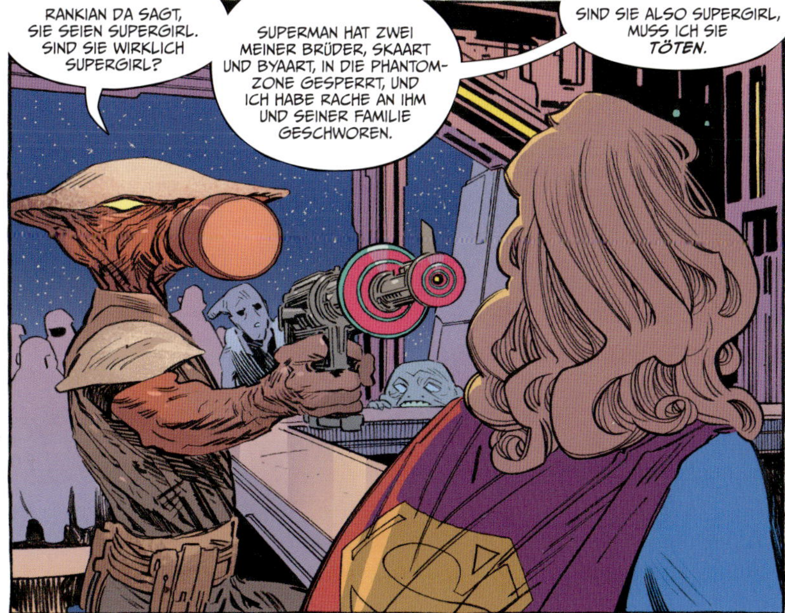
RANKIAN DA SAGT, SIE SEIEN SUPERGIRL. SIND SIE WIRKLICH SUPERGIRL?
SUPERMAN HAT ZWEI MEINER BRÜDER, SKAART UND BYAART, IN DIE PHANTOM-ZONE GESPERRT, UND ICH HABE RACHE AN IHM UND SEINER FAMILIE GESCHWOREN.
SIND SIE ALSO SUPERGIRL, MUSS ICH SIE *TÖTEN.*

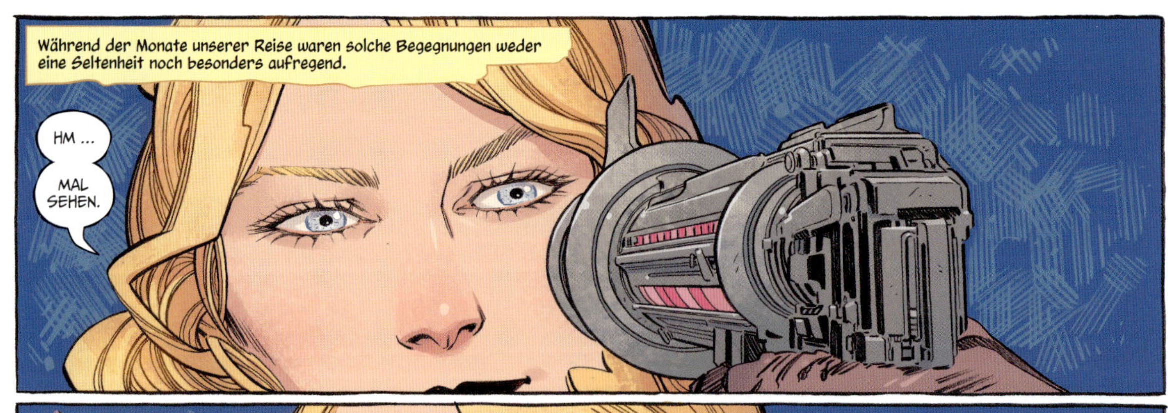
Während der Monate unserer Reise waren solche Begegnungen weder eine Seltenheit noch besonders aufregend.
HM ...
MAL SEHEN.

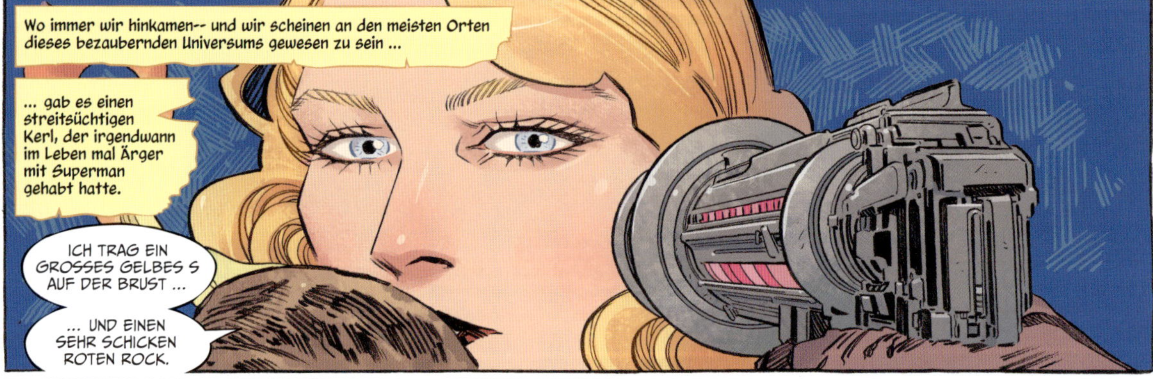
Wo immer wir hinkamen-- und wir scheinen an den meisten Orten dieses bezaubernden Universums gewesen zu sein ...
... gab es einen streitsüchtigen Kerl, der irgendwann im Leben mal Ärger mit Superman gehabt hatte.
ICH TRAG EIN GROSSES GELBES S AUF DER BRUST ...
... UND EINEN SEHR SCHICKEN ROTEN ROCK.

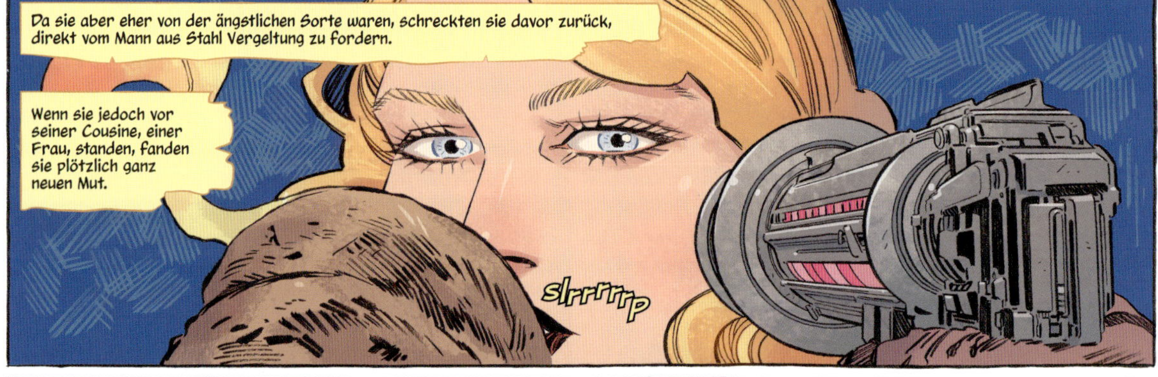
Da sie aber eher von der ängstlichen Sorte waren, schreckten sie davor zurück, direkt vom Mann aus Stahl Vergeltung zu fordern.
Wenn sie jedoch vor seiner Cousine, einer Frau, standen, fanden sie plötzlich ganz neuen Mut.
slrrrrrp

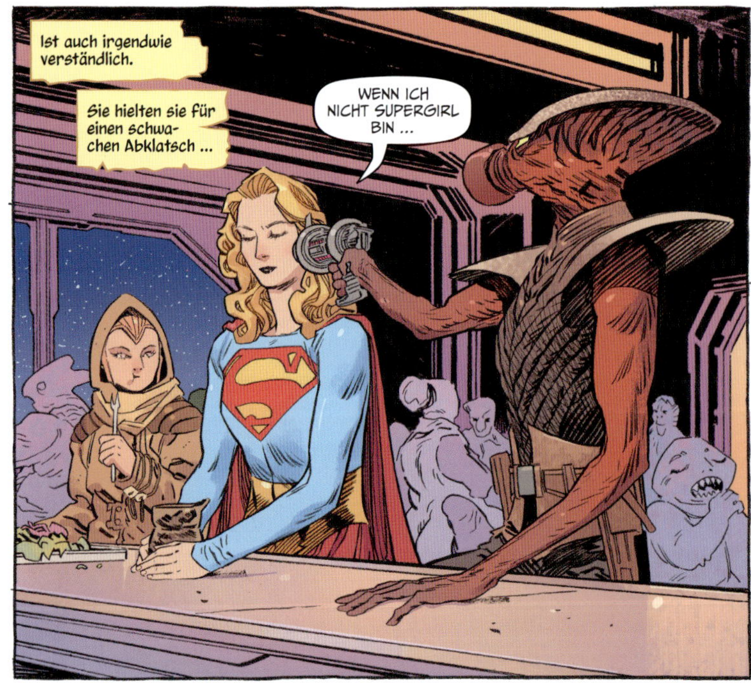
Ist auch irgendwie verständlich.
Sie hielten sie für einen schwachen Abklatsch ...
WENN ICH NICHT SUPERGIRL BIN ...

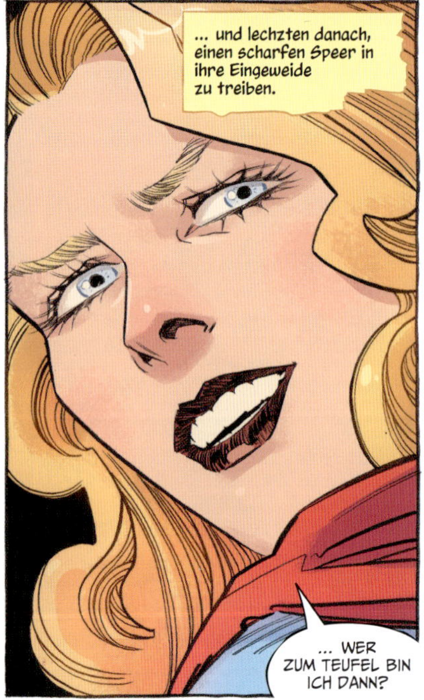
... und lechzten danach, einen scharfen Speer in ihre Eingeweide zu treiben.
... WER ZUM TEUFEL BIN ICH DANN?

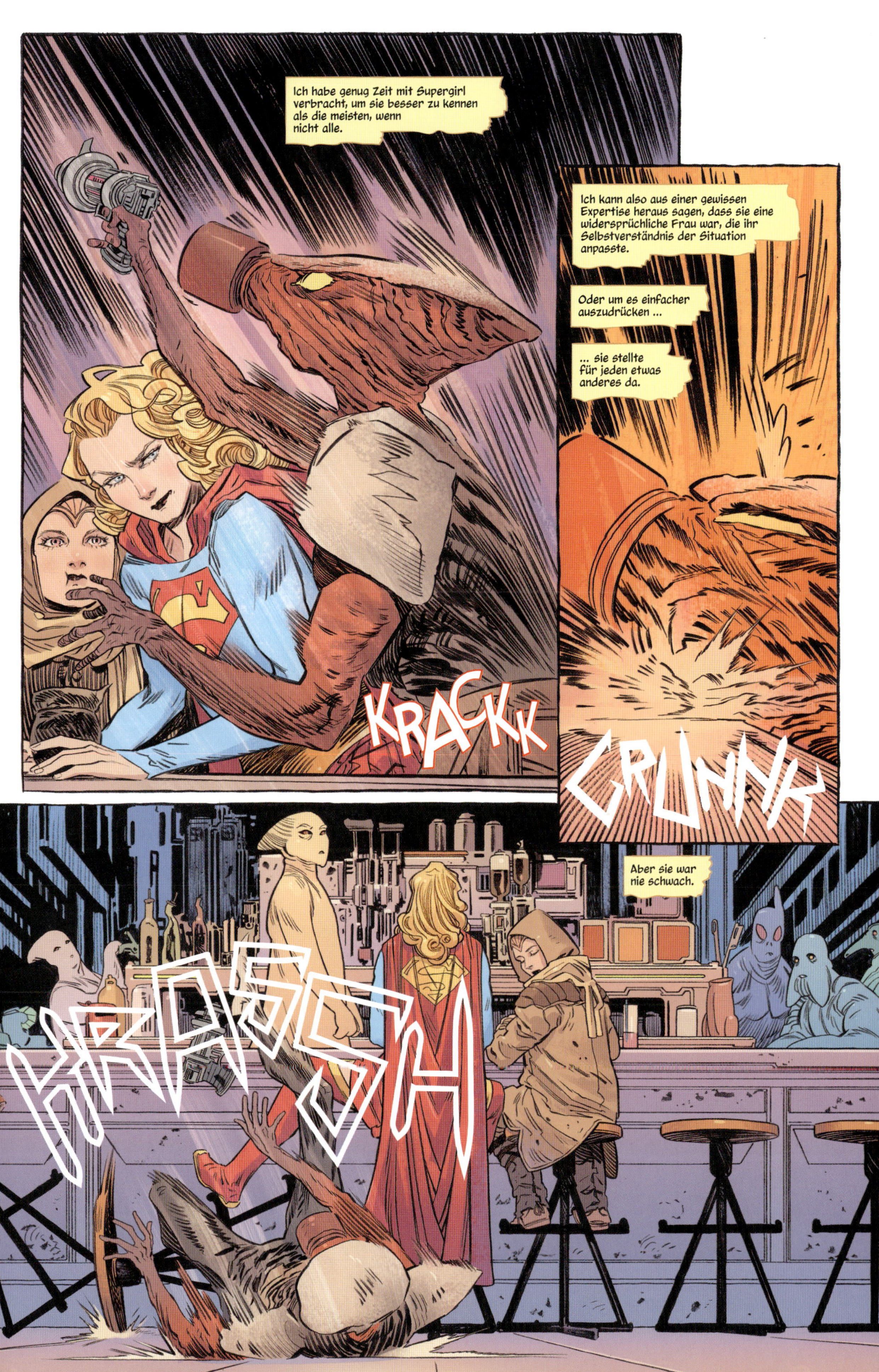
Ich habe genug Zeit mit Supergirl verbracht, um sie besser zu kennen als die meisten, wenn nicht alle.
KRACKK
Ich kann also aus einer gewissen Expertise heraus sagen, dass sie eine widersprüchliche Frau war, die ihr Selbstverständnis der Situation anpasste.
Oder um es einfacher auszudrücken ...
... sie stellte für jeden etwas anderes da.
GRUNNK
Aber sie war nie schwach.
KRASCH

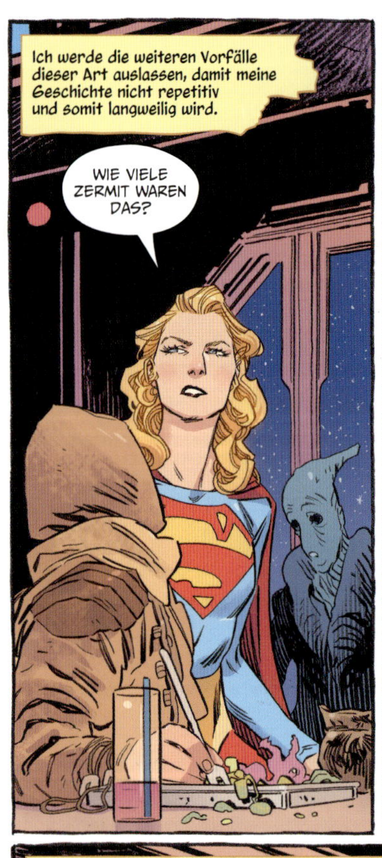
Ich werde die weiteren Vorfälle dieser Art auslassen, damit meine Geschichte nicht repetitiv und somit langweilig wird.
WIE VIELE ZERMIT WAREN DAS?

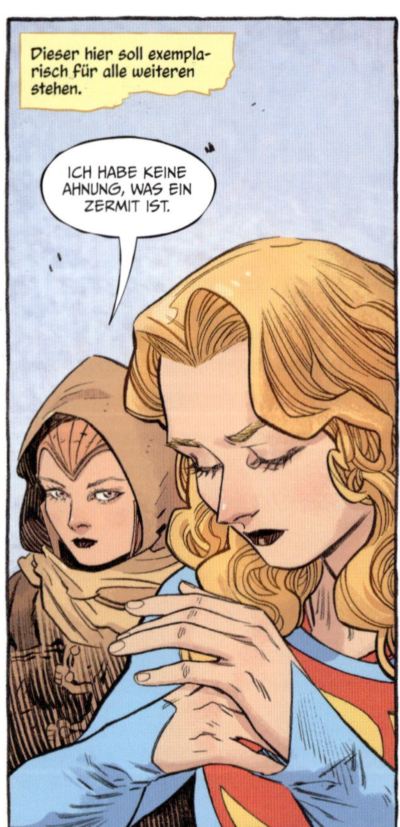
Dieser hier soll exemplarisch für alle weiteren stehen.
ICH HABE KEINE AHNUNG, WAS EIN ZERMIT IST.

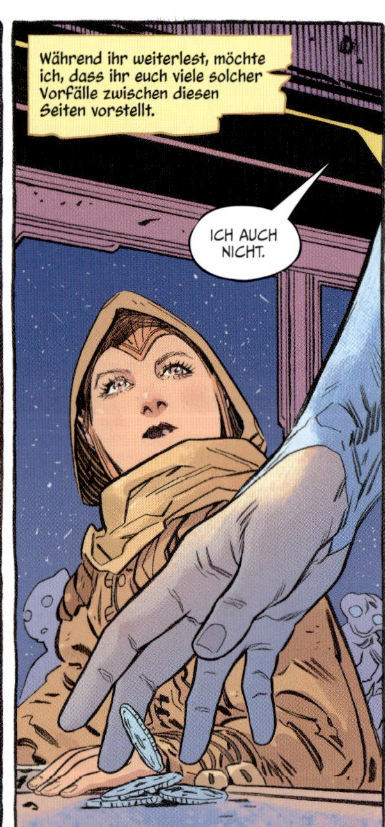
Während ihr weiterlest, möchte ich, dass ihr euch viele solcher Vorfälle zwischen diesen Seiten vorstellt.
ICH AUCH NICHT.

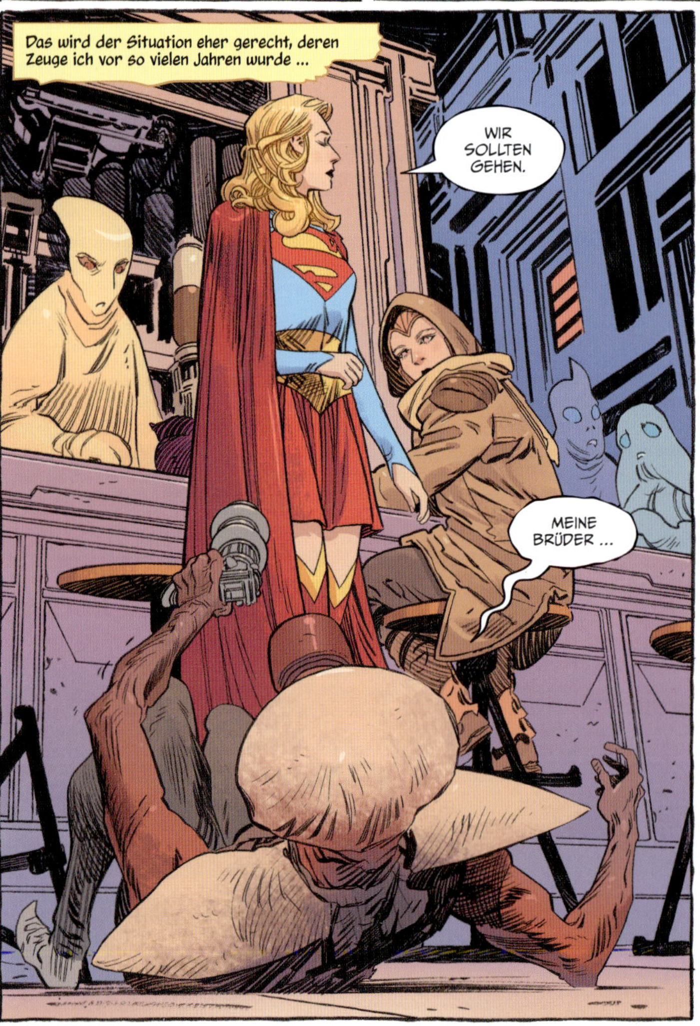
Das wird der Situation eher gerecht, deren Zeuge ich vor so vielen Jahren wurde ...
WIR SOLLTEN GEHEN.
MEINE BRÜDER ...

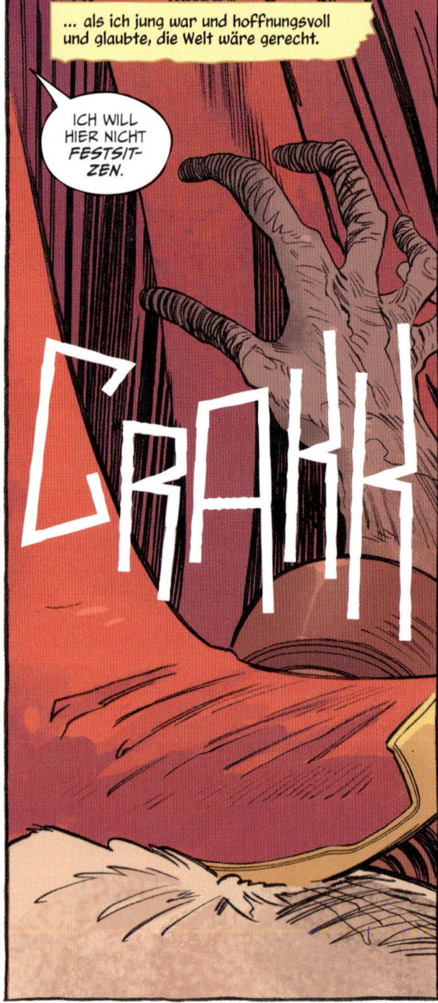
... als ich jung war und hoffnungsvoll und glaubte, die Welt wäre gerecht.
ICH WILL HIER NICHT FESTSITZEN.
GRAKK

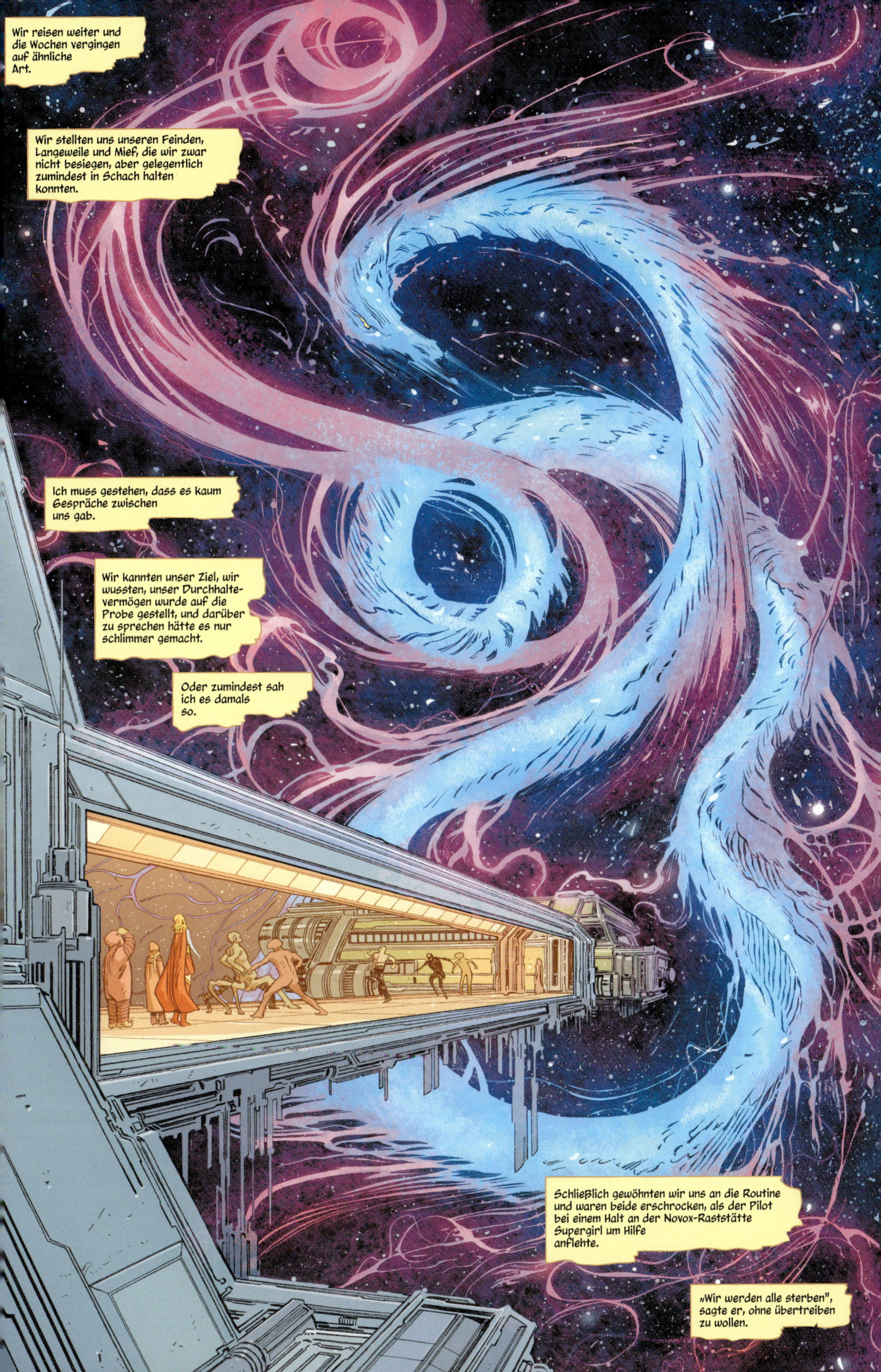
Wir reisen weiter und die Wochen vergingen auf ähnliche Art.
Wir stellten uns unseren Feinden, Langeweile und Mief, die wir zwar nicht besiegen, aber gelegentlich zumindest in Schach halten konnten.
Ich muss gestehen, dass es kaum Gespräche zwischen uns gab.
Wir kannten unser Ziel, wir wussten, unser Durchhaltevermögen wurde auf die Probe gestellt, und darüber zu sprechen hätte es nur schlimmer gemacht.
Oder zumindest sah ich es damals so.
Schließlich gewöhnten wir uns an die Routine und waren beide erschrocken, als der Pilot bei einem Halt an der Novox-Raststätte Supergirl um Hilfe anflehte.
„Wir werden alle sterben", sagte er, ohne übertreiben zu wollen.

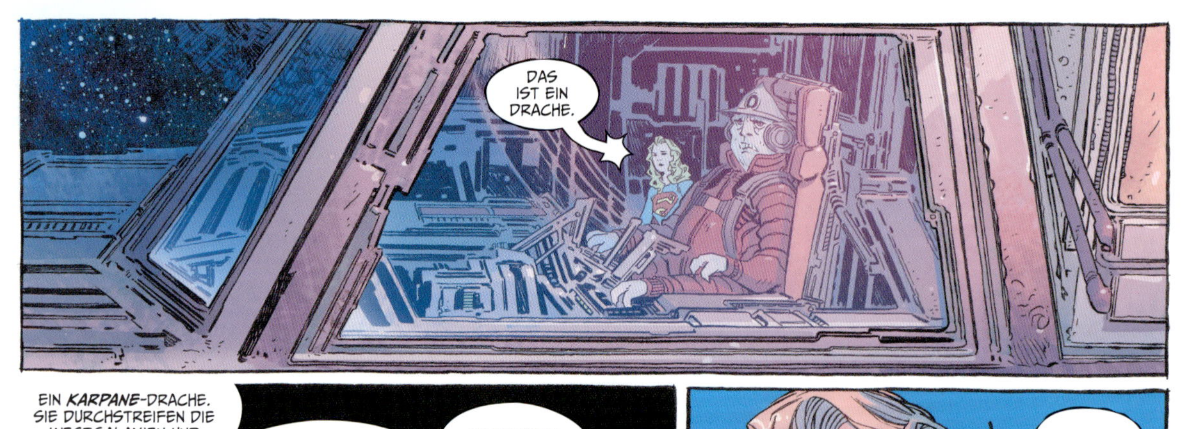
DAS IST EIN DRACHE.

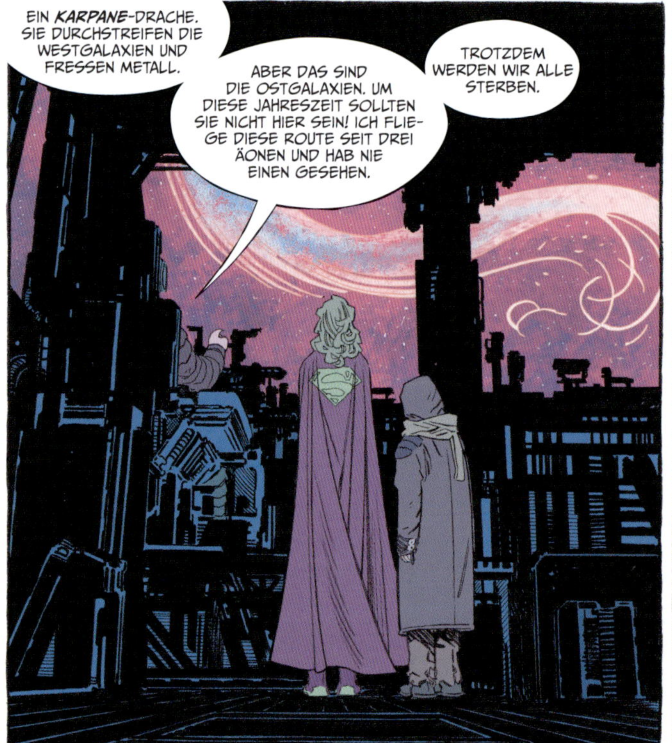
EIN **KARPANE**-DRACHE. SIE DURCHSTREIFEN DIE WESTGALAXIEN UND FRESSEN METALL.
ABER DAS SIND DIE OSTGALAXIEN. UM DIESE JAHRESZEIT SOLLTEN SIE NICHT HIER SEIN! ICH FLIEGE DIESE ROUTE SEIT DREI ÄONEN UND HAB NIE EINEN GESEHEN.
TROTZDEM WERDEN WIR ALLE STERBEN.

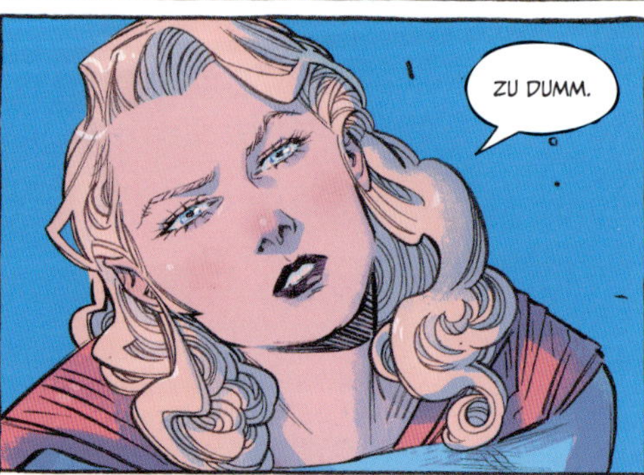
ZU DUMM.

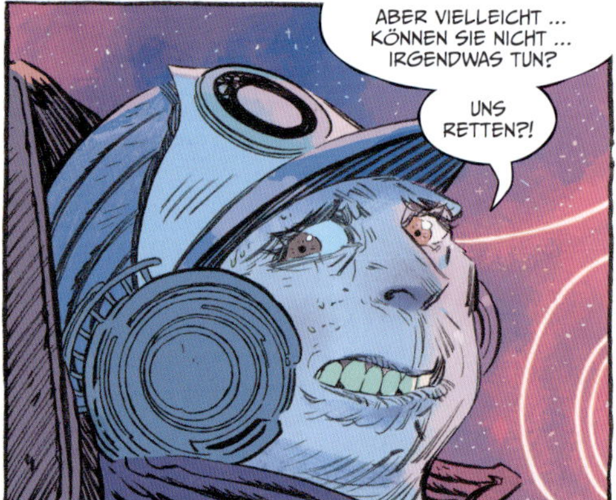
ABER VIELLEICHT ... KÖNNEN SIE NICHT ... IRGENDWAS TUN?
UNS RETTEN?!

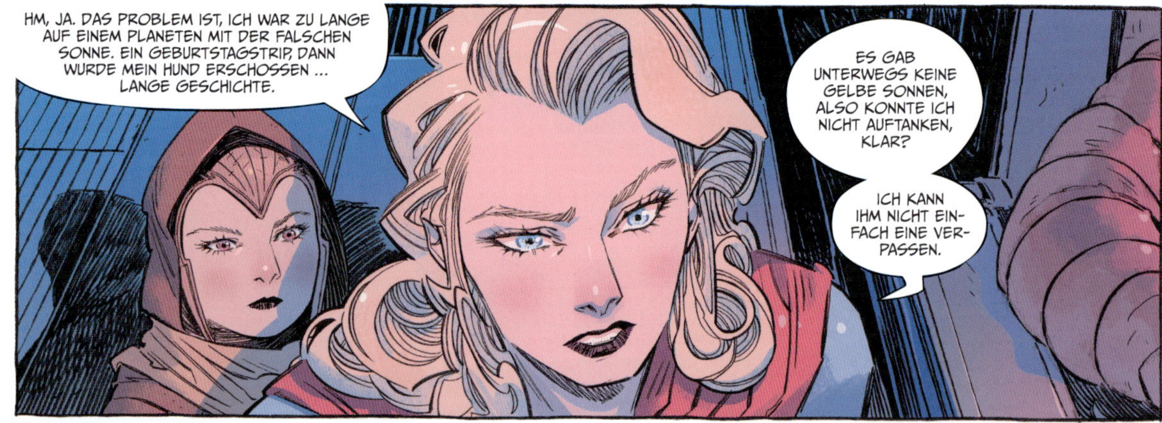
HM, JA. DAS PROBLEM IST, ICH WAR ZU LANGE AUF EINEM PLANETEN MIT DER FALSCHEN SONNE. EIN GEBURTSTAGSTRIP, DANN WURDE MEIN HUND ERSCHOSSEN ... LANGE GESCHICHTE.
ES GAB UNTERWEGS KEINE GELBE SONNEN, ALSO KONNTE ICH NICHT AUFTANKEN, KLAR?
ICH KANN IHM NICHT EINFACH EINE VERPASSEN.

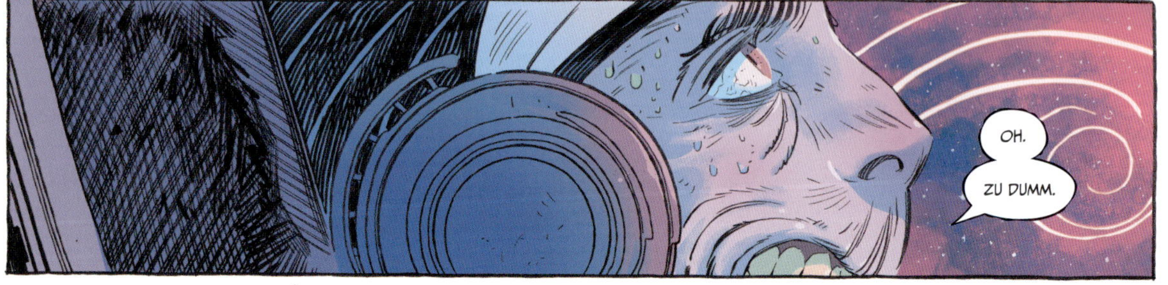
OH.
ZU DUMM.

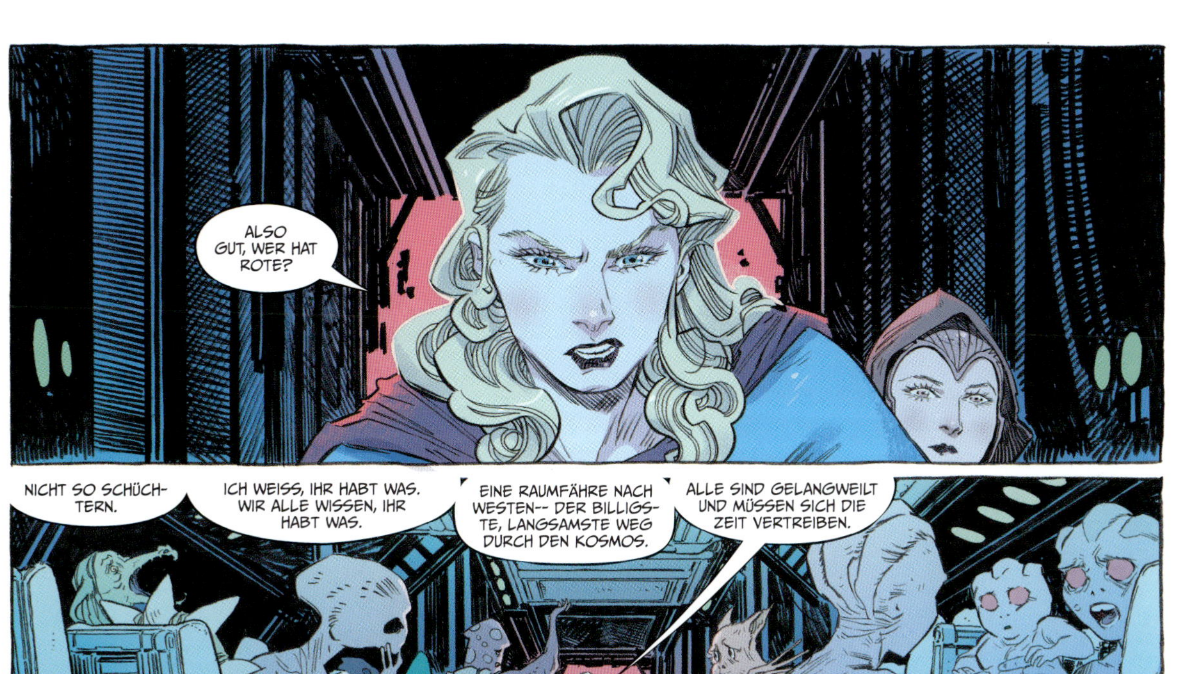
ALSO GUT, WER HAT ROTE?

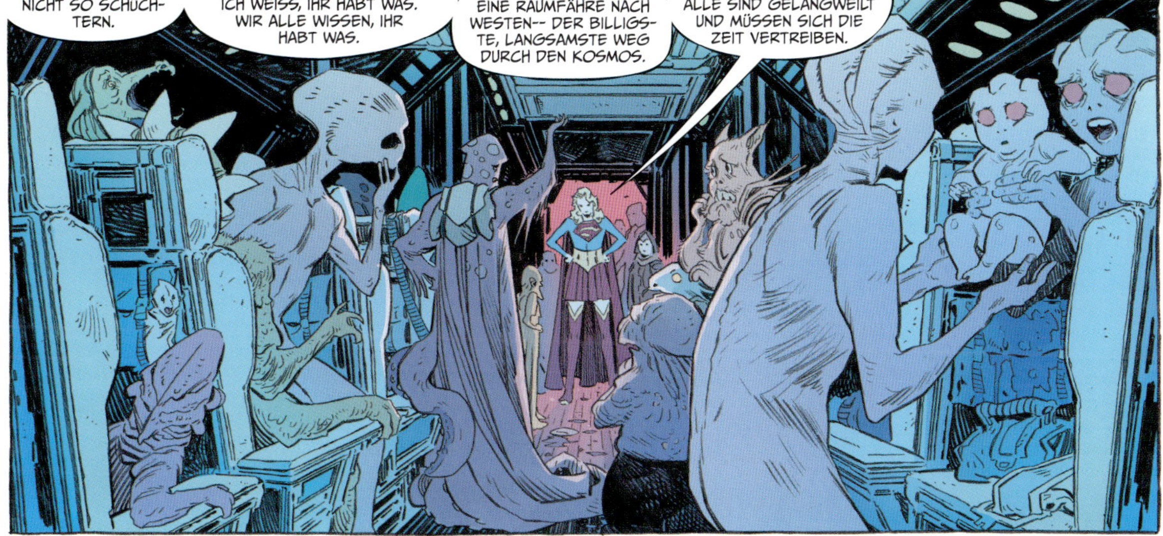
NICHT SO SCHÜCHTERN.
ICH WEISS, IHR HABT WAS. WIR ALLE WISSEN, IHR HABT WAS.
EINE RAUMFÄHRE NACH WESTEN-- DER BILLIGSTE, LANGSAMSTE WEG DURCH DEN KOSMOS.
ALLE SIND GELANGWEILT UND MÜSSEN SICH DIE ZEIT VERTREIBEN.

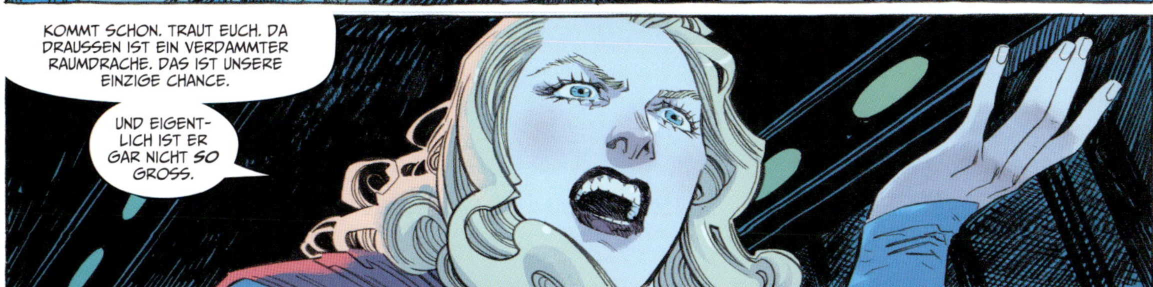
KOMMT SCHON. TRAUT EUCH. DA DRAUSSEN IST EIN VERDAMMTER RAUMDRACHE. DAS IST UNSERE EINZIGE CHANCE.
UND EIGENTLICH IST ER GAR NICHT SO GROSS.

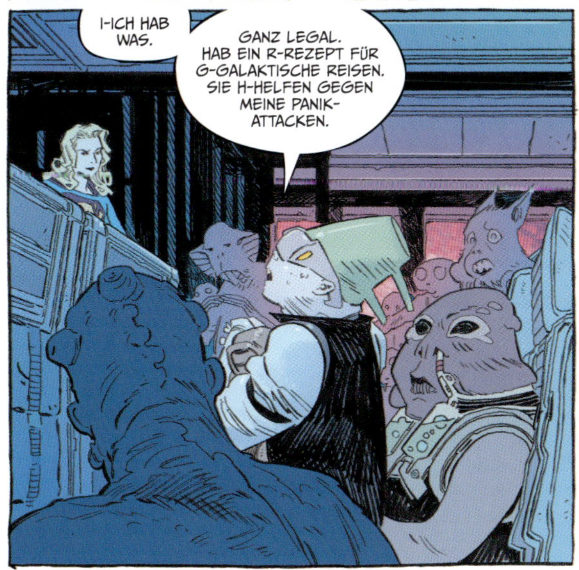
I-ICH HAB WAS.
GANZ LEGAL. HAB EIN R-REZEPT FÜR G-GALAKTISCHE REISEN. SIE H-HELFEN GEGEN MEINE PANIKATTACKEN.

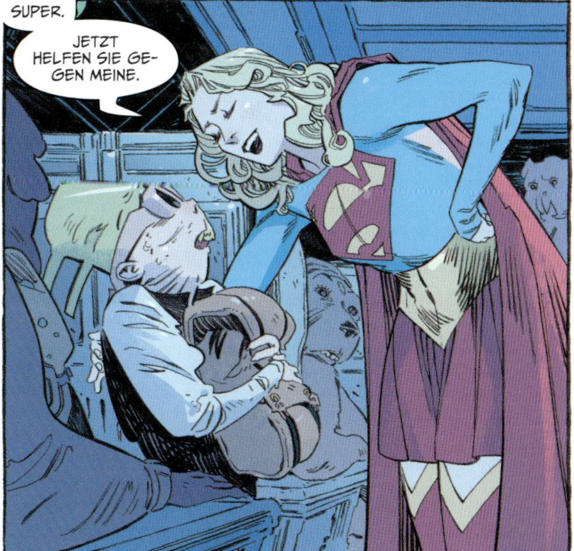
SUPER.
JETZT HELFEN SIE GEGEN MEINE.

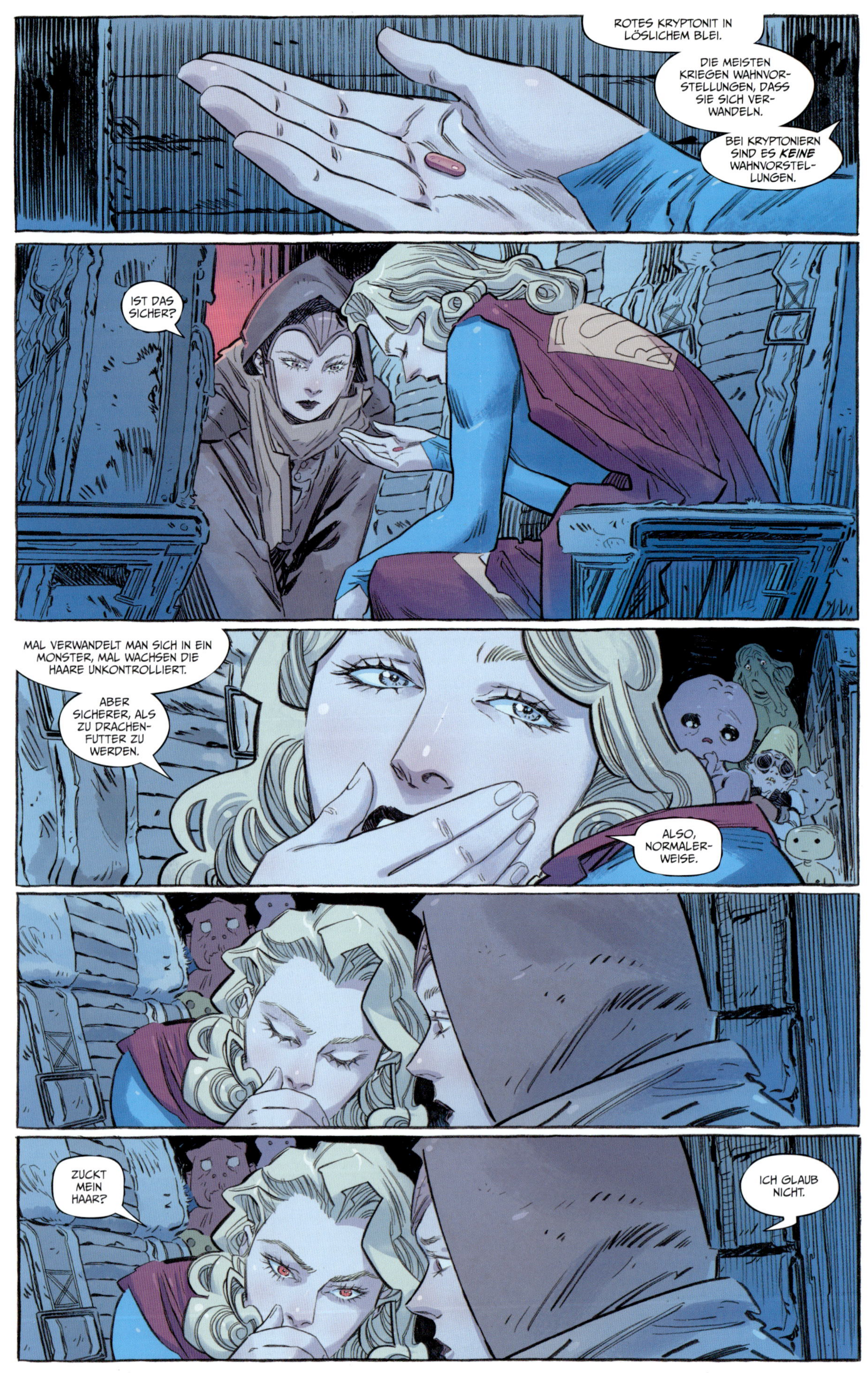
ROTES KRYPTONIT IN LÖSLICHEM BLEI.
DIE MEISTEN KRIEGEN WAHNVORSTELLUNGEN, DASS SIE SICH VERWANDELN.
BEI KRYPTONIERN SIND ES *KEINE* WAHNVORSTELLUNGEN.
IST DAS SICHER?
MAL VERWANDELT MAN SICH IN EIN MONSTER, MAL WACHSEN DIE HAARE UNKONTROLLIERT.
ABER SICHERER, ALS ZU DRACHENFUTTER ZU WERDEN.
ALSO, NORMALERWEISE.
ZUCKT MEIN HAAR?
ICH GLAUB NICHT.

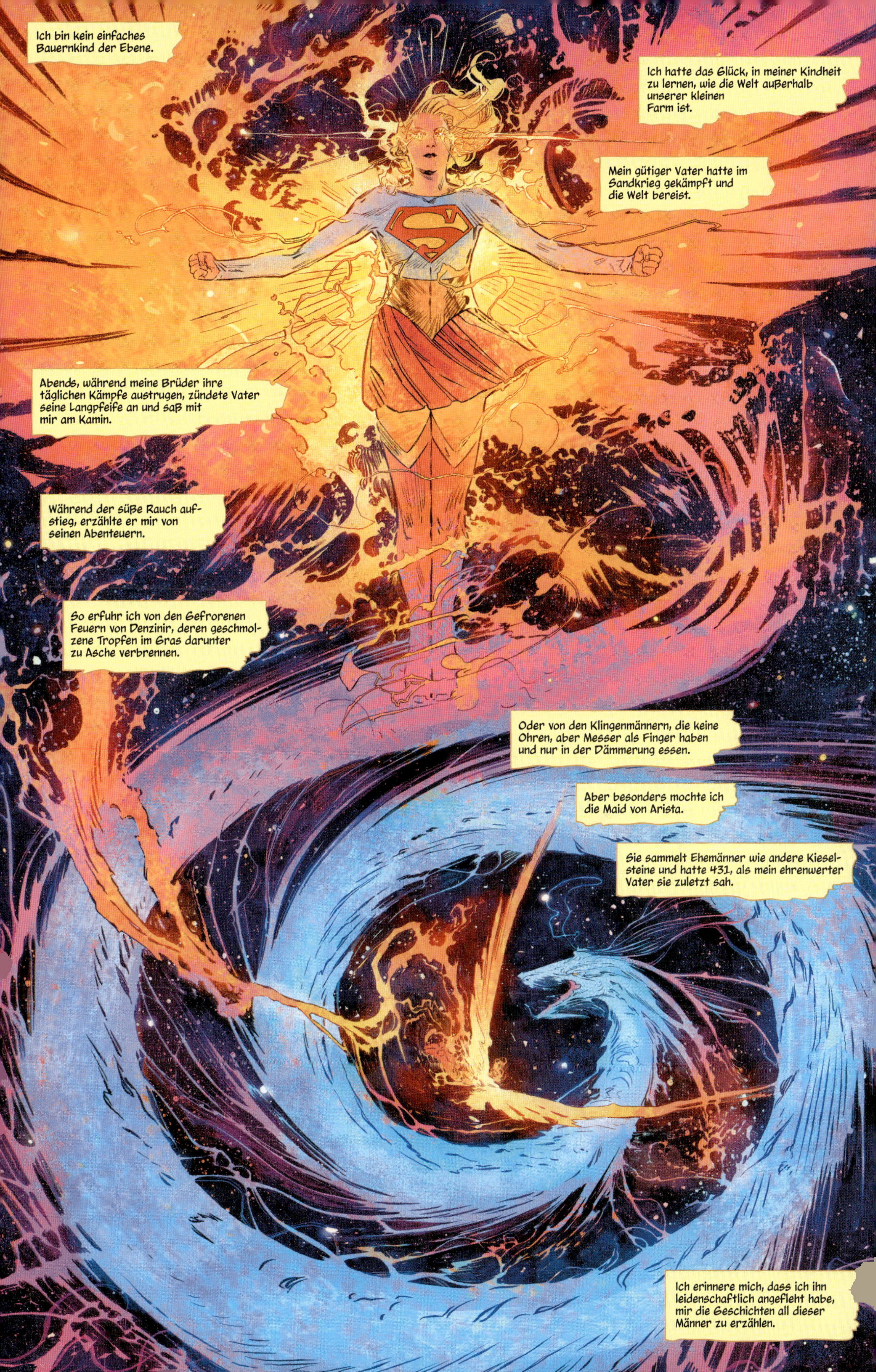
Ich bin kein einfaches Bauernkind der Ebene.
Ich hatte das Glück, in meiner Kindheit zu lernen, wie die Welt außerhalb unserer kleinen Farm ist.
Mein gütiger Vater hatte im Sandkrieg gekämpft und die Welt bereist.
Abends, während meine Brüder ihre täglichen Kämpfe austrugen, zündete Vater seine Langpfeife an und saß mit mir am Kamin.
Während der süße Rauch aufstieg, erzählte er mir von seinen Abenteuern.
So erfuhr ich von den Gefrorenen Feuern von Denzinir, deren geschmolzene Tropfen im Gras darunter zu Asche verbrennen.
Oder von den Klingenmännern, die keine Ohren, aber Messer als Finger haben und nur in der Dämmerung essen.
Aber besonders mochte ich die Maid von Arista.
Sie sammelt Ehemänner wie andere Kieselsteine und hatte 431, als mein ehrenwerter Vater sie zuletzt sah.
Ich erinnere mich, dass ich ihn leidenschaftlich angefleht habe, mir die Geschichten all dieser Männer zu erzählen.

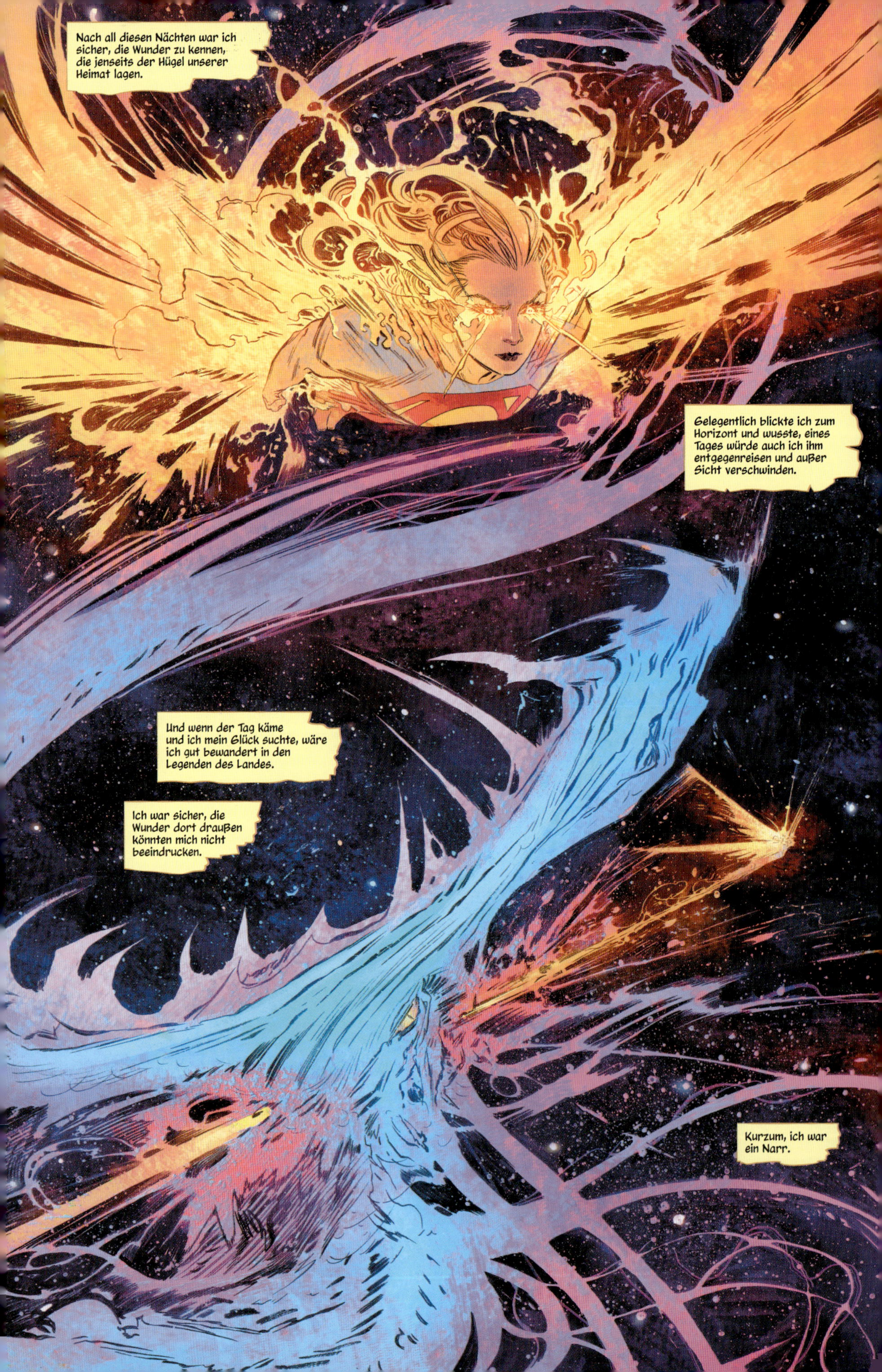
Nach all diesen Nächten war ich sicher, die Wunder zu kennen, die jenseits der Hügel unserer Heimat lagen.
Gelegentlich blickte ich zum Horizont und wusste, eines Tages würde auch ich ihm entgegenreisen und außer Sicht verschwinden.
Und wenn der Tag käme und ich mein Glück suchte, wäre ich gut bewandert in den Legenden des Landes.
Ich war sicher, die Wunder dort draußen könnten mich nicht beeindrucken.
Kurzum, ich war ein Narr.

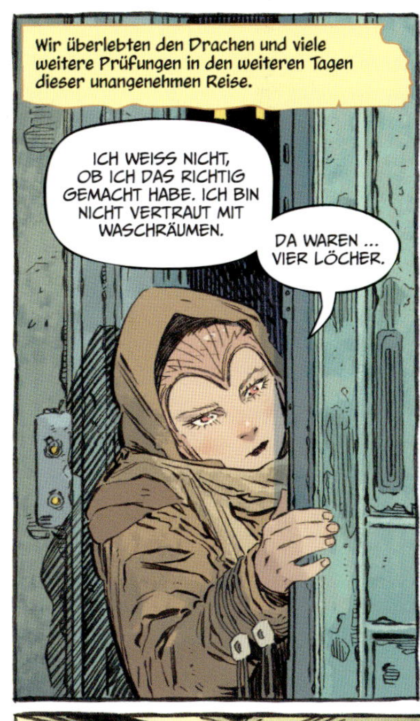
Wir überlebten den Drachen und viele weitere Prüfungen in den weiteren Tagen dieser unangenehmen Reise.
ICH WEISS NICHT, OB ICH DAS RICHTIG GEMACHT HABE. ICH BIN NICHT VERTRAUT MIT WASCHRÄUMEN.
DA WAREN ... VIER LÖCHER.

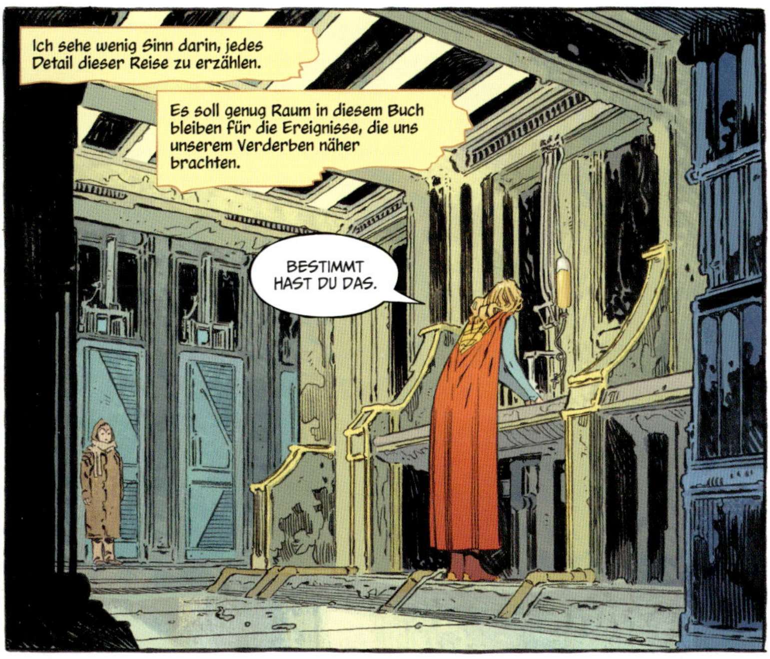
Ich sehe wenig Sinn darin, jedes Detail dieser Reise zu erzählen.
Es soll genug Raum in diesem Buch bleiben für die Ereignisse, die uns unserem Verderben näher brachten.
BESTIMMT HAST DU DAS.

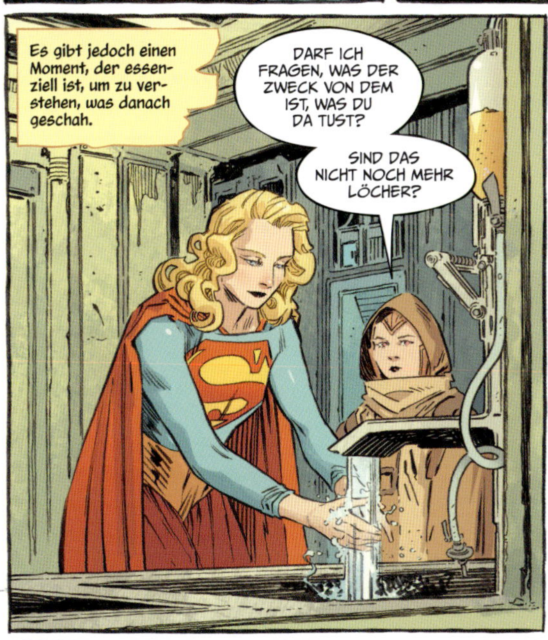
Es gibt jedoch einen Moment, der essenziell ist, um zu verstehen, was danach geschah.
DARF ICH FRAGEN, WAS DER ZWECK VON DEM IST, WAS DU DA TUST?
SIND DAS NICHT NOCH MEHR LÖCHER?

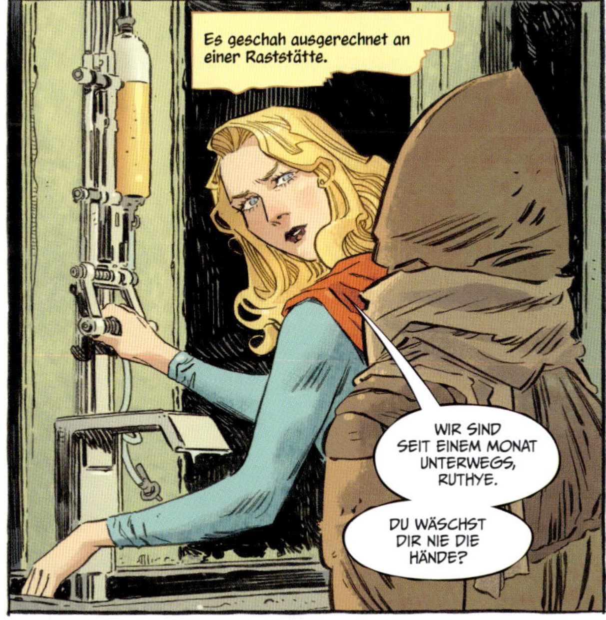
Es geschah ausgerechnet an einer Raststätte.
WIR SIND SEIT EINEM MONAT UNTERWEGS, RUTHYE.
DU WÄSCHST DIR NIE DIE HÄNDE?

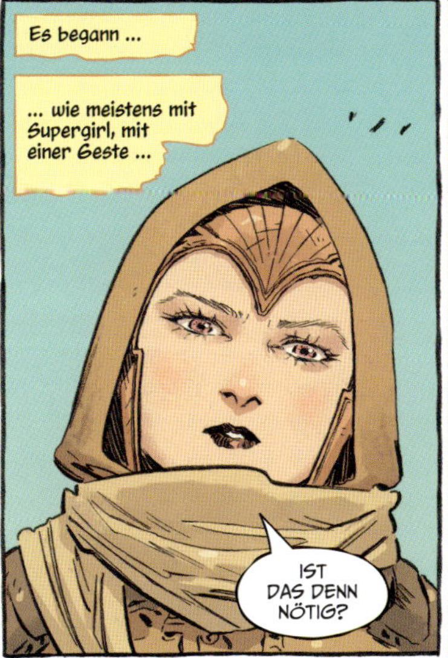
Es begann ...
... wie meistens mit Supergirl, mit einer Geste ...
IST DAS DENN NÖTIG?

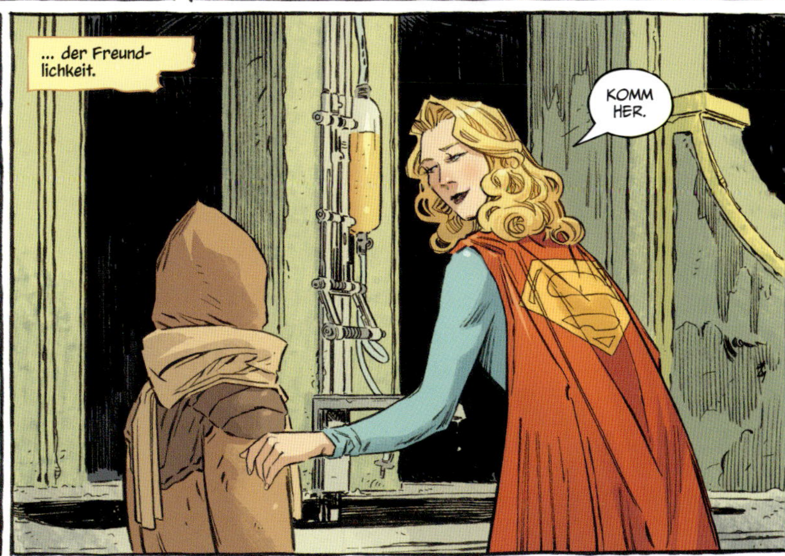
... der Freundlichkeit.
KOMM HER.

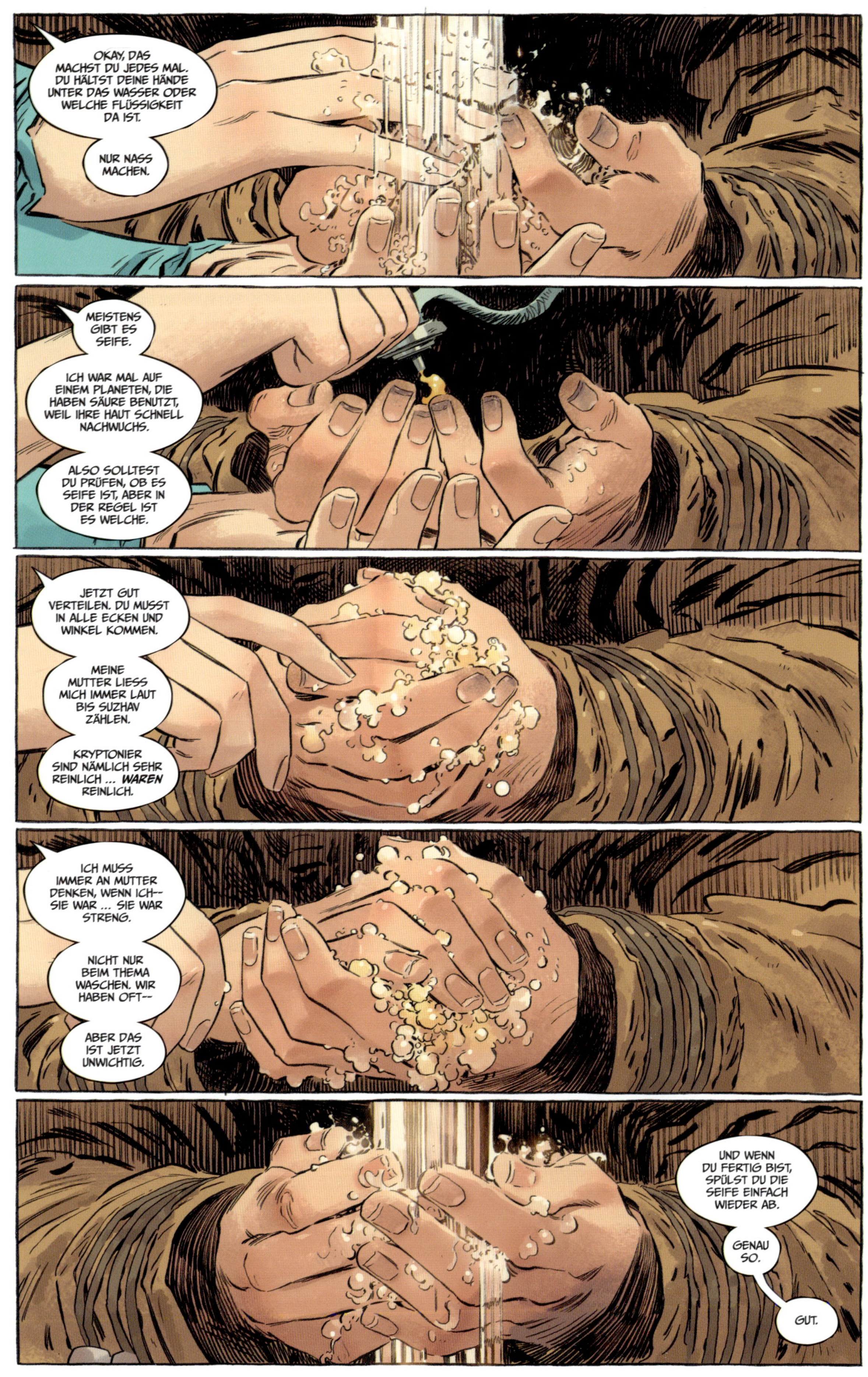
OKAY, DAS MACHST DU JEDES MAL. DU HÄLTST DEINE HÄNDE UNTER DAS WASSER ODER WELCHE FLÜSSIGKEIT DA IST.
NUR NASS MACHEN.
MEISTENS GIBT ES SEIFE.
ICH WAR MAL AUF EINEM PLANETEN, DIE HABEN SÄURE BENUTZT, WEIL IHRE HAUT SCHNELL NACHWUCHS.
ALSO SOLLTEST DU PRÜFEN, OB ES SEIFE IST, ABER IN DER REGEL IST ES WELCHE.
JETZT GUT VERTEILEN. DU MUSST IN ALLE ECKEN UND WINKEL KOMMEN.
MEINE MUTTER LIESS MICH IMMER LAUT BIS SUZHAV ZÄHLEN.
KRYPTONIER SIND NÄMLICH SEHR REINLICH ... *WAREN* REINLICH.
ICH MUSS IMMER AN MUTTER DENKEN, WENN ICH-- SIE WAR ... SIE WAR STRENG.
NICHT NUR BEIM THEMA WASCHEN. WIR HABEN OFT--
ABER DAS IST JETZT UNWICHTIG.
UND WENN DU FERTIG BIST, SPÜLST DU DIE SEIFE EINFACH WIEDER AB.
GENAU SO.
GUT.

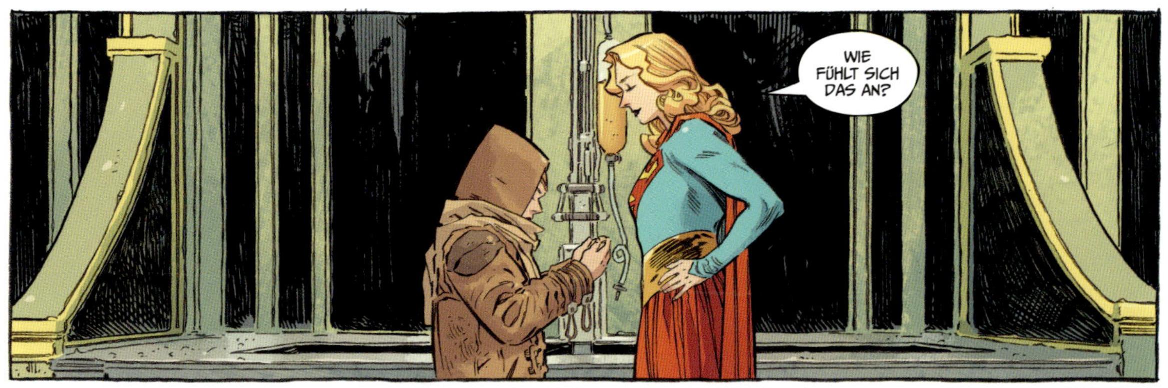
WIE FÜHLT SICH DAS AN?

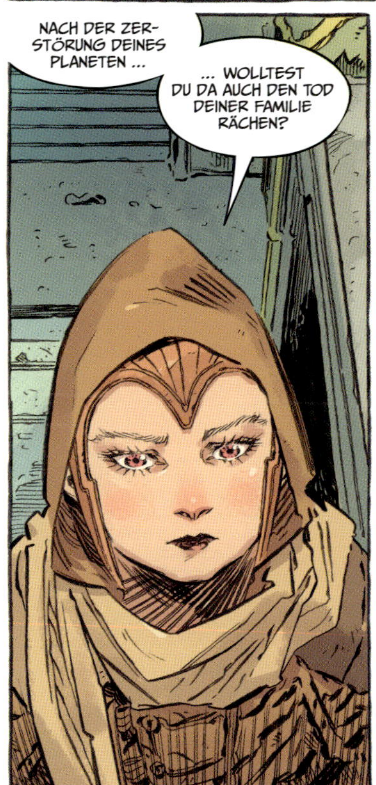
NACH DER ZERSTÖRUNG DEINES PLANETEN ...
... WOLLTEST DU DA AUCH DEN TOD DEINER FAMILIE RÄCHEN?

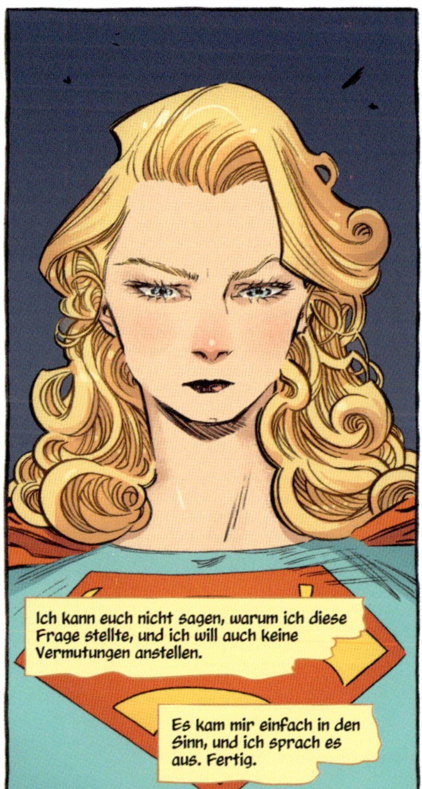
Ich kann euch nicht sagen, warum ich diese Frage stellte, und ich will auch keine Vermutungen anstellen.
Es kam mir einfach in den Sinn, und ich sprach es aus. Fertig.

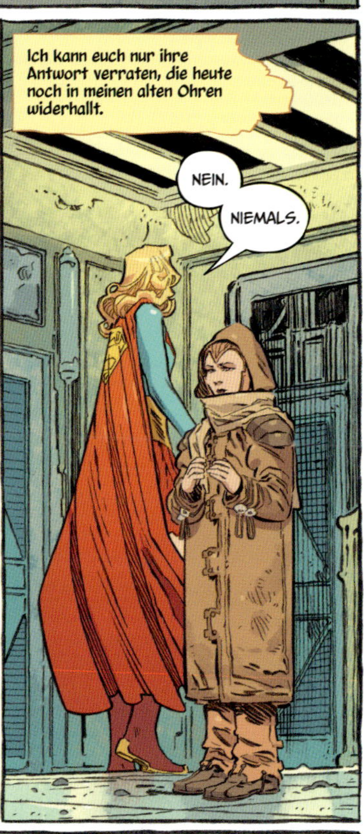
Ich kann euch nur ihre Antwort verraten, die heute noch in meinen alten Ohren widerhallt.
NEIN.
NIEMALS.

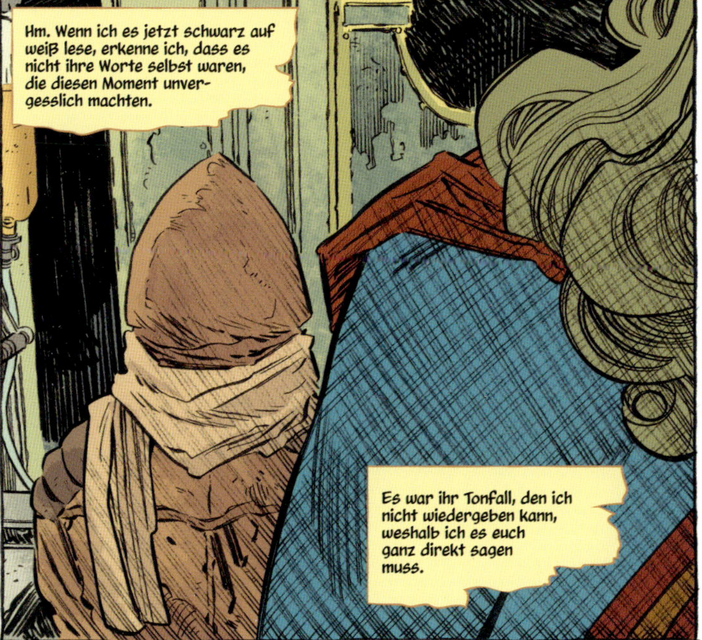
Hm. Wenn ich es jetzt schwarz auf weiß lese, erkenne ich, dass es nicht ihre Worte selbst waren, die diesen Moment unvergesslich machten.
Es war ihr Tonfall, den ich nicht wiedergeben kann, weshalb ich es euch ganz direkt sagen muss.

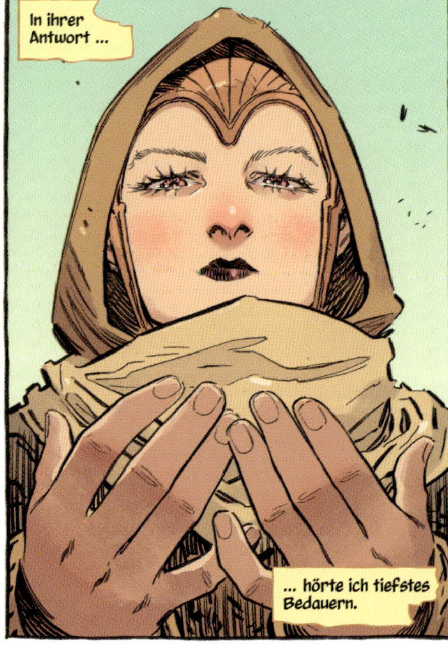
In ihrer Antwort ...
... hörte ich tiefstes Bedauern.

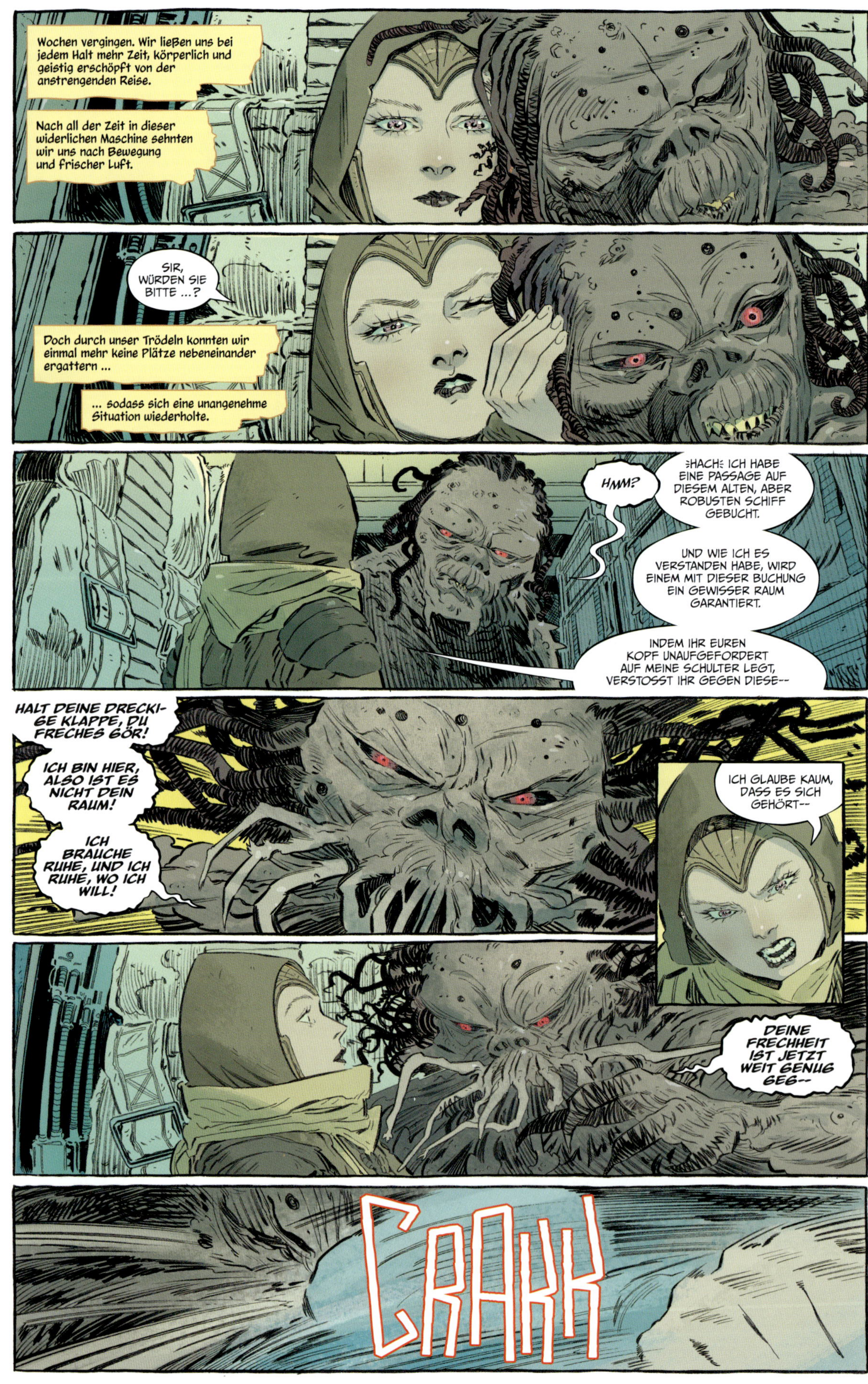

Wochen vergingen. Wir ließen uns bei jedem Halt mehr Zeit, körperlich und geistig erschöpft von der anstrengenden Reise.
Nach all der Zeit in dieser widerlichen Maschine sehnten wir uns nach Bewegung und frischer Luft.
SIR, WÜRDEN SIE BITTE …?
Doch durch unser Trödeln konnten wir einmal mehr keine Plätze nebeneinander ergattern …
… sodass sich eine unangenehme Situation wiederholte.
HMM?
꞉HACH꞉ ICH HABE EINE PASSAGE AUF DIESEM ALTEN, ABER ROBUSTEN SCHIFF GEBUCHT.
UND WIE ICH ES VERSTANDEN HABE, WIRD EINEM MIT DIESER BUCHUNG EIN GEWISSER RAUM GARANTIERT.
INDEM IHR EUREN KOPF UNAUFGEFORDERT AUF MEINE SCHULTER LEGT, VERSTOSST IHR GEGEN DIESE--
HALT DEINE DRECKIGE KLAPPE, DU FRECHES GÖR!
ICH BIN HIER, ALSO IST ES NICHT DEIN RAUM!
ICH BRAUCHE RUHE, UND ICH RUHE, WO ICH WILL!
ICH GLAUBE KAUM, DASS ES SICH GEHÖRT--
DEINE FRECHHEIT IST JETZT WEIT GENUG GEG--
CRAKK

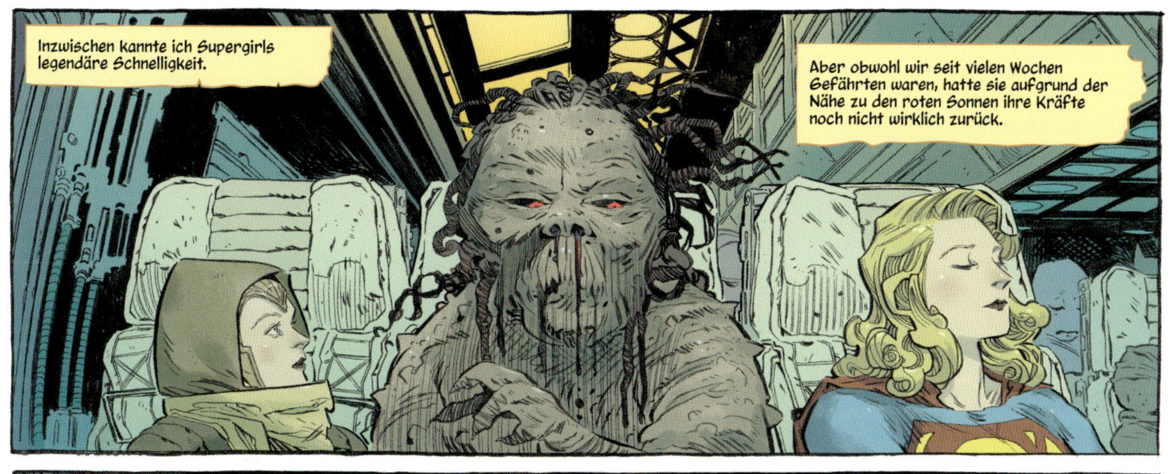
Inzwischen kannte ich Supergirls legendäre Schnelligkeit.
Aber obwohl wir seit vielen Wochen Gefährten waren, hatte sie aufgrund der Nähe zu den roten Sonnen ihre Kräfte noch nicht wirklich zurück.

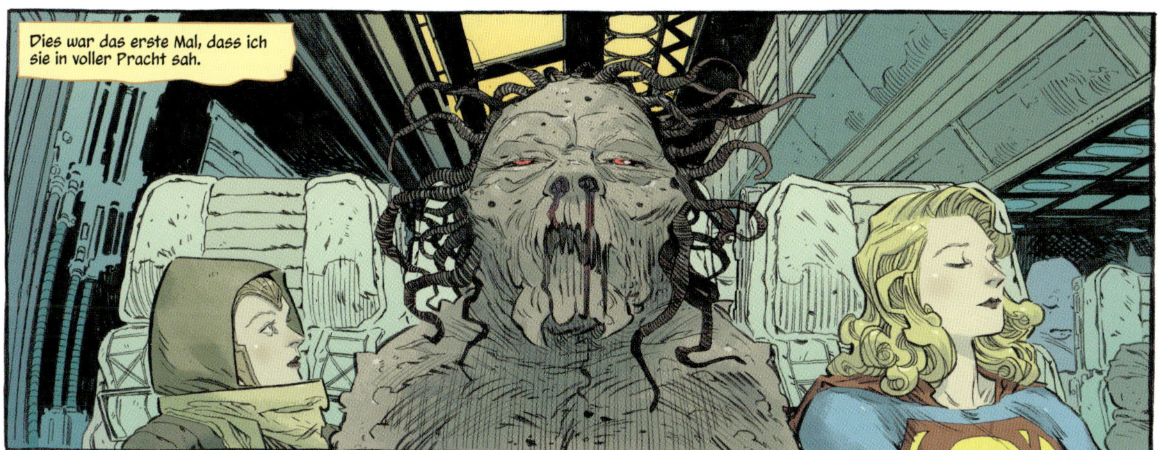
Dies war das erste Mal, dass ich sie in voller Pracht sah.

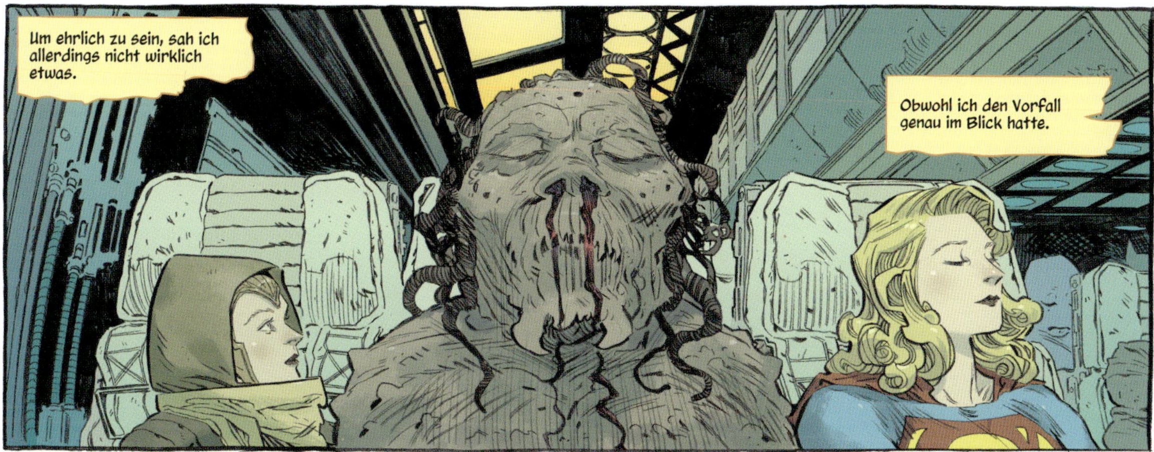
Um ehrlich zu sein, sah ich allerdings nicht wirklich etwas.
Obwohl ich den Vorfall genau im Blick hatte.

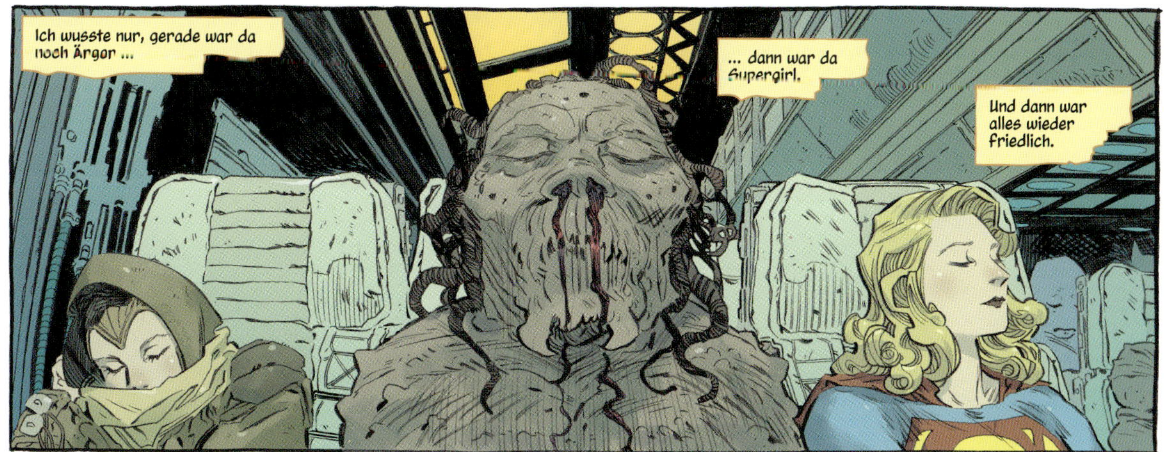
Ich wusste nur, gerade war da noch Ärger ...
... dann war da Supergirl.
Und dann war alles wieder friedlich.

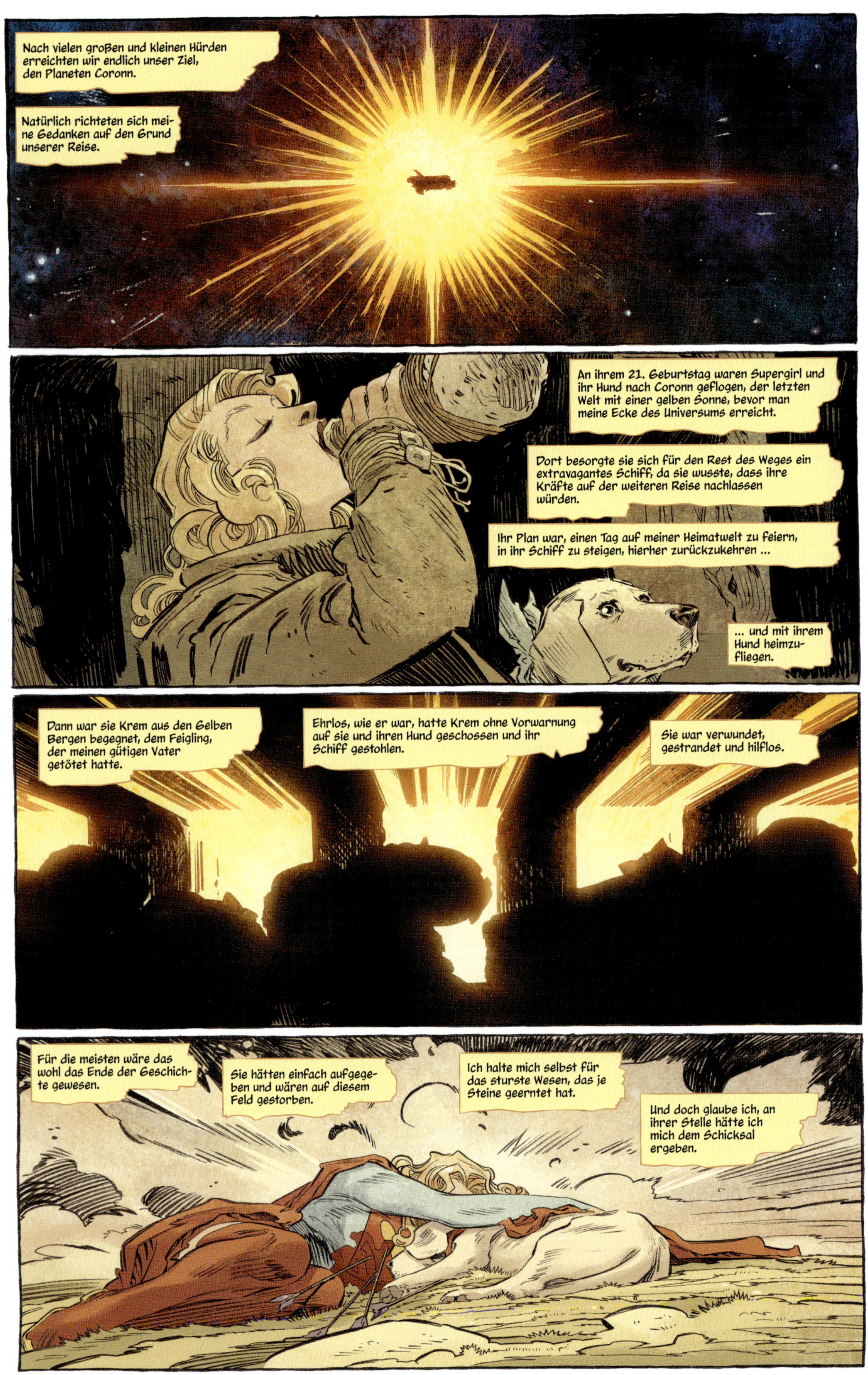
Nach vielen großen und kleinen Hürden erreichten wir endlich unser Ziel, den Planeten Coronn.
Natürlich richteten sich meine Gedanken auf den Grund unserer Reise.
An ihrem 21. Geburtstag waren Supergirl und ihr Hund nach Coronn geflogen, der letzten Welt mit einer gelben Sonne, bevor man meine Ecke des Universums erreicht.
Dort besorgte sie sich für den Rest des Weges ein extravagantes Schiff, da sie wusste, dass ihre Kräfte auf der weiteren Reise nachlassen würden.
Ihr Plan war, einen Tag auf meiner Heimatwelt zu feiern, in ihr Schiff zu steigen, hierher zurückzukehren ...
... und mit ihrem Hund heimzufliegen.
Dann war sie Krem aus den Gelben Bergen begegnet, dem Feigling, der meinen gütigen Vater getötet hatte.
Ehrlos, wie er war, hatte Krem ohne Vorwarnung auf sie und ihren Hund geschossen und ihr Schiff gestohlen.
Sie war verwundet, gestrandet und hilflos.
Für die meisten wäre das wohl das Ende der Geschichte gewesen.
Sie hätten einfach aufgegeben und wären auf diesem Feld gestorben.
Ich halte mich selbst für das sturste Wesen, das je Steine geerntet hat.
Und doch glaube ich, an ihrer Stelle hätte ich mich dem Schicksal ergeben.

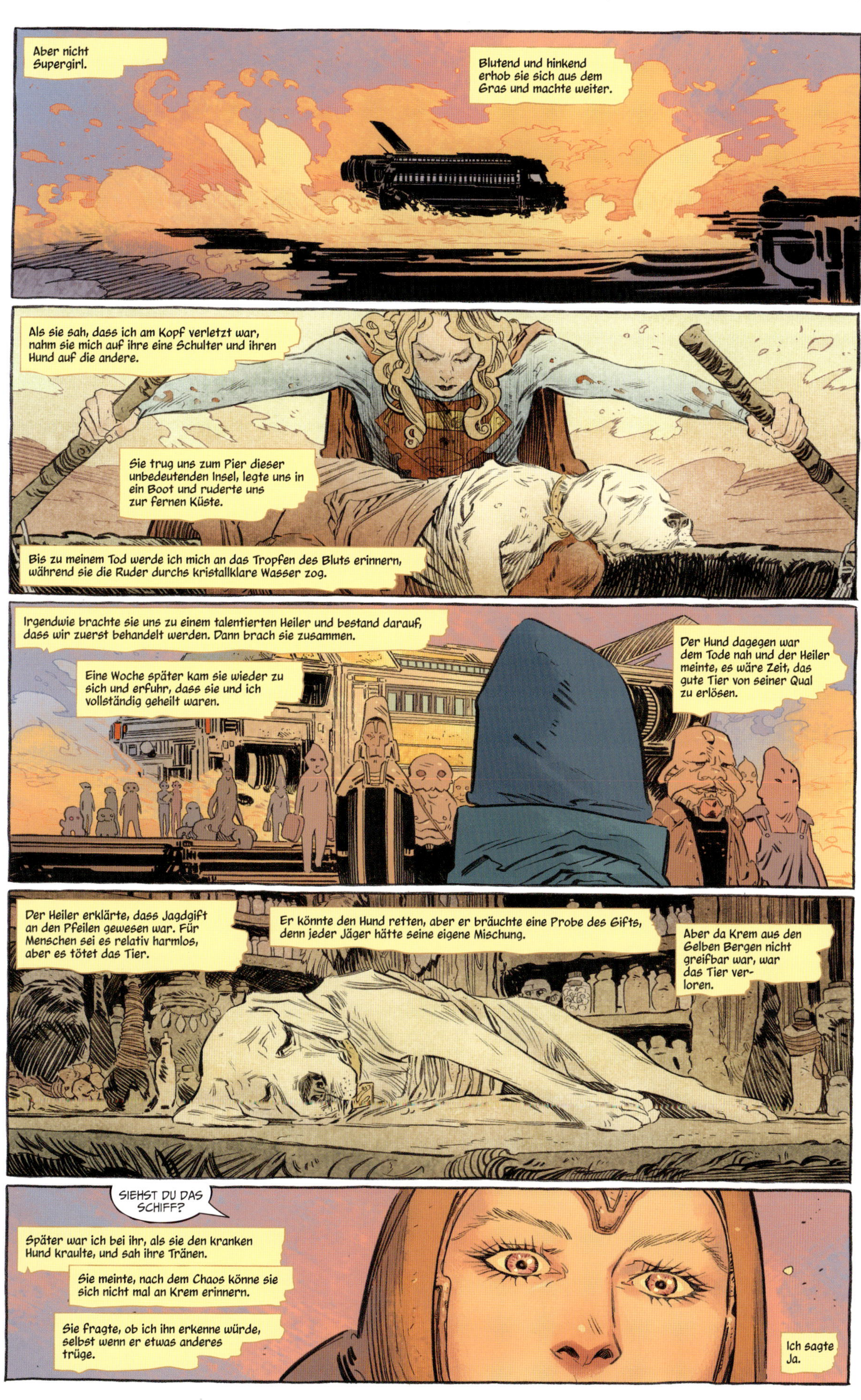
Aber nicht Supergirl.
Blutend und hinkend erhob sie sich aus dem Gras und machte weiter.
Als sie sah, dass ich am Kopf verletzt war, nahm sie mich auf ihre eine Schulter und ihren Hund auf die andere.
Sie trug uns zum Pier dieser unbedeutenden Insel, legte uns in ein Boot und ruderte uns zur fernen Küste.
Bis zu meinem Tod werde ich mich an das Tropfen des Bluts erinnern, während sie die Ruder durchs kristallklare Wasser zog.
Irgendwie brachte sie uns zu einem talentierten Heiler und bestand darauf, dass wir zuerst behandelt werden. Dann brach sie zusammen.
Eine Woche später kam sie wieder zu sich und erfuhr, dass sie und ich vollständig geheilt waren.
Der Hund dagegen war dem Tode nah und der Heiler meinte, es wäre Zeit, das gute Tier von seiner Qual zu erlösen.
Der Heiler erklärte, dass Jagdgift an den Pfeilen gewesen war. Für Menschen sei es relativ harmlos, aber es tötet das Tier.
Er könnte den Hund retten, aber er bräuchte eine Probe des Gifts, denn jeder Jäger hätte seine eigene Mischung.
Aber da Krem aus den Gelben Bergen nicht greifbar war, war das Tier verloren.
SIEHST DU DAS SCHIFF?
Später war ich bei ihr, als sie den kranken Hund kraulte, und sah ihre Tränen.
Sie meinte, nach dem Chaos könne sie sich nicht mal an Krem erinnern.
Sie fragte, ob ich ihn erkenne würde, selbst wenn er etwas anderes trüge.
Ich sagte Ja.

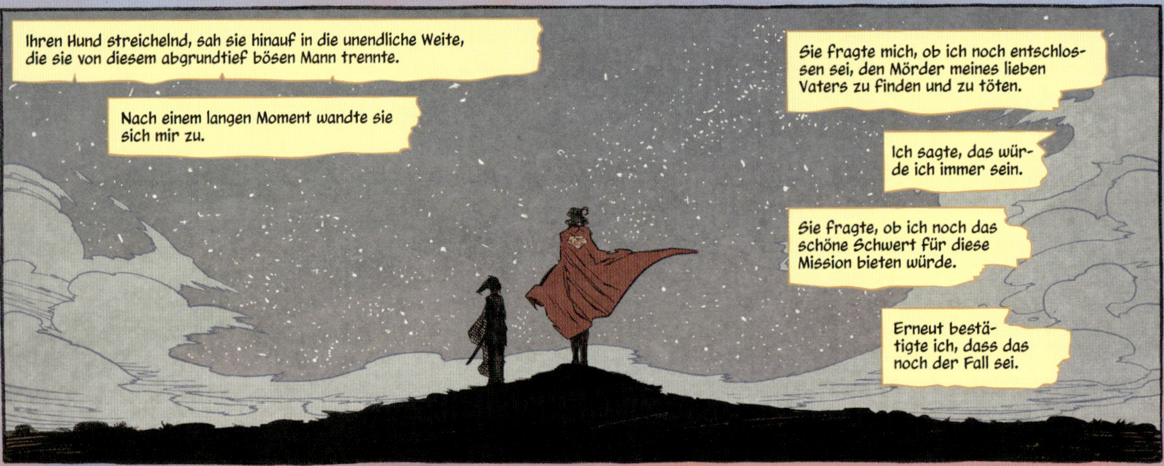

Ihren Hund streichelnd, sah sie hinauf in die unendliche Weite, die sie von diesem abgrundtief bösen Mann trennte.
Nach einem langen Moment wandte sie sich mir zu.
Sie fragte mich, ob ich noch entschlossen sei, den Mörder meines lieben Vaters zu finden und zu töten.
Ich sagte, das würde ich immer sein.
Sie fragte, ob ich noch das schöne Schwert für diese Mission bieten würde.
Erneut bestätigte ich, dass das noch der Fall sei.
ICH SEHE ... *ALLES.* 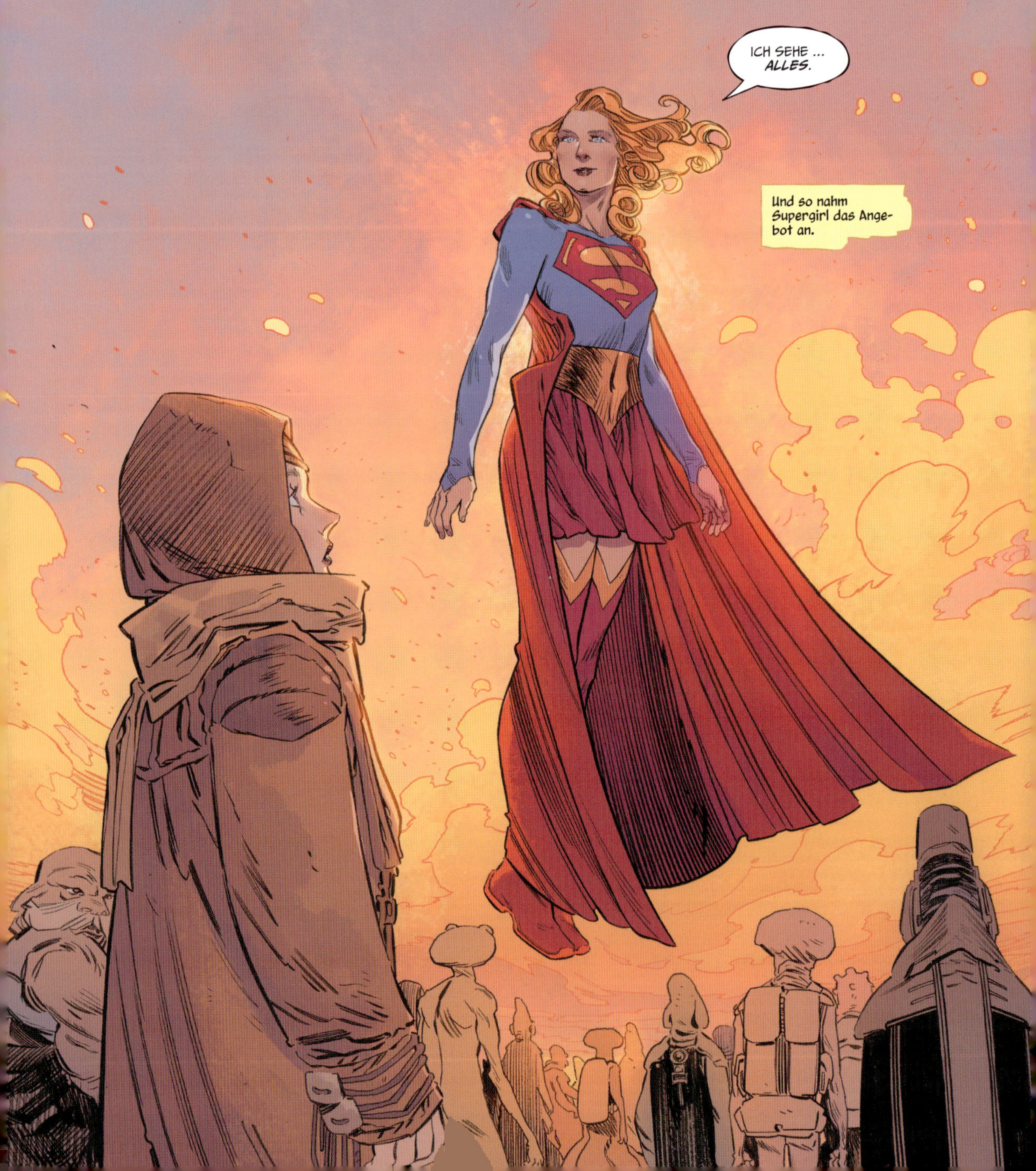
Und so nahm Supergirl das Angebot an.

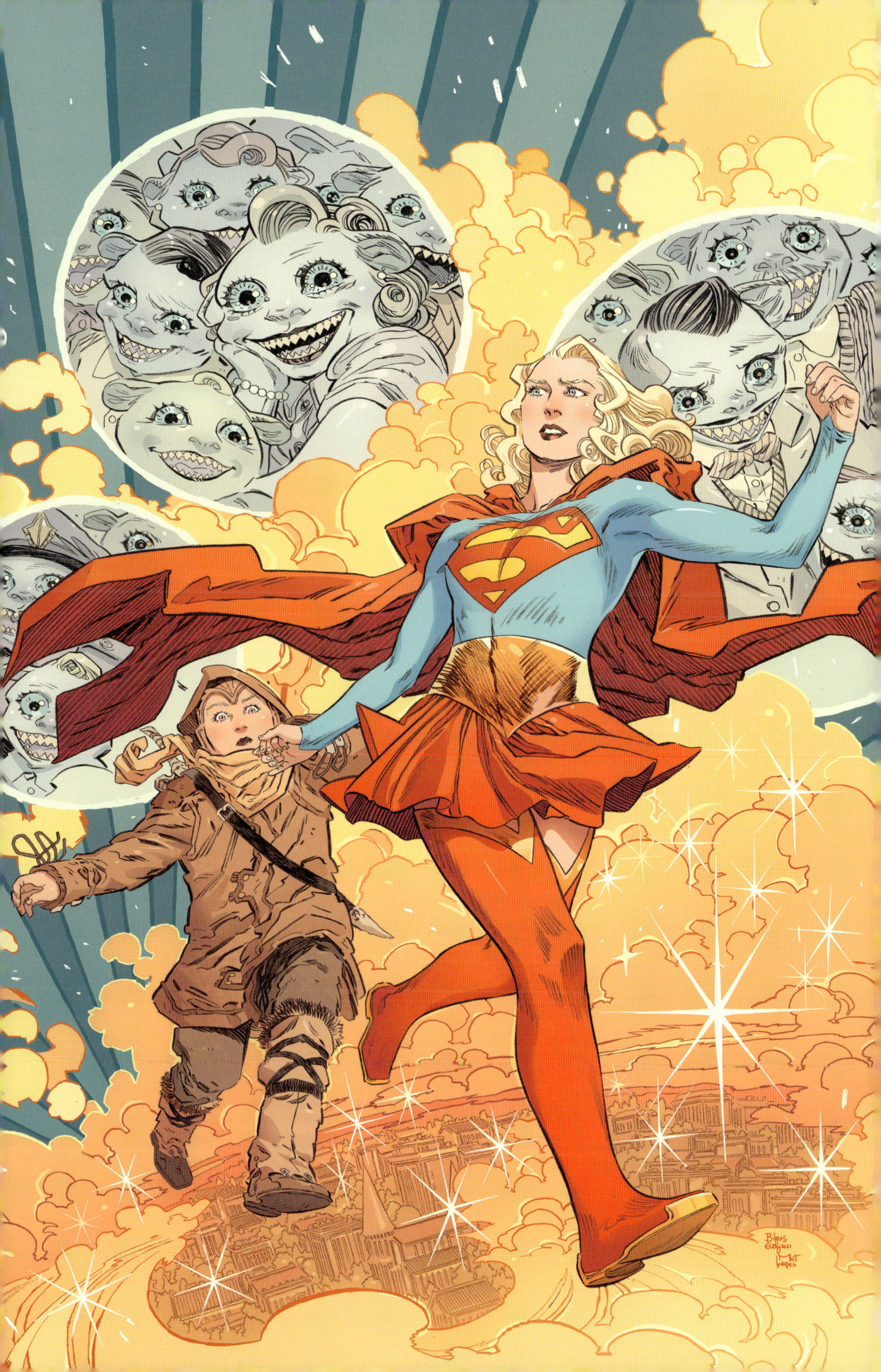

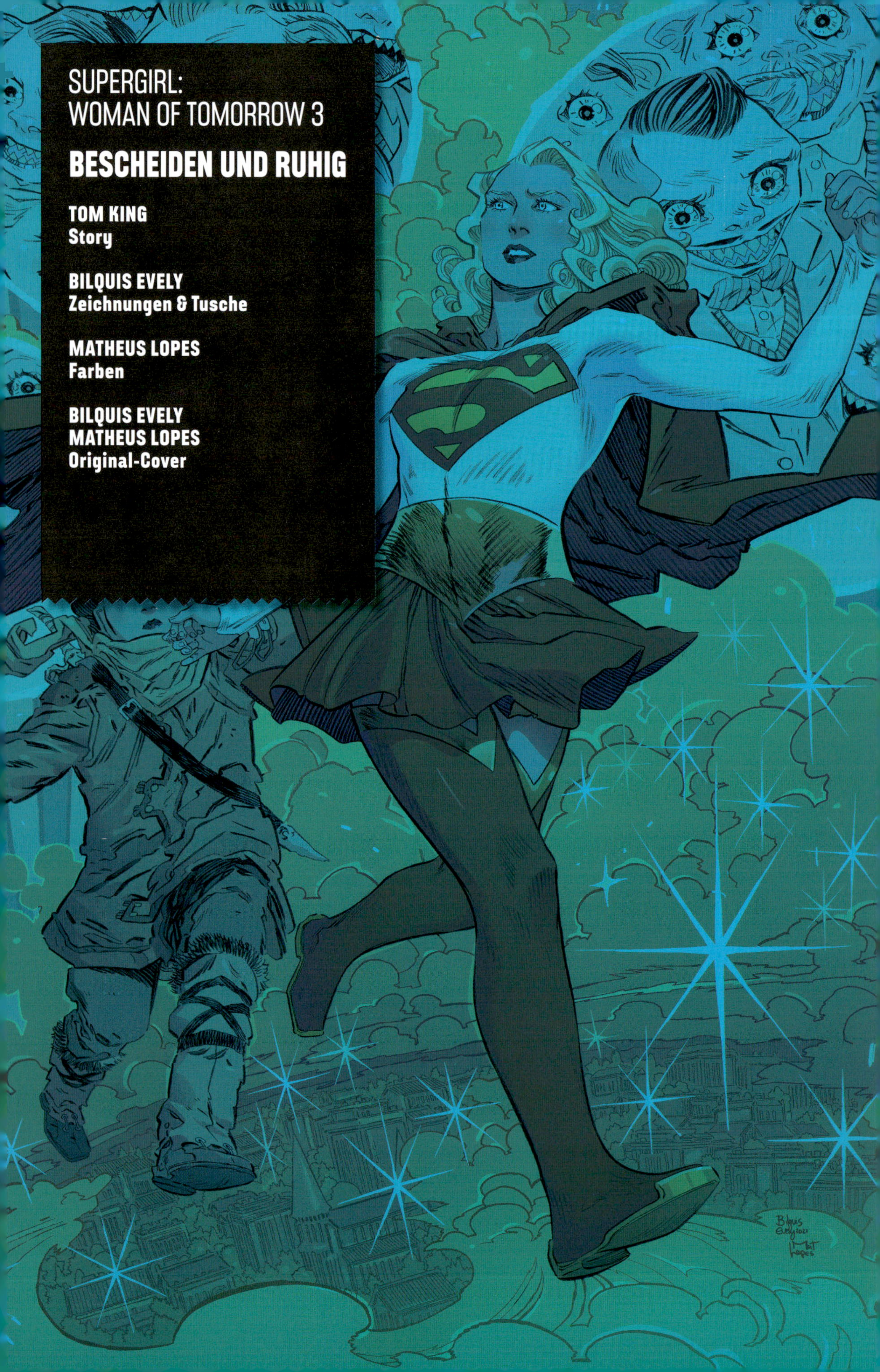
SUPERGIRL:
WOMAN OF TOMORROW 3
BESCHEIDEN UND RUHIG
TOM KING
Story
BILQUIS EVELY
Zeichnungen & Tusche
MATHEUS LOPES
Farben
BILQUIS EVELY
MATHEUS LOPES
Original-Cover

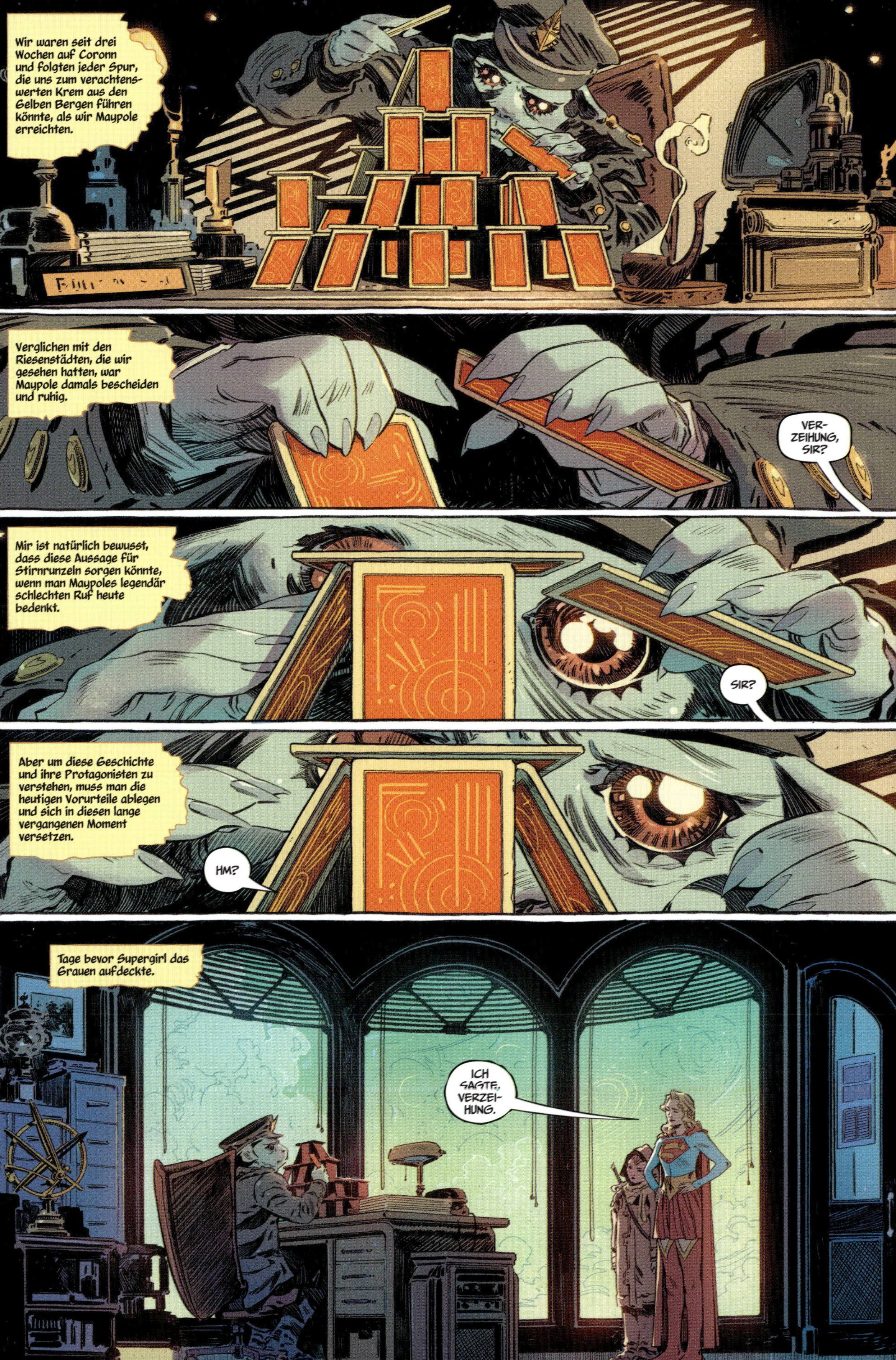
Wir waren seit drei Wochen auf Coronn und folgten jeder Spur, die uns zum verachtenswerten Krem aus den Gelben Bergen führen könnte, als wir Maypole erreichten.
Verglichen mit den Riesenstädten, die wir gesehen hatten, war Maypole damals bescheiden und ruhig.
VERZEIHUNG, SIR?
Mir ist natürlich bewusst, dass diese Aussage für Stirnrunzeln sorgen könnte, wenn man Maypoles legendär schlechten Ruf heute bedenkt.
SIR?
Aber um diese Geschichte und ihre Protagonisten zu verstehen, muss man die heutigen Vorurteile ablegen und sich in diesen lange vergangenen Moment versetzen.
HM?
Tage bevor Supergirl das Grauen aufdeckte.
ICH SAGTE, VERZEIHUNG.

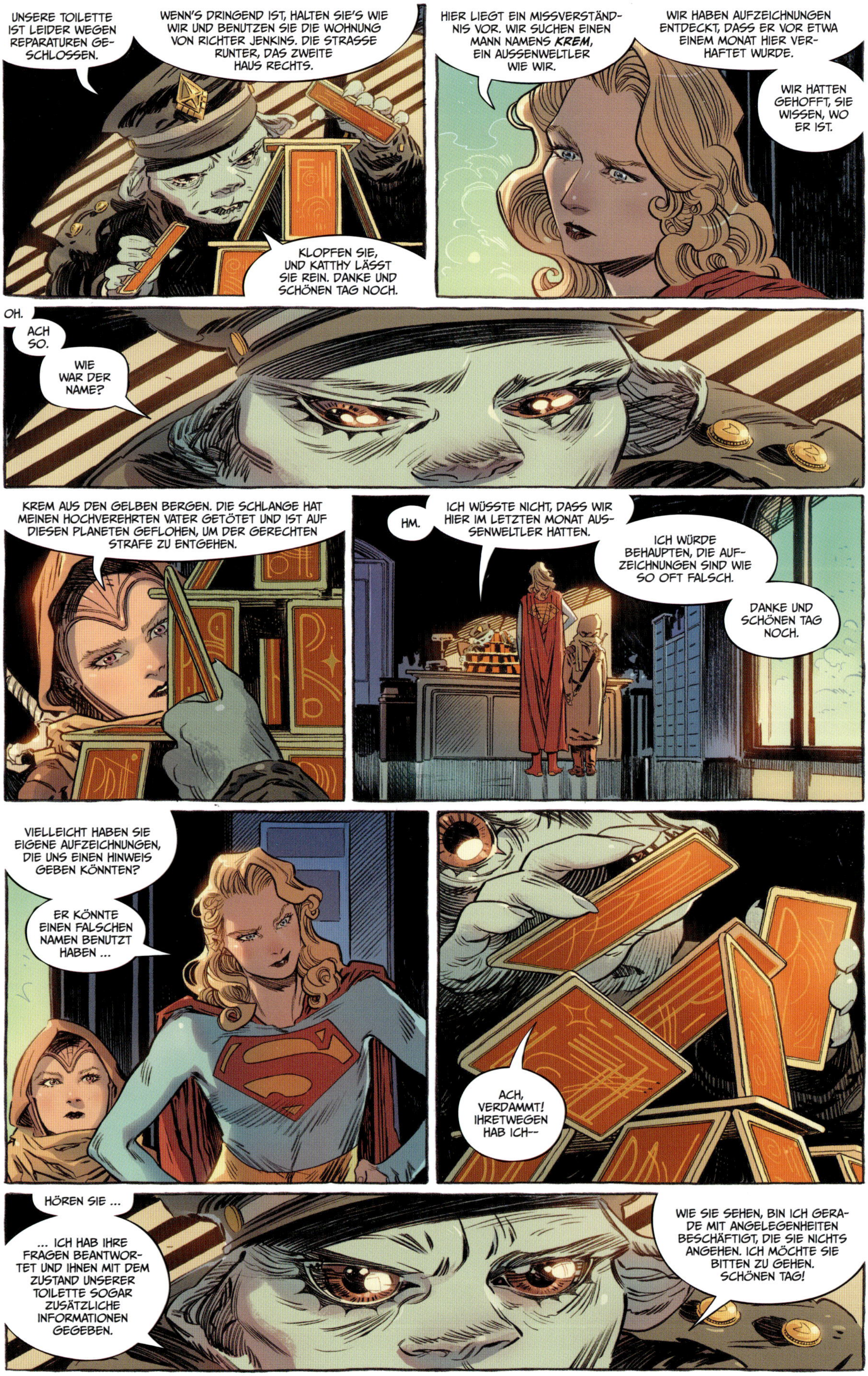

UNSERE TOILETTE IST LEIDER WEGEN REPARATUREN GESCHLOSSEN.
WENN'S DRINGEND IST, HALTEN SIE'S WIE WIR UND BENUTZEN SIE DIE WOHNUNG VON RICHTER JENKINS. DIE STRASSE RUNTER, DAS ZWEITE HAUS RECHTS.
KLOPFEN SIE, UND KATTHY LÄSST SIE REIN. DANKE UND SCHÖNEN TAG NOCH.

HIER LIEGT EIN MISSVERSTÄNDNIS VOR. WIR SUCHEN EINEN MANN NAMENS ***KREM***, EIN AUSSENWELTLER WIE WIR.
WIR HABEN AUFZEICHNUNGEN ENTDECKT, DASS ER VOR ETWA EINEM MONAT HIER VERHAFTET WURDE.
WIR HATTEN GEHOFFT, SIE WISSEN, WO ER IST.

OH.
ACH SO.
WIE WAR DER NAME?

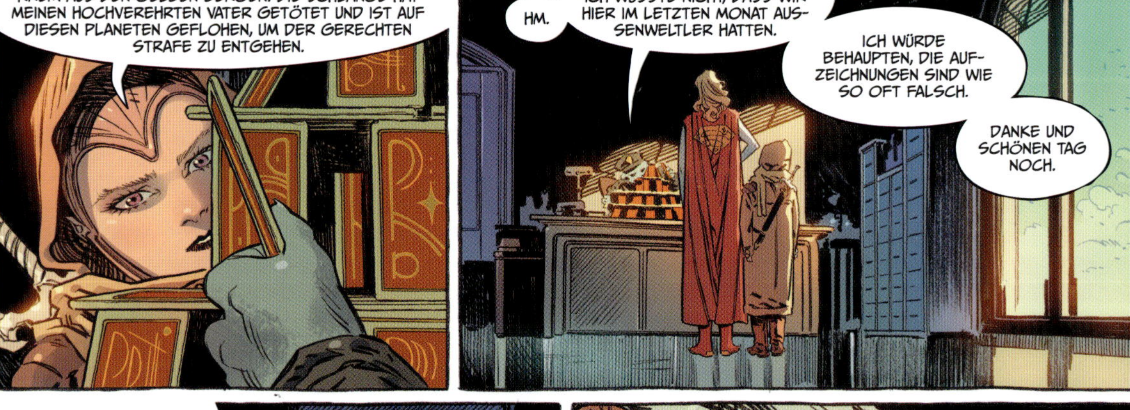

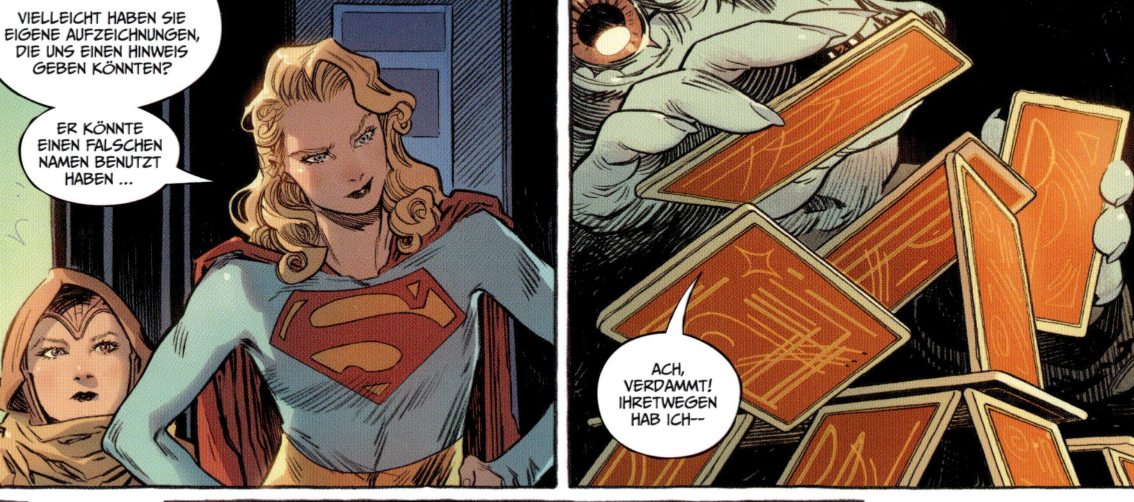

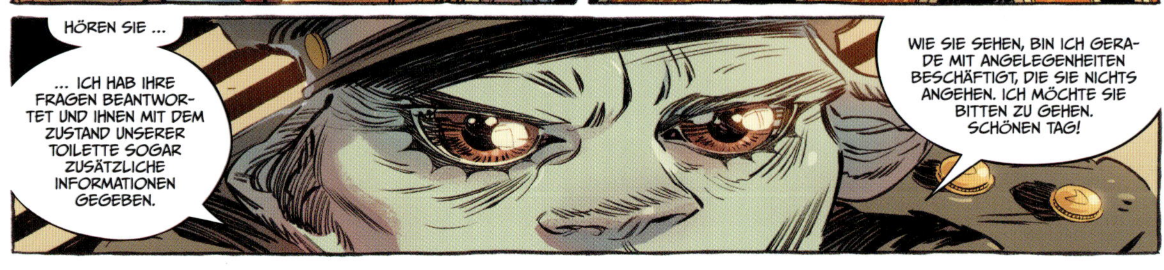

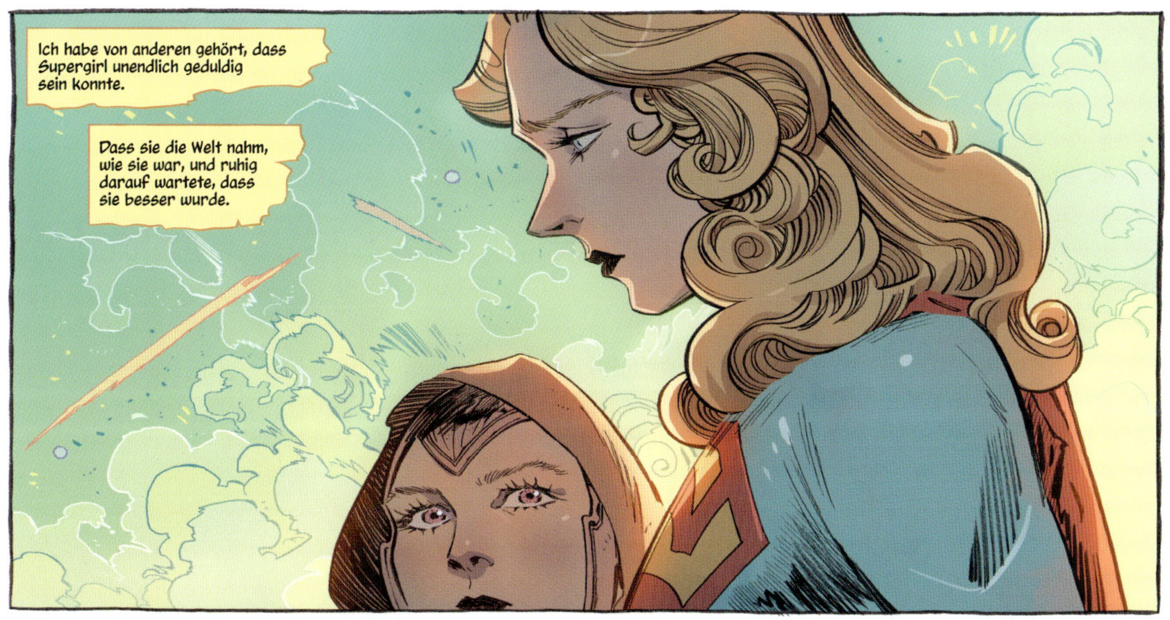
Ich habe von anderen gehört, dass Supergirl unendlich geduldig sein konnte.
Dass sie die Welt nahm, wie sie war, und ruhig darauf wartete, dass sie besser wurde.

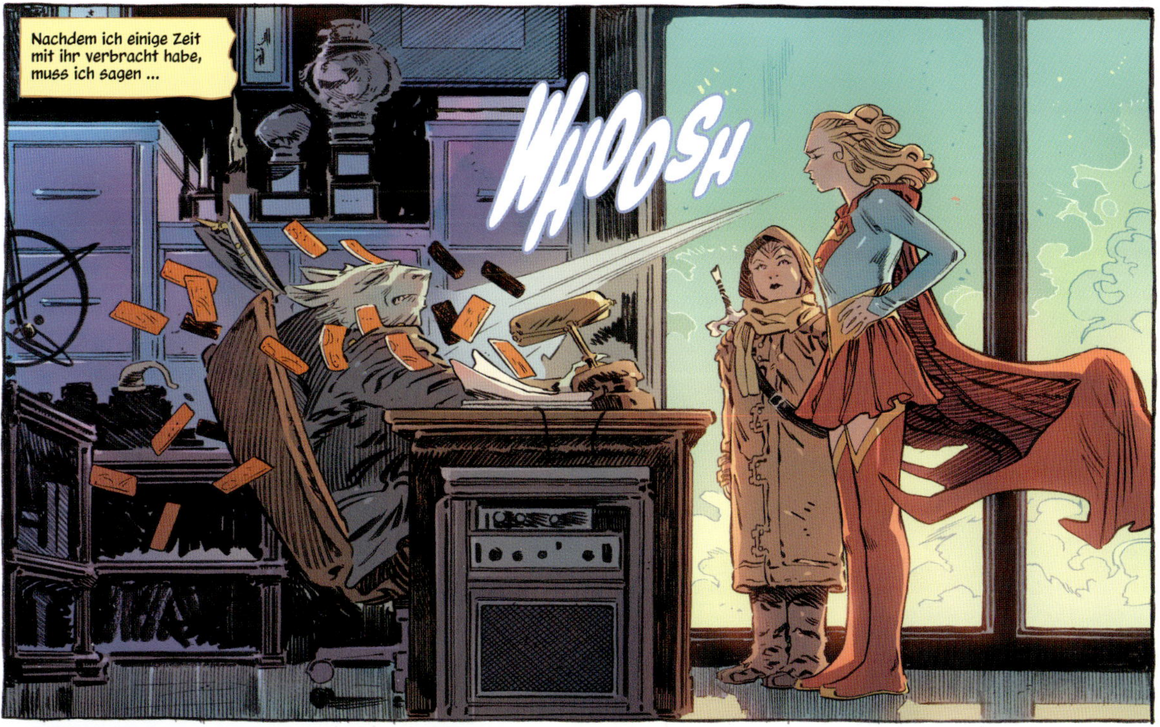
Nachdem ich einige Zeit mit ihr verbracht habe, muss ich sagen ...
WHOOSH

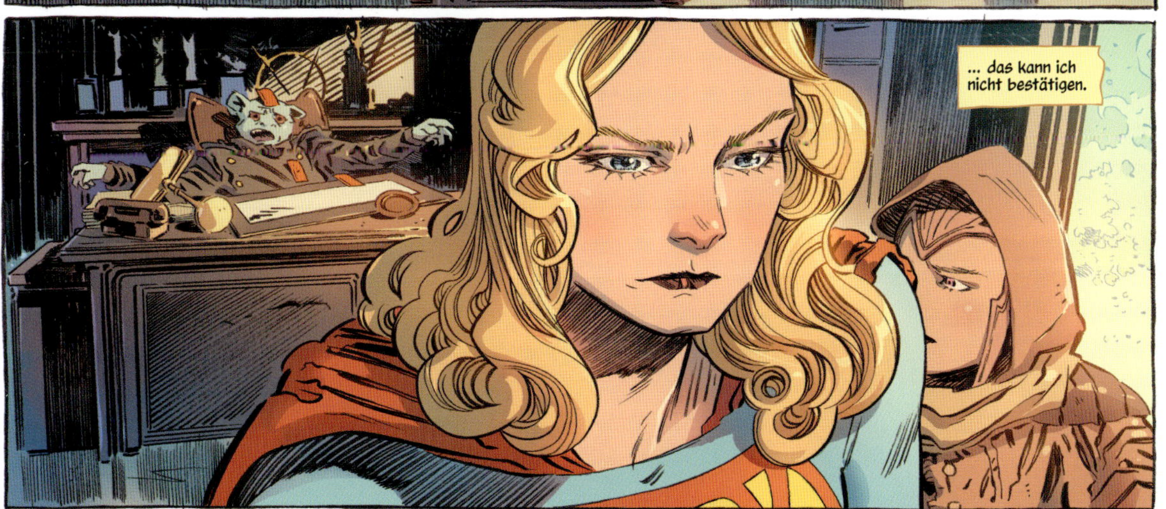
... das kann ich nicht bestätigen.

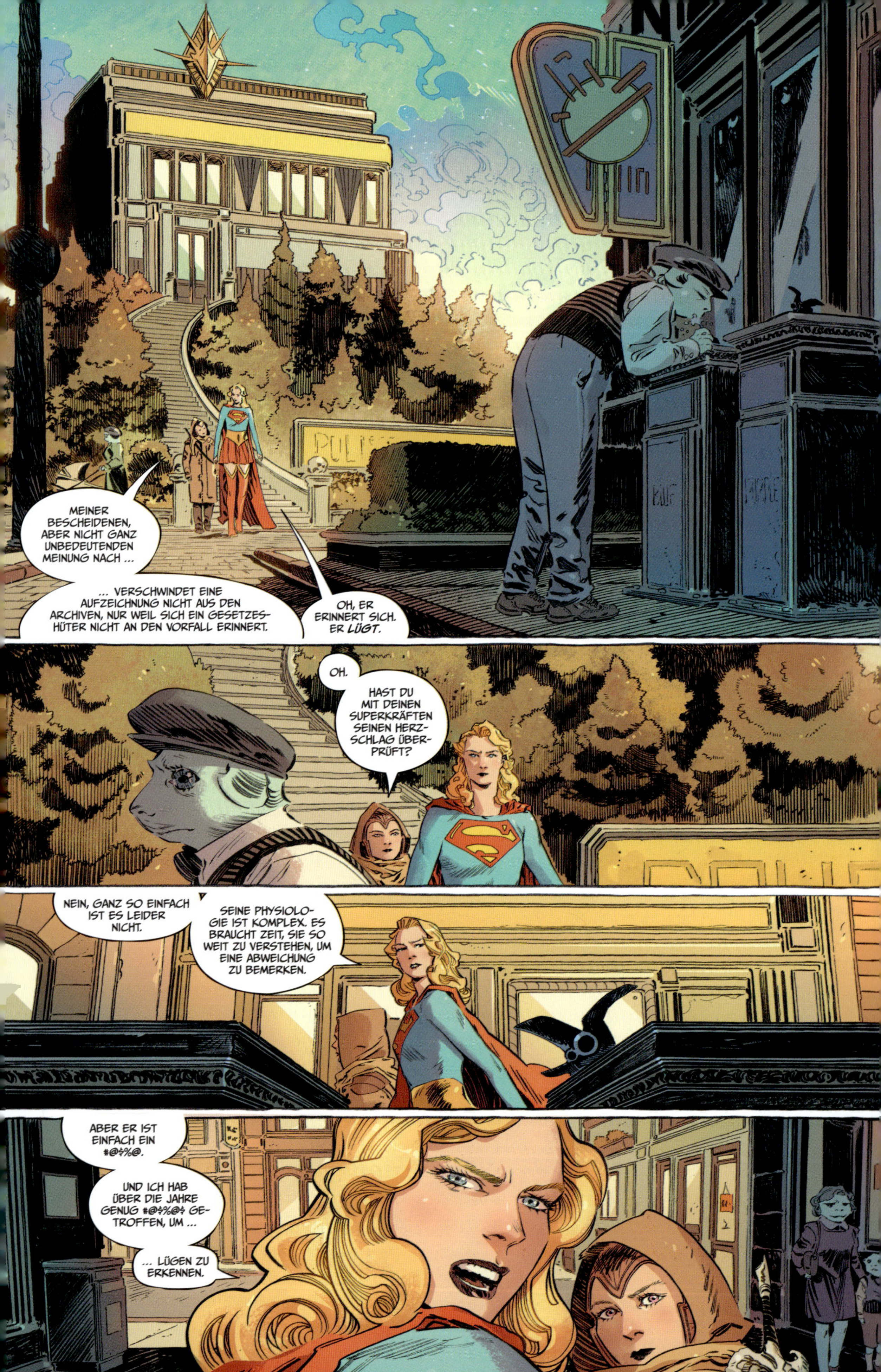
MEINER BESCHEIDENEN, ABER NICHT GANZ UNBEDEUTENDEN MEINUNG NACH ...
... VERSCHWINDET EINE AUFZEICHNUNG NICHT AUS DEN ARCHIVEN, NUR WEIL SICH EIN GESETZESHÜTER NICHT AN DEN VORFALL ERINNERT.
OH, ER ERINNERT SICH. ER *LÜGT*.
OH.
HAST DU MIT DEINEN SUPERKRÄFTEN SEINEN HERZSCHLAG ÜBERPRÜFT?
NEIN, GANZ SO EINFACH IST ES LEIDER NICHT.
SEINE PHYSIOLOGIE IST KOMPLEX. ES BRAUCHT ZEIT, SIE SO WEIT ZU VERSTEHEN, UM EINE ABWEICHUNG ZU BEMERKEN.
ABER ER IST EINFACH EIN #@$%@.
UND ICH HAB ÜBER DIE JAHRE GENUG #@$%@$ GETROFFEN, UM ...
... LÜGEN ZU ERKENNEN.

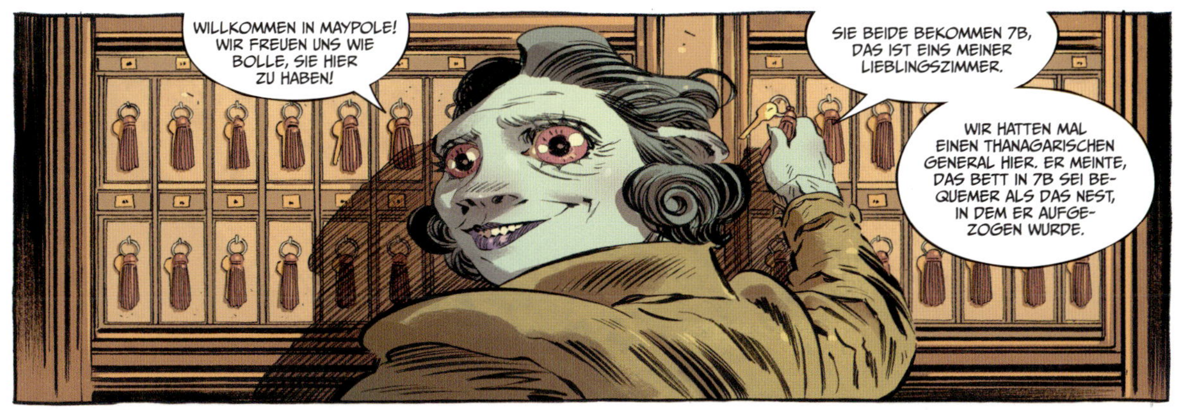
WILLKOMMEN IN MAYPOLE! WIR FREUEN UNS WIE BOLLE, SIE HIER ZU HABEN!
SIE BEIDE BEKOMMEN 7B, DAS IST EINS MEINER LIEBLINGSZIMMER.
WIR HATTEN MAL EINEN THANAGARISCHEN GENERAL HIER. ER MEINTE, DAS BETT IN 7B SEI BEQUEMER ALS DAS NEST, IN DEM ER AUFGEZOGEN WURDE.

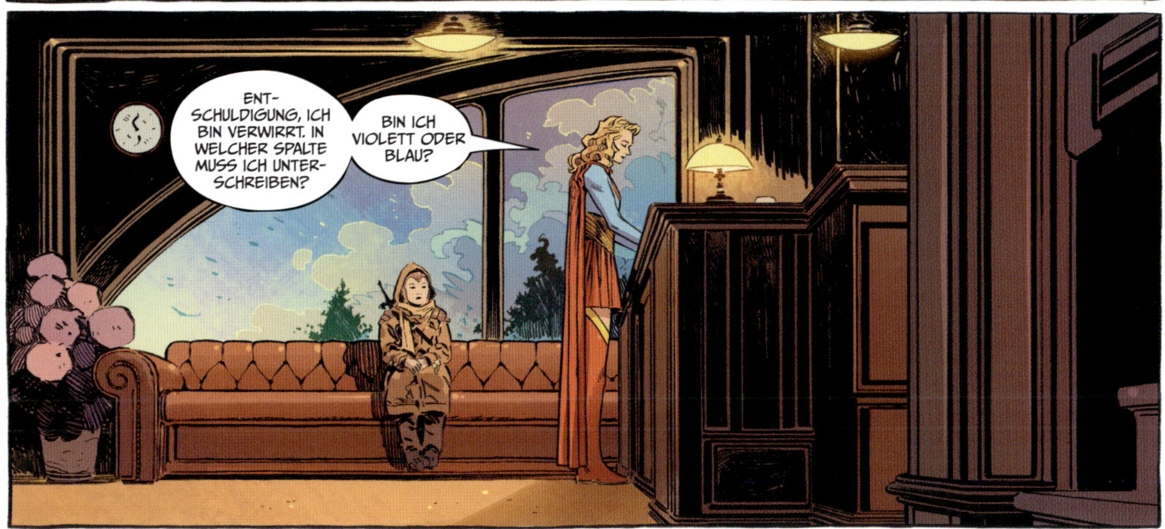
ENTSCHULDIGUNG, ICH BIN VERWIRRT. IN WELCHER SPALTE MUSS ICH UNTERSCHREIBEN?
BIN ICH VIOLETT ODER BLAU?

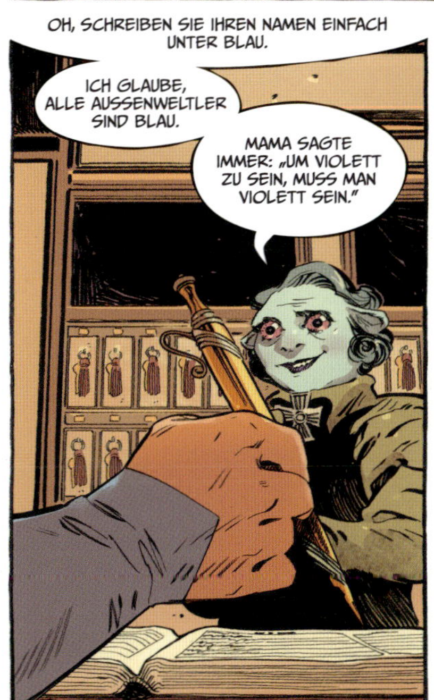
OH, SCHREIBEN SIE IHREN NAMEN EINFACH UNTER BLAU.
ICH GLAUBE, ALLE AUSSENWELTLER SIND BLAU.
MAMA SAGTE IMMER: „UM VIOLETT ZU SEIN, MUSS MAN VIOLETT SEIN."

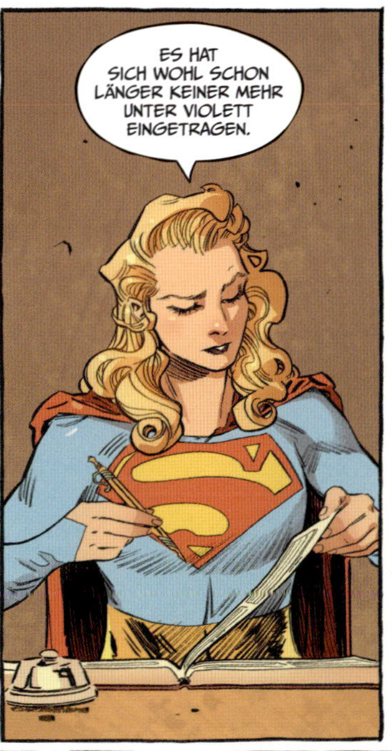
ES HAT SICH WOHL SCHON LÄNGER KEINER MEHR UNTER VIOLETT EINGETRAGEN.

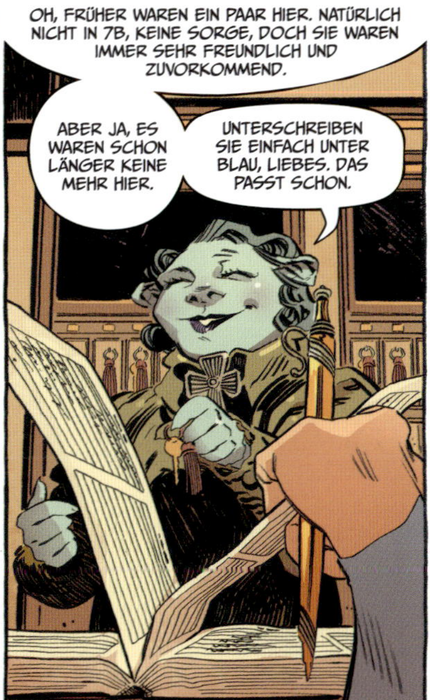
OH, FRÜHER WAREN EIN PAAR HIER. NATÜRLICH NICHT IN 7B, KEINE SORGE, DOCH SIE WAREN IMMER SEHR FREUNDLICH UND ZUVORKOMMEND.
ABER JA, ES WAREN SCHON LÄNGER KEINE MEHR HIER.
UNTERSCHREIBEN SIE EINFACH UNTER BLAU, LIEBES. DAS PASST SCHON.

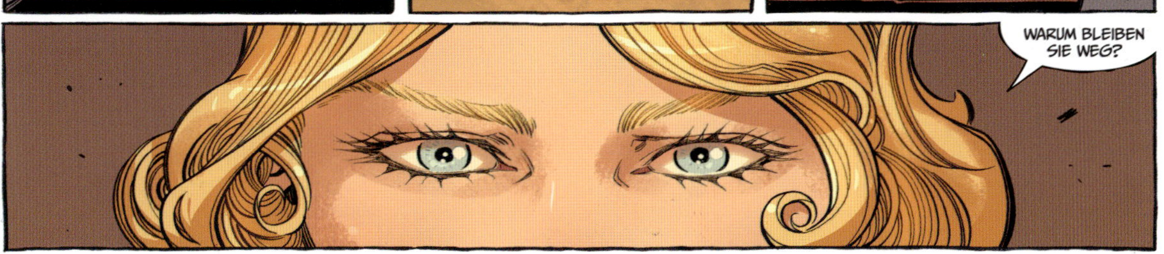
WARUM BLEIBEN SIE WEG?

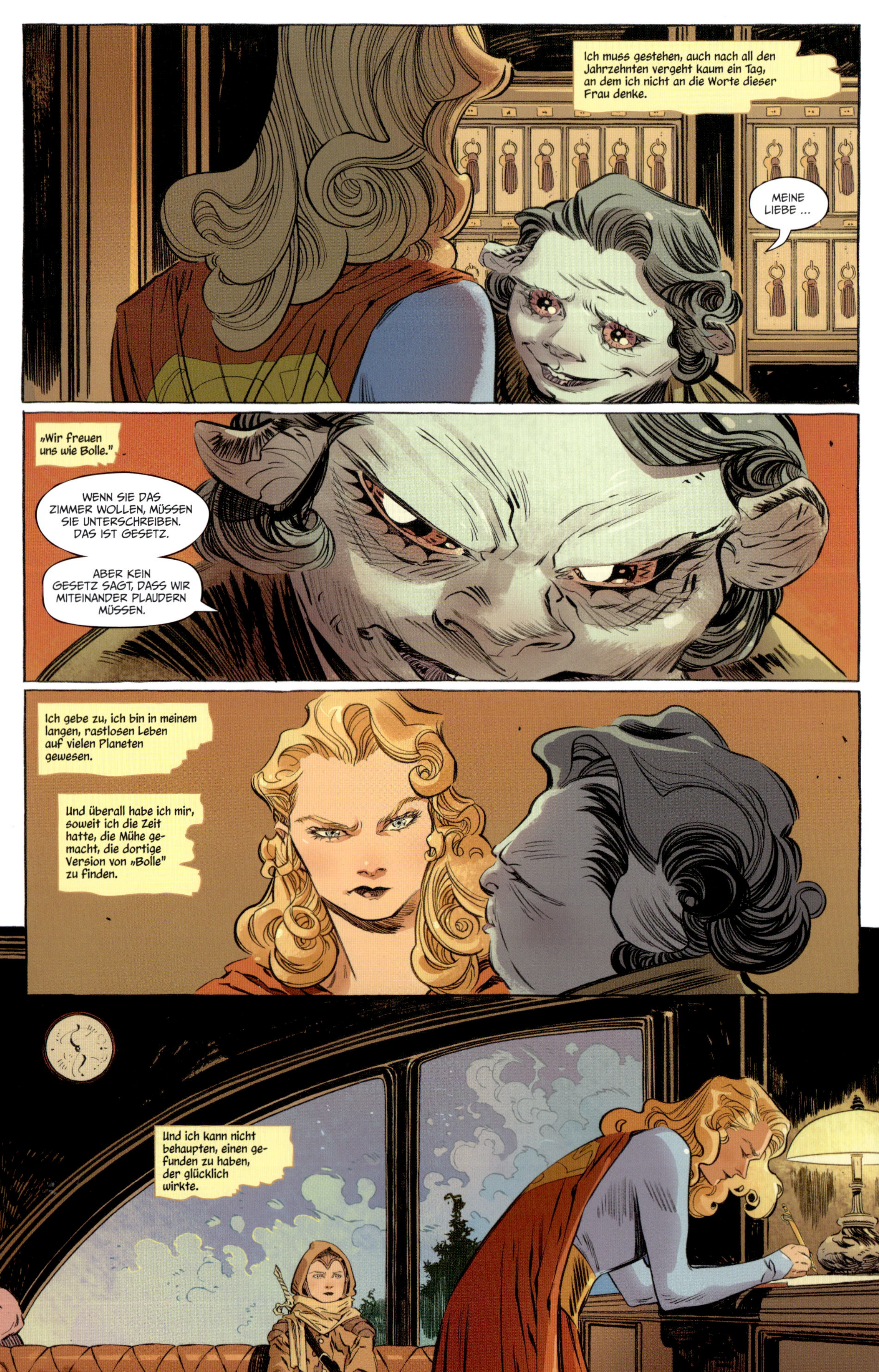
Ich muss gestehen, auch nach all den Jahrzehnten vergeht kaum ein Tag, an dem ich nicht an die Worte dieser Frau denke.
MEINE LIEBE ...
„Wir freuen uns wie Bolle."
WENN SIE DAS ZIMMER WOLLEN, MÜSSEN SIE UNTERSCHREIBEN. DAS IST GESETZ.
ABER KEIN GESETZ SAGT, DASS WIR MITEINANDER PLAUDERN MÜSSEN.
Ich gebe zu, ich bin in meinem langen, rastlosen Leben auf vielen Planeten gewesen.
Und überall habe ich mir, soweit ich die Zeit hatte, die Mühe gemacht, die dortige Version von „Bolle" zu finden.
Und ich kann nicht behaupten, einen gefunden zu haben, der glücklich wirkte.

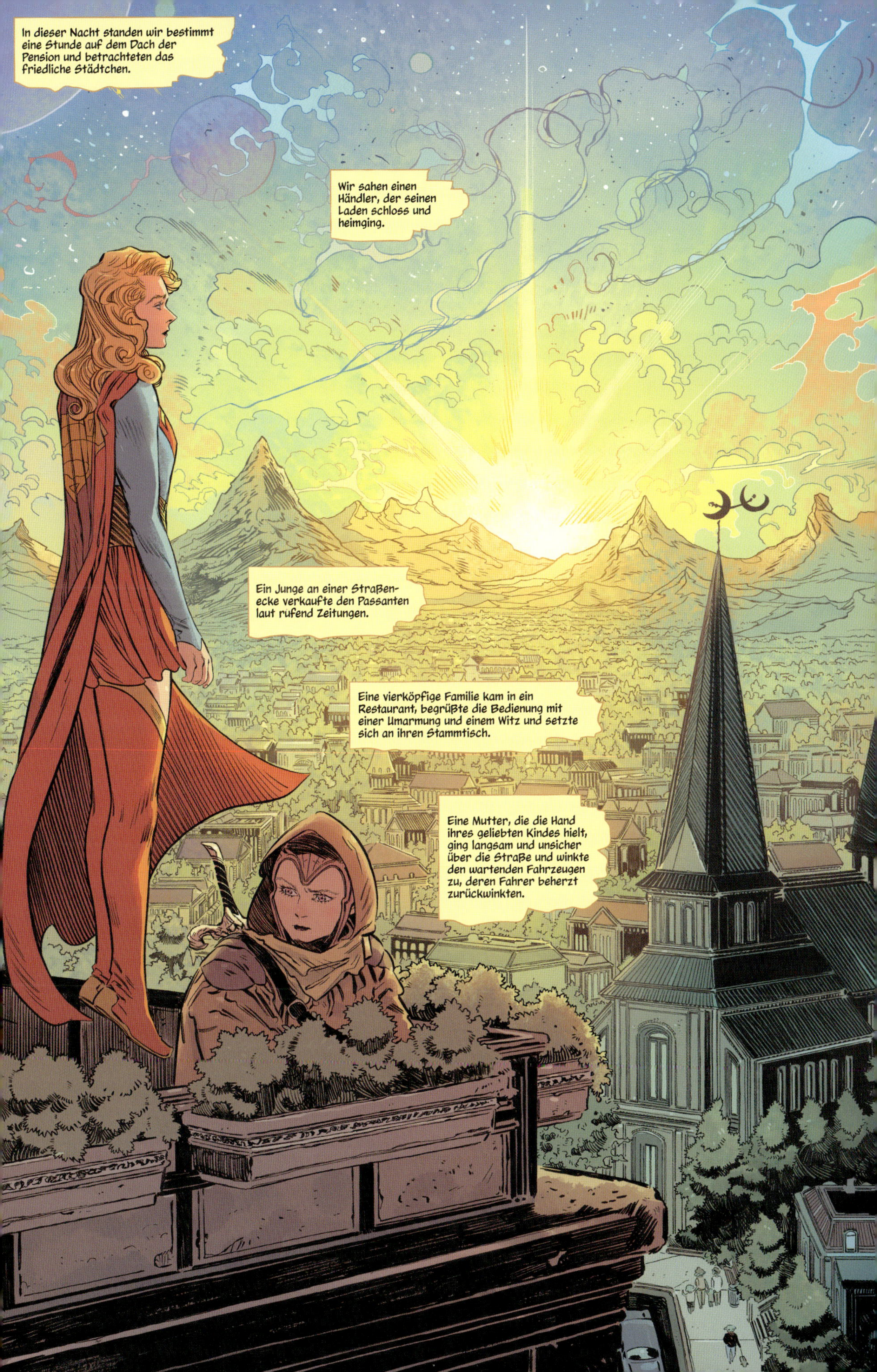
In dieser Nacht standen wir bestimmt eine Stunde auf dem Dach der Pension und betrachteten das friedliche Städtchen.
Wir sahen einen Händler, der seinen Laden schloss und heimging.
Ein Junge an einer Straßen-ecke verkaufte den Passanten laut rufend Zeitungen.
Eine vierköpfige Familie kam in ein Restaurant, begrüßte die Bedienung mit einer Umarmung und einem Witz und setzte sich an ihren Stammtisch.
Eine Mutter, die die Hand ihres geliebten Kindes hielt, ging langsam und unsicher über die Straße und winkte den wartenden Fahrzeugen zu, deren Fahrer beherzt zurückwinkten.

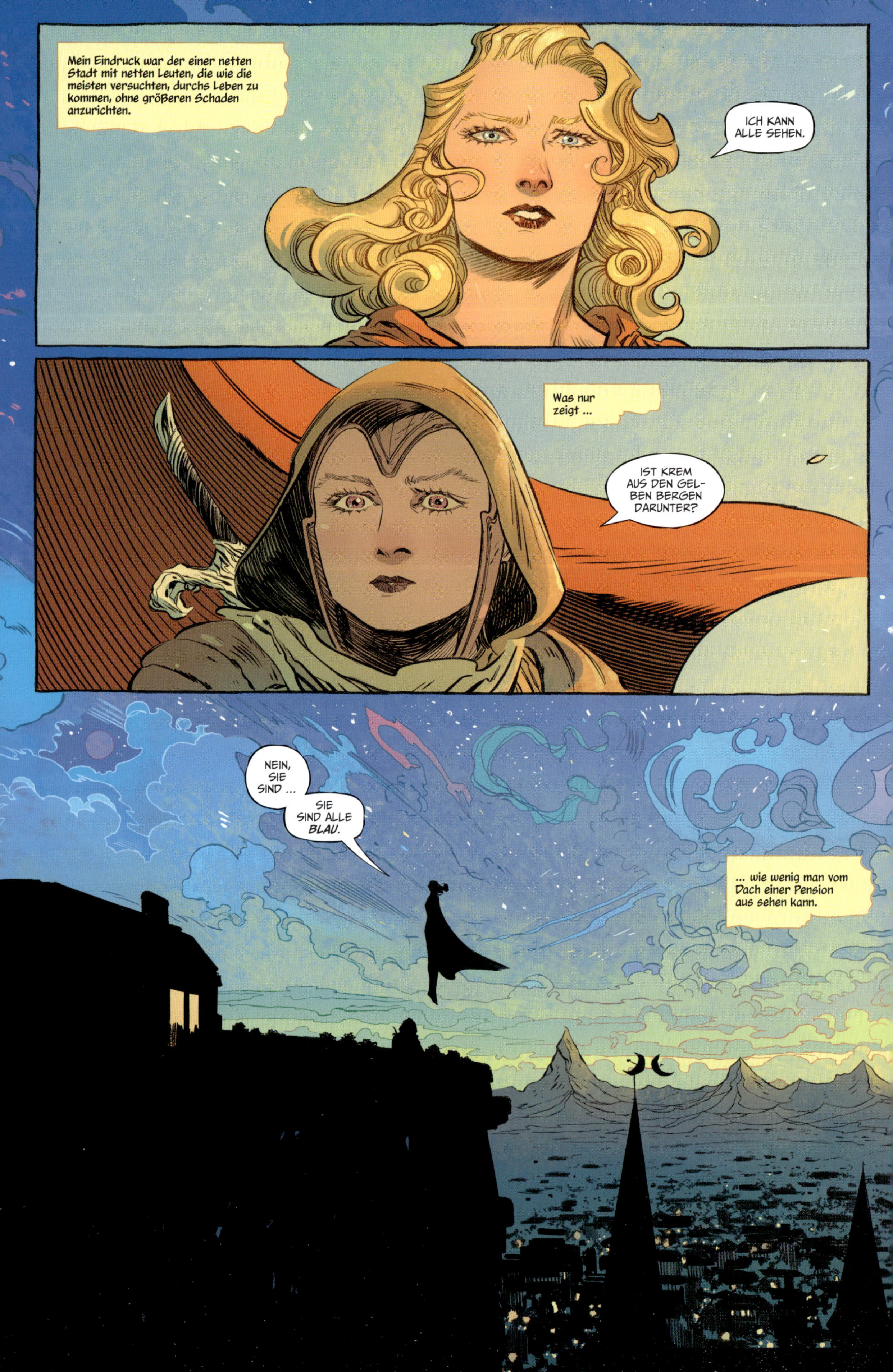

Mein Eindruck war der einer netten Stadt mit netten Leuten, die wie die meisten versuchten, durchs Leben zu kommen, ohne größeren Schaden anzurichten.
ICH KANN ALLE SEHEN.
Was nur zeigt ...
IST KREM AUS DEN GEL-BEN BERGEN DARUNTER?
NEIN, SIE SIND ...
SIE SIND ALLE *BLAU*.
... wie wenig man vom Dach einer Pension aus sehen kann.

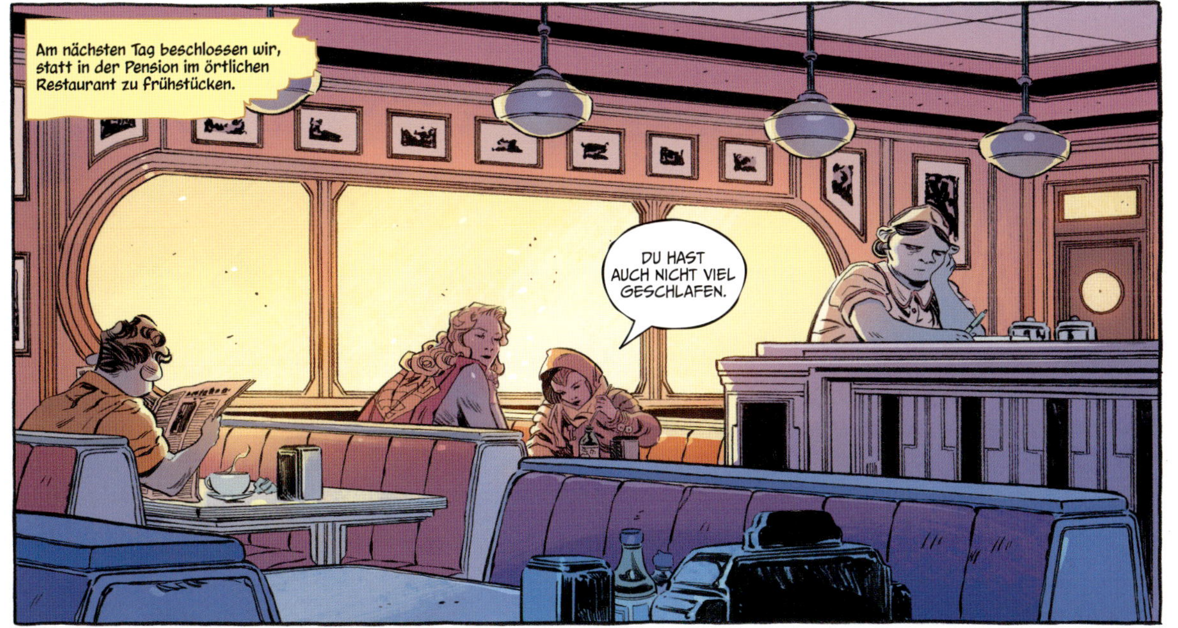
Am nächsten Tag beschlossen wir, statt in der Pension im örtlichen Restaurant zu frühstücken.
DU HAST AUCH NICHT VIEL GESCHLAFEN.

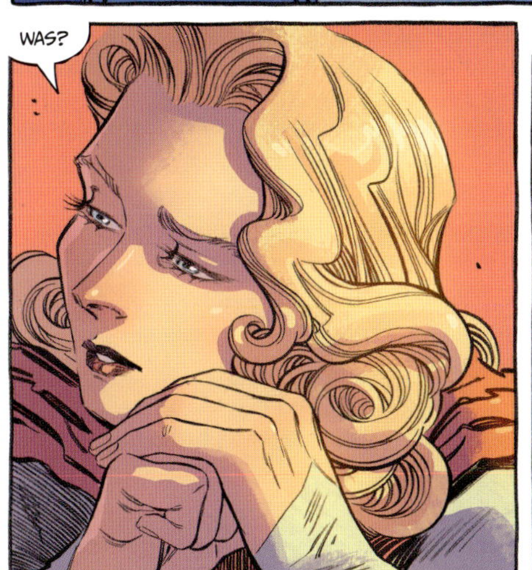
WAS?

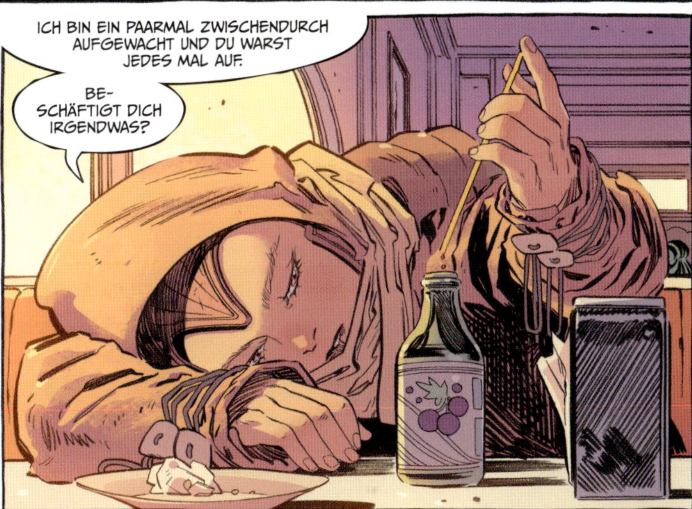
ICH BIN EIN PAARMAL ZWISCHENDURCH AUFGEWACHT UND DU WARST JEDES MAL AUF.
BE-SCHÄFTIGT DICH IRGENDWAS?

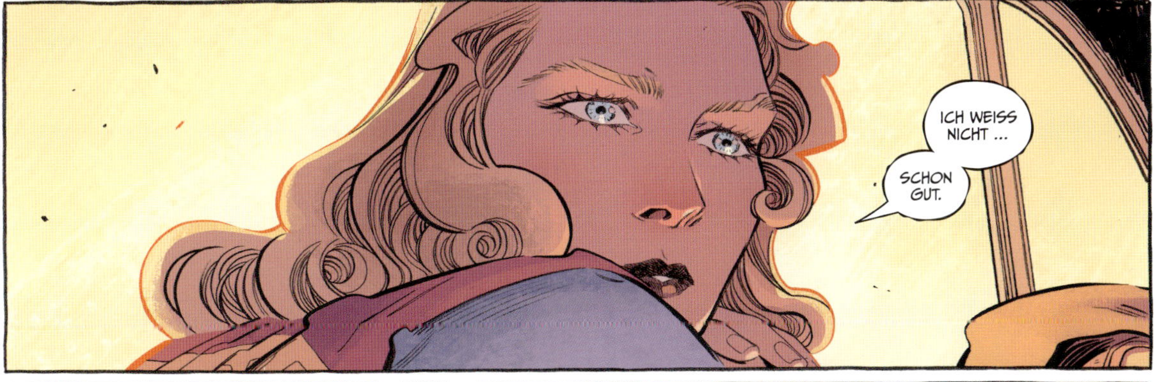
ICH WEISS NICHT ...
SCHON GUT.

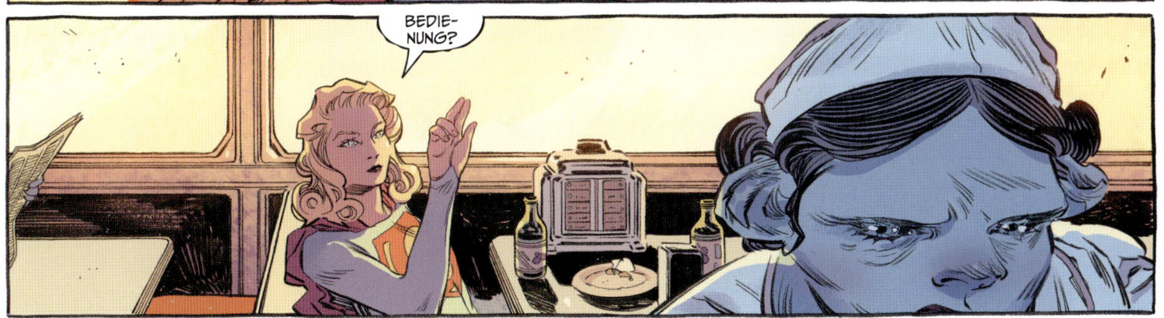
BEDIE-NUNG?

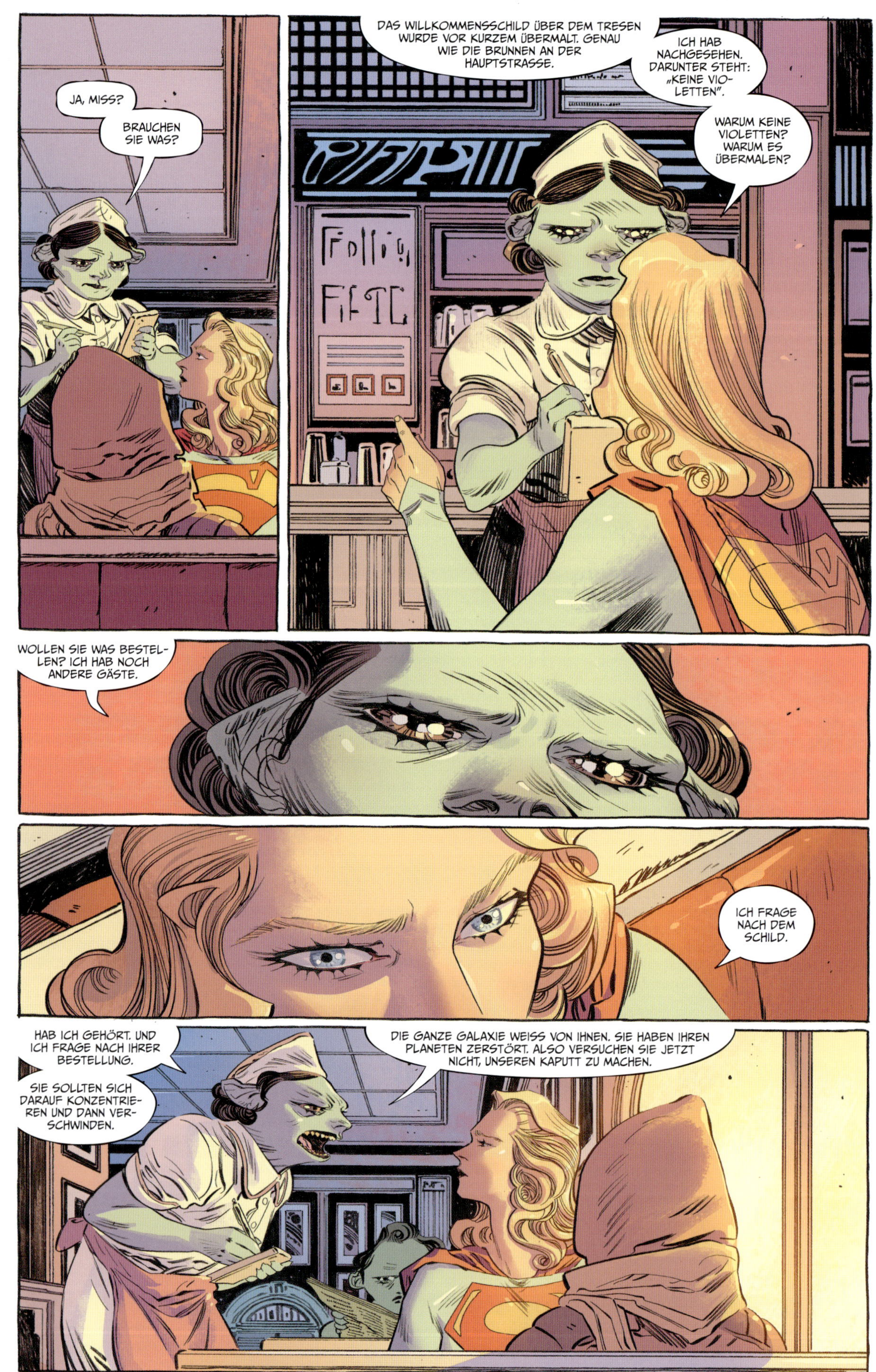
JA, MISS?
BRAUCHEN SIE WAS?
DAS WILLKOMMENSSCHILD ÜBER DEM TRESEN WURDE VOR KURZEM ÜBERMALT. GENAU WIE DIE BRUNNEN AN DER HAUPTSTRASSE.
ICH HAB NACHGESEHEN. DARUNTER STEHT: „KEINE VIOLETTEN".
WARUM KEINE VIOLETTEN? WARUM ES ÜBERMALEN?
WOLLEN SIE WAS BESTELLEN? ICH HAB NOCH ANDERE GÄSTE.
ICH FRAGE NACH DEM SCHILD.
HAB ICH GEHÖRT. UND ICH FRAGE NACH IHRER BESTELLUNG.
SIE SOLLTEN SICH DARAUF KONZENTRIEREN UND DANN VERSCHWINDEN.
DIE GANZE GALAXIE WEISS VON IHNEN. SIE HABEN IHREN PLANETEN ZERSTÖRT. ALSO VERSUCHEN SIE JETZT NICHT, UNSEREN KAPUTT ZU MACHEN.

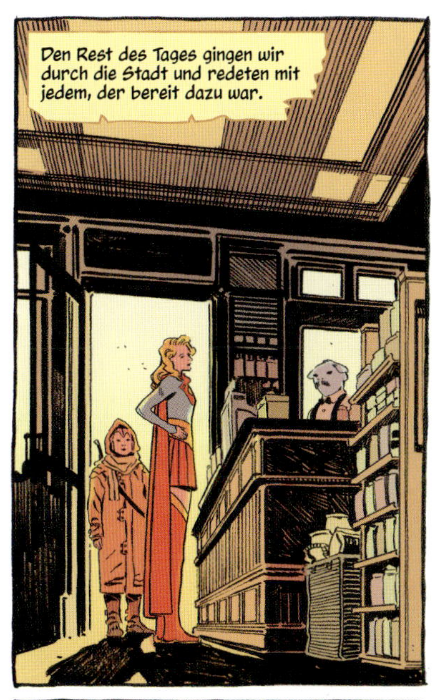
Den Rest des Tages gingen wir durch die Stadt und redeten mit jedem, der bereit dazu war.
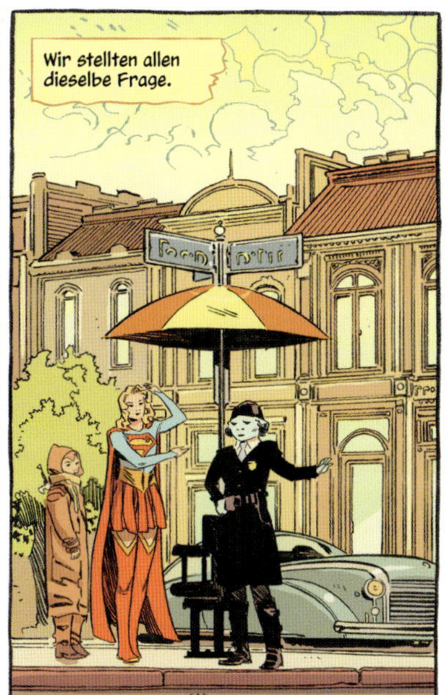
Wir stellten allen dieselbe Frage.
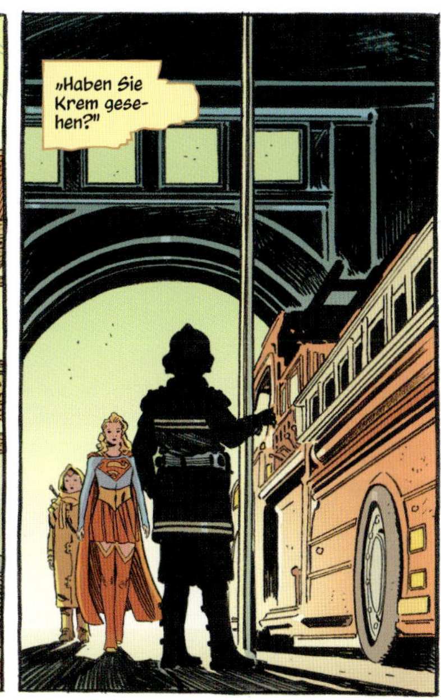
„Haben Sie Krem gesehen?"
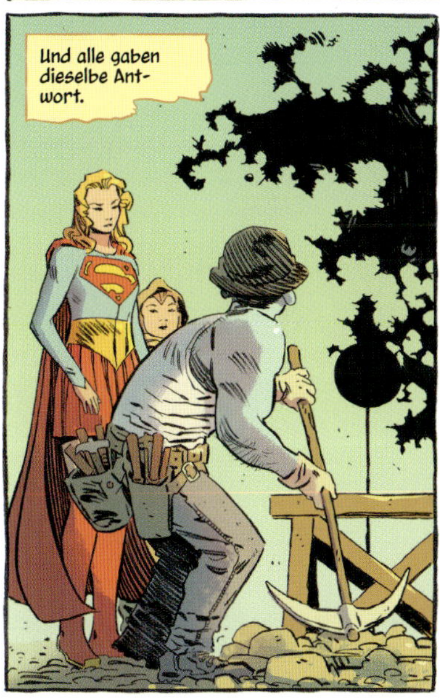
Und alle gaben dieselbe Antwort.
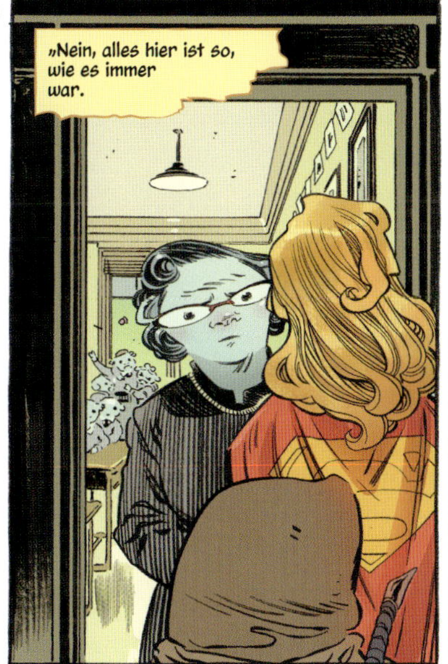
„Nein, alles hier ist so, wie es immer war.
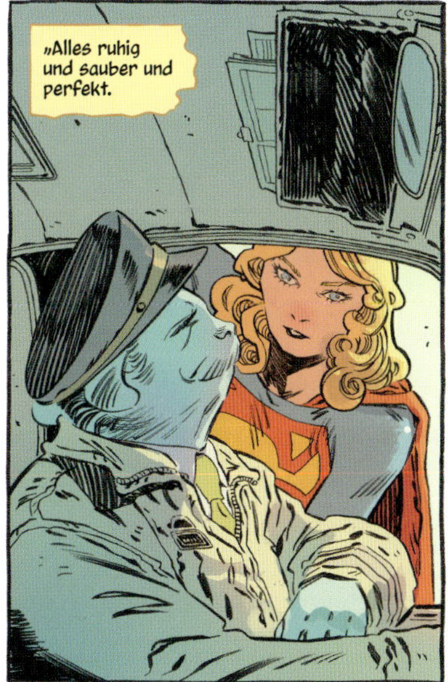
„Alles ruhig und sauber und perfekt.
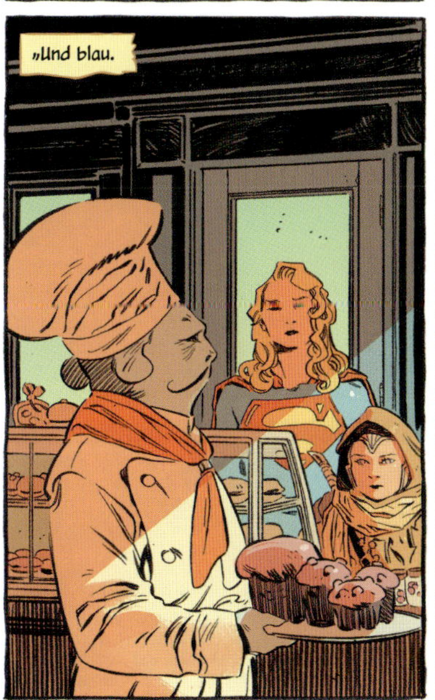
„Und blau.
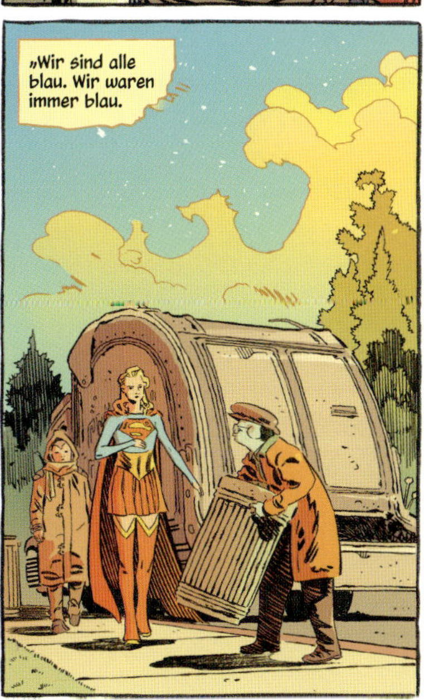
„Wir sind alle blau. Wir waren immer blau.
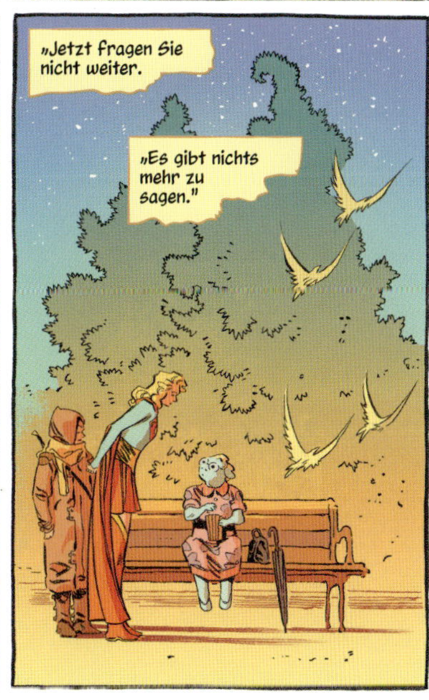
„Jetzt fragen Sie nicht weiter.
„Es gibt nichts mehr zu sagen."

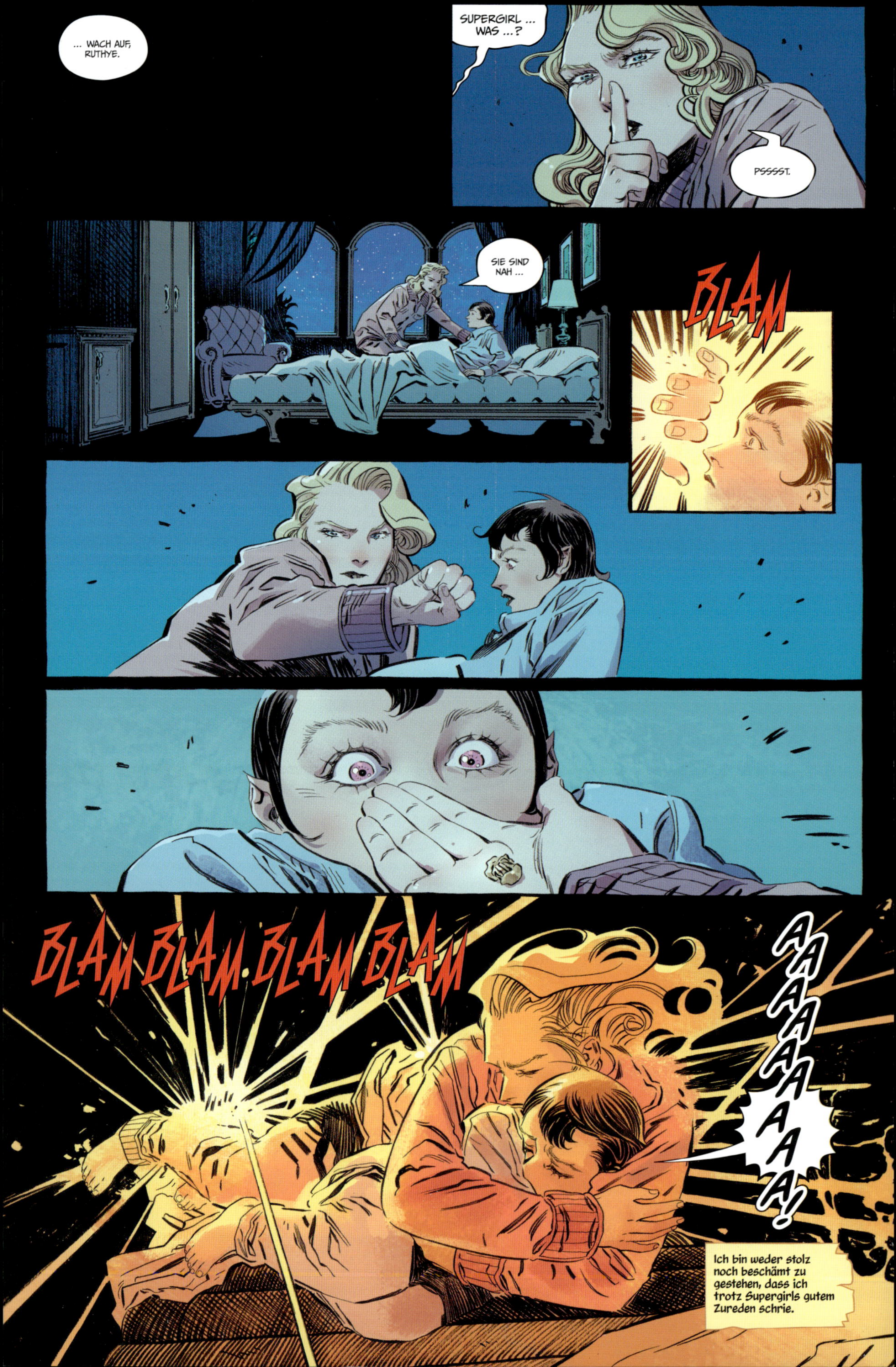

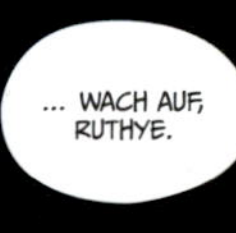
... WACH AUF, RUTHYE.

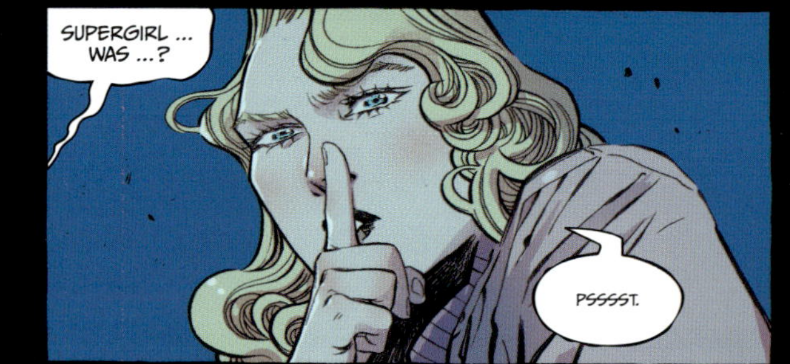
SUPERGIRL ... WAS ...?
PSSSST.

SIE SIND NAH ...
BLAM
BLAM BLAM BLAM BLAM
AAAAAAAAAA!
Ich bin weder stolz noch beschämt zu gestehen, dass ich trotz Supergirls gutem Zureden schrie.

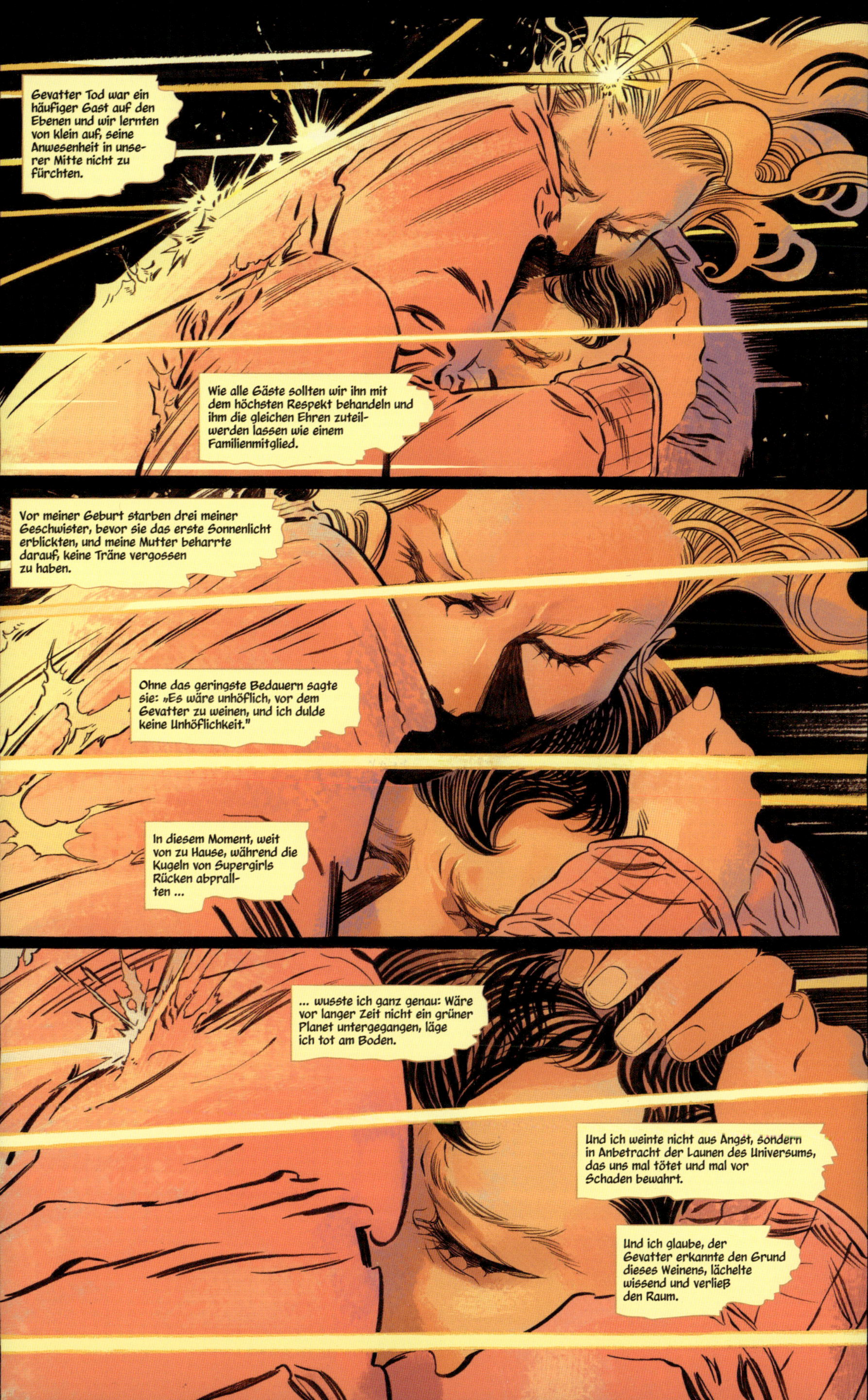
Gevatter Tod war ein häufiger Gast auf den Ebenen und wir lernten von klein auf, seine Anwesenheit in unserer Mitte nicht zu fürchten.
Wie alle Gäste sollten wir ihn mit dem höchsten Respekt behandeln und ihm die gleichen Ehren zuteilwerden lassen wie einem Familienmitglied.
Vor meiner Geburt starben drei meiner Geschwister, bevor sie das erste Sonnenlicht erblickten, und meine Mutter beharrte darauf, keine Träne vergossen zu haben.
Ohne das geringste Bedauern sagte sie: „Es wäre unhöflich, vor dem Gevatter zu weinen, und ich dulde keine Unhöflichkeit."
In diesem Moment, weit von zu Hause, während die Kugeln von Supergirls Rücken abprallten ...
... wusste ich ganz genau: Wäre vor langer Zeit nicht ein grüner Planet untergegangen, läge ich tot am Boden.
Und ich weinte nicht aus Angst, sondern in Anbetracht der Launen des Universums, das uns mal tötet und mal vor Schaden bewahrt.
Und ich glaube, der Gevatter erkannte den Grund dieses Weinens, lächelte wissend und verließ den Raum.

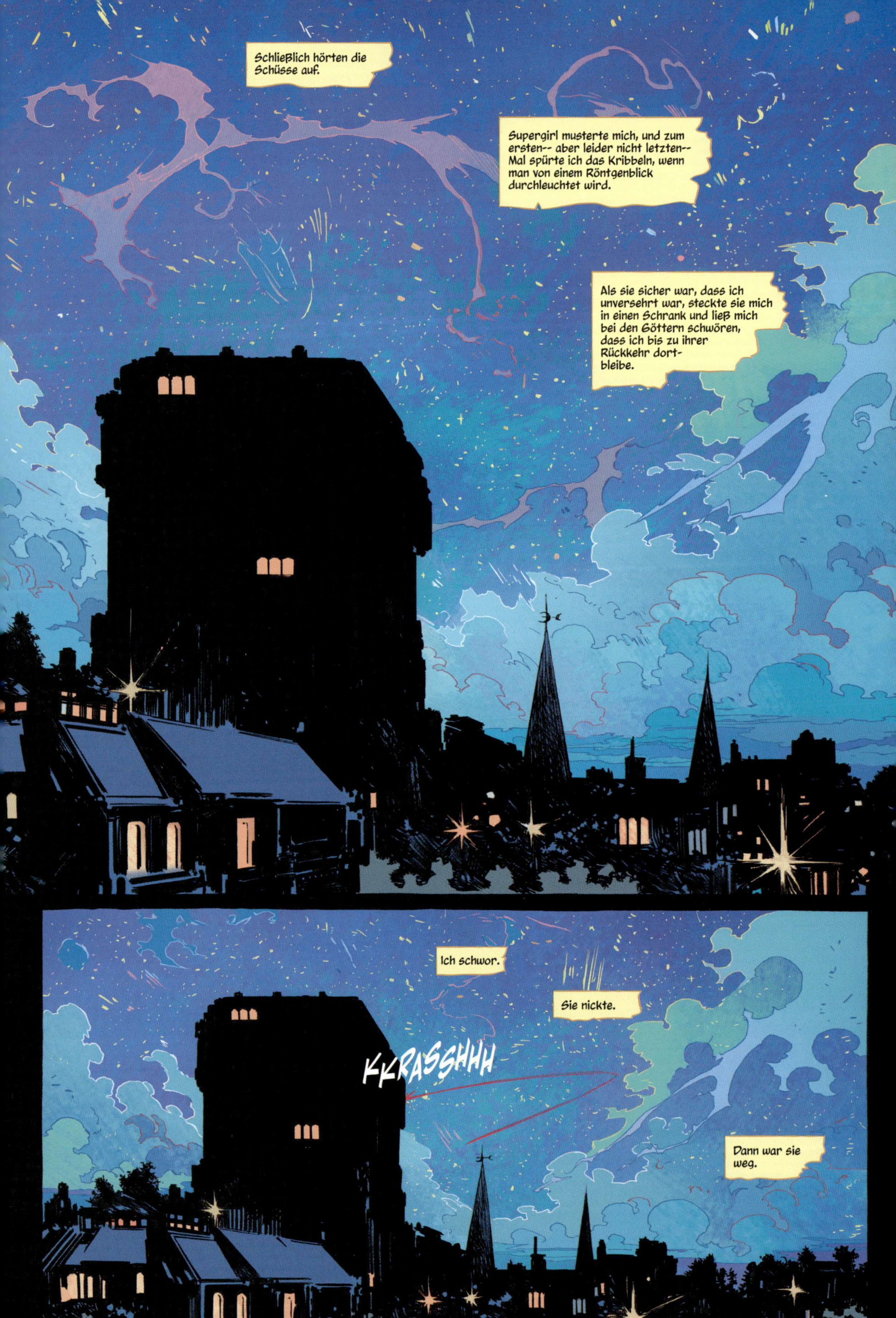
Schließlich hörten die Schüsse auf.
Supergirl musterte mich, und zum ersten-- aber leider nicht letzten-- Mal spürte ich das Kribbeln, wenn man von einem Röntgenblick durchleuchtet wird.
Als sie sicher war, dass ich unversehrt war, steckte sie mich in einen Schrank und ließ mich bei den Göttern schwören, dass ich bis zu ihrer Rückkehr dort-bleibe.
Ich schwor.
Sie nickte.
KKRASSHHH
Dann war sie weg.

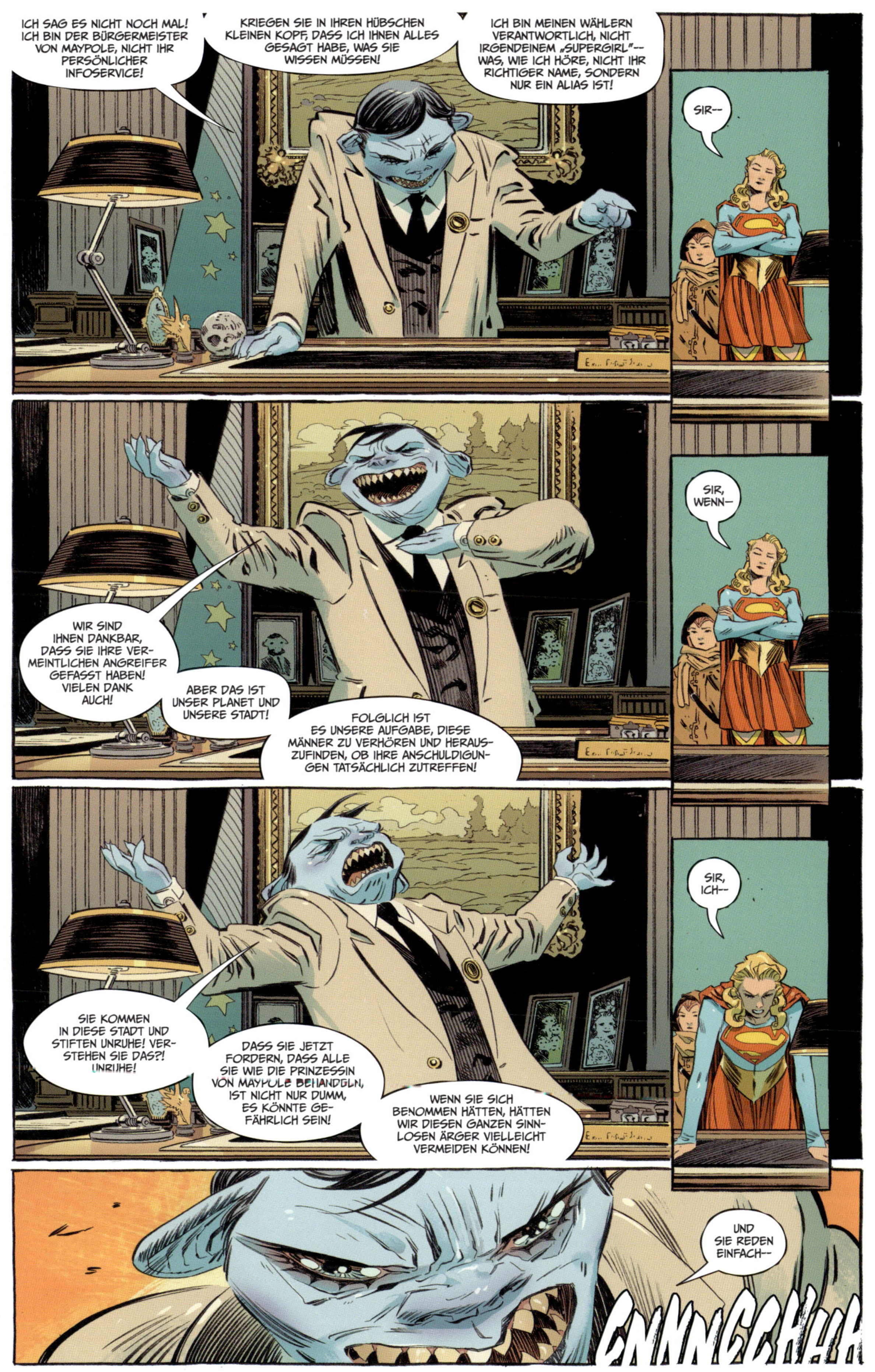
ICH SAG ES NICHT NOCH MAL! ICH BIN DER BÜRGERMEISTER VON MAYPOLE, NICHT IHR PERSÖNLICHER INFOSERVICE!
KRIEGEN SIE IN IHREN HÜBSCHEN KLEINEN KOPF, DASS ICH IHNEN ALLES GESAGT HABE, WAS SIE WISSEN MÜSSEN!
ICH BIN MEINEN WÄHLERN VERANTWORTLICH, NICHT IRGENDEINEM „SUPERGIRL"-- WAS, WIE ICH HÖRE, NICHT IHR RICHTIGER NAME, SONDERN NUR EIN ALIAS IST!
SIR--
SIR, WENN–
WIR SIND IHNEN DANKBAR, DASS SIE IHRE VERMEINTLICHEN ANGREIFER GEFASST HABEN! VIELEN DANK AUCH!
ABER DAS IST UNSER PLANET UND UNSERE STADT!
FOLGLICH IST ES UNSERE AUFGABE, DIESE MÄNNER ZU VERHÖREN UND HERAUSZUFINDEN, OB IHRE ANSCHULDIGUNGEN TATSÄCHLICH ZUTREFFEN!
SIR, ICH--
SIE KOMMEN IN DIESE STADT UND STIFTEN UNRUHE! VERSTEHEN SIE DAS?! UNRUHE!
DASS SIE JETZT FORDERN, DASS ALLE SIE WIE DIE PRINZESSIN VON MAYPOLE BEHANDELN, IST NICHT NUR DUMM, ES KÖNNTE GEFÄHRLICH SEIN!
WENN SIE SICH BENOMMEN HÄTTEN, HÄTTEN WIR DIESEN GANZEN SINNLOSEN ÄRGER VIELLEICHT VERMEIDEN KÖNNEN!
UND SIE REDEN EINFACH--
GNNNGGHHH

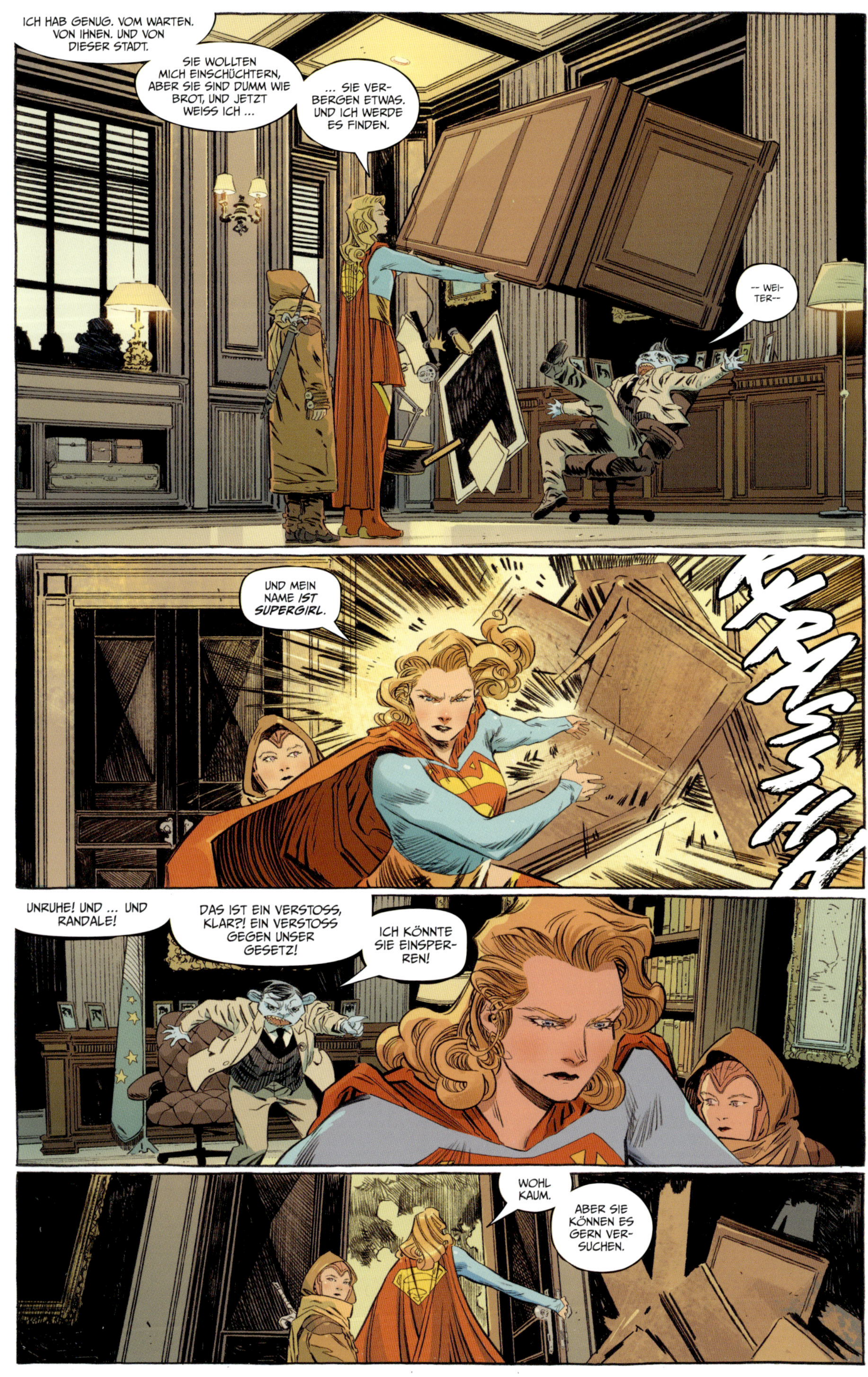
ICH HAB GENUG. VOM WARTEN. VON IHNEN. UND VON DIESER STADT.
SIE WOLLTEN MICH EINSCHÜCHTERN, ABER SIE SIND DUMM WIE BROT, UND JETZT WEISS ICH ...
... SIE VERBERGEN ETWAS. UND ICH WERDE ES FINDEN.
-- WEI- TER--
UND MEIN NAME *IST* ***SUPERGIRL***.
KRASSHH
UNRUHE! UND ... UND RANDALE!
DAS IST EIN VERSTOSS, KLAR?! EIN VERSTOSS GEGEN UNSER GESETZ!
ICH KÖNNTE SIE EINSPERREN!
WOHL KAUM.
ABER SIE KÖNNEN ES GERN VERSUCHEN.

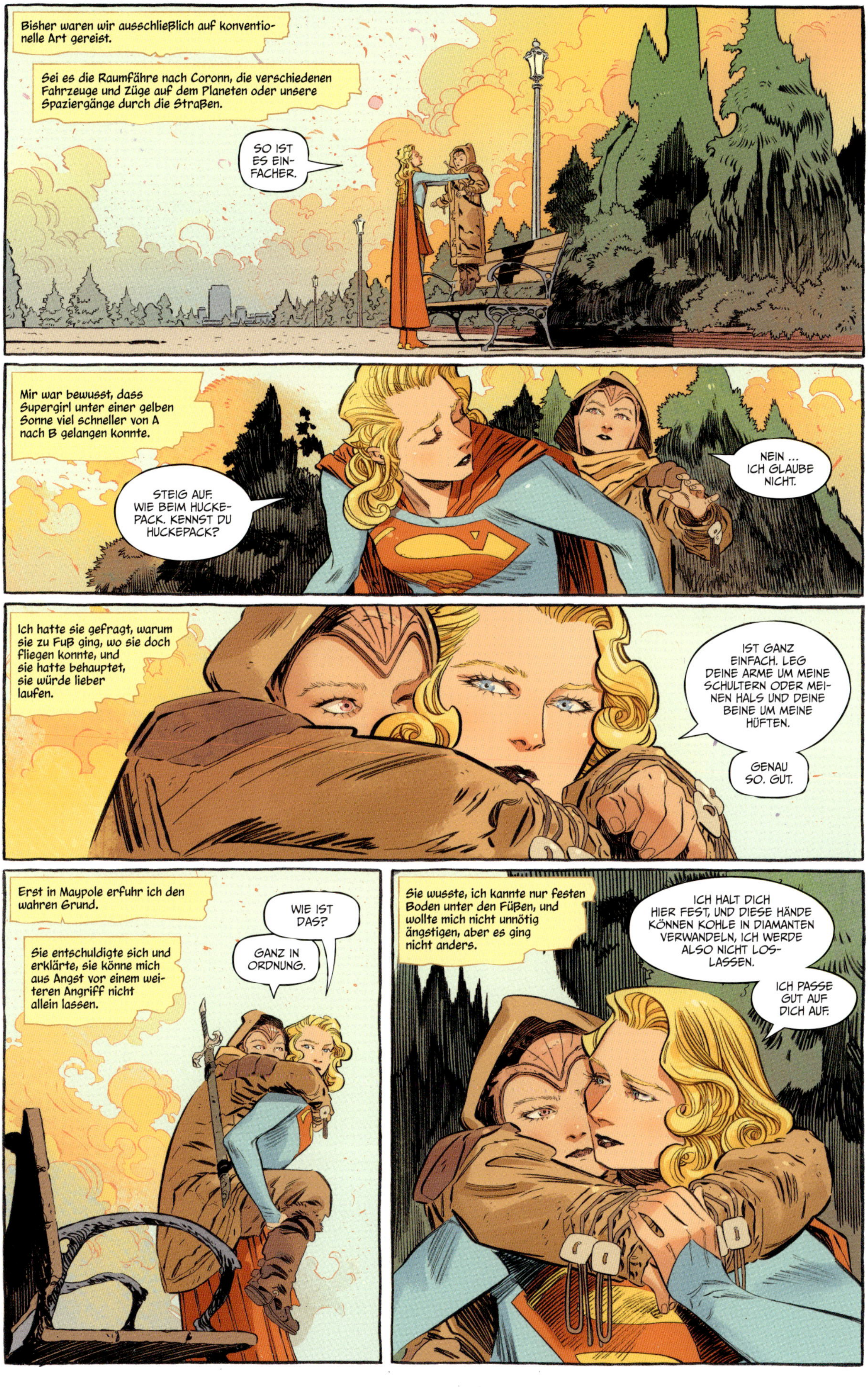

Bisher waren wir ausschließlich auf konventionelle Art gereist.

Sei es die Raumfähre nach Coronn, die verschiedenen Fahrzeuge und Züge auf dem Planeten oder unsere Spaziergänge durch die Straßen.

SO IST ES EINFACHER.

Mir war bewusst, dass Supergirl unter einer gelben Sonne viel schneller von A nach B gelangen konnte.

STEIG AUF. WIE BEIM HUCKEPACK. KENNST DU HUCKEPACK?

NEIN ... ICH GLAUBE NICHT.

Ich hatte sie gefragt, warum sie zu Fuß ging, wo sie doch fliegen konnte, und sie hatte behauptet, sie würde lieber laufen.

IST GANZ EINFACH. LEG DEINE ARME UM MEINE SCHULTERN ODER MEINEN HALS UND DEINE BEINE UM MEINE HÜFTEN.

GENAU SO. GUT.

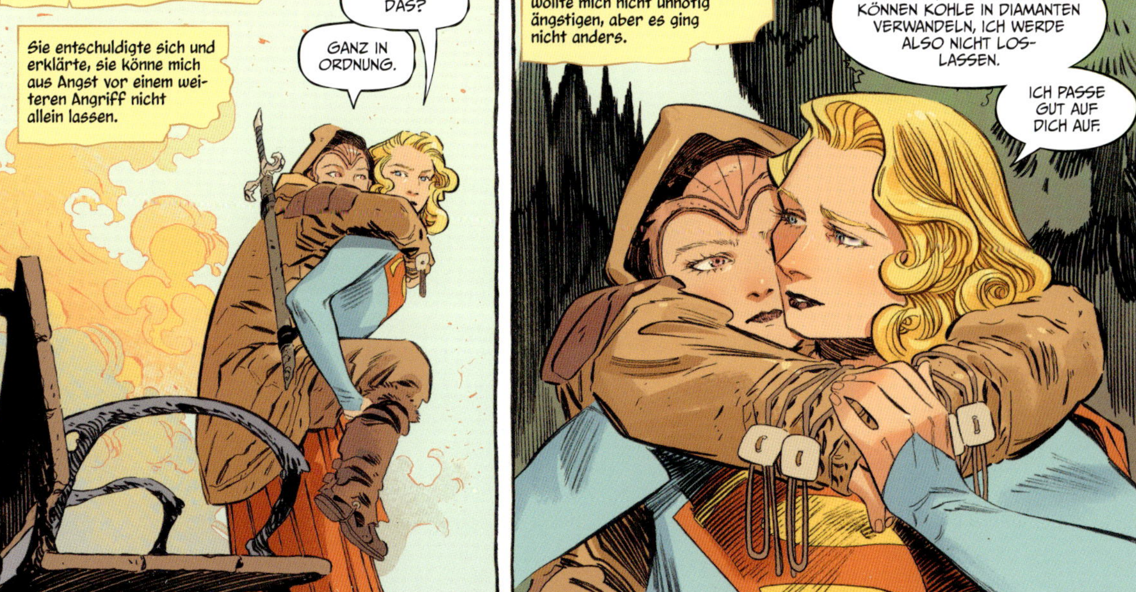

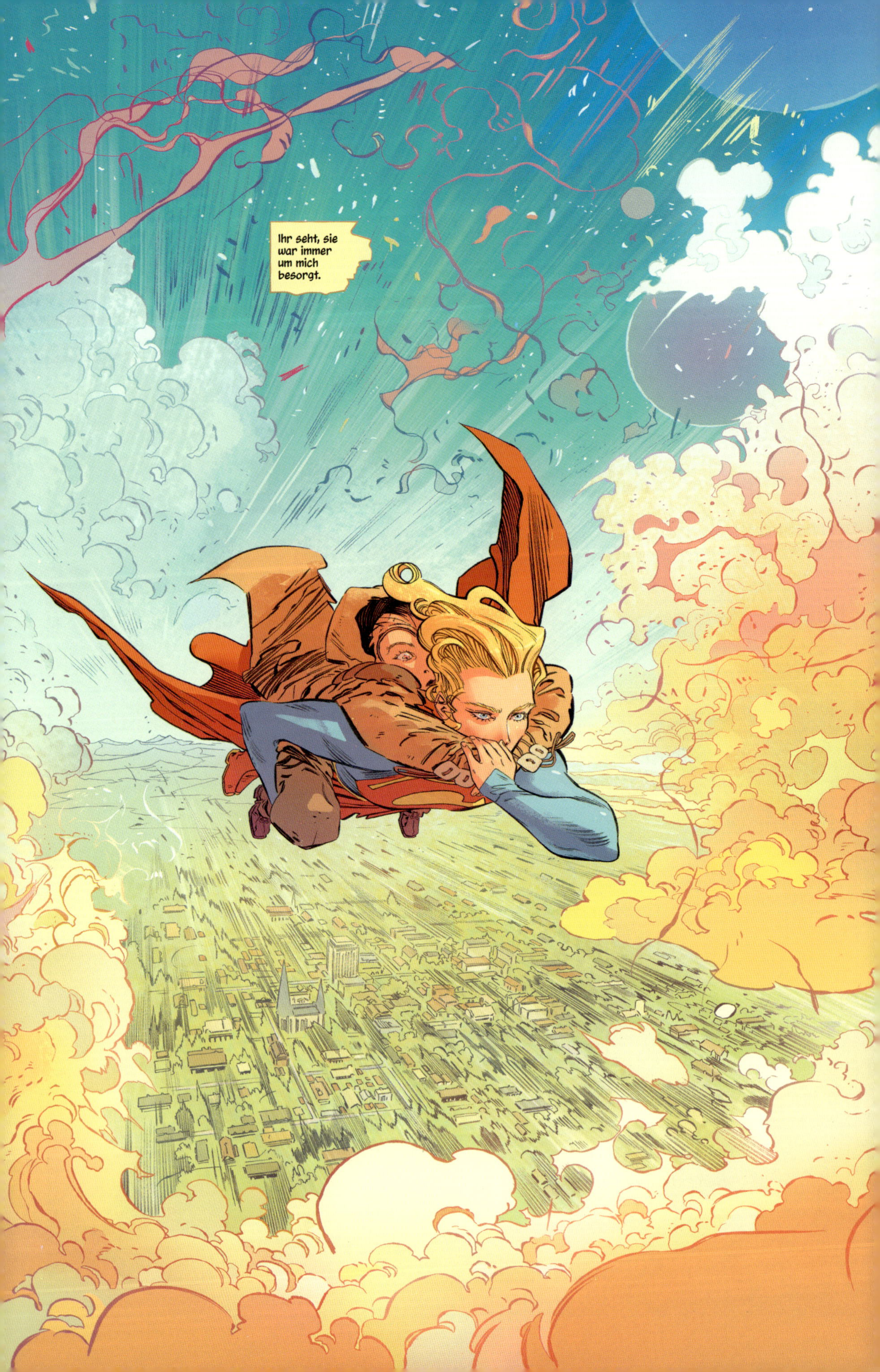
Ihr seht, sie war immer um mich besorgt.

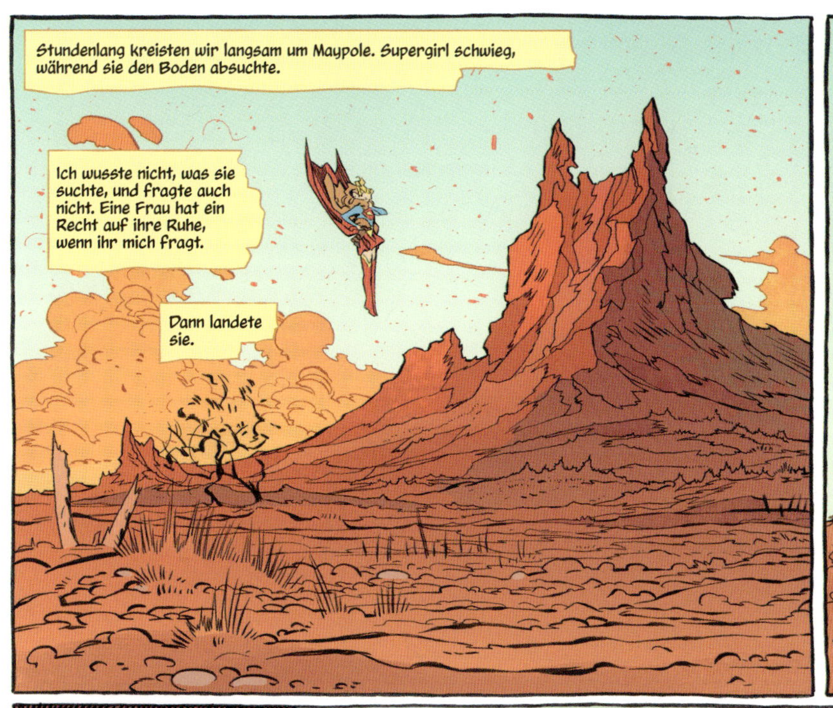
Stundenlang kreisten wir langsam um Maypole. Supergirl schwieg, während sie den Boden absuchte.
Ich wusste nicht, was sie suchte, und fragte auch nicht. Eine Frau hat ein Recht auf ihre Ruhe, wenn ihr mich fragt.
Dann landete sie.

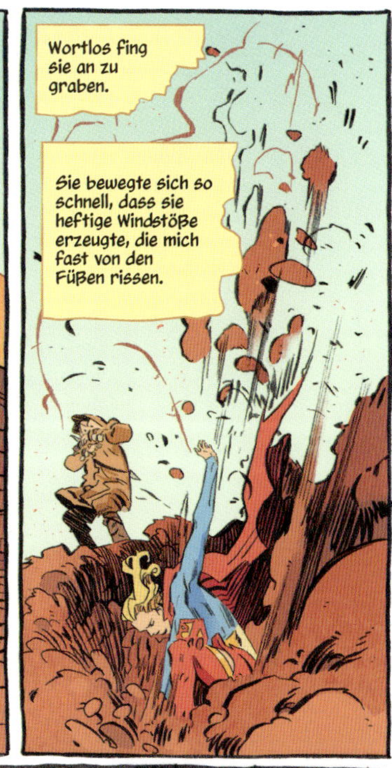
Wortlos fing sie an zu graben.
Sie bewegte sich so schnell, dass sie heftige Windstöße erzeugte, die mich fast von den Füßen rissen.

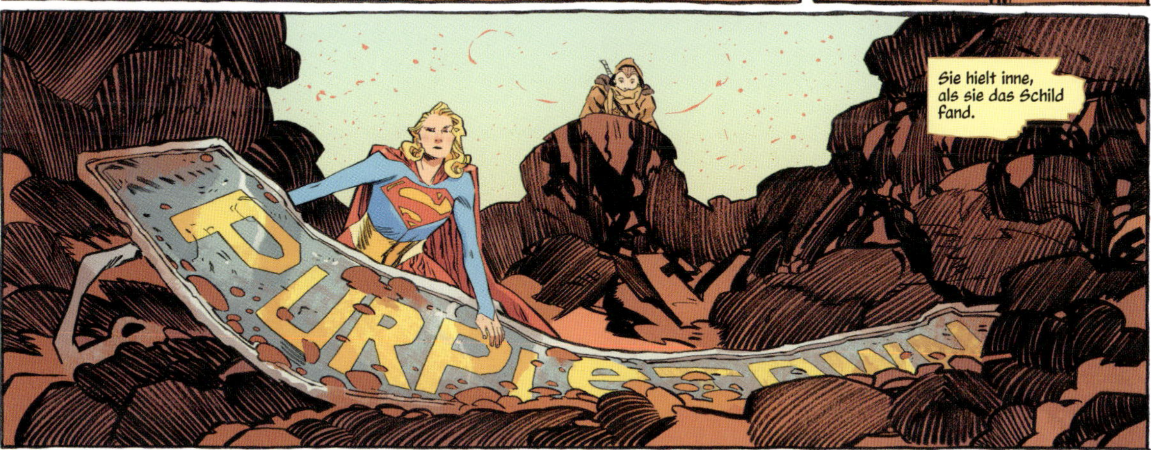
Sie hielt inne, als sie das Schild fand.
PURPLE

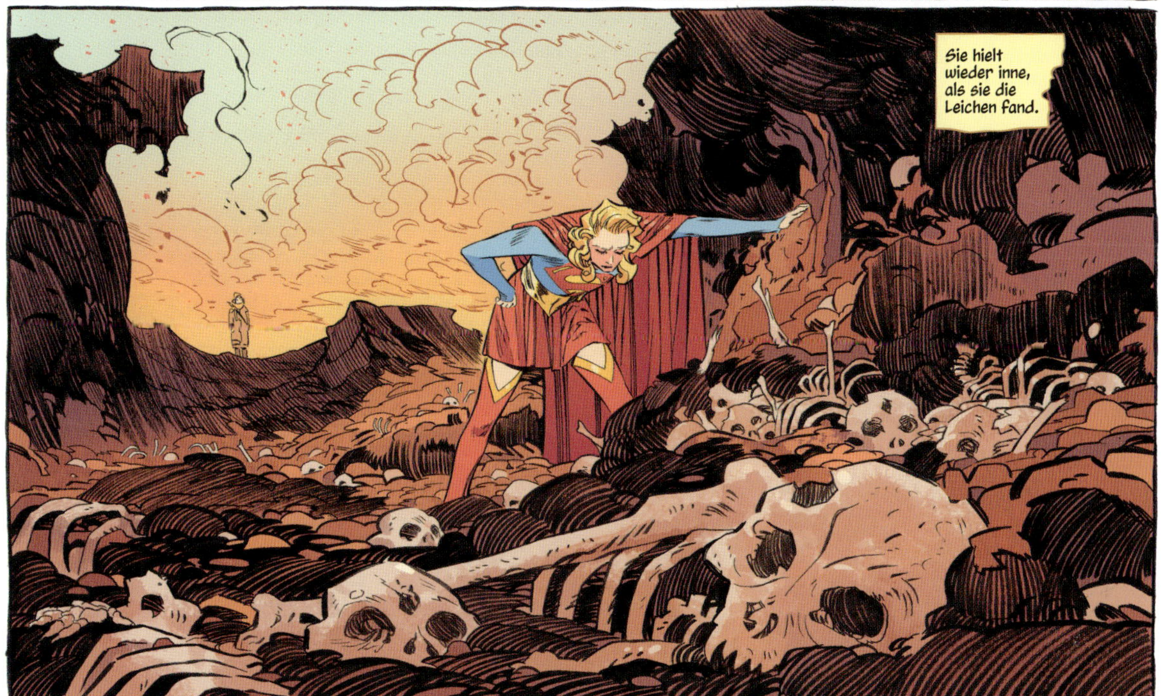
Sie hielt wieder inne, als sie die Leichen fand.

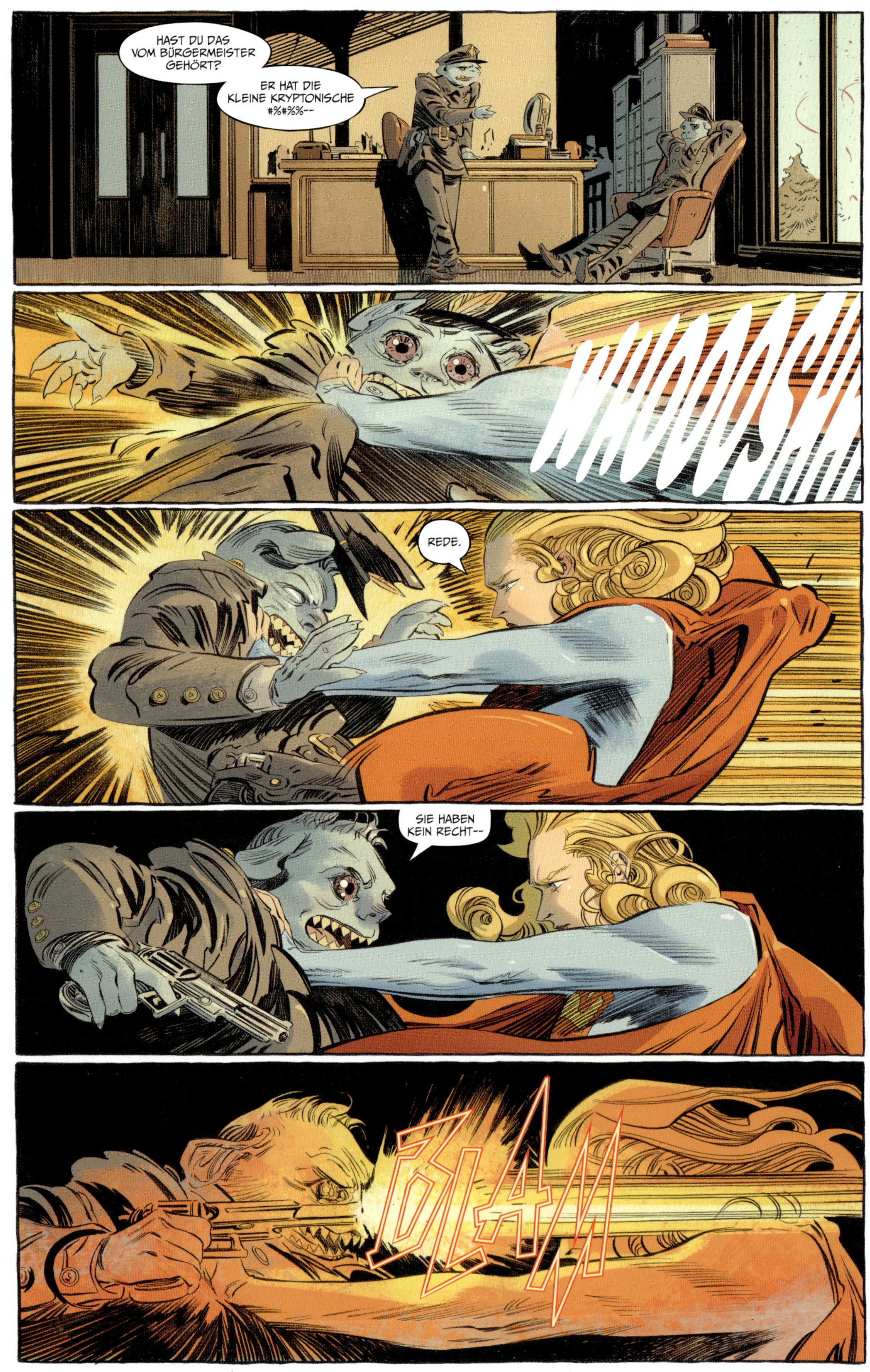
HAST DU DAS VOM BÜRGERMEISTER GEHÖRT?
ER HAT DIE KLEINE KRYPTONISCHE #%#%%--
WHOOOSH
REDE.
SIE HABEN KEIN RECHT--
BLAM

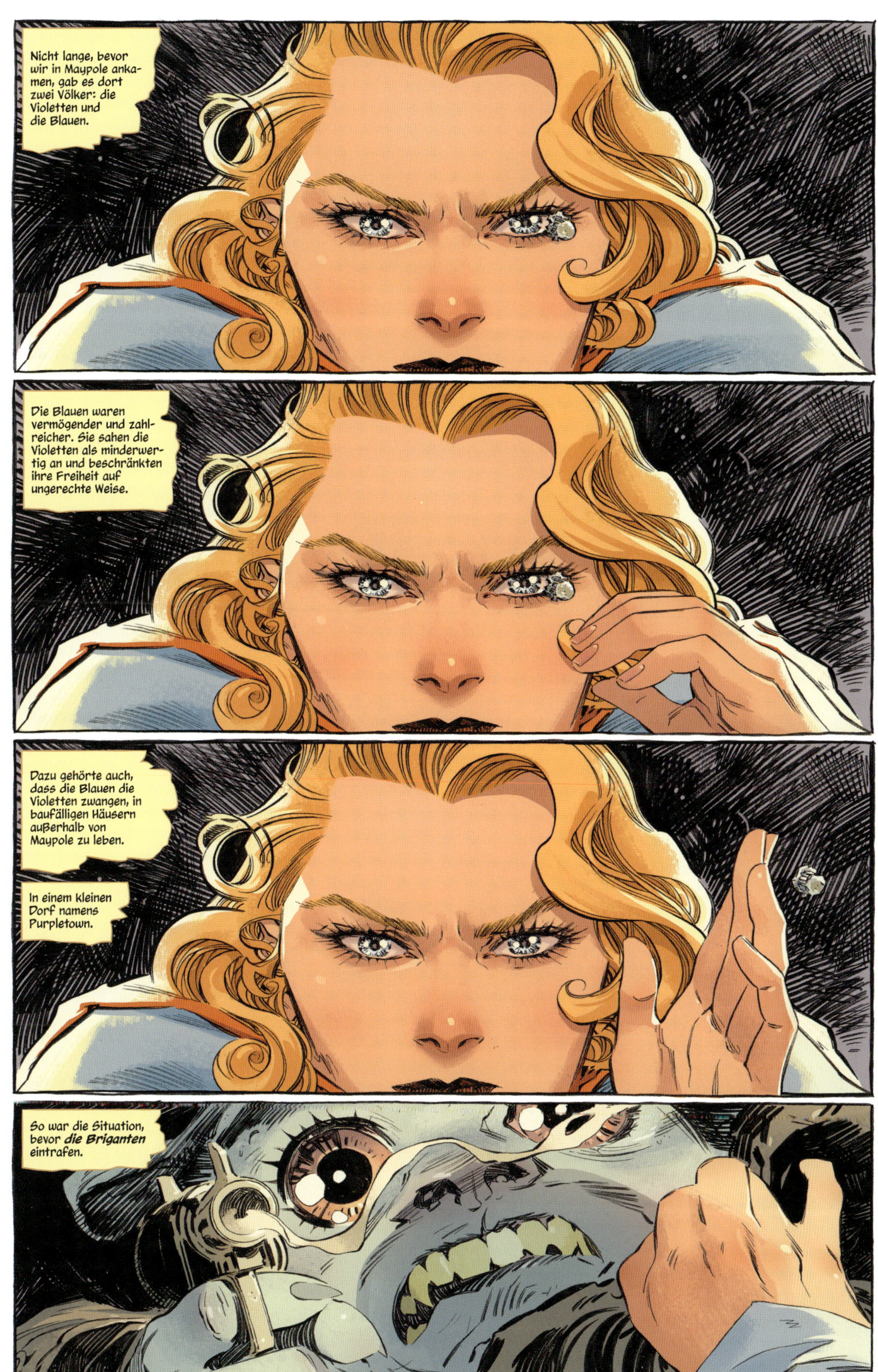
Nicht lange, bevor wir in Maypole ankamen, gab es dort zwei Völker: die Violetten und die Blauen.
Die Blauen waren vermögender und zahlreicher. Sie sahen die Violetten als minderwertig an und beschränkten ihre Freiheit auf ungerechte Weise.
Dazu gehörte auch, dass die Blauen die Violetten zwangen, in baufälligen Häusern außerhalb von Maypole zu leben.
In einem kleinen Dorf namens Purpletown.
So war die Situation, bevor die Briganten eintrafen.

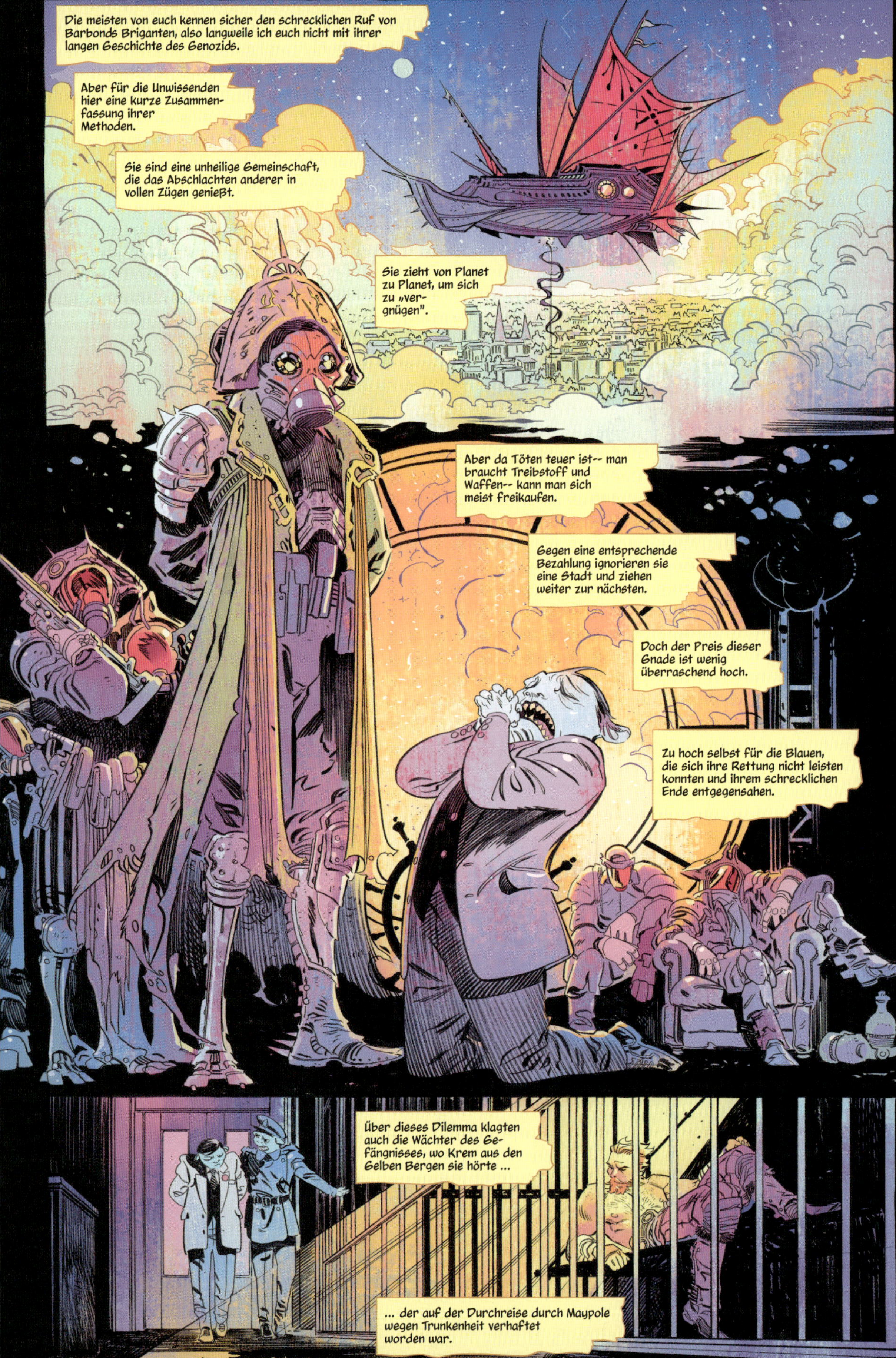
Die meisten von euch kennen sicher den schrecklichen Ruf von Barbonds Briganten, also langweile ich euch nicht mit ihrer langen Geschichte des Genozids.
Aber für die Unwissenden hier eine kurze Zusammenfassung ihrer Methoden.
Sie sind eine unheilige Gemeinschaft, die das Abschlachten anderer in vollen Zügen genießt.
Sie zieht von Planet zu Planet, um sich zu „vergnügen".
Aber da Töten teuer ist-- man braucht Treibstoff und Waffen-- kann man sich meist freikaufen.
Gegen eine entsprechende Bezahlung ignorieren sie eine Stadt und ziehen weiter zur nächsten.
Doch der Preis dieser Gnade ist wenig überraschend hoch.
Zu hoch selbst für die Blauen, die sich ihre Rettung nicht leisten konnten und ihrem schrecklichen Ende entgegensahen.
Über dieses Dilemma klagten auch die Wächter des Gefängnisses, wo Krem aus den Gelben Bergen sie hörte ...
... der auf der Durchreise durch Maypole wegen Trunkenheit verhaftet worden war.

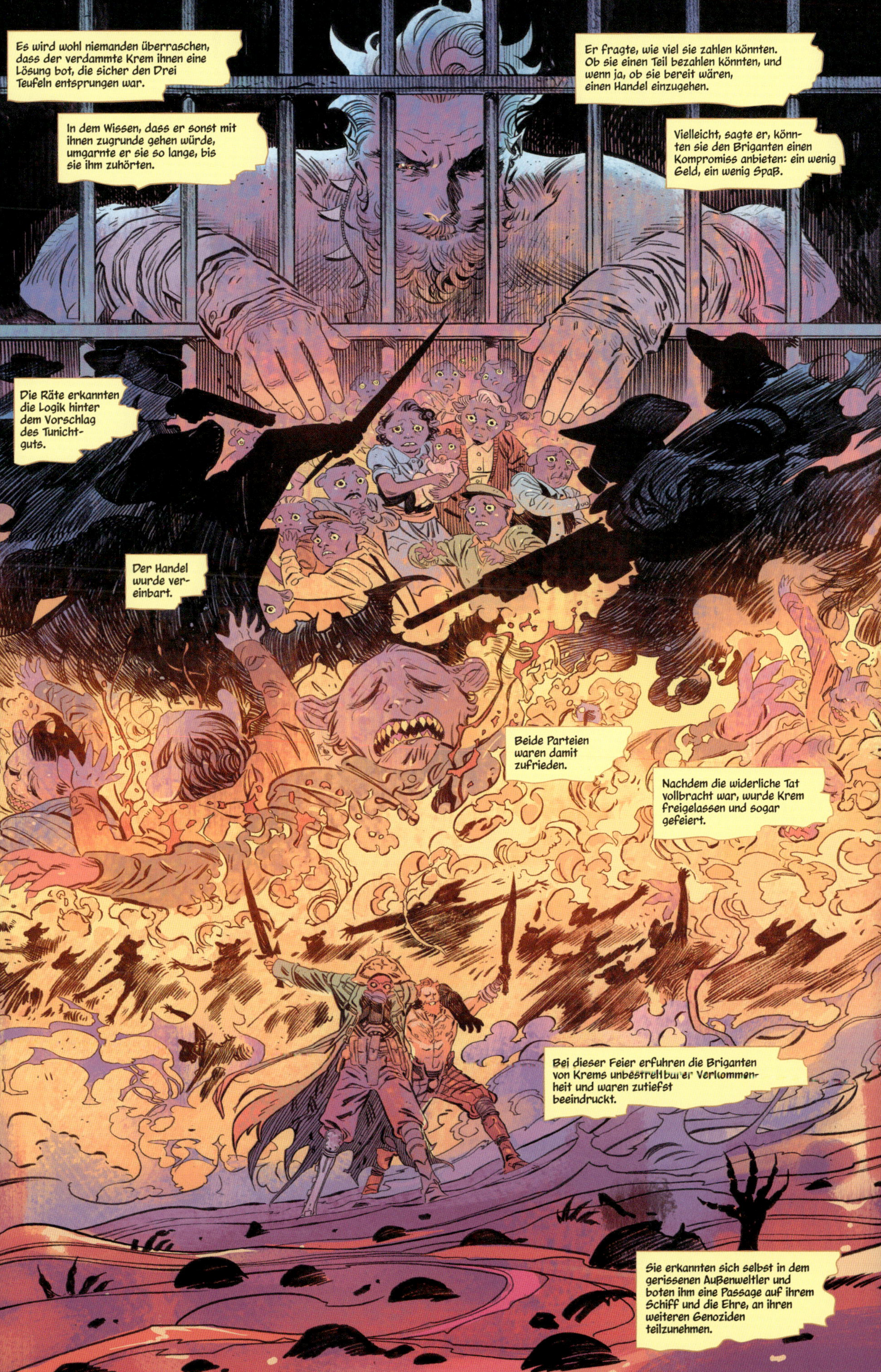
Es wird wohl niemanden überraschen, dass der verdammte Krem ihnen eine Lösung bot, die sicher den Drei Teufeln entsprungen war.
In dem Wissen, dass er sonst mit ihnen zugrunde gehen würde, umgarnte er sie so lange, bis sie ihm zuhörten.
Er fragte, wie viel sie zahlen könnten. Ob sie einen Teil bezahlen könnten, und wenn ja, ob sie bereit wären, einen Handel einzugehen.
Vielleicht, sagte er, könnten sie den Briganten einen Kompromiss anbieten: ein wenig Geld, ein wenig Spaß.
Die Räte erkannten die Logik hinter dem Vorschlag des Tunichtguts.
Der Handel wurde vereinbart.
Beide Parteien waren damit zufrieden.
Nachdem die widerliche Tat vollbracht war, wurde Krem freigelassen und sogar gefeiert.
Bei dieser Feier erfuhren die Briganten von Krems unbestreitbarer Verkommenheit und waren zutiefst beeindruckt.
Sie erkannten sich selbst in dem gerissenen Außenweltler und boten ihm eine Passage auf ihrem Schiff und die Ehre, an ihren weiteren Genoziden teilzunehmen.

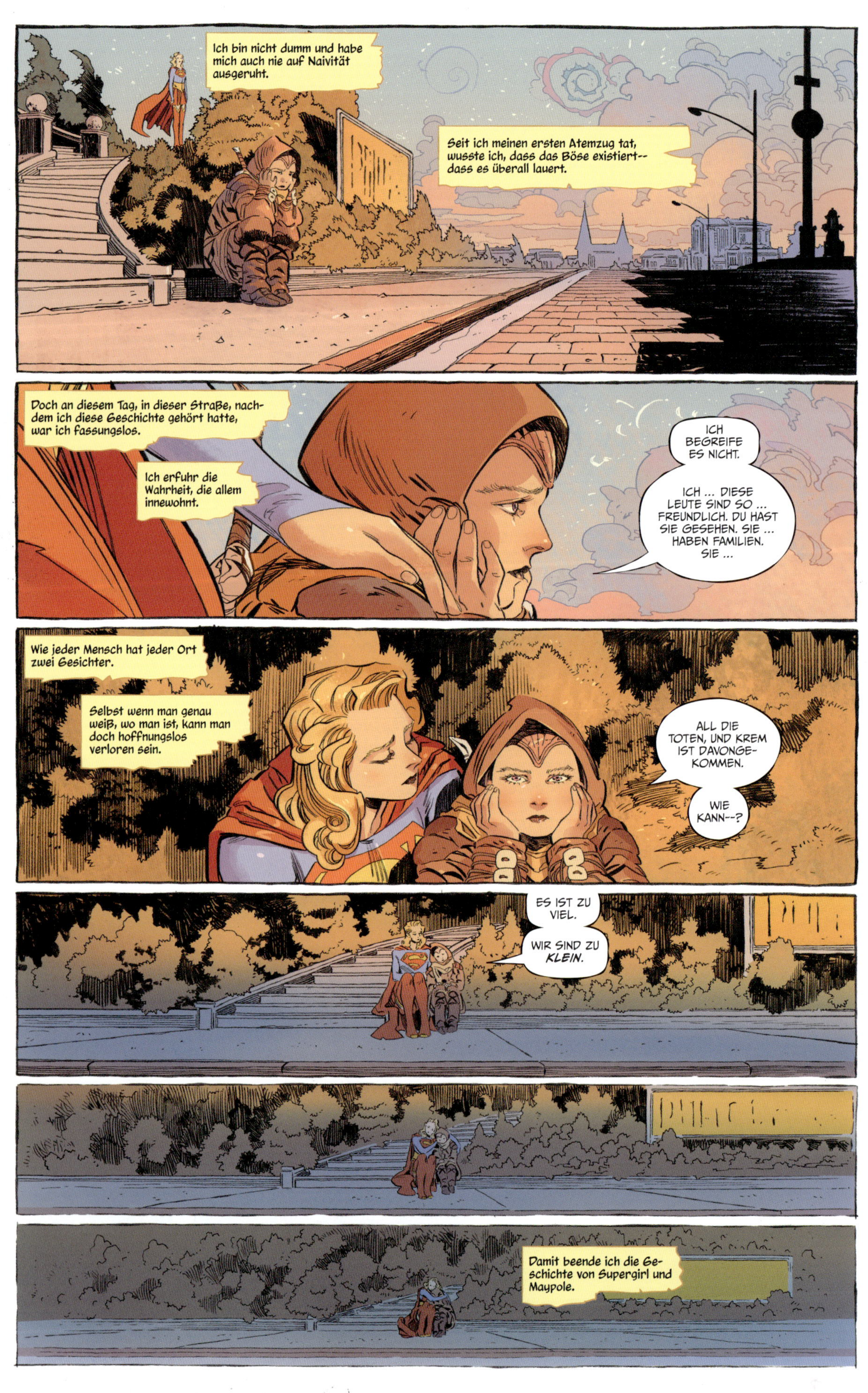
Ich bin nicht dumm und habe mich auch nie auf Naivität ausgeruht.
Seit ich meinen ersten Atemzug tat, wusste ich, dass das Böse existiert-- dass es überall lauert.
Doch an diesem Tag, in dieser Straße, nachdem ich diese Geschichte gehört hatte, war ich fassungslos.
Ich erfuhr die Wahrheit, die allem innewohnt.
ICH BEGREIFE ES NICHT.
ICH ... DIESE LEUTE SIND SO ... FREUNDLICH. DU HAST SIE GESEHEN. SIE ... HABEN FAMILIEN. SIE ...
Wie jeder Mensch hat jeder Ort zwei Gesichter.
Selbst wenn man genau weiß, wo man ist, kann man doch hoffnungslos verloren sein.
ALL DIE TOTEN, UND KREM IST DAVONGEKOMMEN.
WIE KANN--?
ES IST ZU VIEL.
WIR SIND ZU *KLEIN*.
Damit beende ich die Geschichte von Supergirl und Maypole.

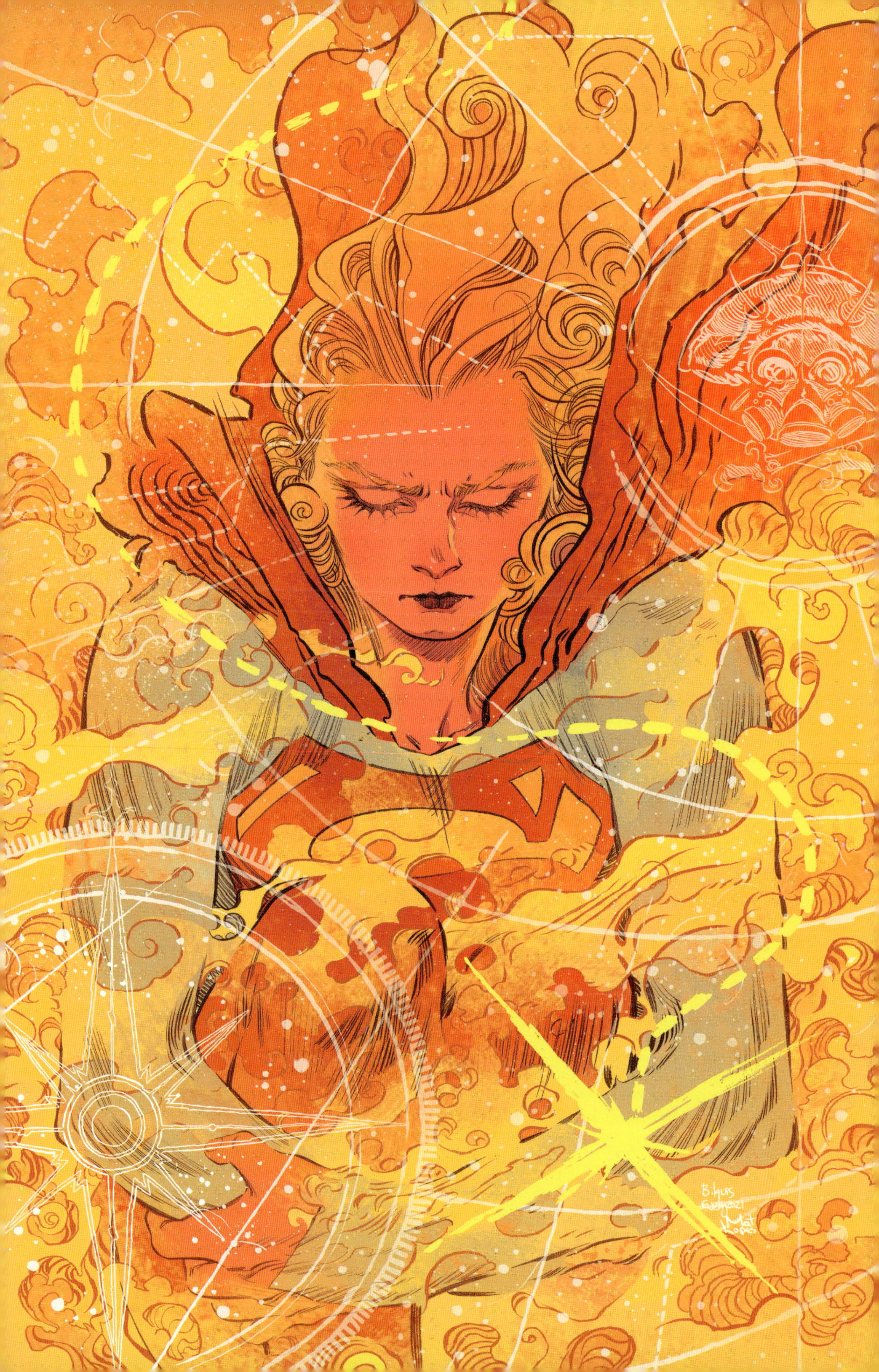

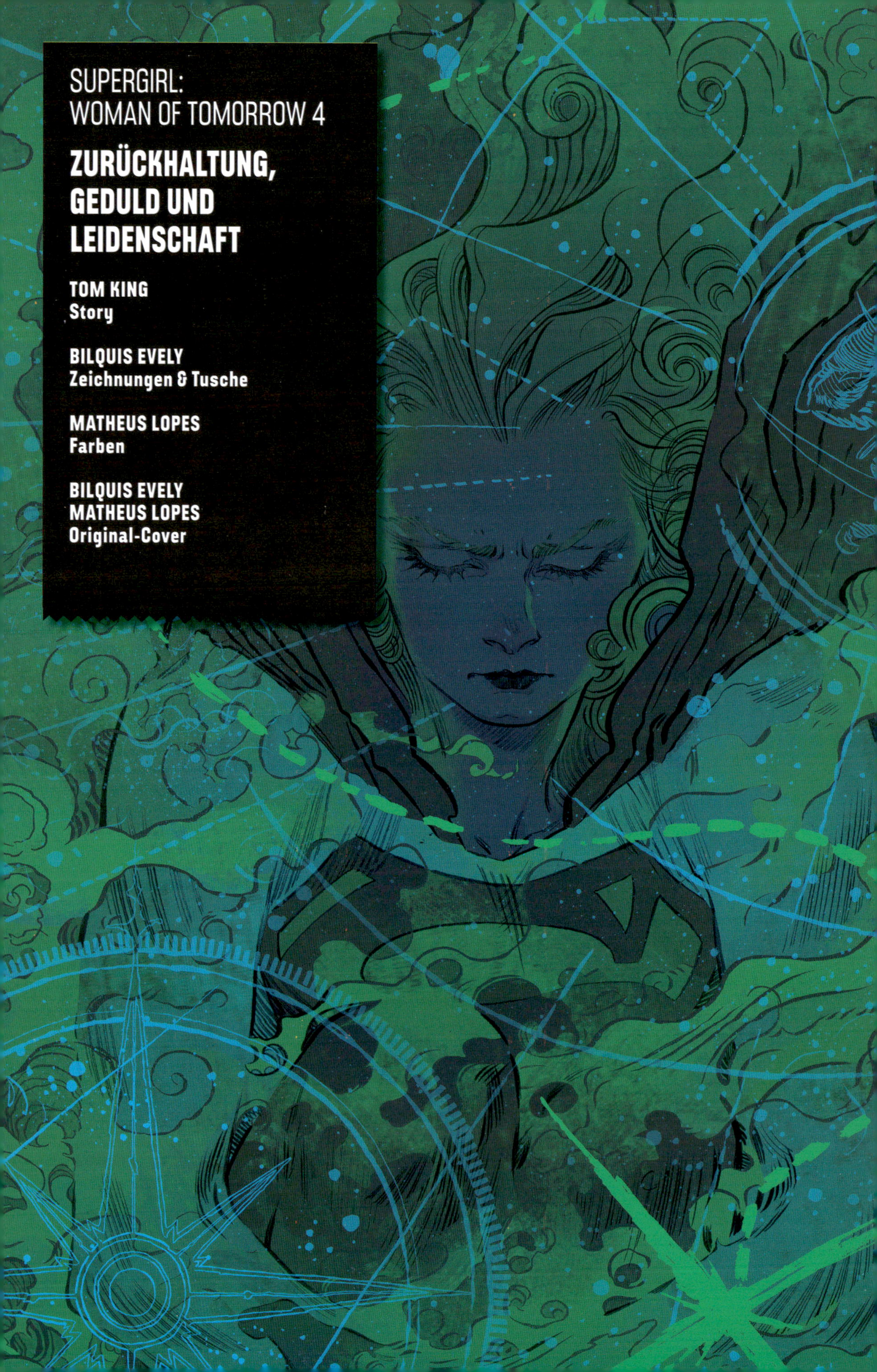
SUPERGIRL:
WOMAN OF TOMORROW 4
ZURÜCKHALTUNG, GEDULD UND LEIDENSCHAFT
TOM KING
Story
BILQUIS EVELY
Zeichnungen & Tusche
MATHEUS LOPES
Farben
BILQUIS EVELY
MATHEUS LOPES
Original-Cover

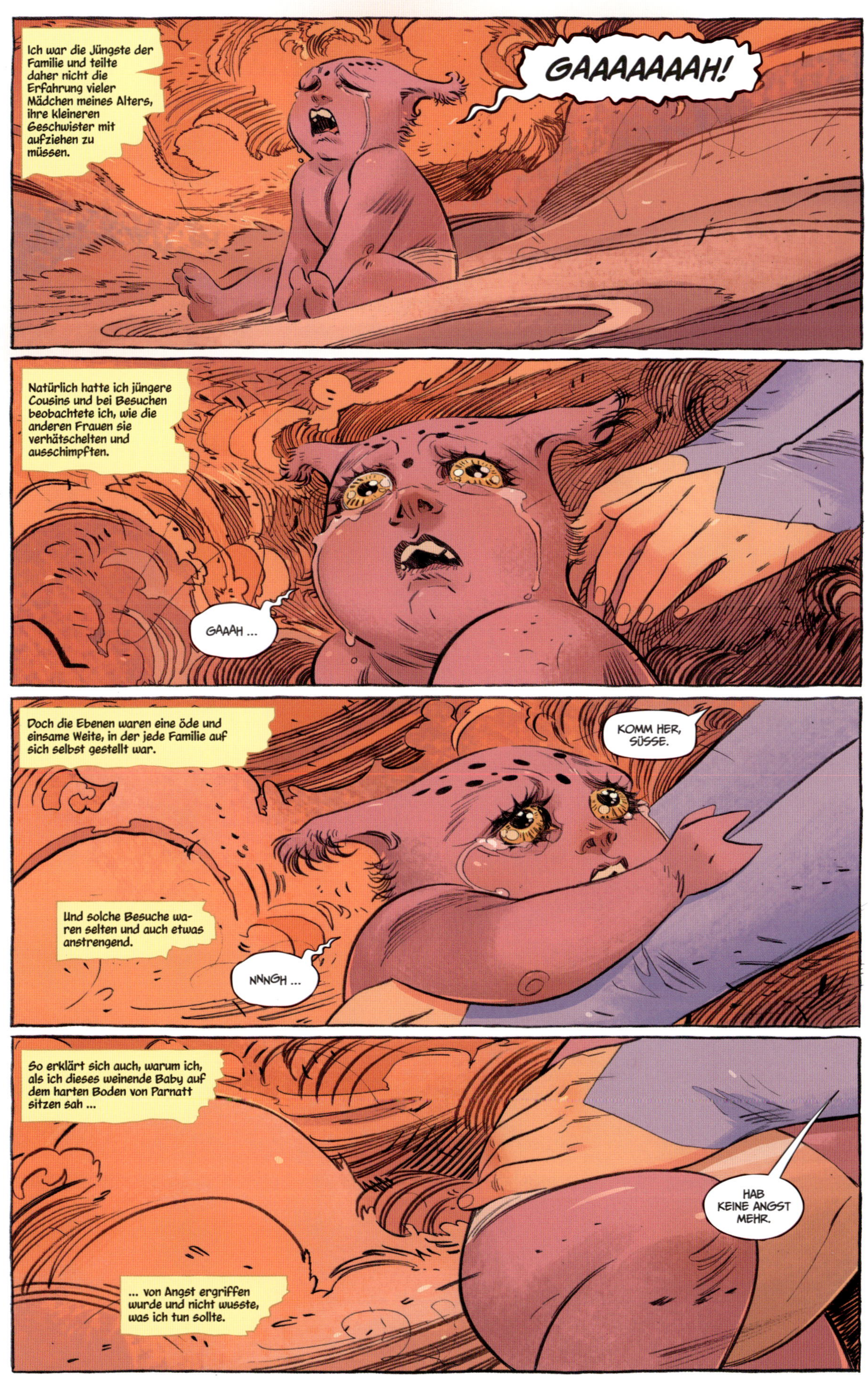
Ich war die Jüngste der Familie und teilte daher nicht die Erfahrung vieler Mädchen meines Alters, ihre kleineren Geschwister mit aufziehen zu müssen.
GAAAAAAAH!
Natürlich hatte ich jüngere Cousins und bei Besuchen beobachtete ich, wie die anderen Frauen sie verhätschelten und ausschimpften.
GAAAH ...
Doch die Ebenen waren eine öde und einsame Weite, in der jede Familie auf sich selbst gestellt war.
KOMM HER, SÜSSE.
Und solche Besuche waren selten und auch etwas anstrengend.
NNNGH ...
So erklärt sich auch, warum ich, als ich dieses weinende Baby auf dem harten Boden von Parnatt sitzen sah ...
HAB KEINE ANGST MEHR.
... von Angst ergriffen wurde und nicht wusste, was ich tun sollte.

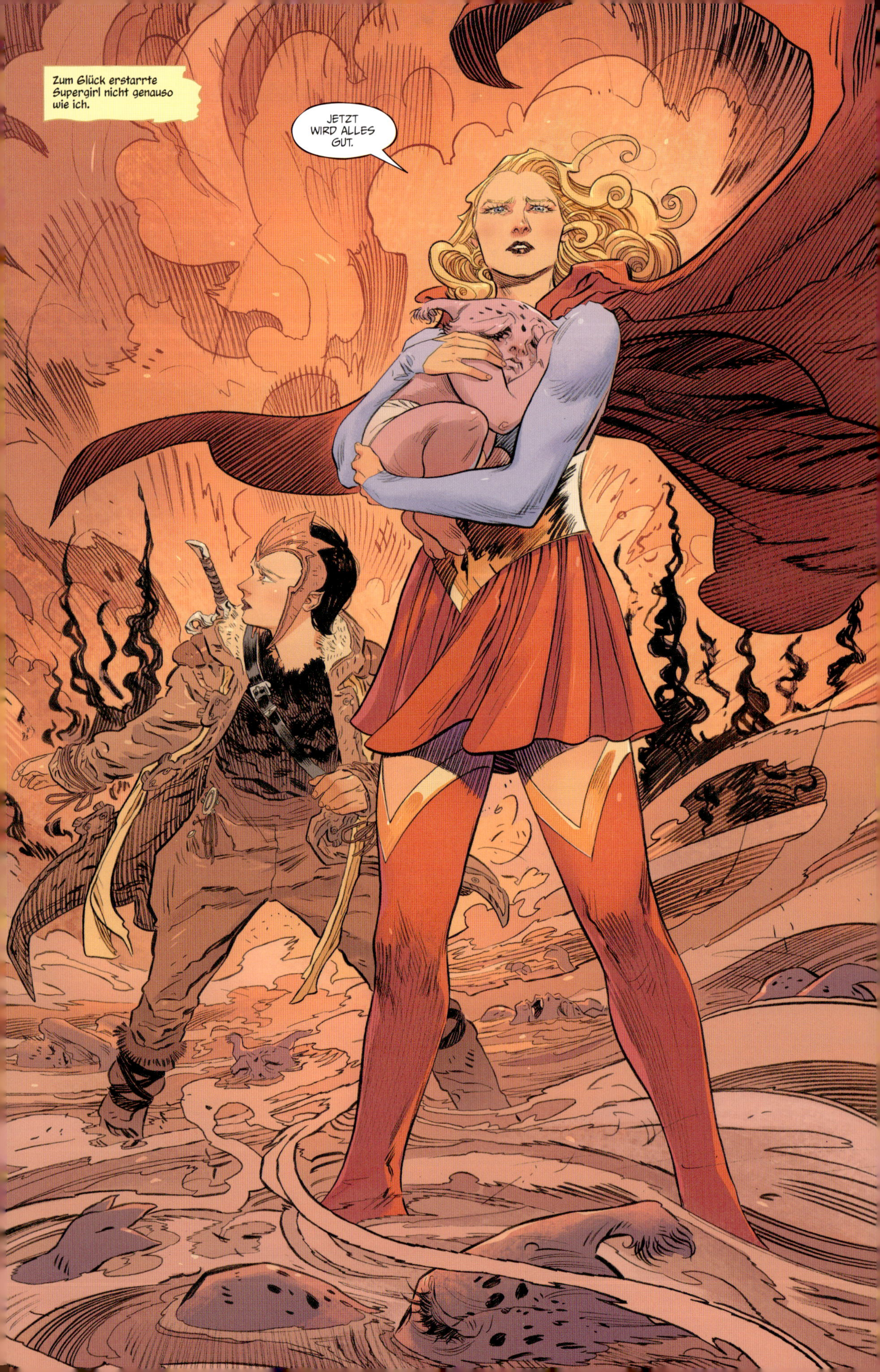
Zum Glück erstarrte Supergirl nicht genauso wie ich.
JETZT WIRD ALLES GUT.

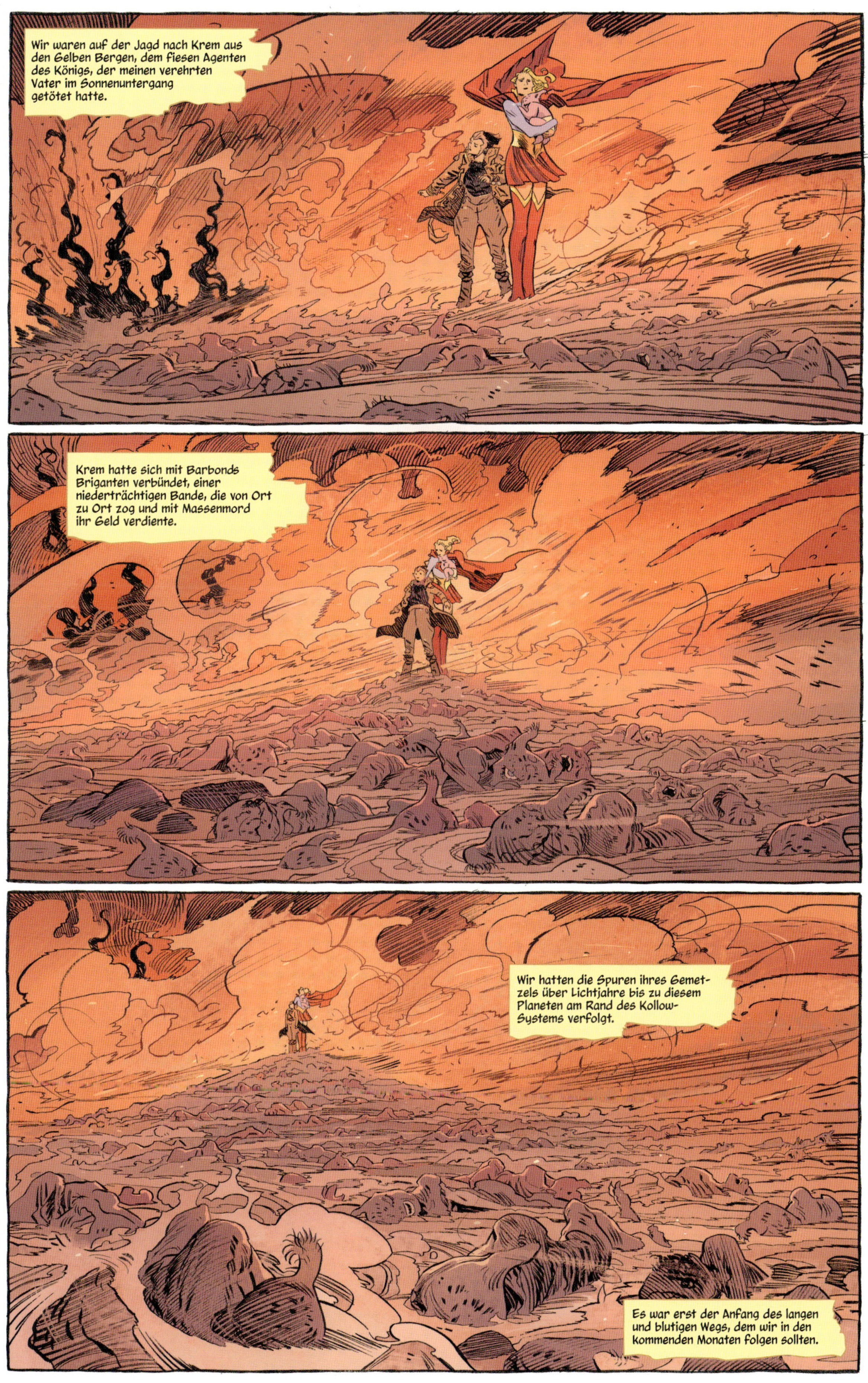
Wir waren auf der Jagd nach Krem aus den Gelben Bergen, dem fiesen Agenten des Königs, der meinen verehrten Vater im Sonnenuntergang getötet hatte.
Krem hatte sich mit Barbonds Briganten verbündet, einer niederträchtigen Bande, die von Ort zu Ort zog und mit Massenmord ihr Geld verdiente.
Wir hatten die Spuren ihres Gemetzels über Lichtjahre bis zu diesem Planeten am Rand des Kollow-Systems verfolgt.
Es war erst der Anfang des langen und blutigen Wegs, dem wir in den kommenden Monaten folgen sollten.

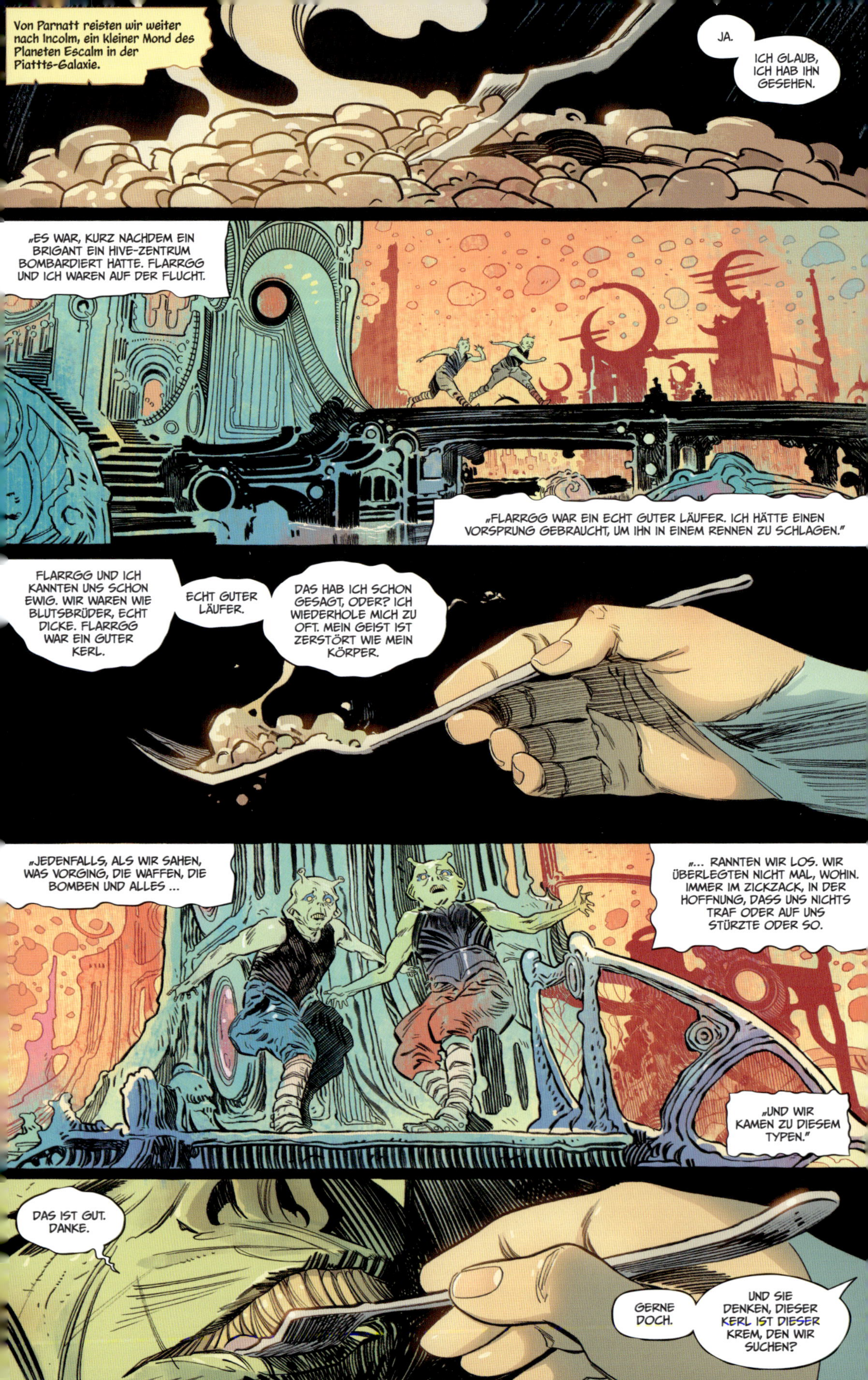
Von Parnatt reisten wir weiter nach Incolm, ein kleiner Mond des Planeten Escalm in der Piattts-Galaxie.
JA.
ICH GLAUB, ICH HAB IHN GESEHEN.
„ES WAR, KURZ NACHDEM EIN BRIGANT EIN HIVE-ZENTRUM BOMBARDIERT HATTE. FLARRGG UND ICH WAREN AUF DER FLUCHT.
„FLARRGG WAR EIN ECHT GUTER LÄUFER. ICH HÄTTE EINEN VORSPRUNG GEBRAUCHT, UM IHN IN EINEM RENNEN ZU SCHLAGEN."
FLARRGG UND ICH KANNTEN UNS SCHON EWIG. WIR WAREN WIE BLUTSBRÜDER, ECHT DICKE. FLARRGG WAR EIN GUTER KERL.
ECHT GUTER LÄUFER.
DAS HAB ICH SCHON GESAGT, ODER? ICH WIEDERHOLE MICH ZU OFT. MEIN GEIST IST ZERSTÖRT WIE MEIN KÖRPER.
„JEDENFALLS, ALS WIR SAHEN, WAS VORGING, DIE WAFFEN, DIE BOMBEN UND ALLES ...
„... RANNTEN WIR LOS. WIR ÜBERLEGTEN NICHT MAL, WOHIN. IMMER IM ZICKZACK, IN DER HOFFNUNG, DASS UNS NICHTS TRAF ODER AUF UNS STÜRZTE ODER SO.
„UND WIR KAMEN ZU DIESEM TYPEN."
DAS IST GUT. DANKE.
GERNE DOCH.
UND SIE DENKEN, DIESER KERL IST DIESER KREM, DEN WIR SUCHEN?

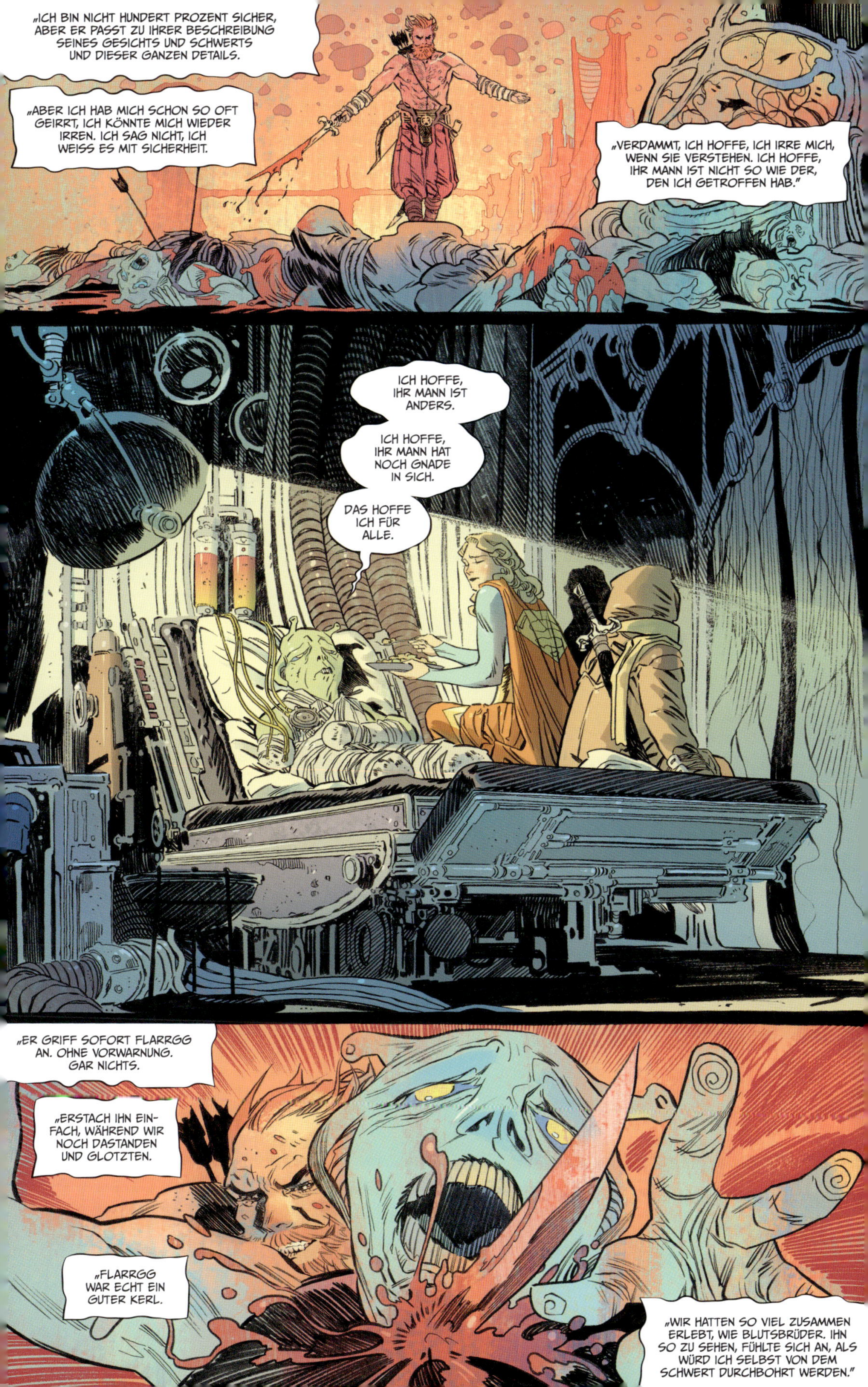
„ICH BIN NICHT HUNDERT PROZENT SICHER, ABER ER PASST ZU IHRER BESCHREIBUNG SEINES GESICHTS UND SCHWERTS UND DIESER GANZEN DETAILS.
„ABER ICH HAB MICH SCHON SO OFT GEIRRT, ICH KÖNNTE MICH WIEDER IRREN. ICH SAG NICHT, ICH WEISS ES MIT SICHERHEIT.
„VERDAMMT, ICH HOFFE, ICH IRRE MICH, WENN SIE VERSTEHEN. ICH HOFFE, IHR MANN IST NICHT SO WIE DER, DEN ICH GETROFFEN HAB."
ICH HOFFE, IHR MANN IST ANDERS.
ICH HOFFE, IHR MANN HAT NOCH GNADE IN SICH.
DAS HOFFE ICH FÜR ALLE.
„ER GRIFF SOFORT FLARRGG AN. OHNE VORWARNUNG. GAR NICHTS.
„ERSTACH IHN EIN-FACH, WÄHREND WIR NOCH DASTANDEN UND GLOTZTEN.
„FLARRGG WAR ECHT EIN GUTER KERL.
„WIR HATTEN SO VIEL ZUSAMMEN ERLEBT, WIE BLUTSBRÜDER. IHN SO ZU SEHEN, FÜHLTE SICH AN, ALS WÜRD ICH SELBST VON DEM SCHWERT DURCHBOHRT WERDEN."

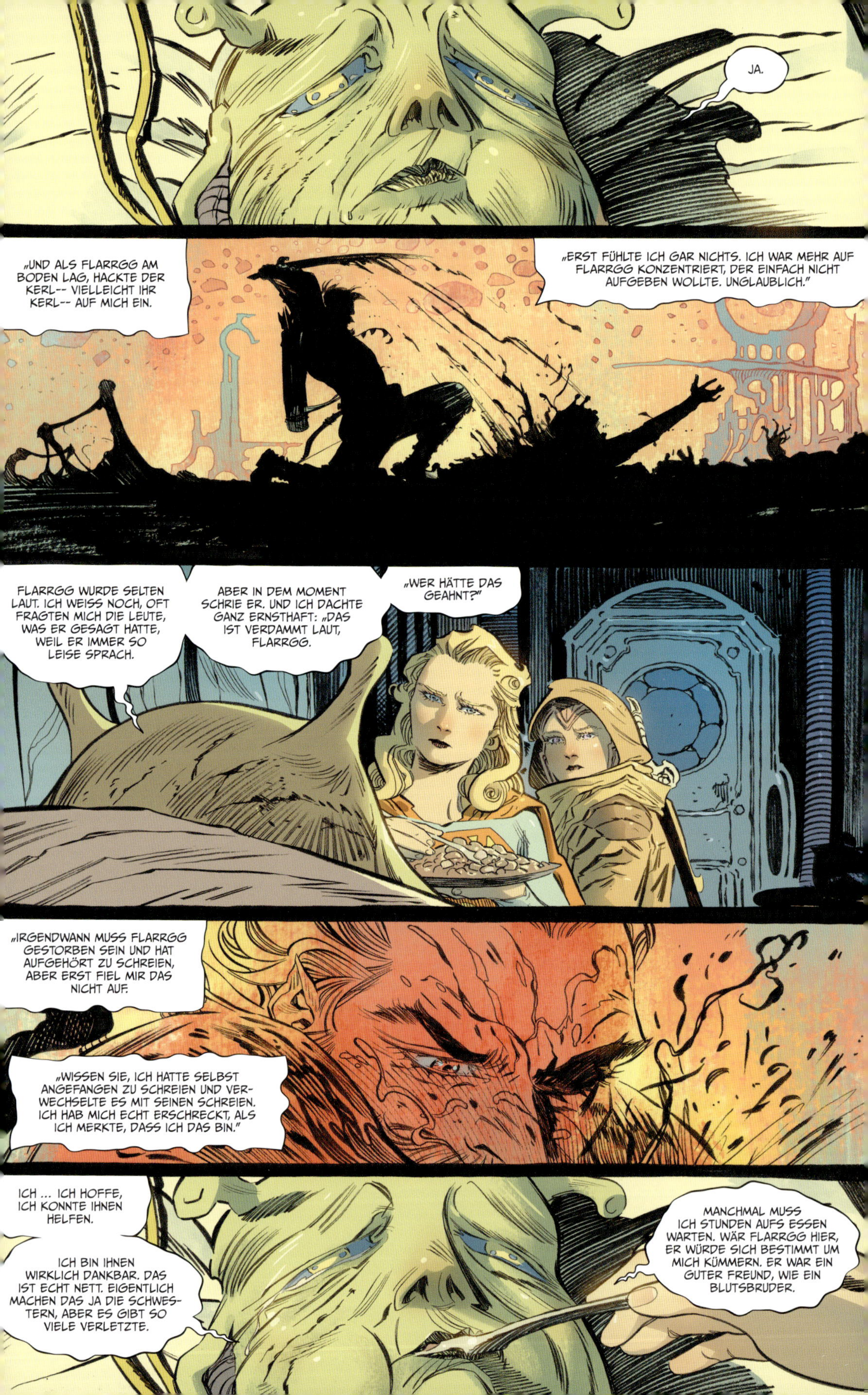
JA.
„UND ALS FLARRGG AM BODEN LAG, HACKTE DER KERL-- VIELLEICHT IHR KERL-- AUF MICH EIN.
„ERST FÜHLTE ICH GAR NICHTS. ICH WAR MEHR AUF FLARRGG KONZENTRIERT, DER EINFACH NICHT AUFGEBEN WOLLTE. UNGLAUBLICH."
FLARRGG WURDE SELTEN LAUT. ICH WEISS NOCH, OFT FRAGTEN MICH DIE LEUTE, WAS ER GESAGT HATTE, WEIL ER IMMER SO LEISE SPRACH.
ABER IN DEM MOMENT SCHRIE ER. UND ICH DACHTE GANZ ERNSTHAFT: „DAS IST VERDAMMT LAUT, FLARRGG.
„WER HÄTTE DAS GEAHNT?"
„IRGENDWANN MUSS FLARRGG GESTORBEN SEIN UND HAT AUFGEHÖRT ZU SCHREIEN, ABER ERST FIEL MIR DAS NICHT AUF.
„WISSEN SIE, ICH HATTE SELBST ANGEFANGEN ZU SCHREIEN UND VERWECHSELTE ES MIT SEINEN SCHREIEN. ICH HAB MICH ECHT ERSCHRECKT, ALS ICH MERKTE, DASS ICH DAS BIN."
ICH ... ICH HOFFE, ICH KONNTE IHNEN HELFEN.
ICH BIN IHNEN WIRKLICH DANKBAR. DAS IST ECHT NETT. EIGENTLICH MACHEN DAS JA DIE SCHWESTERN, ABER ES GIBT SO VIELE VERLETZTE.
MANCHMAL MUSS ICH STUNDEN AUFS ESSEN WARTEN. WÄR FLARRGG HIER, ER WÜRDE SICH BESTIMMT UM MICH KÜMMERN. ER WAR EIN GUTER FREUND, WIE EIN BLUTSBRUDER.

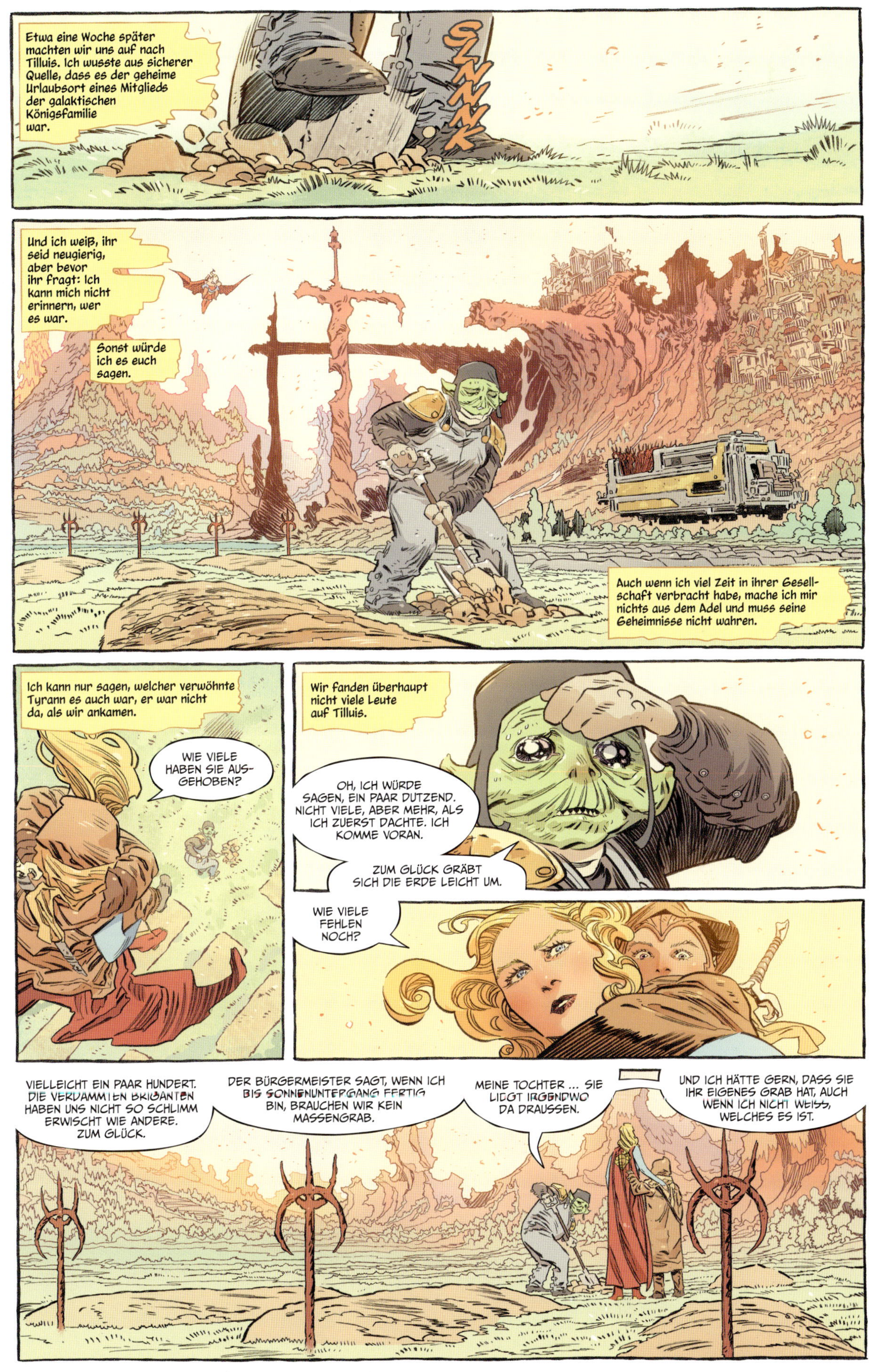

SLNNNK
Etwa eine Woche später machten wir uns auf nach Tilluis. Ich wusste aus sicherer Quelle, dass es der geheime Urlaubsort eines Mitglieds der galaktischen Königsfamilie war.
Und ich weiß, ihr seid neugierig, aber bevor ihr fragt: Ich kann mich nicht erinnern, wer es war.
Sonst würde ich es euch sagen.
Auch wenn ich viel Zeit in ihrer Gesellschaft verbracht habe, mache ich mir nichts aus dem Adel und muss seine Geheimnisse nicht wahren.
Ich kann nur sagen, welcher verwöhnte Tyrann es auch war, er war nicht da, als wir ankamen.
WIE VIELE HABEN SIE AUSGEHOBEN?
Wir fanden überhaupt nicht viele Leute auf Tilluis.
OH, ICH WÜRDE SAGEN, EIN PAAR DUTZEND. NICHT VIELE, ABER MEHR, ALS ICH ZUERST DACHTE. ICH KOMME VORAN.
ZUM GLÜCK GRÄBT SICH DIE ERDE LEICHT UM.
WIE VIELE FEHLEN NOCH?
VIELLEICHT EIN PAAR HUNDERT. DIE VERDAMMTEN BRIGANTEN HABEN UNS NICHT SO SCHLIMM ERWISCHT WIE ANDERE. ZUM GLÜCK.
DER BÜRGERMEISTER SAGT, WENN ICH BIS SONNENUNTERGANG FERTIG BIN, BRAUCHEN WIR KEIN MASSENGRAB.
MEINE TOCHTER ... SIE LIEGT IRGENDWO DA DRAUSSEN.
UND ICH HÄTTE GERN, DASS SIE IHR EIGENES GRAB HAT, AUCH WENN ICH NICHT WEISS, WELCHES ES IST.

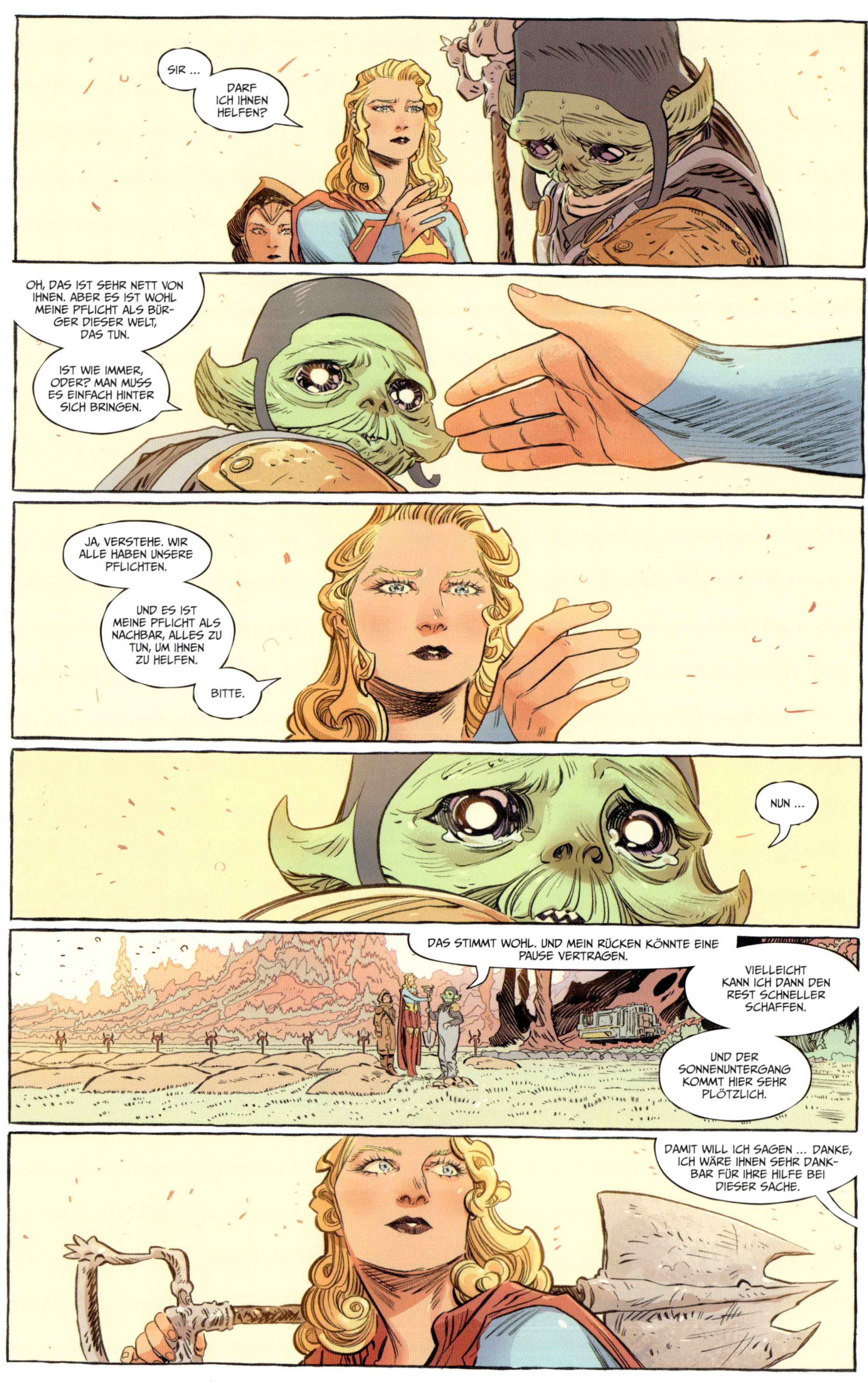
SIR ...
DARF ICH IHNEN HELFEN?
OH, DAS IST SEHR NETT VON IHNEN. ABER ES IST WOHL MEINE PFLICHT ALS BÜRGER DIESER WELT, DAS TUN.
IST WIE IMMER, ODER? MAN MUSS ES EINFACH HINTER SICH BRINGEN.
JA, VERSTEHE. WIR ALLE HABEN UNSERE PFLICHTEN.
UND ES IST MEINE PFLICHT ALS NACHBAR, ALLES ZU TUN, UM IHNEN ZU HELFEN.
BITTE.
NUN ...
DAS STIMMT WOHL. UND MEIN RÜCKEN KÖNNTE EINE PAUSE VERTRAGEN.
VIELLEICHT KANN ICH DANN DEN REST SCHNELLER SCHAFFEN.
UND DER SONNENUNTERGANG KOMMT HIER SEHR PLÖTZLICH.
DAMIT WILL ICH SAGEN ... DANKE, ICH WÄRE IHNEN SEHR DANKBAR FÜR IHRE HILFE BEI DIESER SACHE.

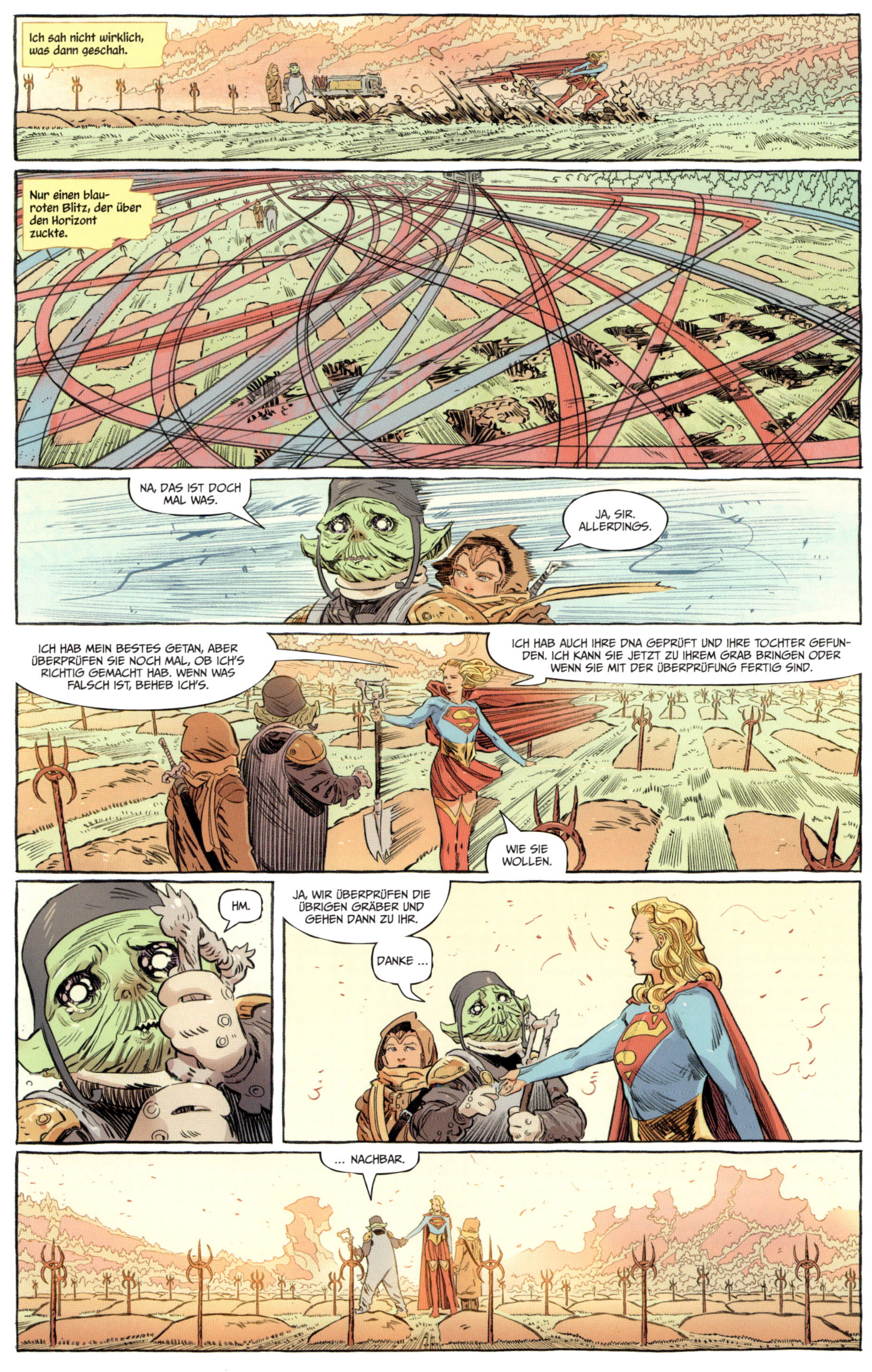
Ich sah nicht wirklich, was dann geschah.
Nur einen blau-roten Blitz, der über den Horizont zuckte.
NA, DAS IST DOCH MAL WAS.
JA, SIR. ALLERDINGS.
ICH HAB MEIN BESTES GETAN, ABER ÜBERPRÜFEN SIE NOCH MAL, OB ICH'S RICHTIG GEMACHT HAB. WENN WAS FALSCH IST, BEHEB ICH'S.
ICH HAB AUCH IHRE DNA GEPRÜFT UND IHRE TOCHTER GEFUNDEN. ICH KANN SIE JETZT ZU IHREM GRAB BRINGEN ODER WENN SIE MIT DER ÜBERPRÜFUNG FERTIG SIND.
WIE SIE WOLLEN.
HM.
JA, WIR ÜBERPRÜFEN DIE ÜBRIGEN GRÄBER UND GEHEN DANN ZU IHR.
DANKE ...
... NACHBAR.

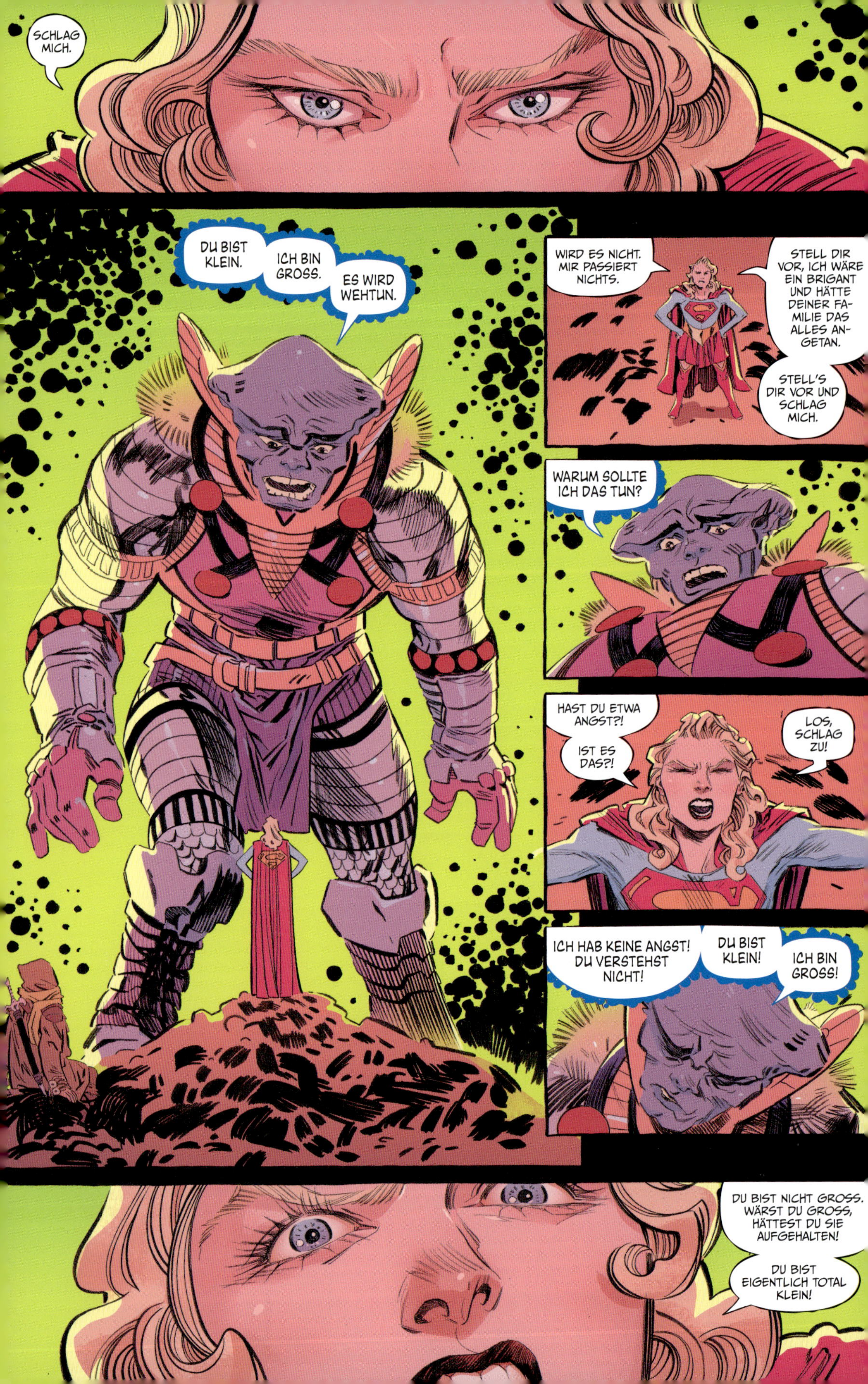
SCHLAG MICH.
DU BIST KLEIN.
ICH BIN GROSS.
ES WIRD WEHTUN.
WIRD ES NICHT. MIR PASSIERT NICHTS.
STELL DIR VOR, ICH WÄRE EIN BRIGANT UND HÄTTE DEINER FAMILIE DAS ALLES ANGETAN.
STELL'S DIR VOR UND SCHLAG MICH.
WARUM SOLLTE ICH DAS TUN?
HAST DU ETWA ANGST?!
IST ES DAS?!
LOS, SCHLAG ZU!
ICH HAB KEINE ANGST! DU VERSTEHST NICHT!
DU BIST KLEIN!
ICH BIN GROSS!
DU BIST NICHT GROSS. WÄRST DU GROSS, HÄTTEST DU SIE AUFGEHALTEN!
DU BIST EIGENTLICH TOTAL KLEIN!

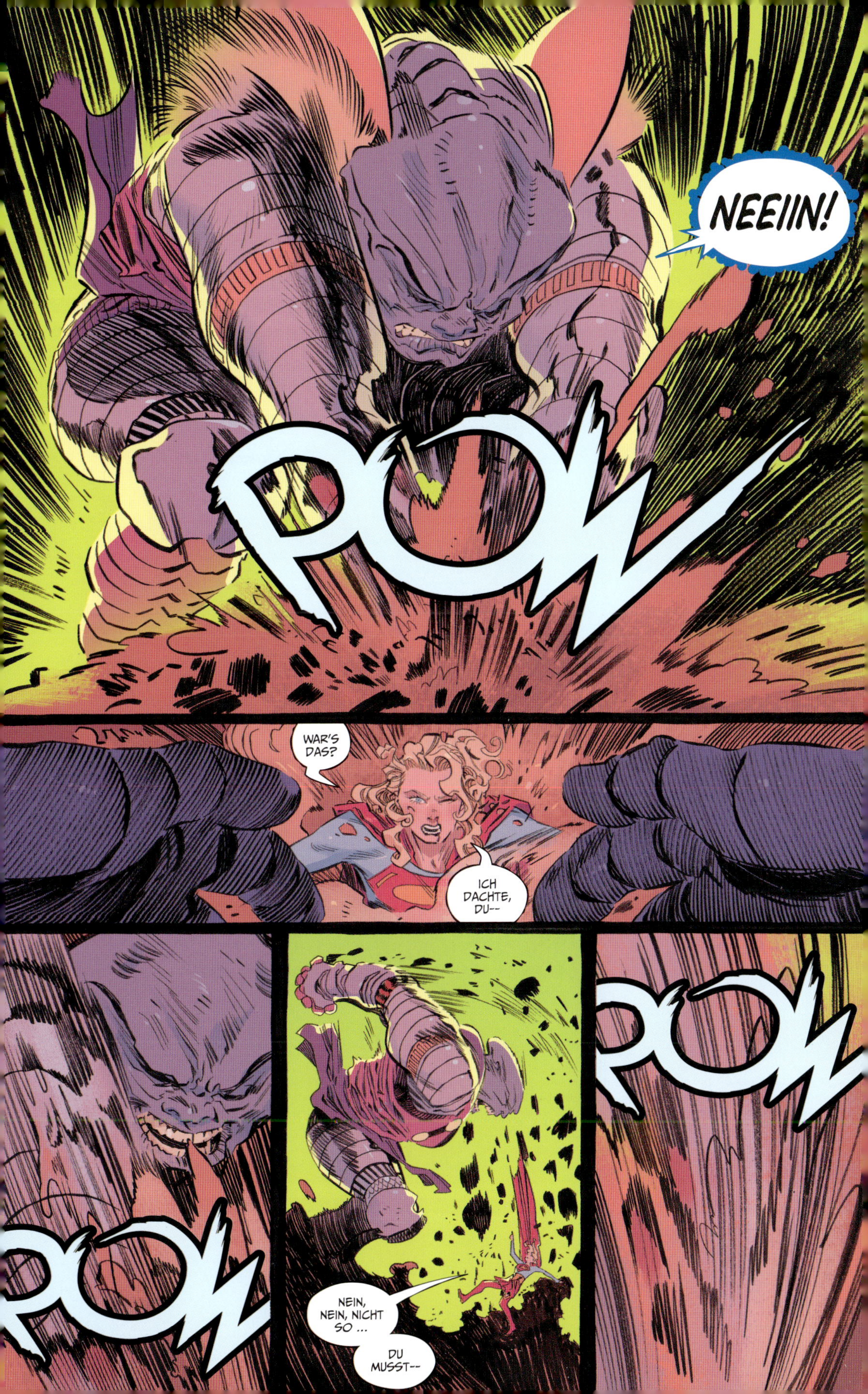
NEEIIN!
POW
WAR'S DAS?
ICH DACHTE, DU--
POW
POW
NEIN, NEIN, NICHT SO ...
DU MUSST--

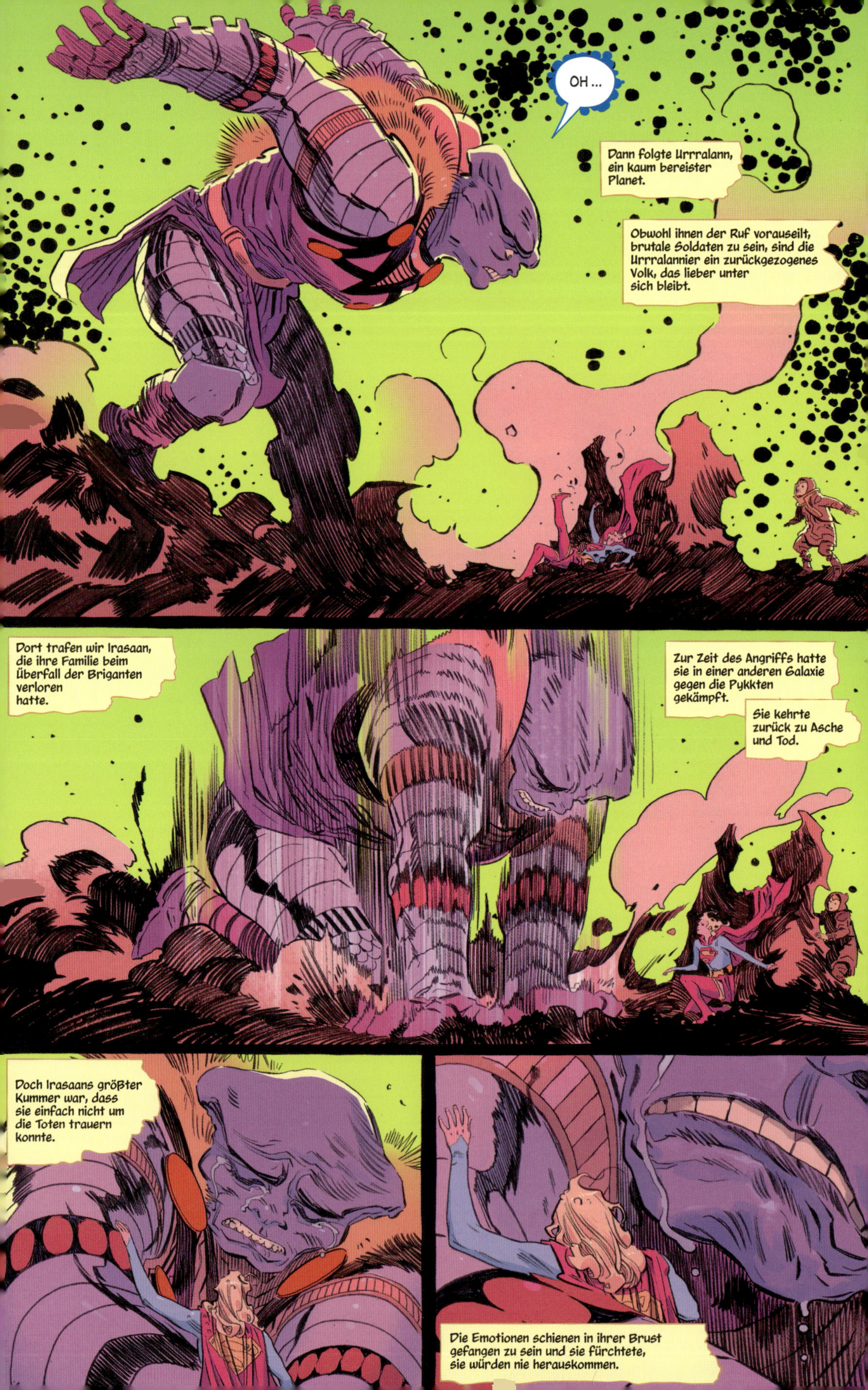
OH ...
Dann folgte Urralann, ein kaum bereister Planet.
Obwohl ihnen der Ruf vorauseilt, brutale Soldaten zu sein, sind die Urralannier ein zurückgezogenes Volk, das lieber unter sich bleibt.
Dort trafen wir Irasaan, die ihre Familie beim Überfall der Briganten verloren hatte.
Zur Zeit des Angriffs hatte sie in einer anderen Galaxie gegen die Pykkten gekämpft.
Sie kehrte zurück zu Asche und Tod.
Doch Irasaans größter Kummer war, dass sie einfach nicht um die Toten trauern konnte.
Die Emotionen schienen in ihrer Brust gefangen zu sein und sie fürchtete, sie würden nie herauskommen.

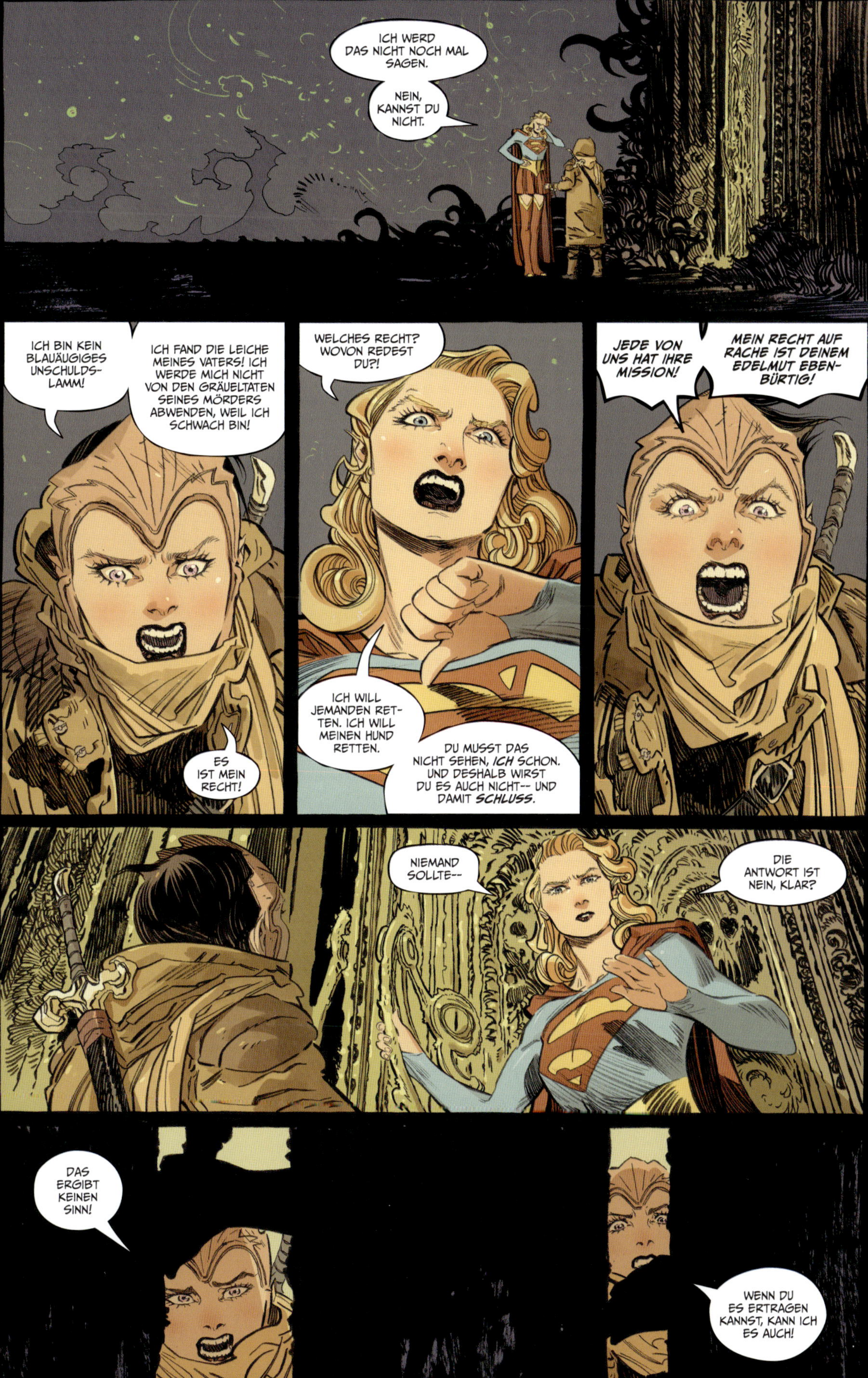
ICH WERD DAS NICHT NOCH MAL SAGEN.
NEIN, KANNST DU NICHT.
ICH BIN KEIN BLAUÄUGIGES UNSCHULDS-LAMM!
ICH FAND DIE LEICHE MEINES VATERS! ICH WERDE MICH NICHT VON DEN GRÄUELTATEN SEINES MÖRDERS ABWENDEN, WEIL ICH SCHWACH BIN!
ES IST MEIN RECHT!
WELCHES RECHT? WOVON REDEST DU?!
ICH WILL JEMANDEN RET-TEN. ICH WILL MEINEN HUND RETTEN.
DU MUSST DAS NICHT SEHEN, *ICH* SCHON. UND DESHALB WIRST DU ES AUCH NICHT-- UND DAMIT *SCHLUSS*.
JEDE VON UNS HAT IHRE MISSION!
MEIN RECHT AUF RACHE IST DEINEM EDELMUT EBEN-BÜRTIG!
NIEMAND SOLLTE--
DIE ANTWORT IST NEIN, KLAR?
DAS ERGIBT KEINEN SINN!
WENN DU ES ERTRAGEN KANNST, KANN ICH ES AUCH!

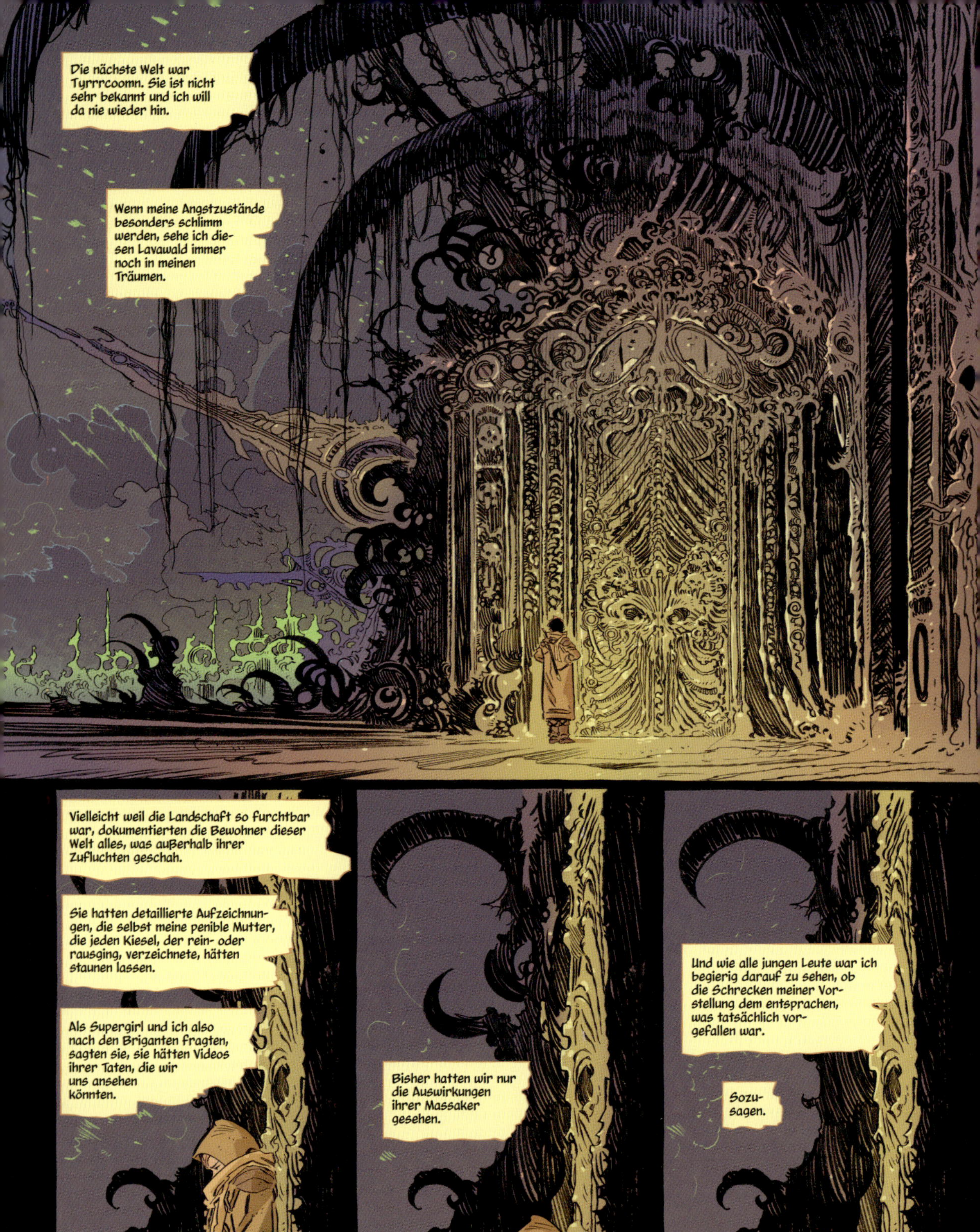
Die nächste Welt war Tyrrrcoomn. Sie ist nicht sehr bekannt und ich will da nie wieder hin.
Wenn meine Angstzustände besonders schlimm werden, sehe ich diesen Lavawald immer noch in meinen Träumen.
Vielleicht weil die Landschaft so furchtbar war, dokumentierten die Bewohner dieser Welt alles, was außerhalb ihrer Zufluchten geschah.
Sie hatten detaillierte Aufzeichnungen, die selbst meine penible Mutter, die jeden Kiesel, der rein- oder rausging, verzeichnete, hätten staunen lassen.
Als Supergirl und ich also nach den Briganten fragten, sagten sie, sie hätten Videos ihrer Taten, die wir uns ansehen könnten.
Bisher hatten wir nur die Auswirkungen ihrer Massaker gesehen.
Und wie alle jungen Leute war ich begierig darauf zu sehen, ob die Schrecken meiner Vorstellung dem entsprachen, was tatsächlich vorgefallen war.
Sozusagen.

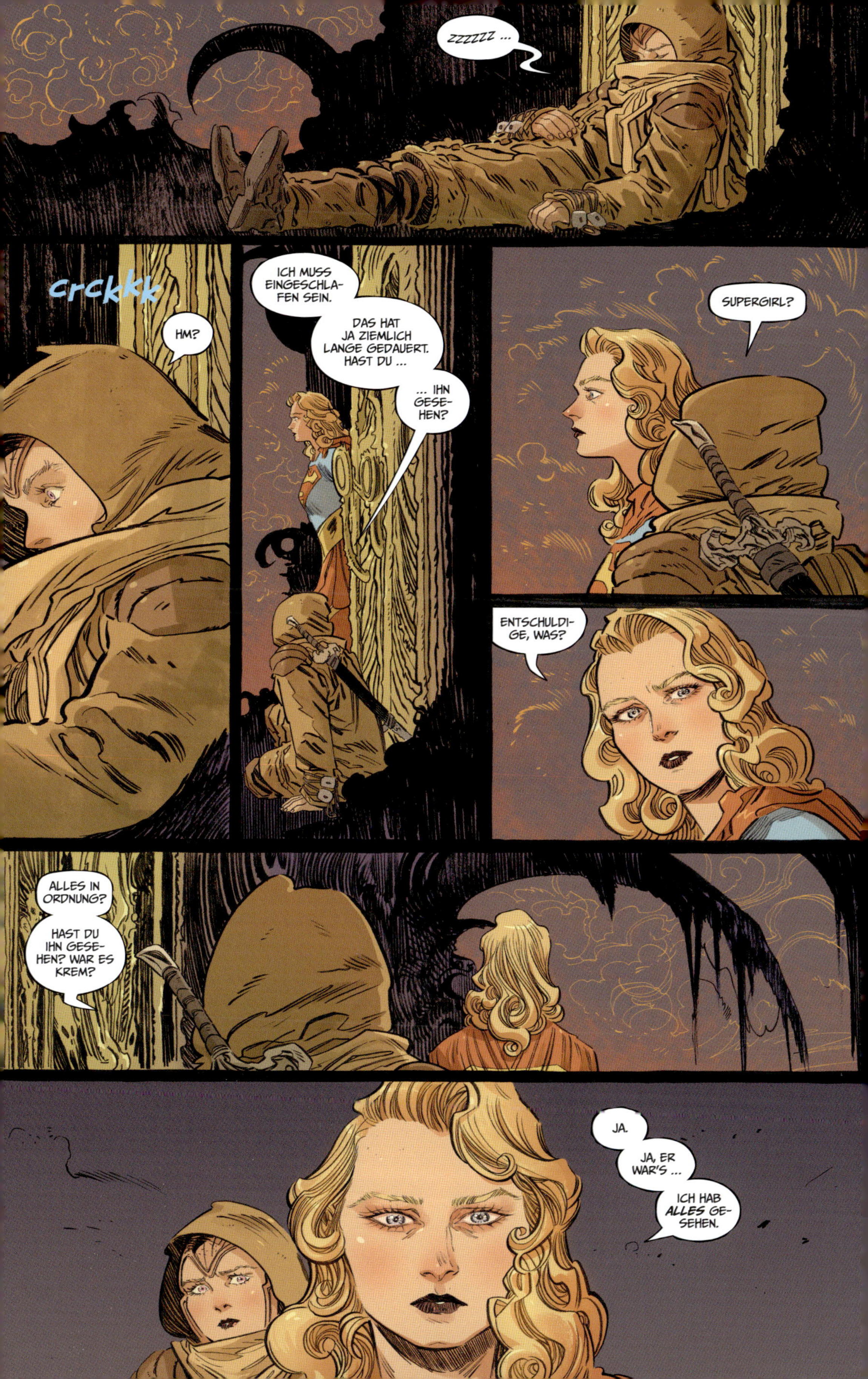
ZZZZZZ ...
crckkk
HM?
ICH MUSS EINGESCHLAFEN SEIN.
DAS HAT JA ZIEMLICH LANGE GEDAUERT. HAST DU ...
... IHN GESEHEN?
SUPERGIRL?
ENTSCHULDIGE, WAS?
ALLES IN ORDNUNG?
HAST DU IHN GESEHEN? WAR ES KREM?
JA.
JA, ER WAR'S ...
ICH HAB ALLES GESEHEN.

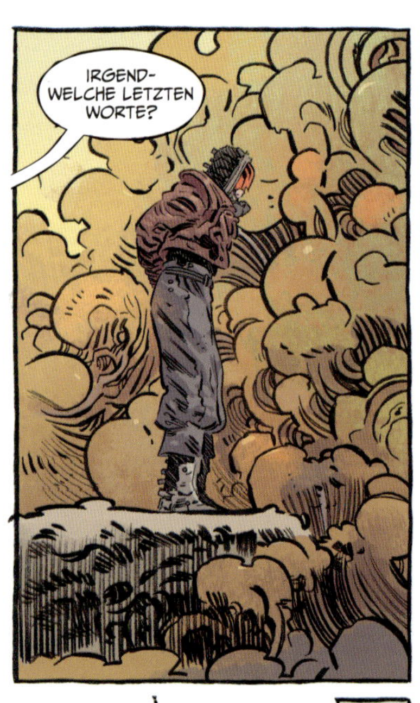
IRGEND-WELCHE LETZTEN WORTE?

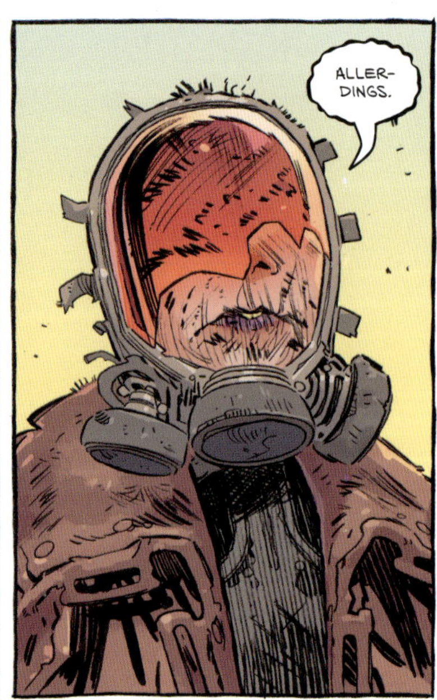
ALLER-DINGS.

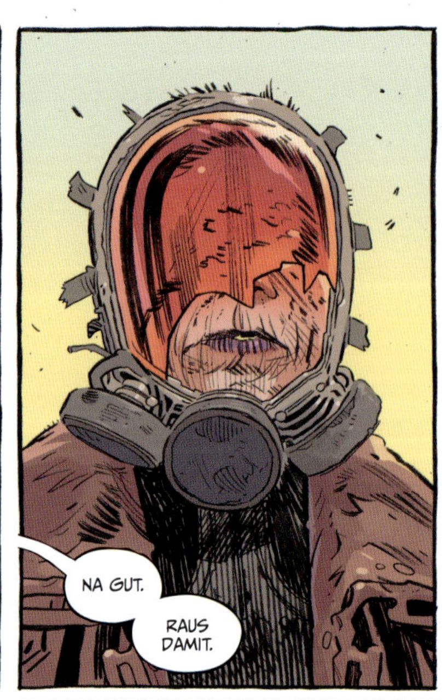
NA GUT.
RAUS DAMIT.

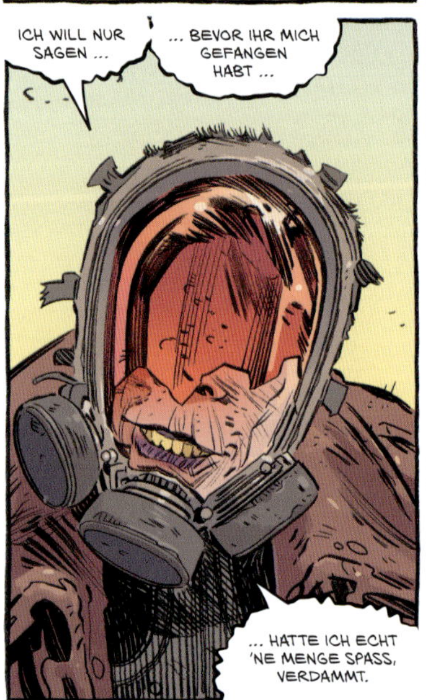
ICH WILL NUR SAGEN ...
... BEVOR IHR MICH GEFANGEN HABT ...
... HATTE ICH ECHT 'NE MENGE SPASS, VERDAMMT.

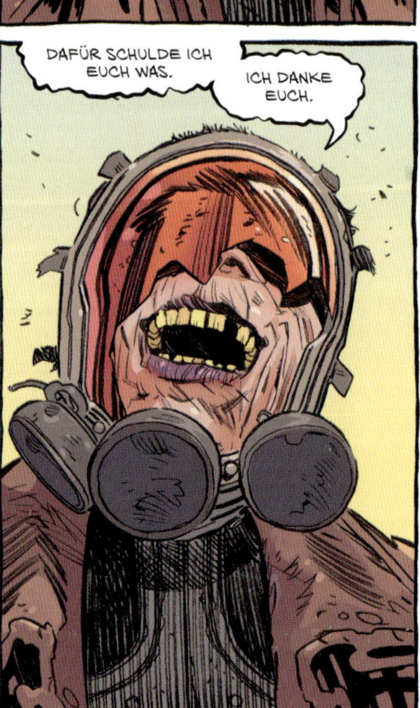
DAFÜR SCHULDE ICH EUCH WAS.
ICH DANKE EUCH.

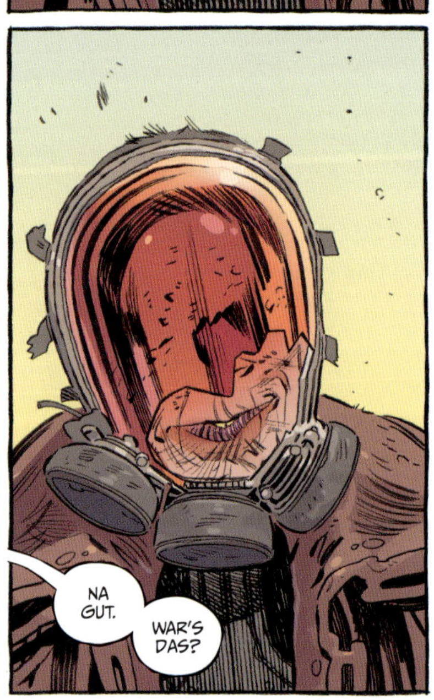
NA GUT.
WAR'S DAS?

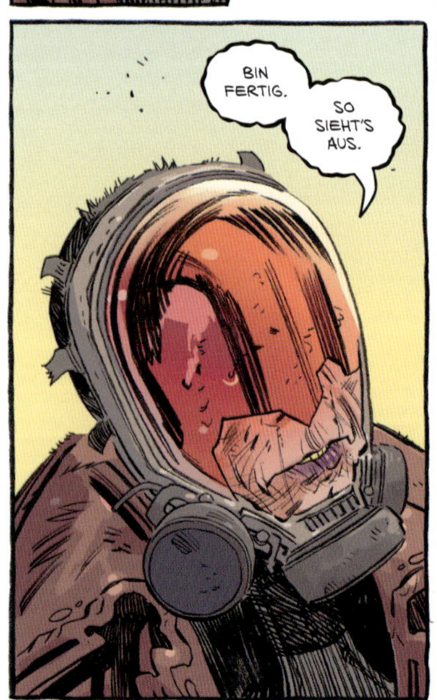
BIN FERTIG.
SO SIEHT'S AUS.

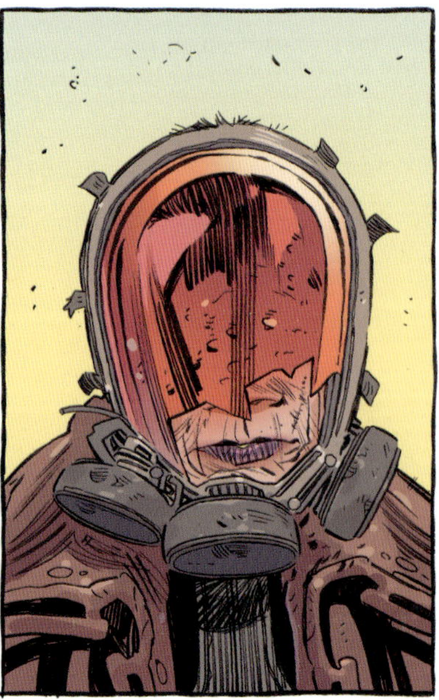

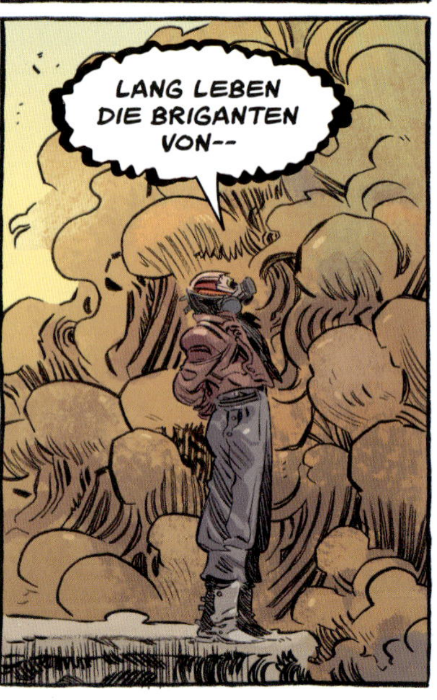
LANG LEBEN DIE BRIGANTEN VON--

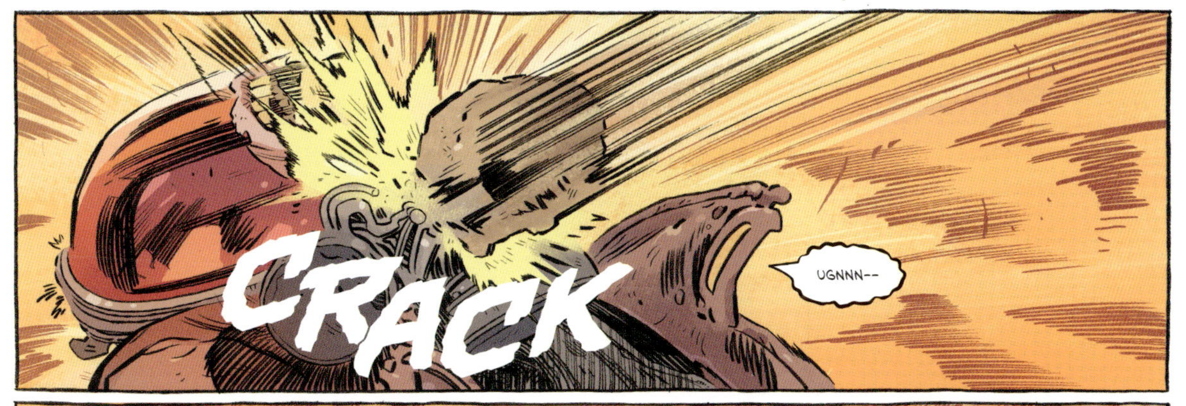
CRACK
UGNNN--

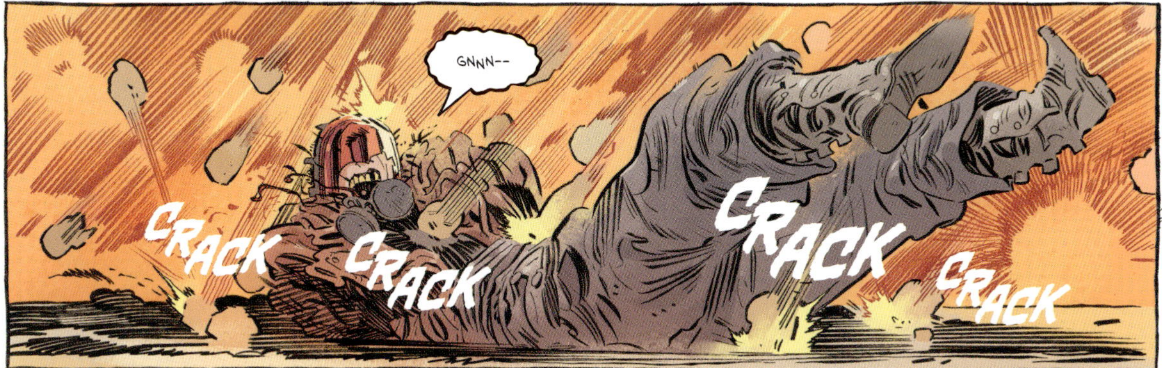
GNNN--
CRACK
CRACK
CRACK
CRACK

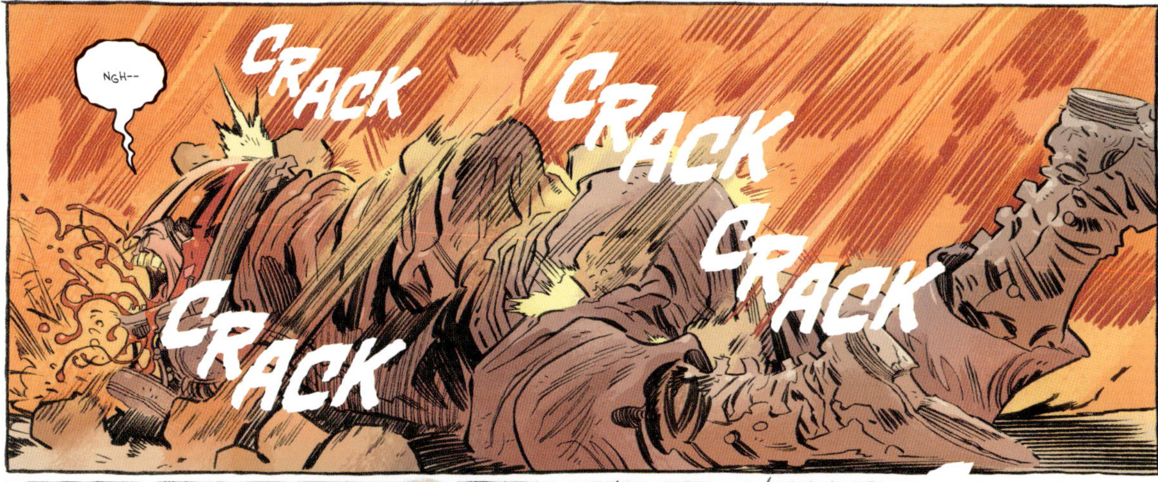
NGH--
CRACK
CRACK
CRACK
CRACK

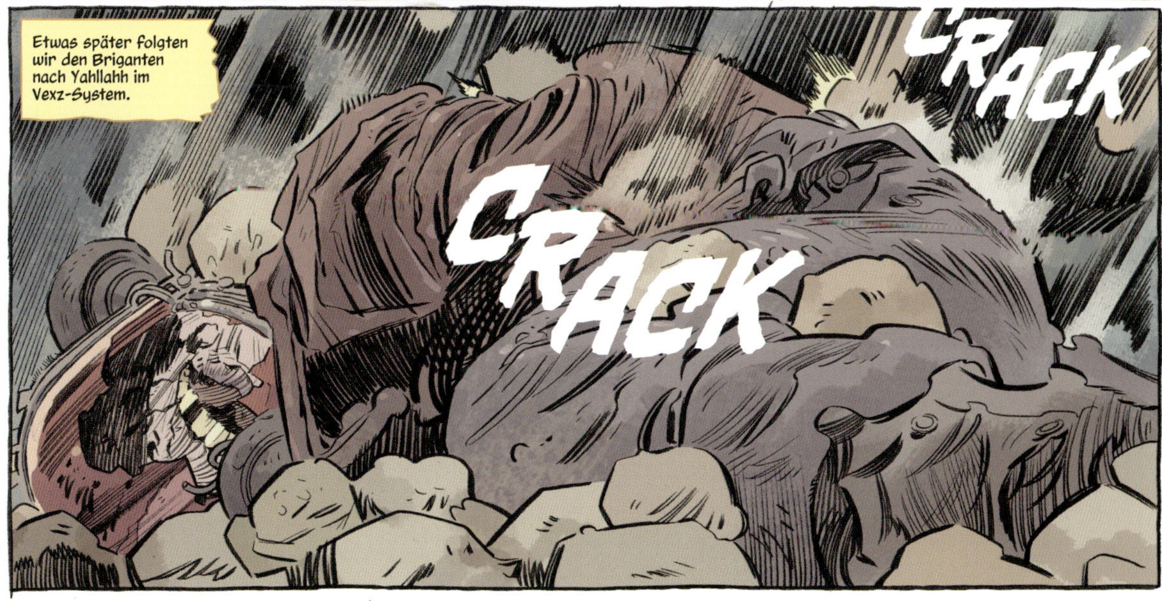
Etwas später folgten wir den Briganten nach Yahllahh im Vexz-System.
CRACK
CRACK

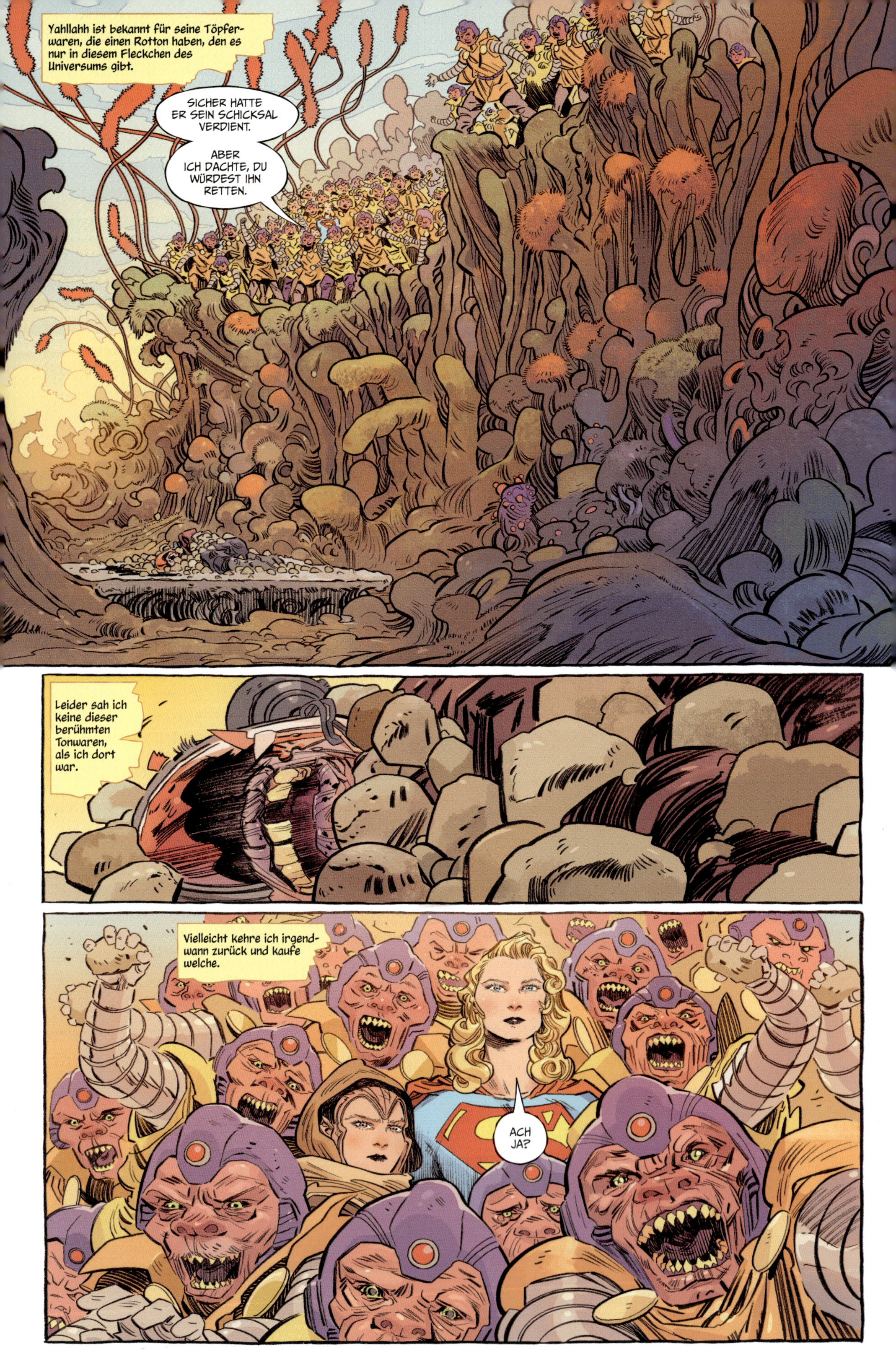

Yahllahh ist bekannt für seine Töpferwaren, die einen Rotton haben, den es nur in diesem Fleckchen des Universums gibt.

SICHER HATTE ER SEIN SCHICKSAL VERDIENT.

ABER ICH DACHTE, DU WÜRDEST IHN RETTEN.

Leider sah ich keine dieser berühmten Tonwaren, als ich dort war.

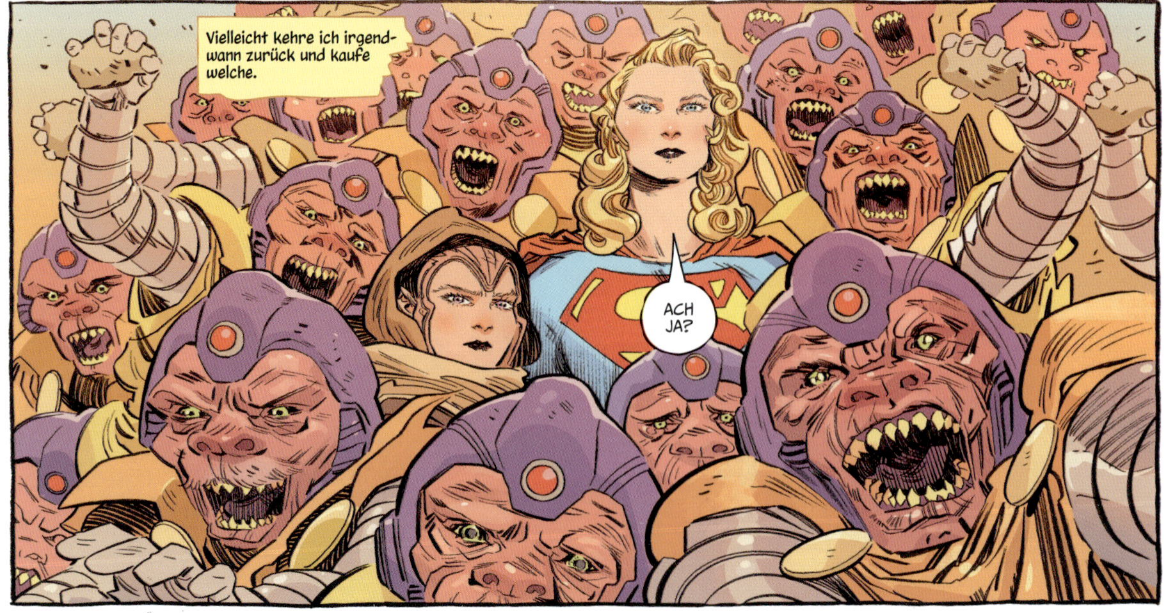

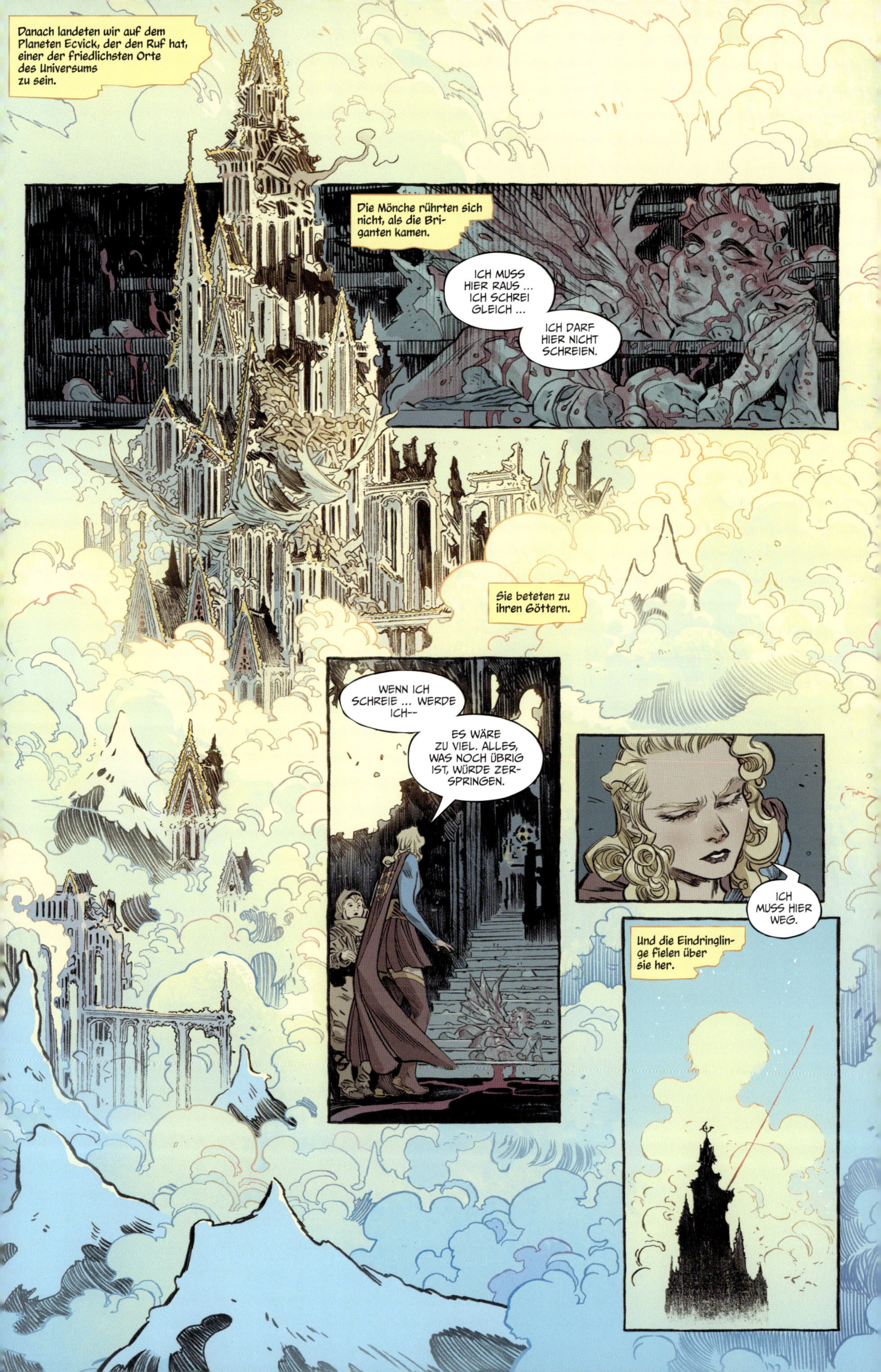
Danach landeten wir auf dem Planeten Ecvick, der den Ruf hat, einer der friedlichsten Orte des Universums zu sein.
Die Mönche rührten sich nicht, als die Briganten kamen.
ICH MUSS HIER RAUS ... ICH SCHREI GLEICH ...
ICH DARF HIER NICHT SCHREIEN.
Sie beteten zu ihren Göttern.
WENN ICH SCHREIE ... WERDE ICH--
ES WÄRE ZU VIEL. ALLES, WAS NOCH ÜBRIG IST, WÜRDE ZERSPRINGEN.
ICH MUSS HIER WEG.
Und die Eindringlinge fielen über sie her.

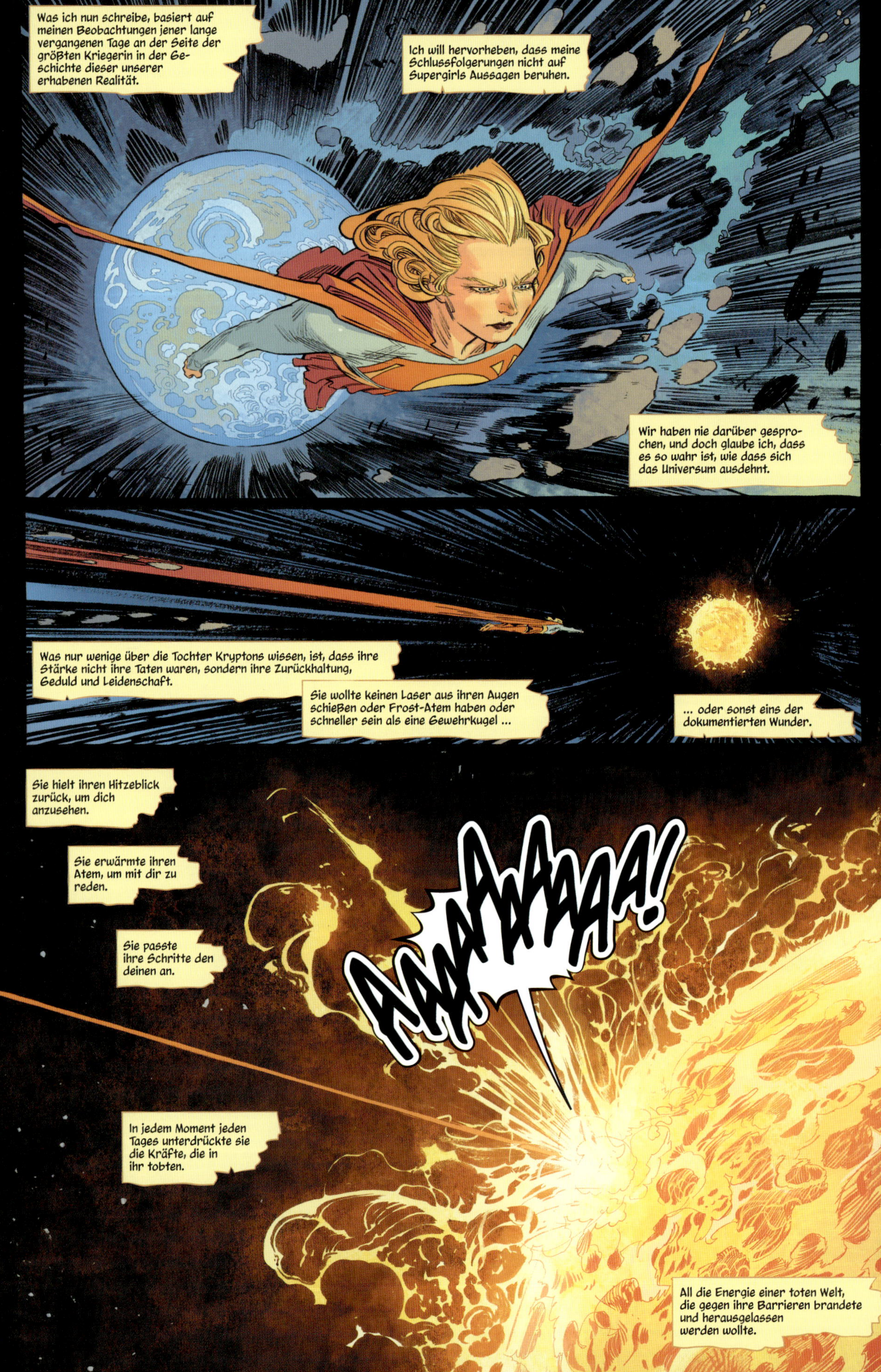
Was ich nun schreibe, basiert auf meinen Beobachtungen jener lange vergangenen Tage an der Seite der größten Kriegerin in der Geschichte dieser unserer erhabenen Realität.
Ich will hervorheben, dass meine Schlussfolgerungen nicht auf Supergirls Aussagen beruhen.
Wir haben nie darüber gesprochen, und doch glaube ich, dass es so wahr ist, wie dass sich das Universum ausdehnt.
Was nur wenige über die Tochter Kryptons wissen, ist, dass ihre Stärke nicht ihre Taten waren, sondern ihre Zurückhaltung, Geduld und Leidenschaft.
Sie wollte keinen Laser aus ihren Augen schießen oder Frost-Atem haben oder schneller sein als eine Gewehrkugel ...
... oder sonst eins der dokumentierten Wunder.
Sie hielt ihren Hitzeblick zurück, um dich anzusehen.
Sie erwärmte ihren Atem, um mit dir zu reden.
Sie passte ihre Schritte den deinen an.
AAAAAAAAAA!
In jedem Moment jeden Tages unterdrückte sie die Kräfte, die in ihr tobten.
All die Energie einer toten Welt, die gegen ihre Barrieren brandete und herausgelassen werden wollte.

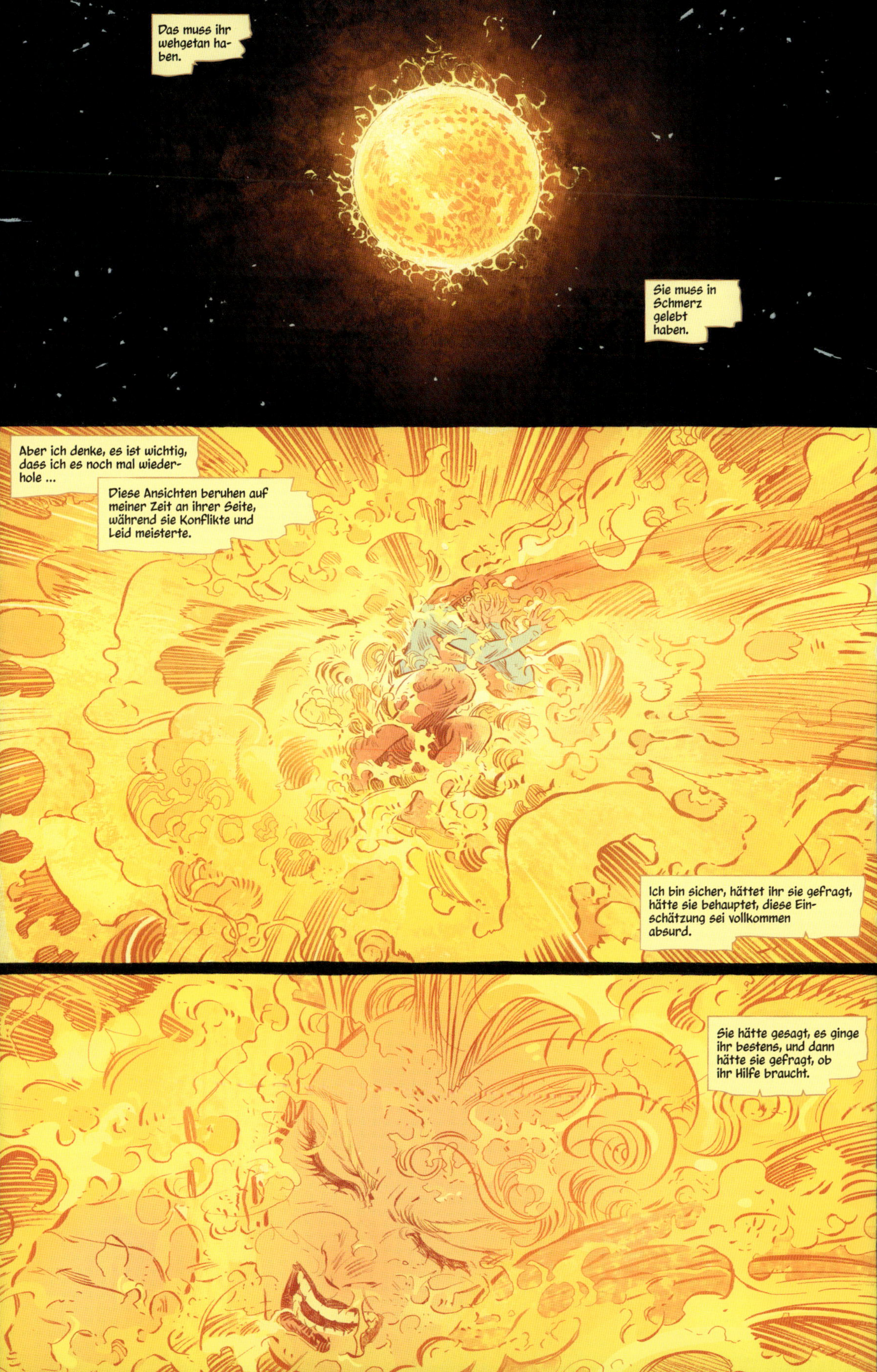
Das muss ihr wehgetan haben.
Sie muss in Schmerz gelebt haben.
Aber ich denke, es ist wichtig, dass ich es noch mal wiederhole ...
Diese Ansichten beruhen auf meiner Zeit an ihrer Seite, während sie Konflikte und Leid meisterte.
Ich bin sicher, hättet ihr sie gefragt, hätte sie behauptet, diese Einschätzung sei vollkommen absurd.
Sie hätte gesagt, es ginge ihr bestens, und dann hätte sie gefragt, ob ihr Hilfe braucht.

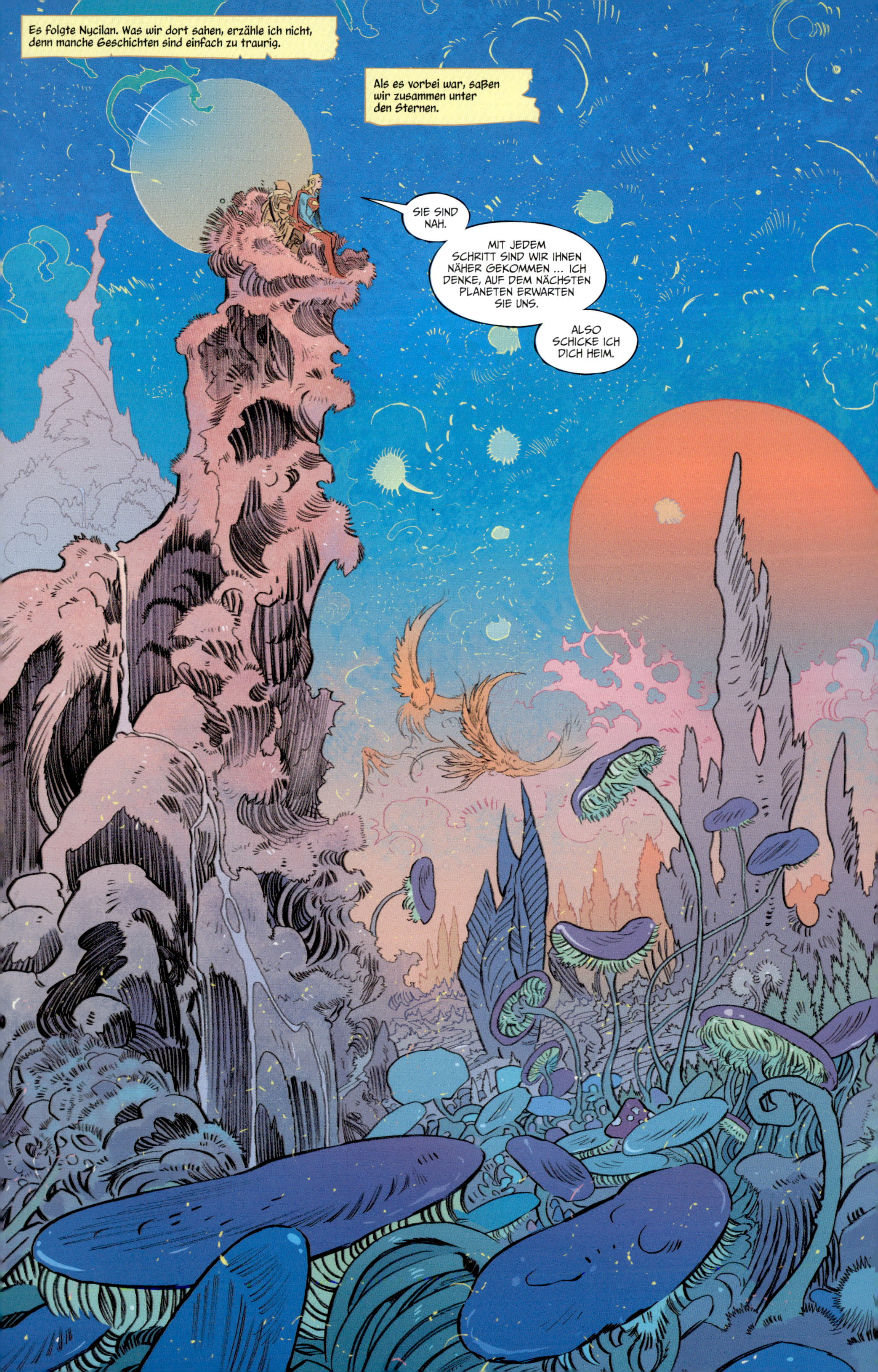
Es folgte Nycilan. Was wir dort sahen, erzähle ich nicht, denn manche Geschichten sind einfach zu traurig.
Als es vorbei war, saßen wir zusammen unter den Sternen.
SIE SIND NAH.
MIT JEDEM SCHRITT SIND WIR IHNEN NÄHER GEKOMMEN ... ICH DENKE, AUF DEM NÄCHSTEN PLANETEN ERWARTEN SIE UNS.
ALSO SCHICKE ICH DICH HEIM.

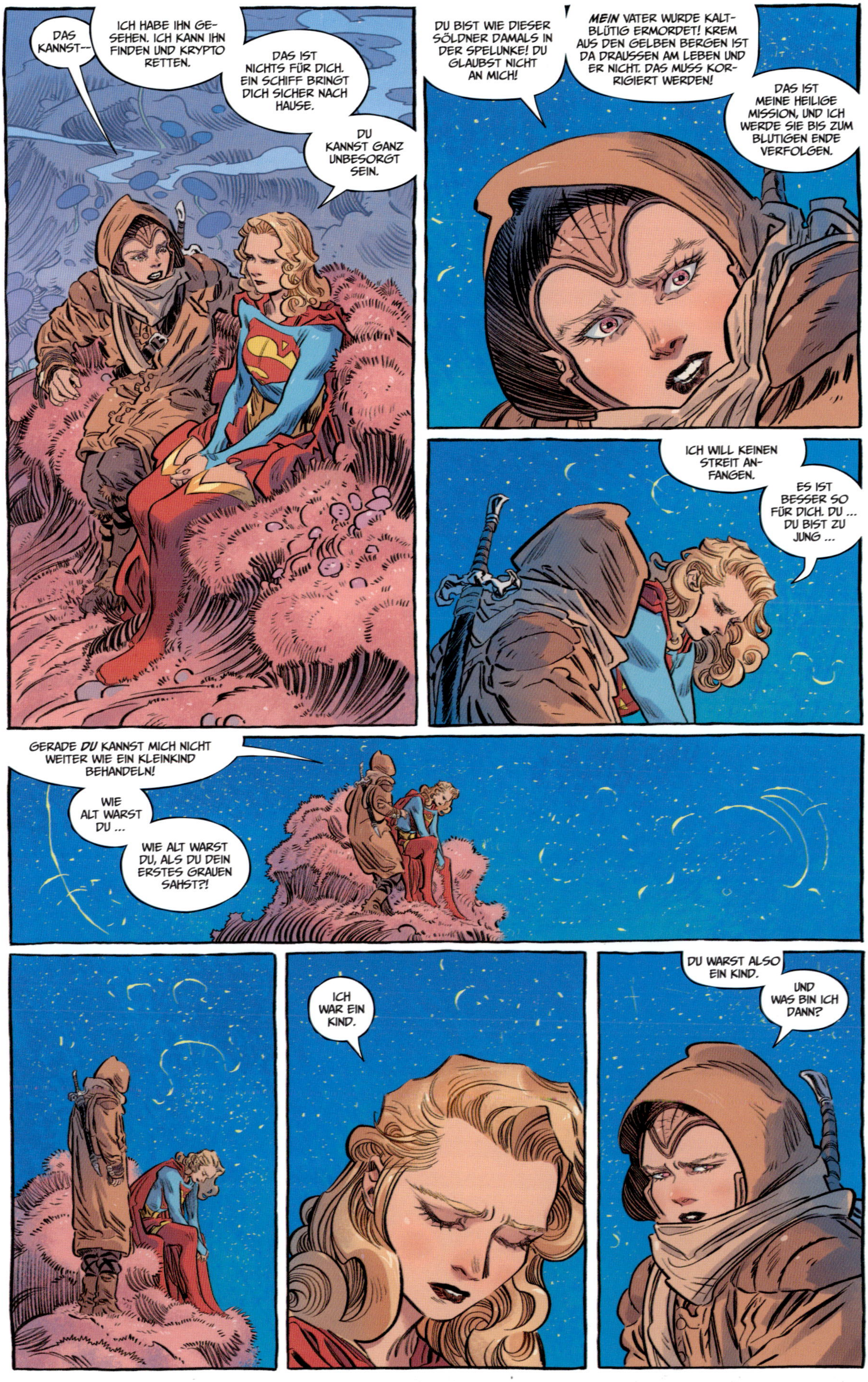

DAS KANNST--
ICH HABE IHN GESEHEN. ICH KANN IHN FINDEN UND KRYPTO RETTEN.
DAS IST NICHTS FÜR DICH. EIN SCHIFF BRINGT DICH SICHER NACH HAUSE.
DU KANNST GANZ UNBESORGT SEIN.

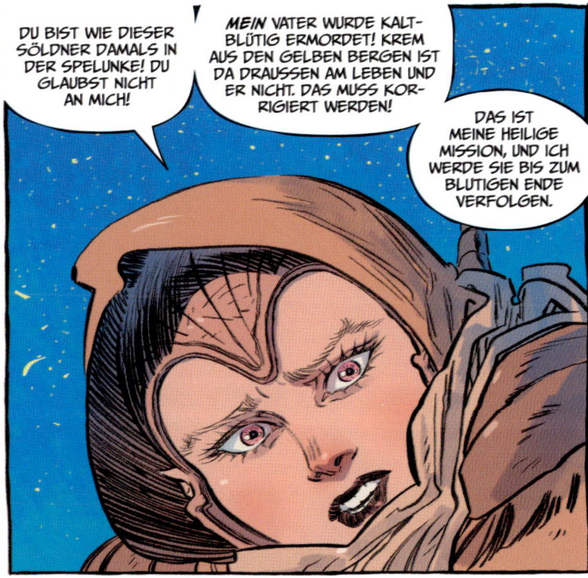

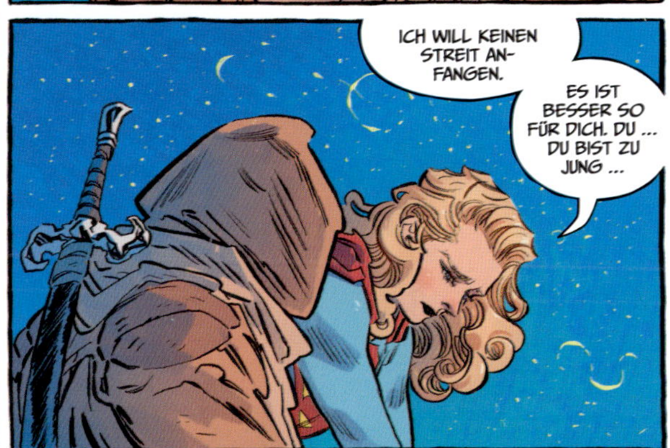

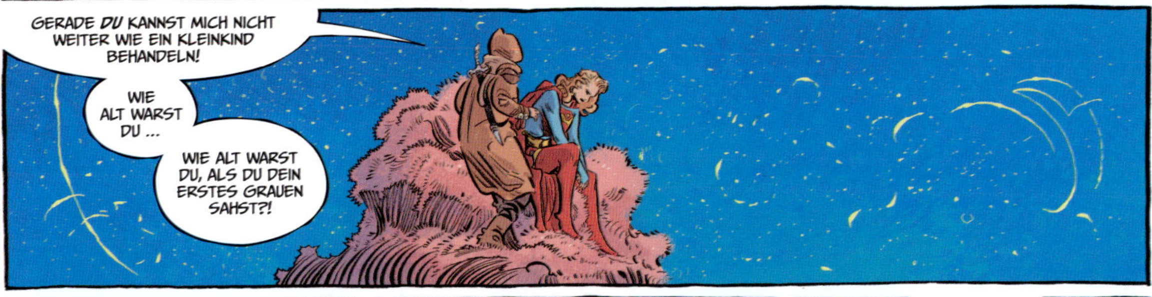

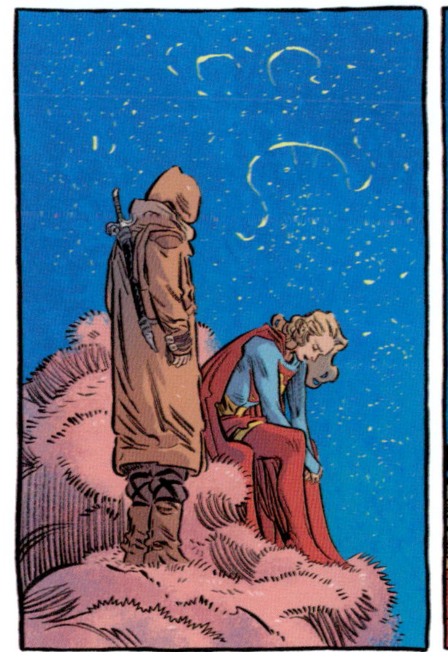

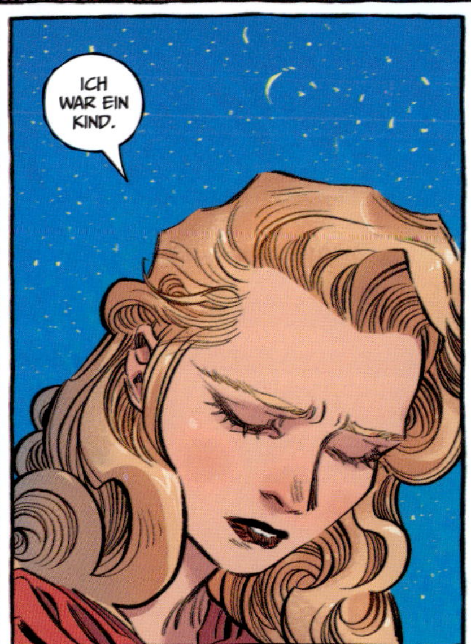

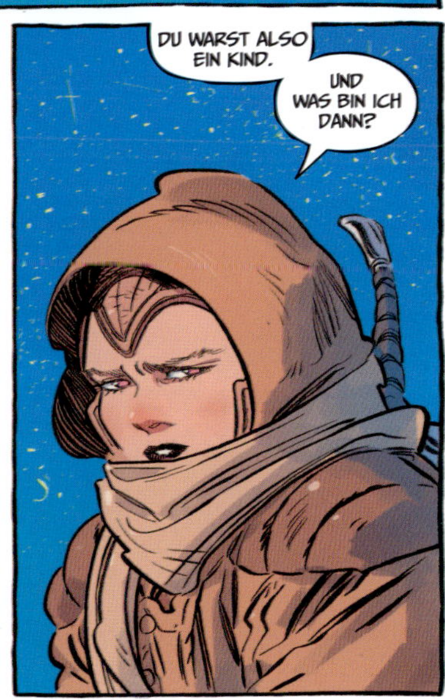

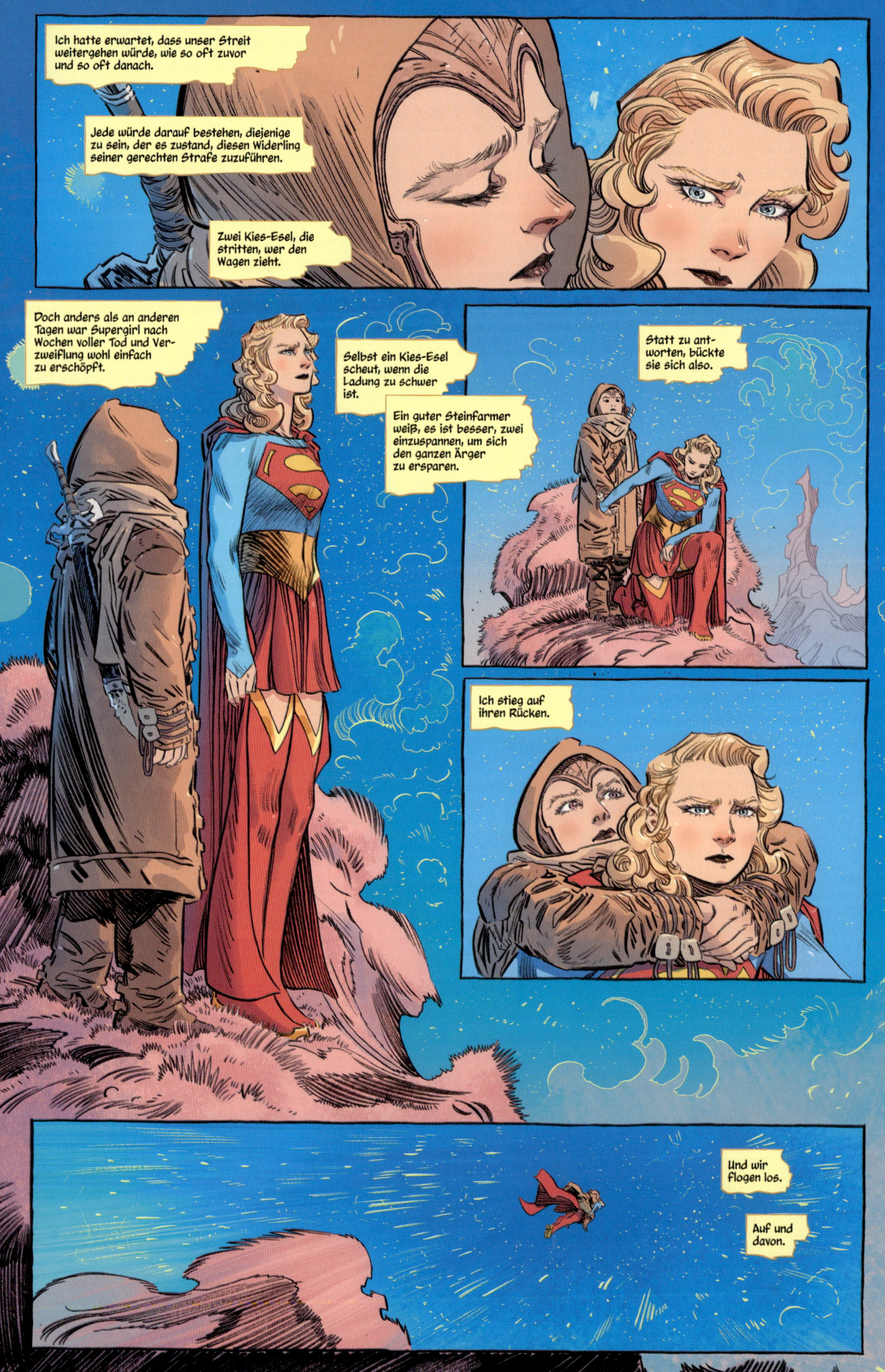
Ich hatte erwartet, dass unser Streit weitergehen würde, wie so oft zuvor und so oft danach.
Jede würde darauf bestehen, diejenige zu sein, der es zustand, diesen Widerling seiner gerechten Strafe zuzuführen.
Zwei Kies-Esel, die stritten, wer den Wagen zieht.
Doch anders als an anderen Tagen war Supergirl nach Wochen voller Tod und Verzweiflung wohl einfach zu erschöpft.
Selbst ein Kies-Esel scheut, wenn die Ladung zu schwer ist.
Ein guter Steinfarmer weiß, es ist besser, zwei einzuspannen, um sich den ganzen Ärger zu ersparen.
Statt zu antworten, bückte sie sich also.
Ich stieg auf ihren Rücken.
Und wir flogen los.
Auf und davon.

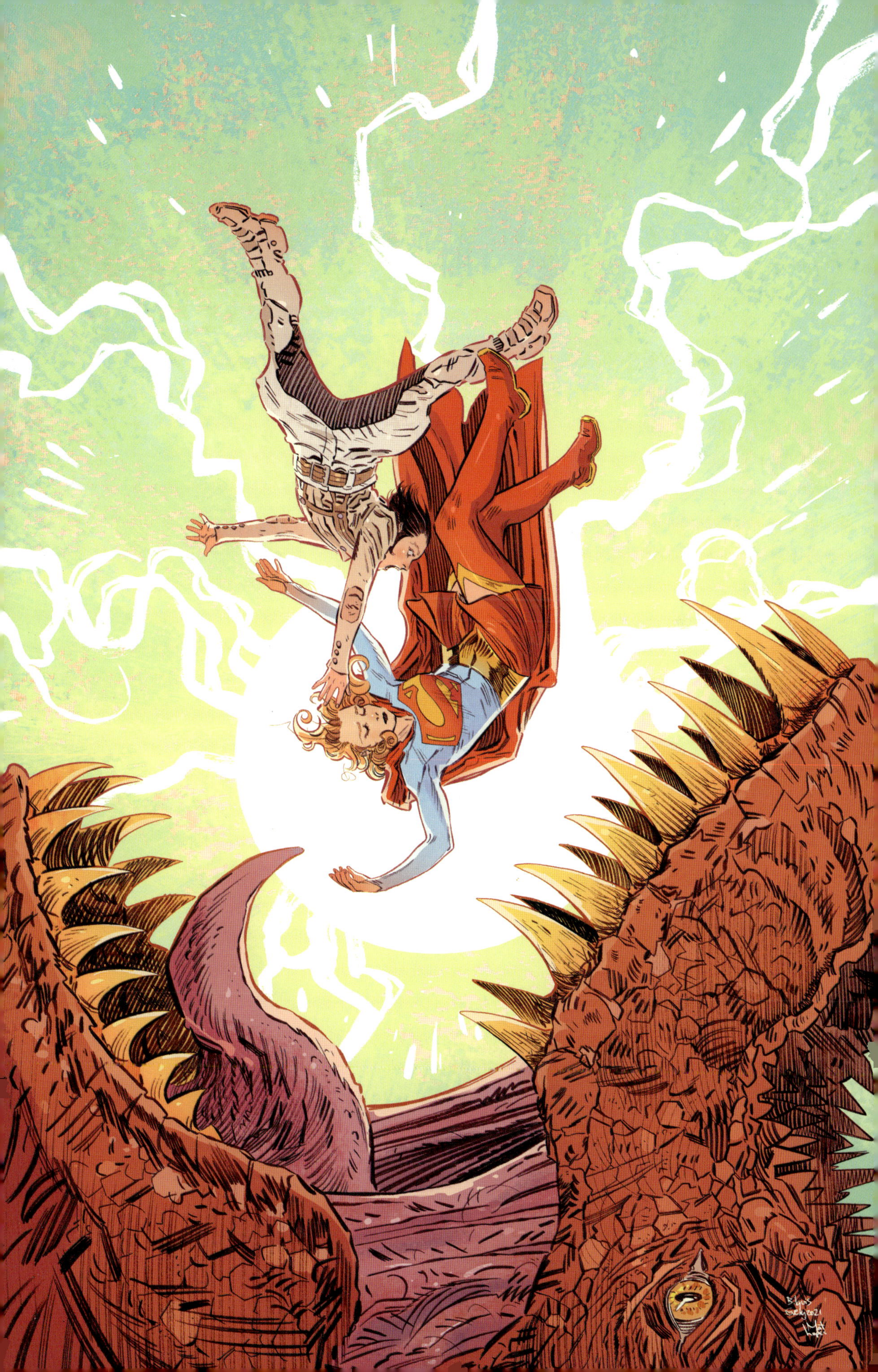

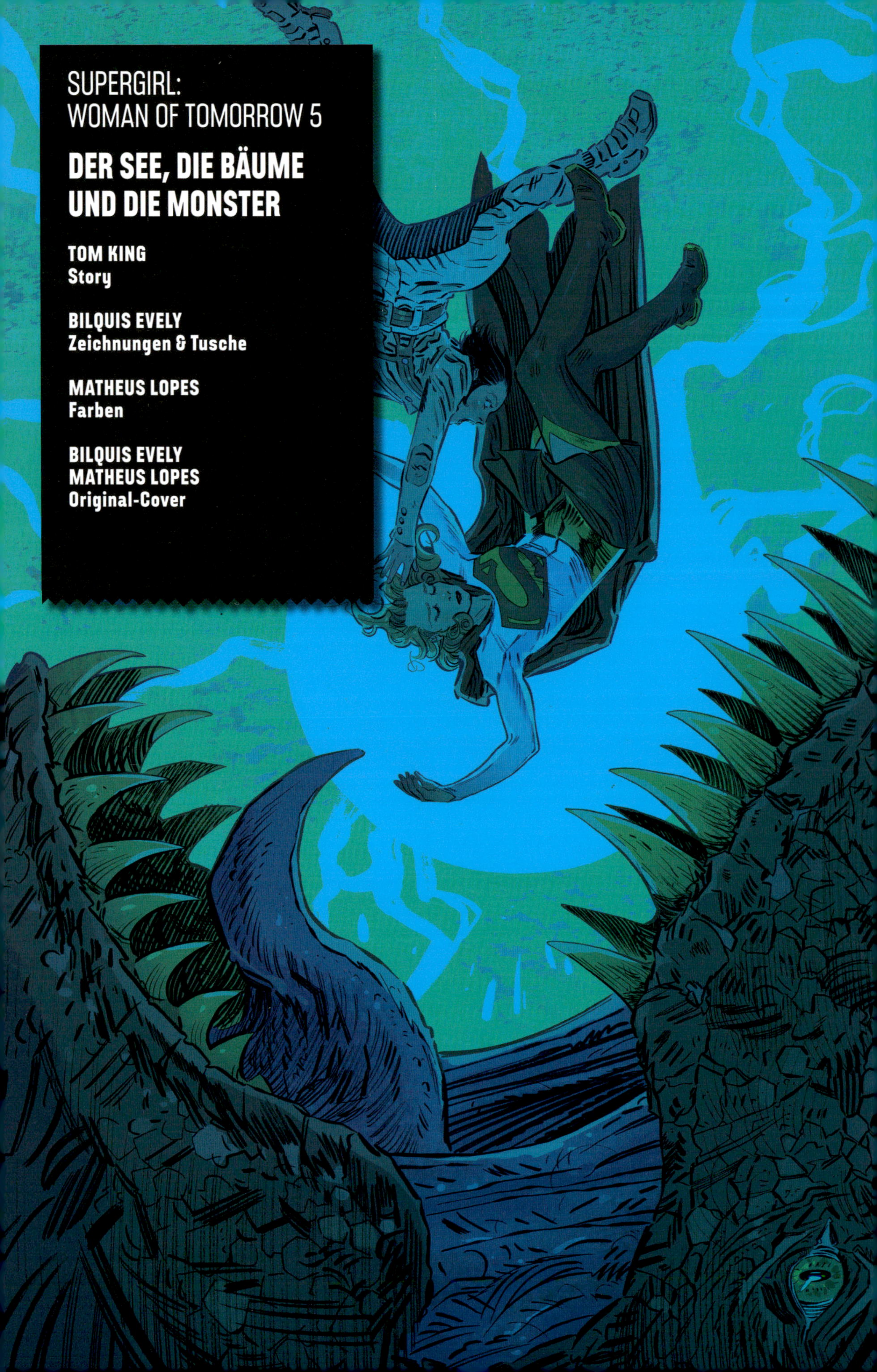

SUPERGIRL:
WOMAN OF TOMORROW 5

DER SEE, DIE BÄUME UND DIE MONSTER

TOM KING
Story

BILQUIS EVELY
Zeichnungen & Tusche

MATHEUS LOPES
Farben

BILQUIS EVELY
MATHEUS LOPES
Original-Cover

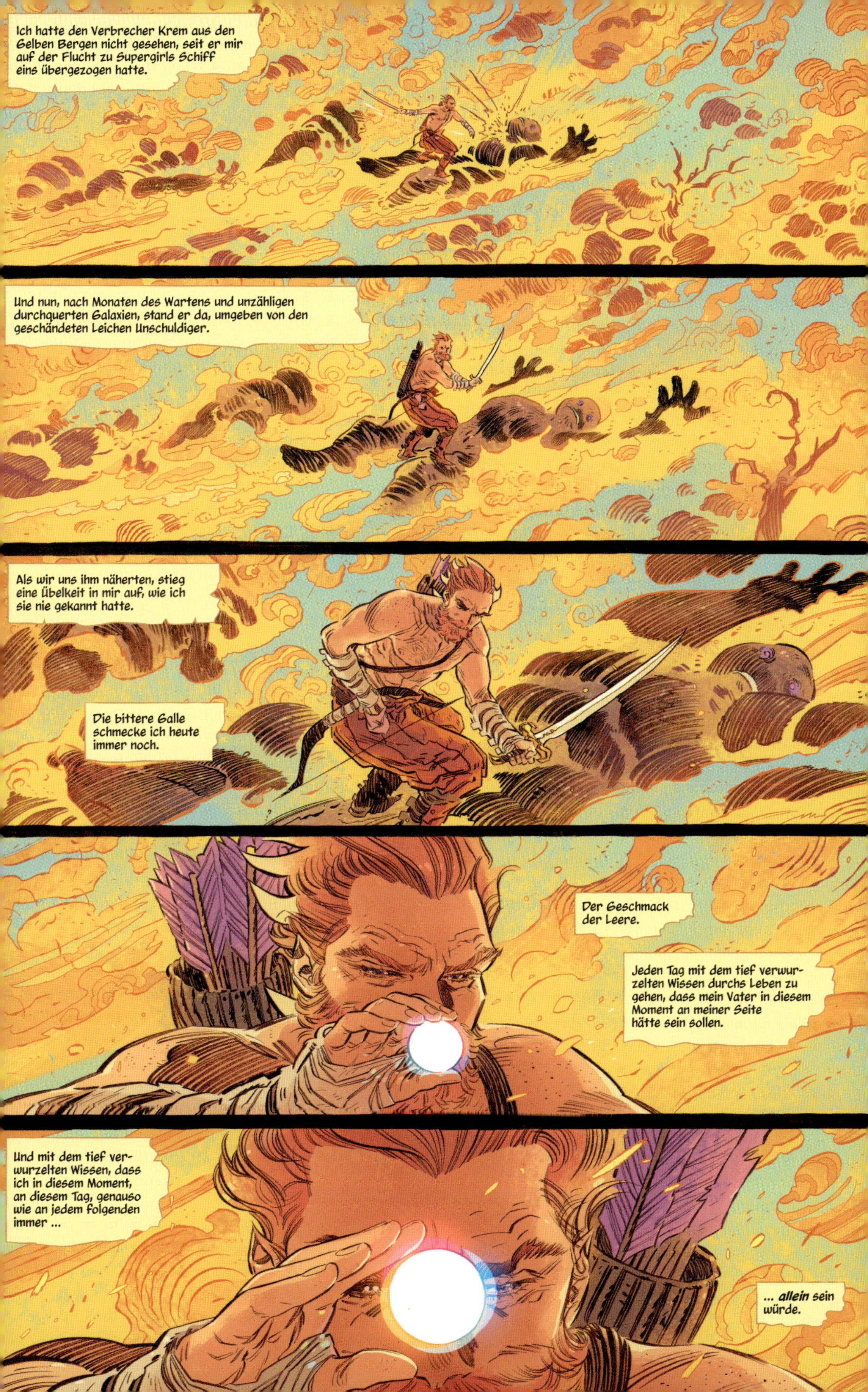
Ich hatte den Verbrecher Krem aus den Gelben Bergen nicht gesehen, seit er mir auf der Flucht zu Supergirls Schiff eins übergezogen hatte.
Und nun, nach Monaten des Wartens und unzähligen durchquerten Galaxien, stand er da, umgeben von den geschändeten Leichen Unschuldiger.
Als wir uns ihm näherten, stieg eine Übelkeit in mir auf, wie ich sie nie gekannt hatte.
Die bittere Galle schmecke ich heute immer noch.
Der Geschmack der Leere.
Jeden Tag mit dem tief verwurzelten Wissen durchs Leben zu gehen, dass mein Vater in diesem Moment an meiner Seite hätte sein sollen.
Und mit dem tief verwurzelten Wissen, dass ich in diesem Moment, an diesem Tag, genauso wie an jedem folgenden immer ...
... *allein* sein würde.

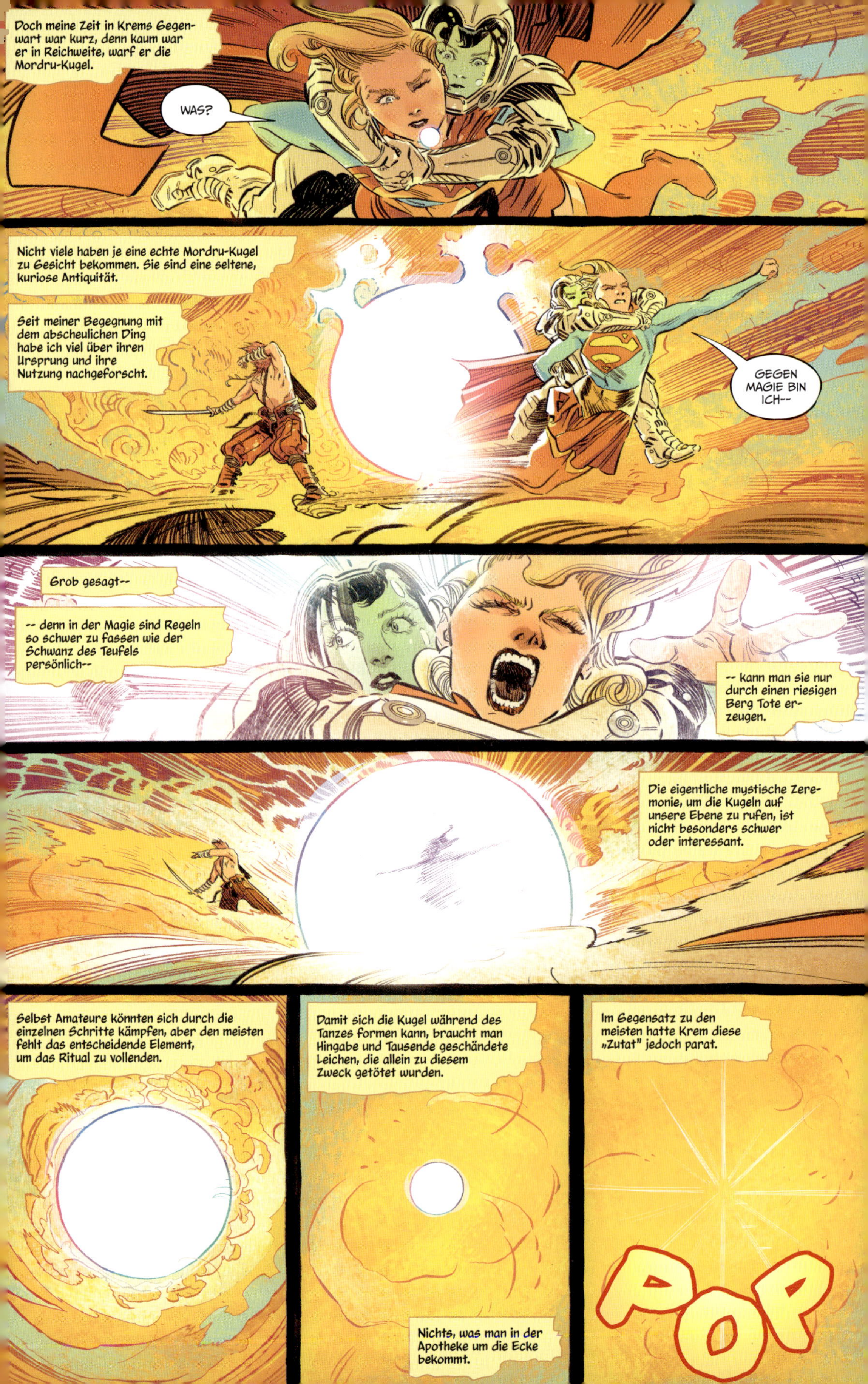
Doch meine Zeit in Krems Gegenwart war kurz, denn kaum war er in Reichweite, warf er die Mordru-Kugel.
WAS?
Nicht viele haben je eine echte Mordru-Kugel zu Gesicht bekommen. Sie sind eine seltene, kuriose Antiquität.
Seit meiner Begegnung mit dem abscheulichen Ding habe ich viel über ihren Ursprung und ihre Nutzung nachgeforscht.
GEGEN MAGIE BIN ICH--
Grob gesagt--
-- denn in der Magie sind Regeln so schwer zu fassen wie der Schwanz des Teufels persönlich--
-- kann man sie nur durch einen riesigen Berg Tote erzeugen.
Die eigentliche mystische Zeremonie, um die Kugeln auf unsere Ebene zu rufen, ist nicht besonders schwer oder interessant.
Selbst Amateure könnten sich durch die einzelnen Schritte kämpfen, aber den meisten fehlt das entscheidende Element, um das Ritual zu vollenden.
Damit sich die Kugel während des Tanzes formen kann, braucht man Hingabe und Tausende geschändete Leichen, die allein zu diesem Zweck getötet wurden.
Nichts, was man in der Apotheke um die Ecke bekommt.
Im Gegensatz zu den meisten hatte Krem diese „Zutat" jedoch parat.
POP

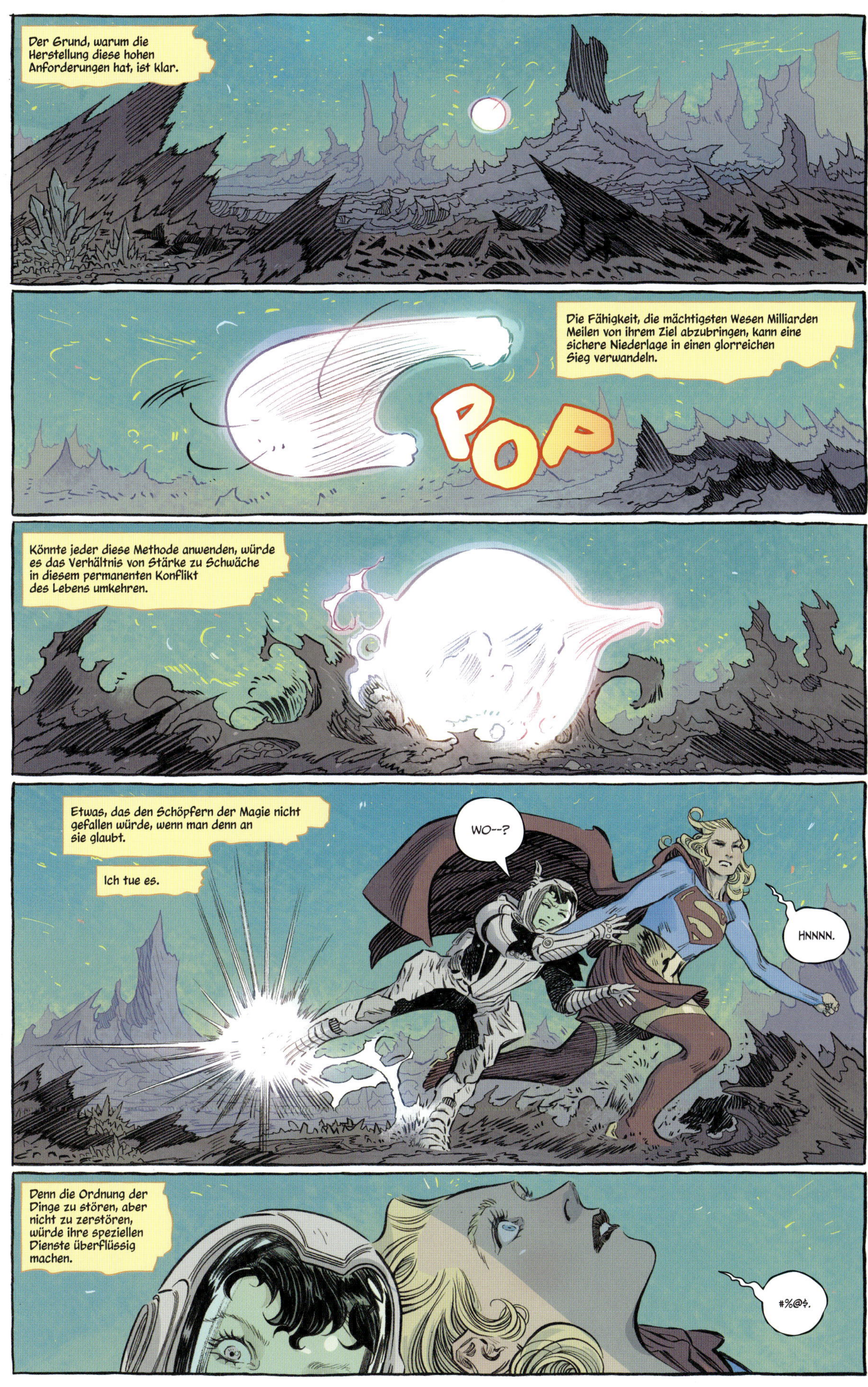
Der Grund, warum die Herstellung diese hohen Anforderungen hat, ist klar.
Die Fähigkeit, die mächtigsten Wesen Milliarden Meilen von ihrem Ziel abzubringen, kann eine sichere Niederlage in einen glorreichen Sieg verwandeln.
POP
Könnte jeder diese Methode anwenden, würde es das Verhältnis von Stärke zu Schwäche in diesem permanenten Konflikt des Lebens umkehren.
Etwas, das den Schöpfern der Magie nicht gefallen würde, wenn man denn an sie glaubt.
Ich tue es.
WO--?
HNNNN.
Denn die Ordnung der Dinge zu stören, aber nicht zu zerstören, würde ihre speziellen Dienste überflüssig machen.
#%@$.

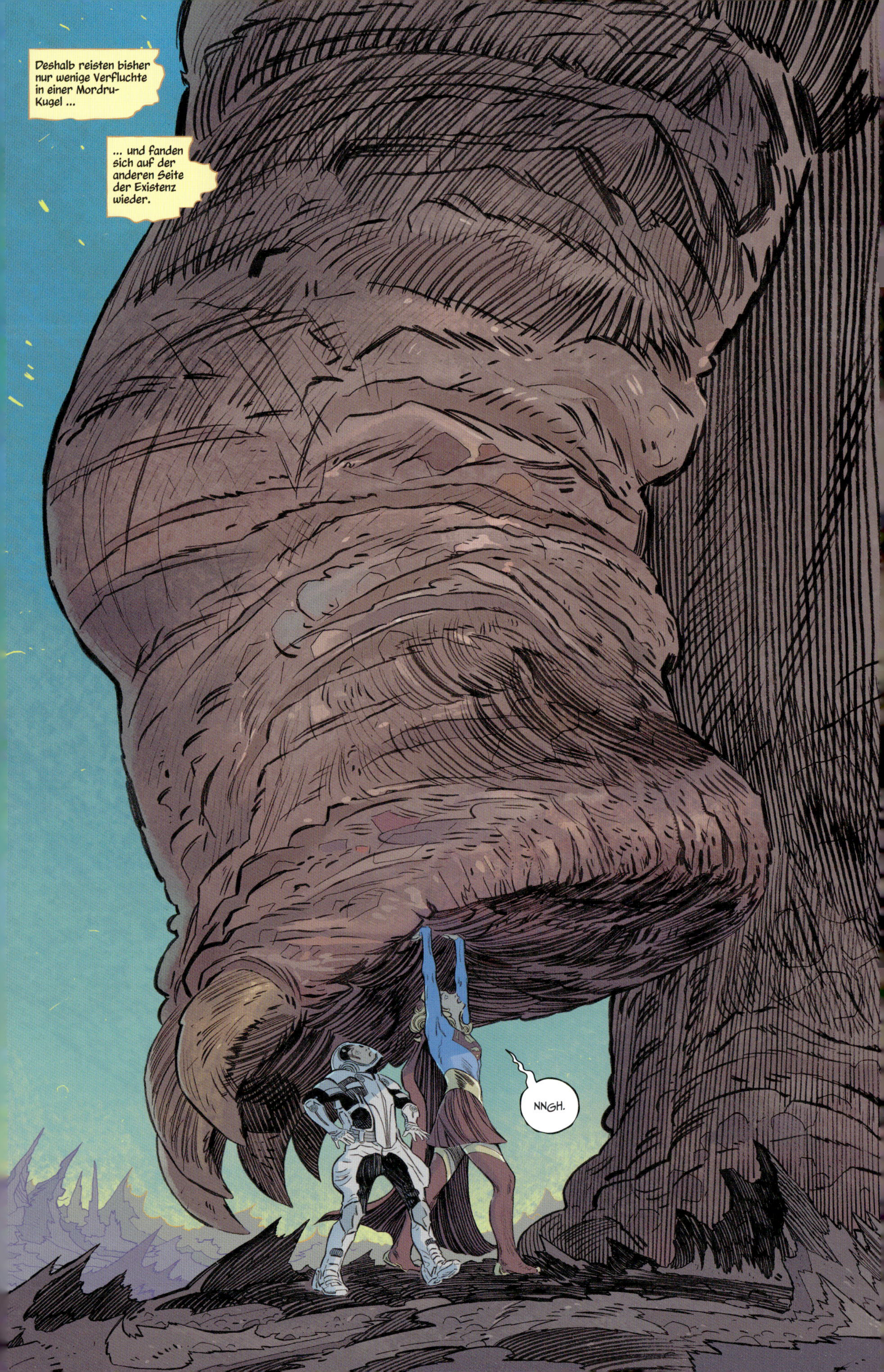
Deshalb reisten bisher nur wenige Verfluchte in einer Mordru-Kugel ...
... und fanden sich auf der anderen Seite der Existenz wieder.
NNGH.

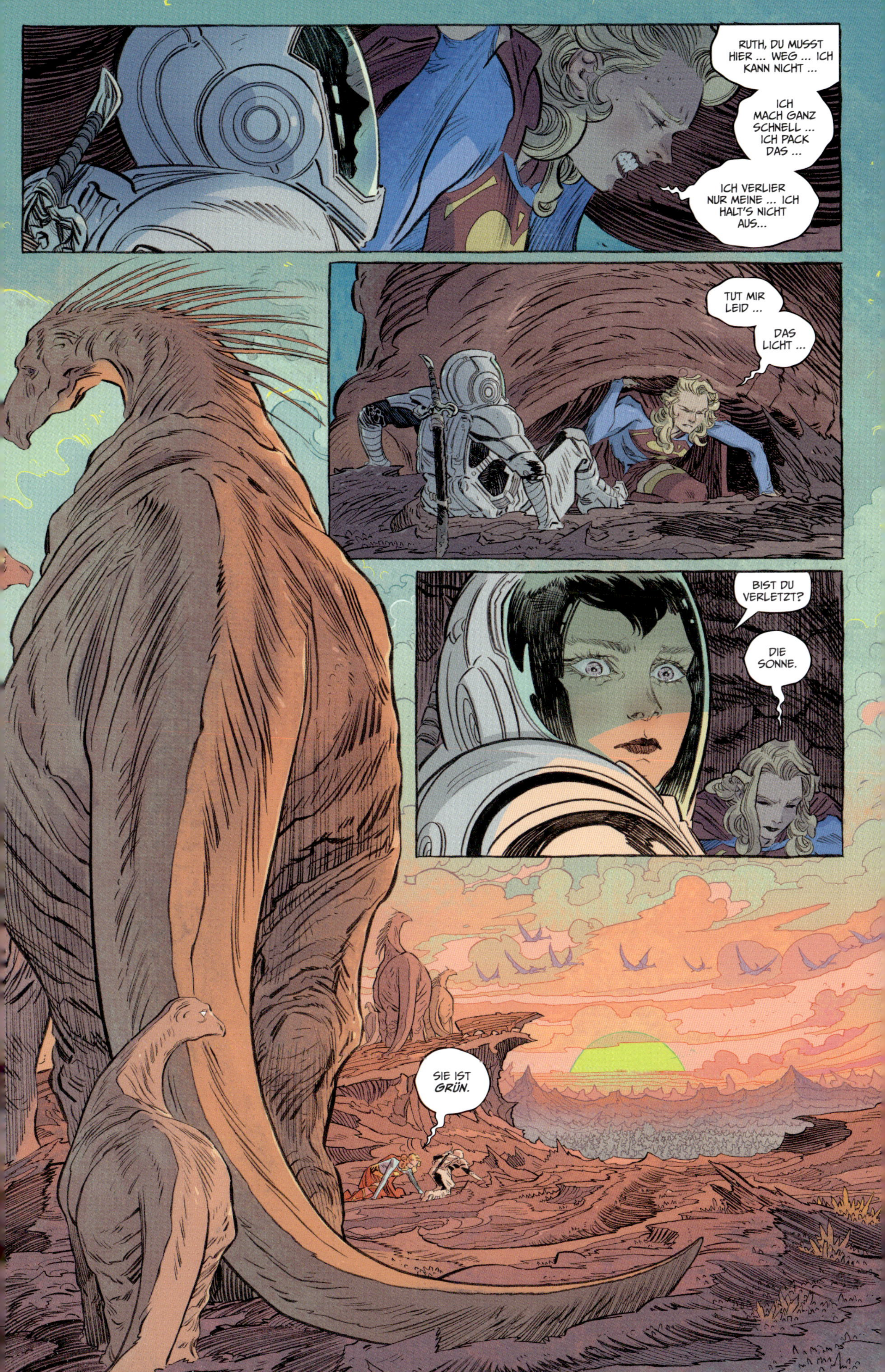
RUTH, DU MUSST HIER ... WEG ... ICH KANN NICHT ...
ICH MACH GANZ SCHNELL ... ICH PACK DAS ...
ICH VERLIER NUR MEINE ... ICH HALT'S NICHT AUS...
TUT MIR LEID ...
DAS LICHT ...
BIST DU VERLETZT?
DIE SONNE.
SIE IST GRÜN.

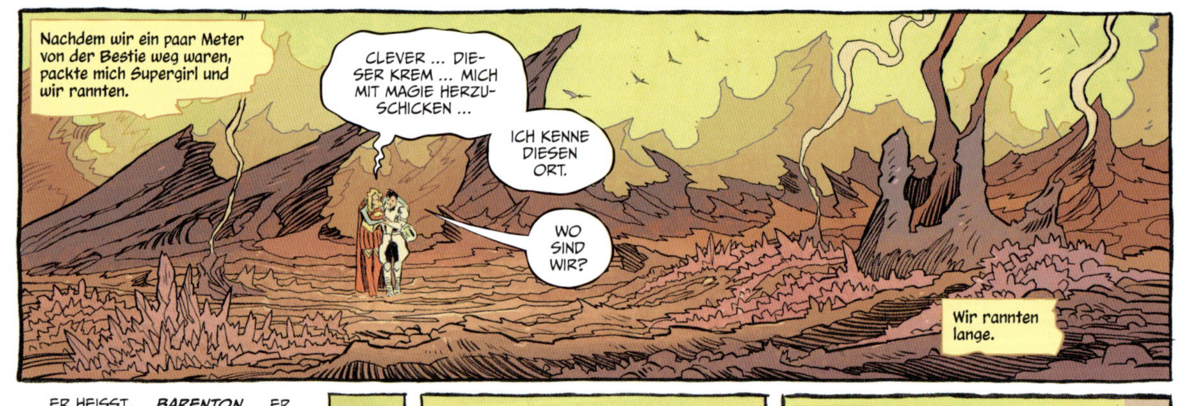
Nachdem wir ein paar Meter von der Bestie weg waren, packte mich Supergirl und wir rannten.
CLEVER ... DIESER KREM ... MICH MIT MAGIE HERZUSCHICKEN ...
ICH KENNE DIESEN ORT.
WO SIND WIR?
Wir rannten lange.

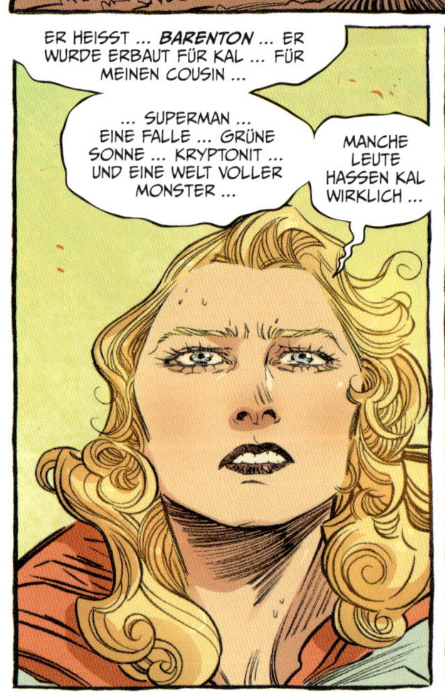
ER HEISST ... *BARENTON* ... ER WURDE ERBAUT FÜR KAL ... FÜR MEINEN COUSIN ...
... SUPERMAN ... EINE FALLE ... GRÜNE SONNE ... KRYPTONIT ... UND EINE WELT VOLLER MONSTER ...
MANCHE LEUTE HASSEN KAL WIRKLICH ...

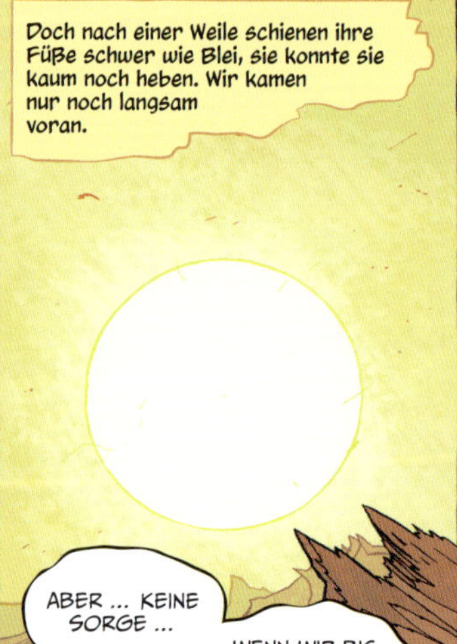
Doch nach einer Weile schienen ihre Füße schwer wie Blei, sie konnte sie kaum noch heben. Wir kamen nur noch langsam voran.
ABER ... KEINE SORGE ...
WENN WIR BIS SONNENUNTERGANG WARTEN ... KÖNNEN WIR WEGFLIEGEN ...

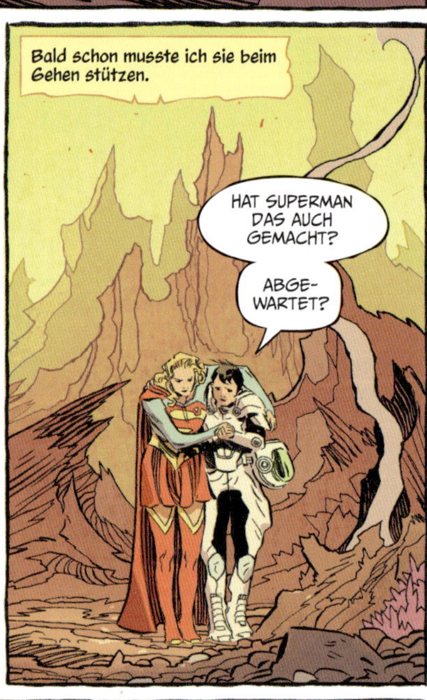
Bald schon musste ich sie beim Gehen stützen.
HAT SUPERMAN DAS AUCH GEMACHT?
ABGEWARTET?

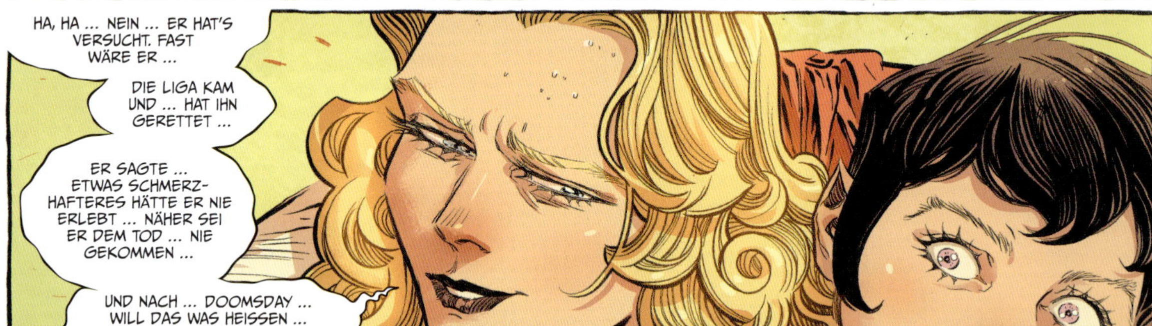
HA, HA ... NEIN ... ER HAT'S VERSUCHT. FAST WÄRE ER ...
DIE LIGA KAM UND ... HAT IHN GERETTET ...
ER SAGTE ... ETWAS SCHMERZHAFTERES HÄTTE ER NIE ERLEBT ... NÄHER SEI ER DEM TOD ... NIE GEKOMMEN ...
UND NACH ... DOOMSDAY ... WILL DAS WAS HEISSEN ...

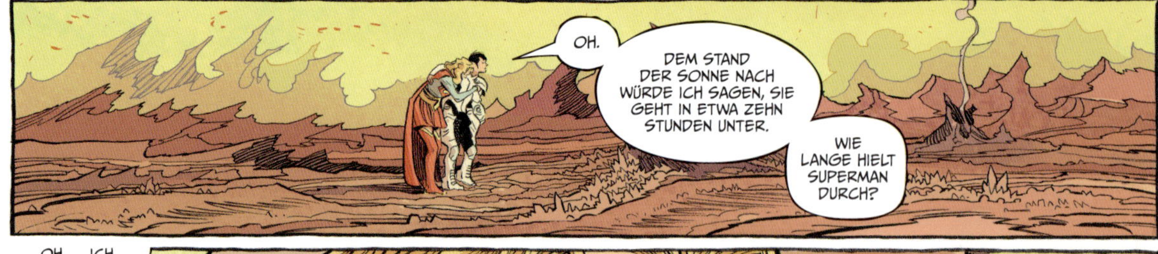
OH.
DEM STAND DER SONNE NACH WÜRDE ICH SAGEN, SIE GEHT IN ETWA ZEHN STUNDEN UNTER.
WIE LANGE HIELT SUPERMAN DURCH?

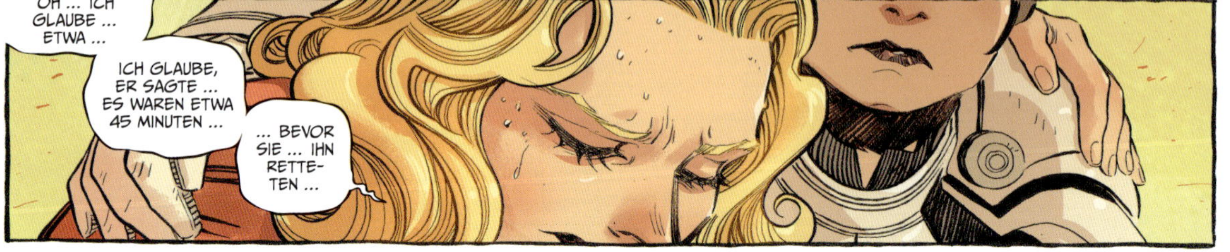
OH ... ICH GLAUBE ... ETWA ...
ICH GLAUBE, ER SAGTE ... ES WAREN ETWA 45 MINUTEN ...
... BEVOR SIE ... IHN RETTETEN ...

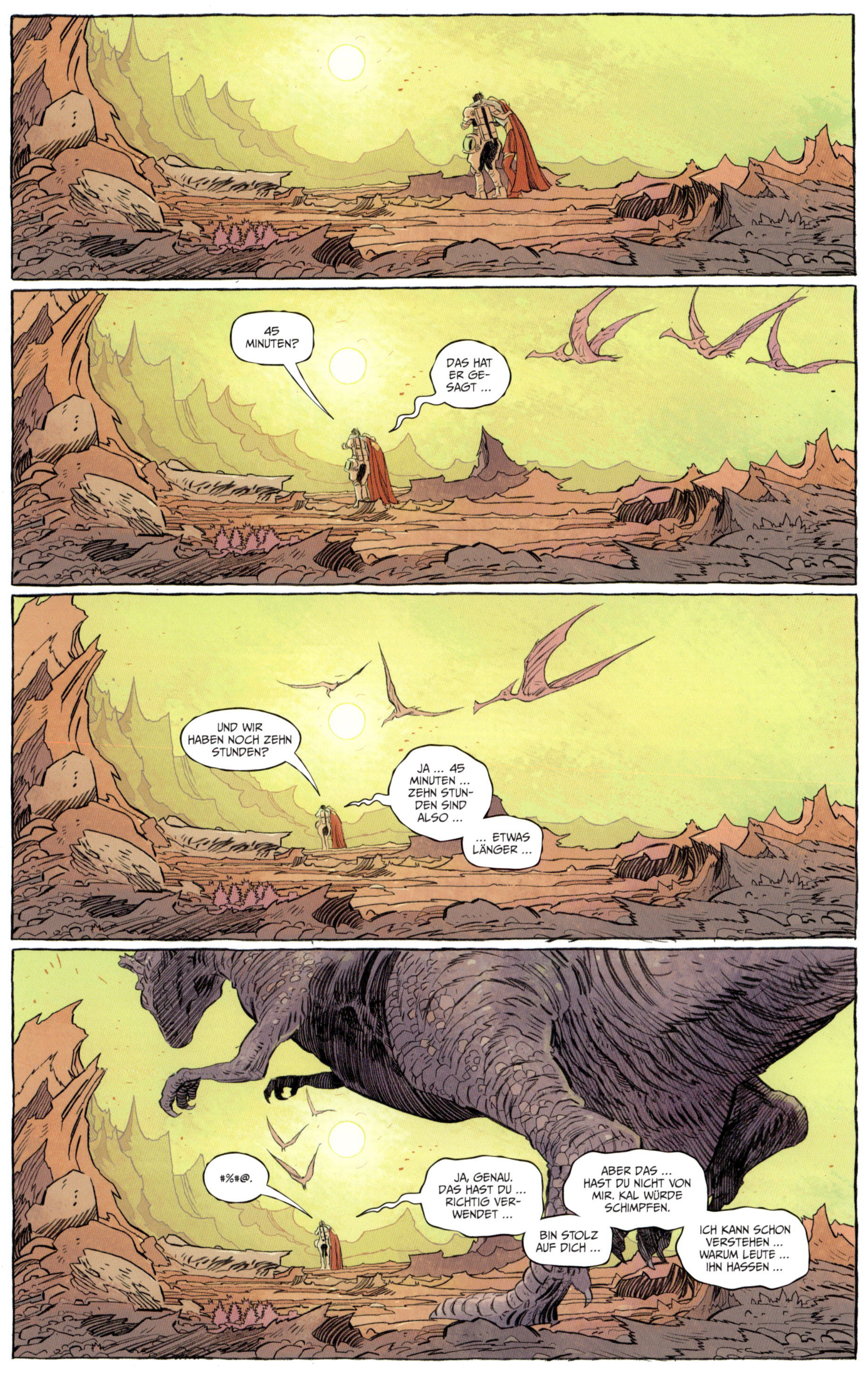
45 MINUTEN?
DAS HAT ER GE-SAGT ...
UND WIR HABEN NOCH ZEHN STUNDEN?
JA ... 45 MINUTEN ... ZEHN STUN-DEN SIND ALSO ...
... ETWAS LÄNGER ...
#%#@.
JA, GENAU. DAS HAST DU ... RICHTIG VER-WENDET ...
BIN STOLZ AUF DICH ...
ABER DAS ... HAST DU NICHT VON MIR. KAL WÜRDE SCHIMPFEN.
ICH KANN SCHON VERSTEHEN ... WARUM LEUTE ... IHN HASSEN ...

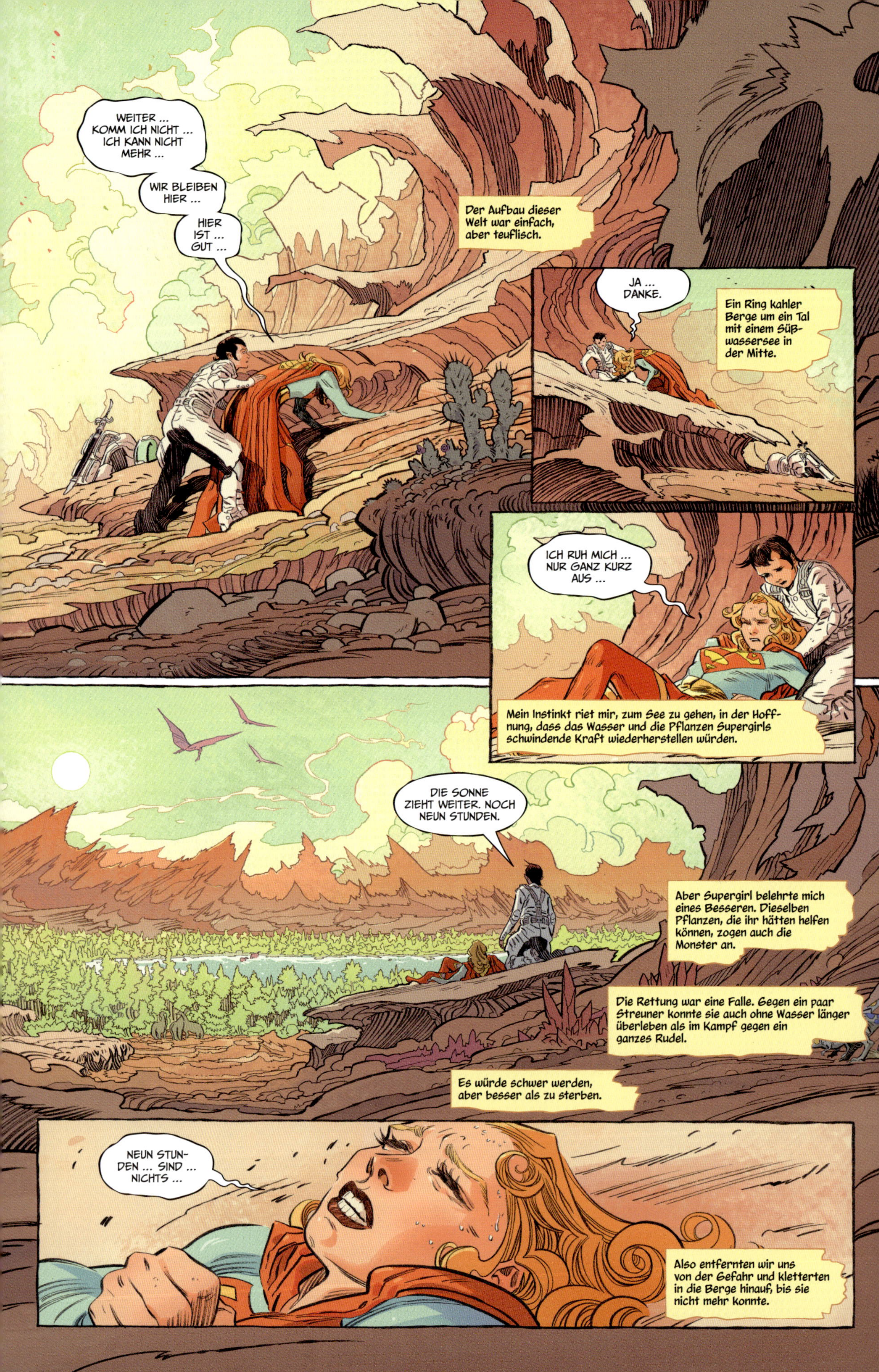
WEITER ... KOMM ICH NICHT ... ICH KANN NICHT MEHR ...
WIR BLEIBEN HIER ...
HIER IST ... GUT ...
Der Aufbau dieser Welt war einfach, aber teuflisch.
JA ... DANKE.
Ein Ring kahler Berge um ein Tal mit einem Süßwassersee in der Mitte.
ICH RUH MICH ... NUR GANZ KURZ AUS ...
Mein Instinkt riet mir, zum See zu gehen, in der Hoffnung, dass das Wasser und die Pflanzen Supergirls schwindende Kraft wiederherstellen würden.
DIE SONNE ZIEHT WEITER. NOCH NEUN STUNDEN.
Aber Supergirl belehrte mich eines Besseren. Dieselben Pflanzen, die ihr hätten helfen können, zogen auch die Monster an.
Die Rettung war eine Falle. Gegen ein paar Streuner konnte sie auch ohne Wasser länger überleben als im Kampf gegen ein ganzes Rudel.
Es würde schwer werden, aber besser als zu sterben.
NEUN STUNDEN ... SIND ... NICHTS ...
Also entfernten wir uns von der Gefahr und kletterten in die Berge hinauf, bis sie nicht mehr konnte.

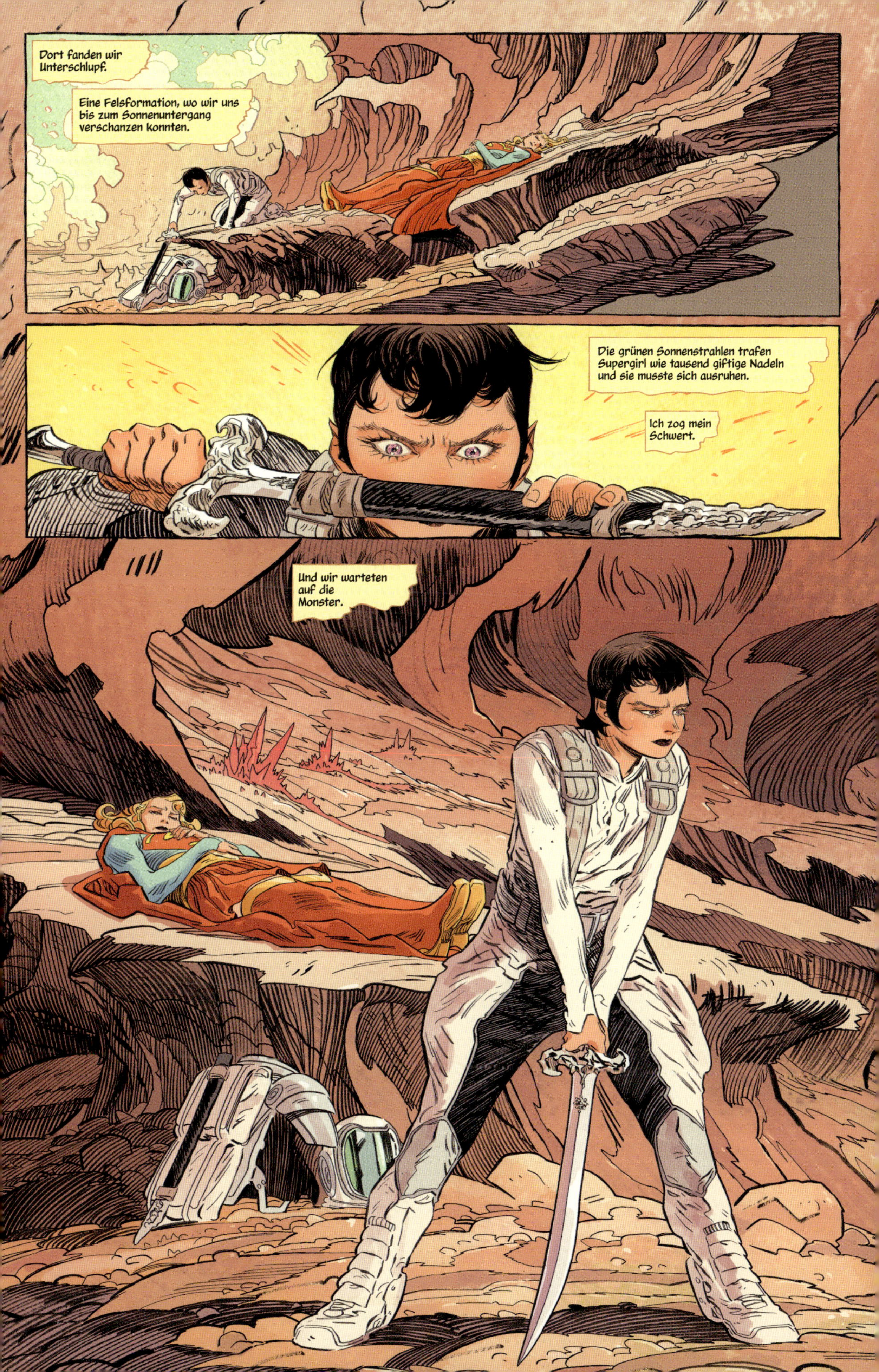
Dort fanden wir Unterschlupf.
Eine Felsformation, wo wir uns bis zum Sonnenuntergang verschanzen konnten.
Die grünen Sonnenstrahlen trafen Supergirl wie tausend giftige Nadeln und sie musste sich ausruhen.
Ich zog mein Schwert.
Und wir warteten auf die Monster.

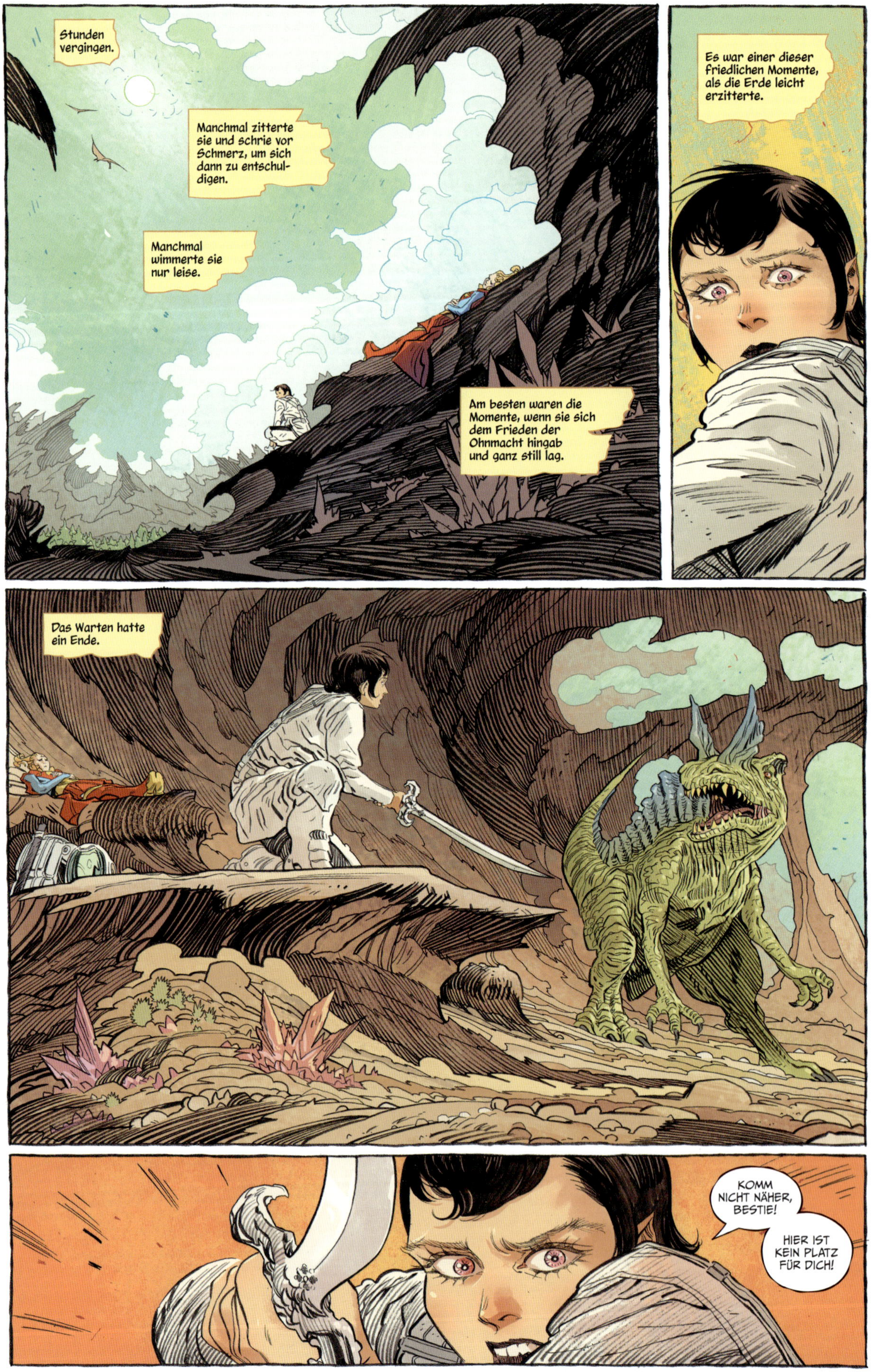

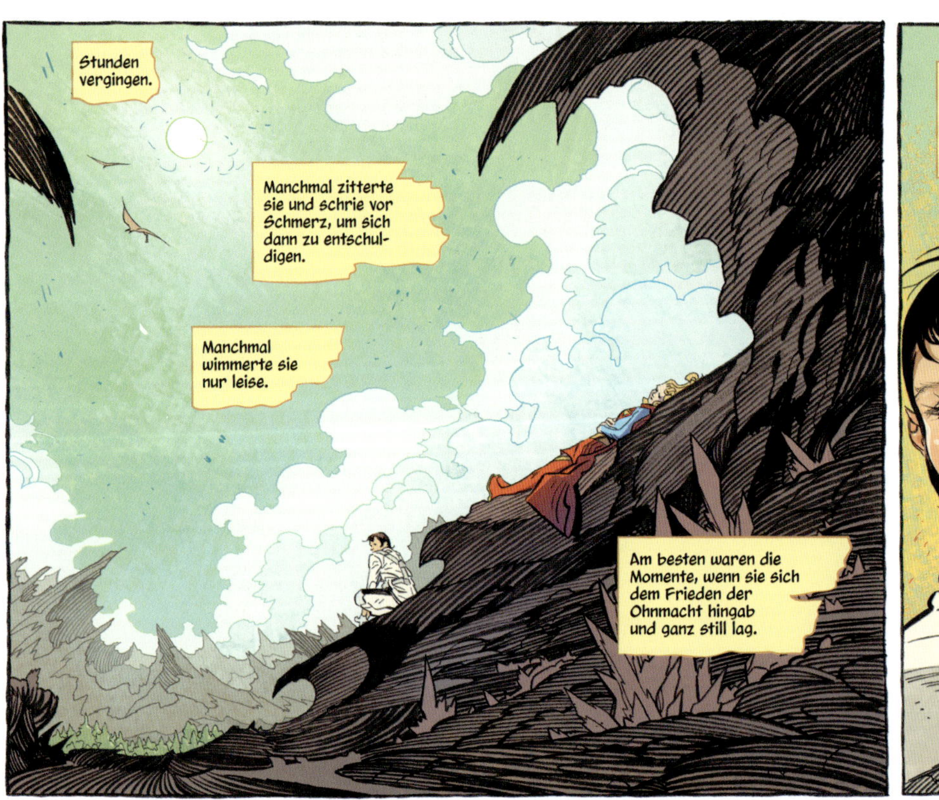

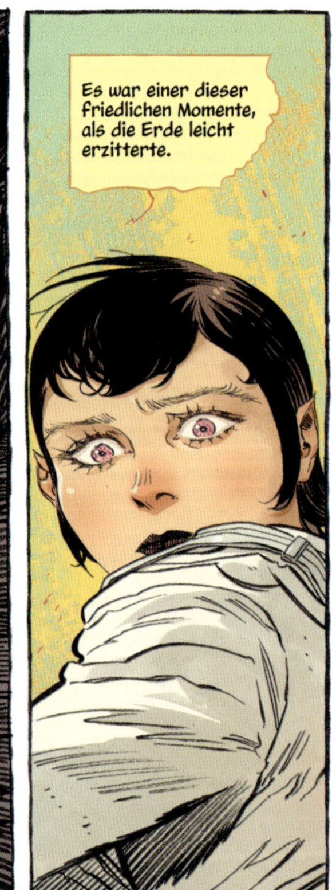

Das Warten hatte ein Ende.

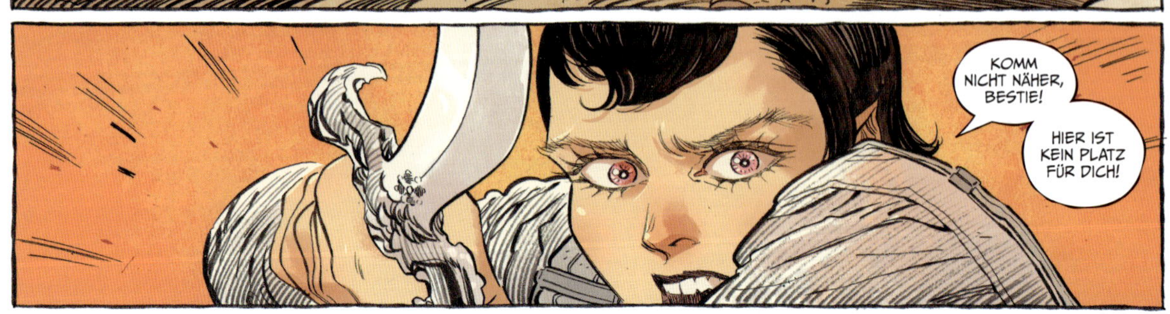

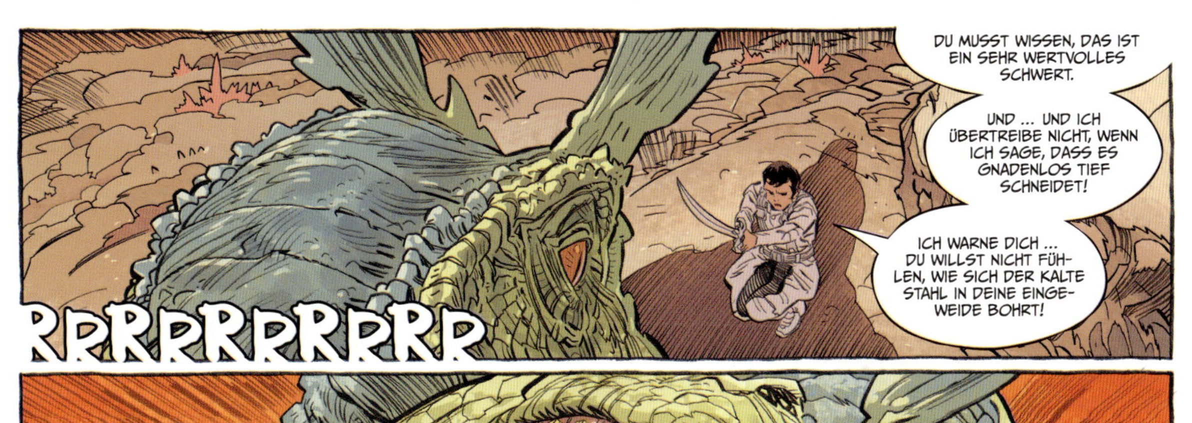
DU MUSST WISSEN, DAS IST EIN SEHR WERTVOLLES SCHWERT.
UND ... UND ICH ÜBERTREIBE NICHT, WENN ICH SAGE, DASS ES GNADENLOS TIEF SCHNEIDET!
ICH WARNE DICH ... DU WILLST NICHT FÜHLEN, WIE SICH DER KALTE STAHL IN DEINE EINGEWEIDE BOHRT!
RRRRRRRRRR
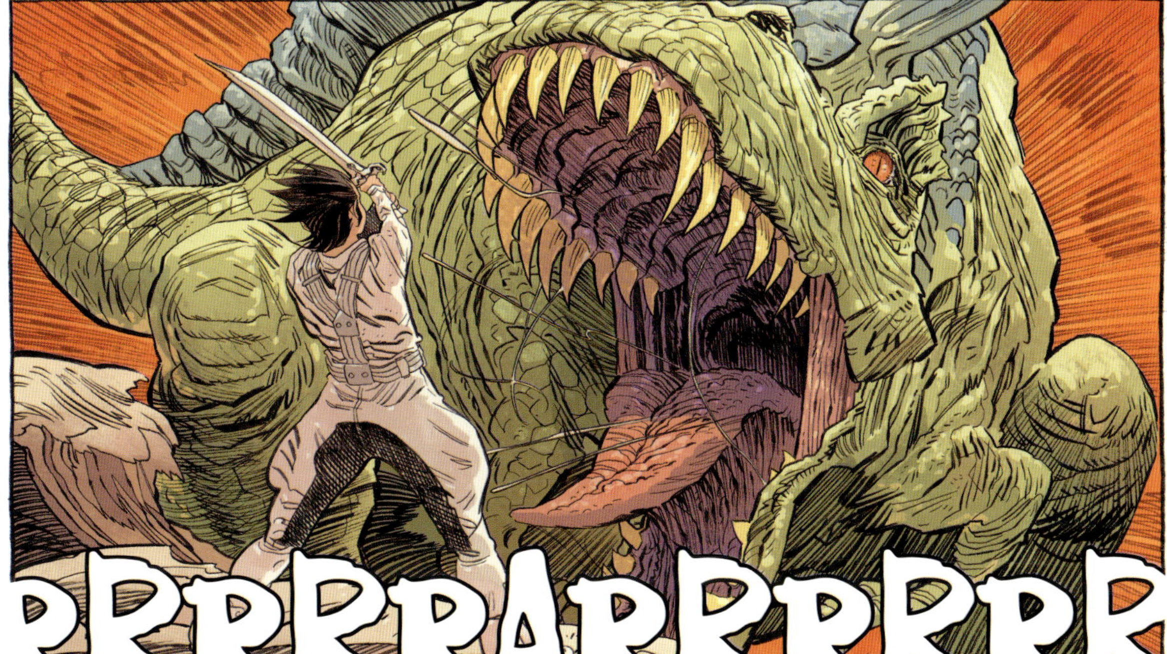
RRRRRARRRRRR
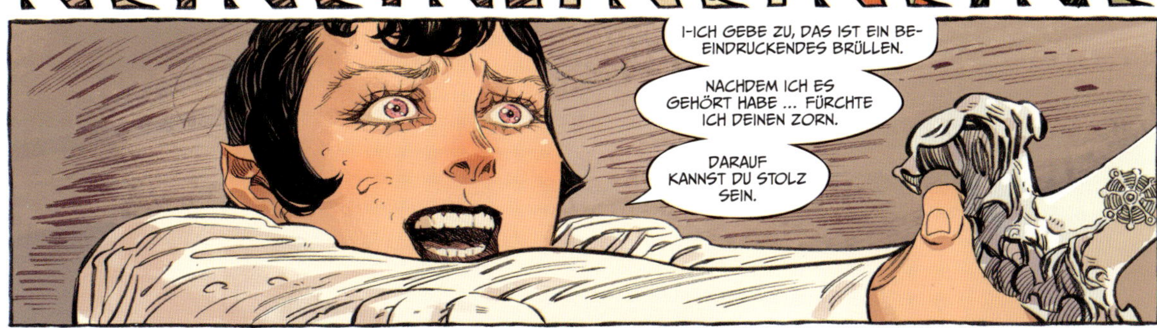
I-ICH GEBE ZU, DAS IST EIN BEEINDRUCKENDES BRÜLLEN.
NACHDEM ICH ES GEHÖRT HABE ... FÜRCHTE ICH DEINEN ZORN.
DARAUF KANNST DU STOLZ SEIN.
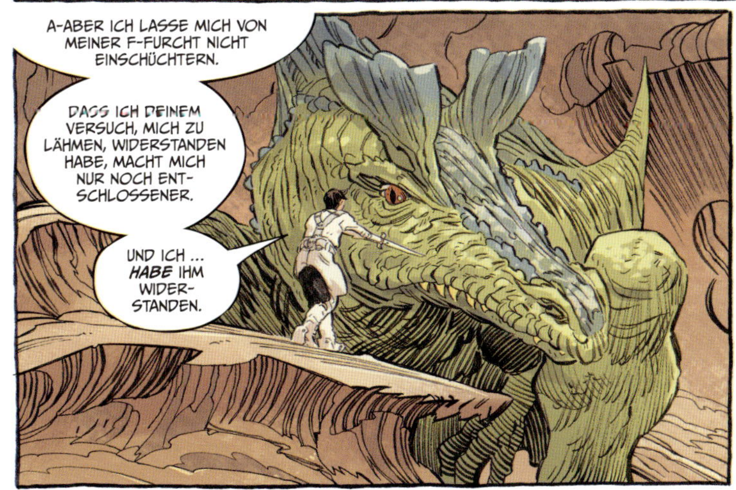
A-ABER ICH LASSE MICH VON MEINER F-FURCHT NICHT EINSCHÜCHTERN.
DASS ICH DEINEM VERSUCH, MICH ZU LÄHMEN, WIDERSTANDEN HABE, MACHT MICH NUR NOCH ENTSCHLOSSENER.
UND ICH ... *HABE* IHM WIDERSTANDEN.
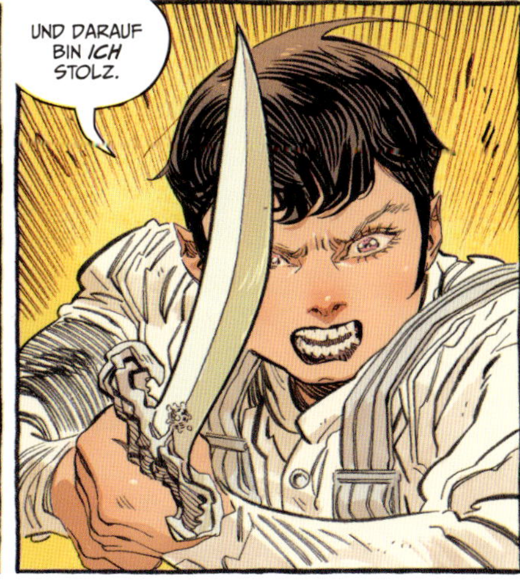
UND DARAUF BIN *ICH* STOLZ.

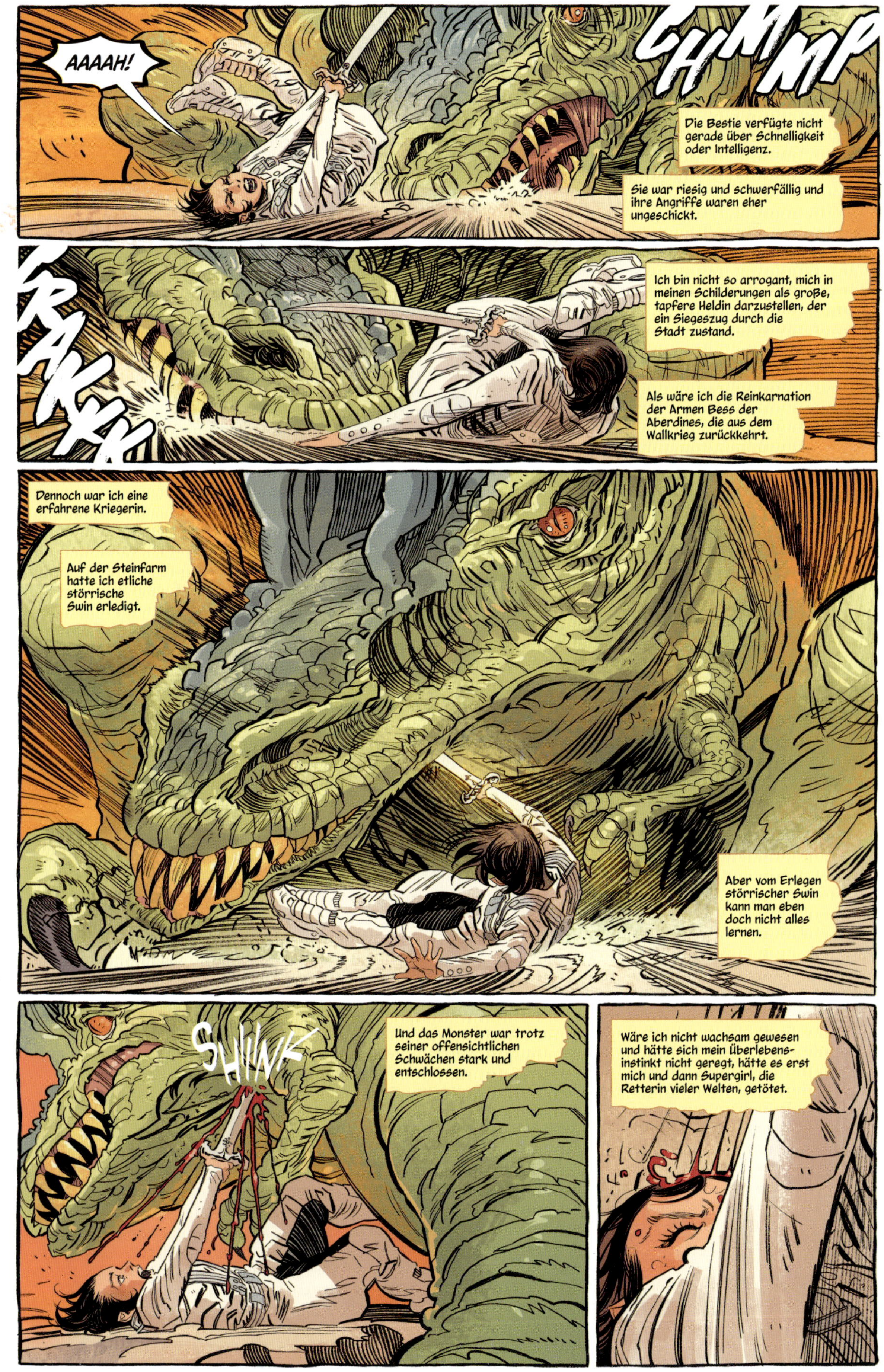
AAAAH!
CHMMMP
Die Bestie verfügte nicht gerade über Schnelligkeit oder Intelligenz.
Sie war riesig und schwerfällig und ihre Angriffe waren eher ungeschickt.
KRAKKK
Ich bin nicht so arrogant, mich in meinen Schilderungen als große, tapfere Heldin darzustellen, der ein Siegeszug durch die Stadt zustand.
Als wäre ich die Reinkarnation der Armen Bess der Aberdines, die aus dem Wallkrieg zurückkehrt.
Dennoch war ich eine erfahrene Kriegerin.
Auf der Steinfarm hatte ich etliche störrische Swin erledigt.
Aber vom Erlegen störrischer Swin kann man eben doch nicht alles lernen.
SHUNK
Und das Monster war trotz seiner offensichtlichen Schwächen stark und entschlossen.
Wäre ich nicht wachsam gewesen und hätte sich mein Überlebensinstinkt nicht geregt, hätte es erst mich und dann Supergirl, die Retterin vieler Welten, getötet.

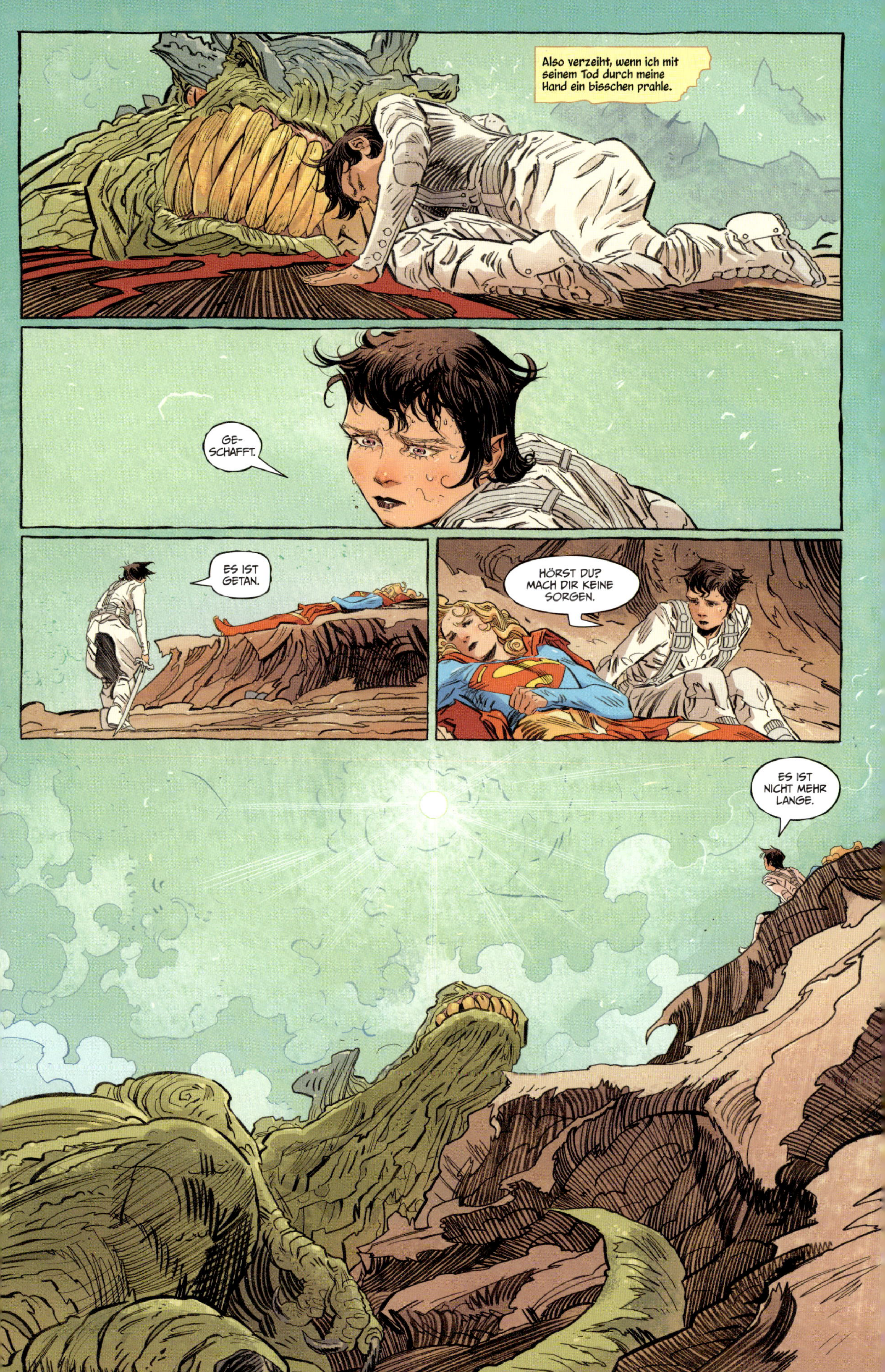
Also verzeiht, wenn ich mit seinem Tod durch meine Hand ein bisschen prahle.
GE-SCHAFFT.
ES IST GETAN.
HÖRST DU? MACH DIR KEINE SORGEN.
ES IST NICHT MEHR LANGE.

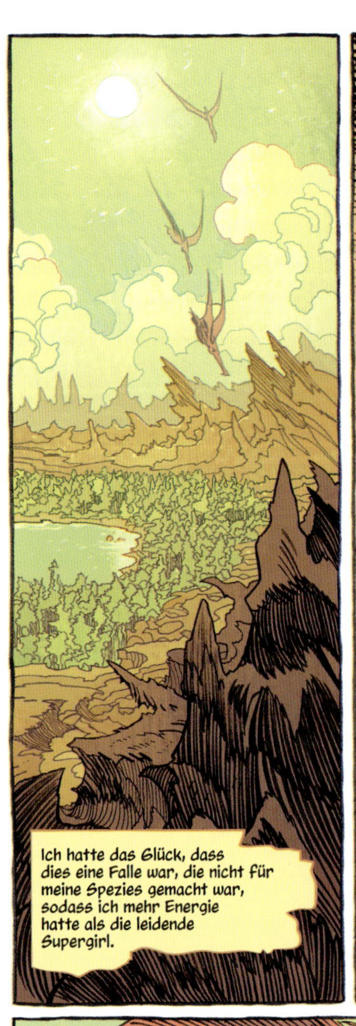
Ich hatte das Glück, dass dies eine Falle war, die nicht für meine Spezies gemacht war, sodass ich mehr Energie hatte als die leidende Supergirl.

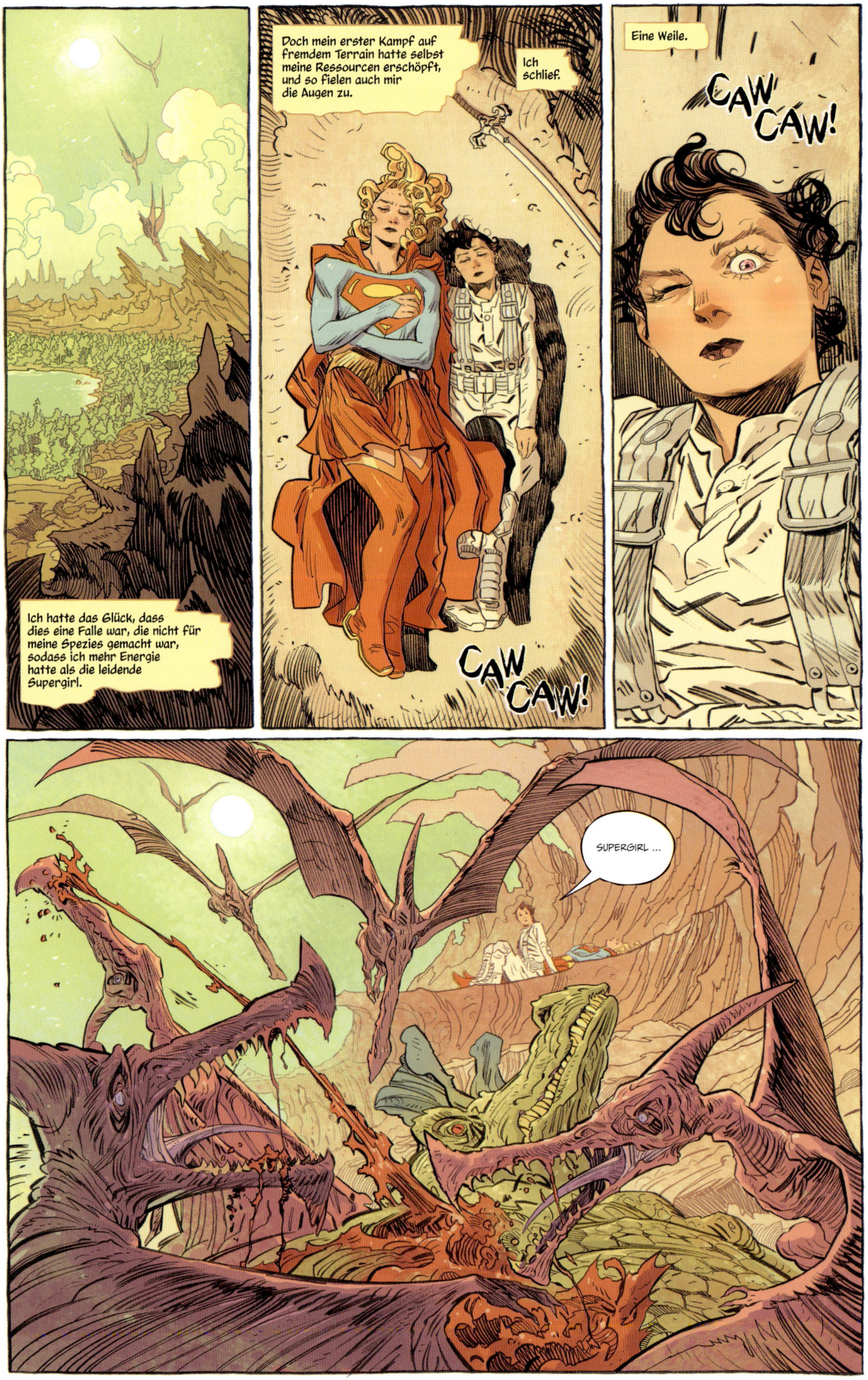

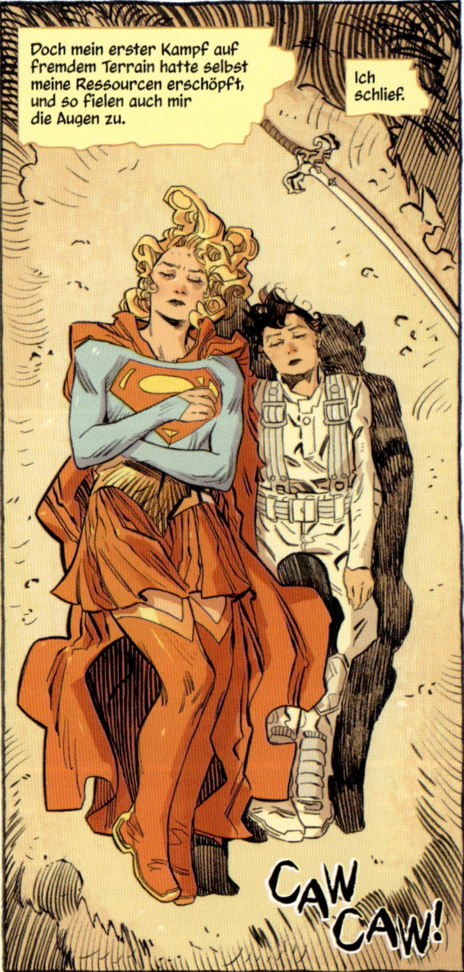
Doch mein erster Kampf auf fremdem Terrain hatte selbst meine Ressourcen erschöpft, und so fielen auch mir die Augen zu.
Ich schlief.
CAW CAW!

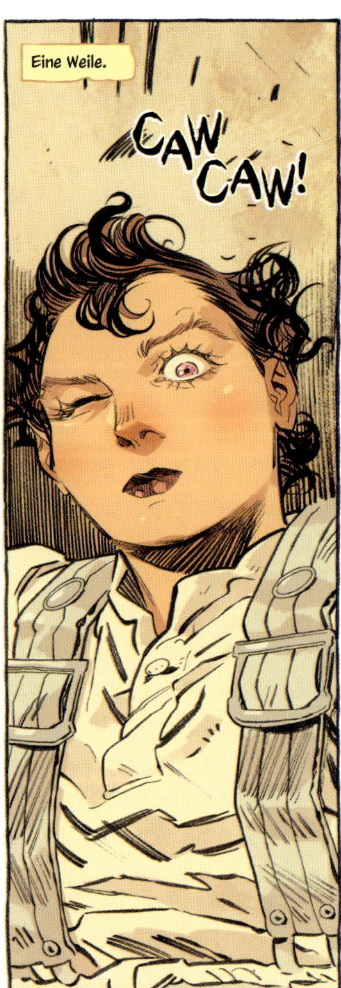
Eine Weile.
CAW CAW!

SUPERGIRL …

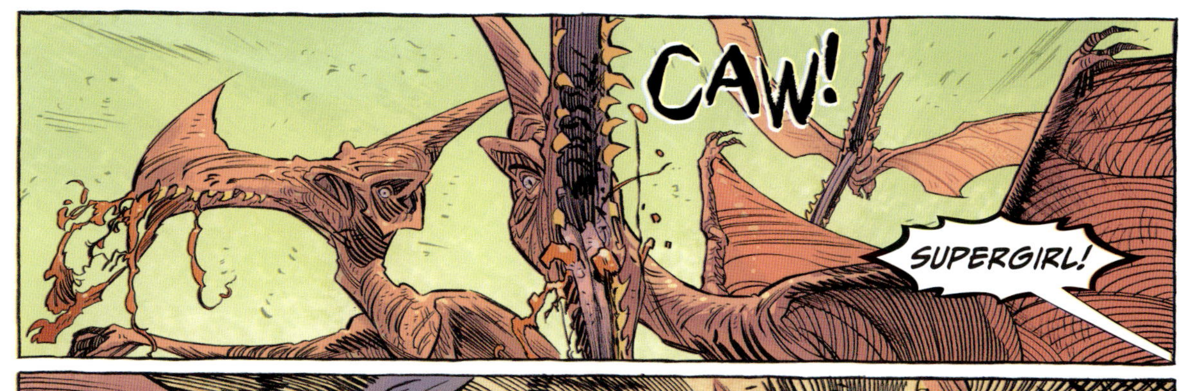
CAW!
SUPERGIRL!

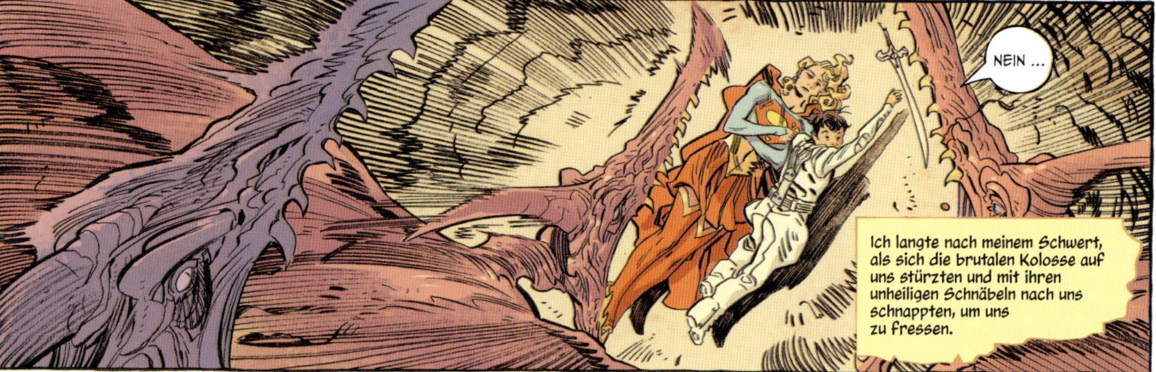
NEIN ...
Ich langte nach meinem Schwert, als sich die brutalen Kolosse auf uns stürzten und mit ihren unheiligen Schnäbeln nach uns schnappten, um uns zu fressen.

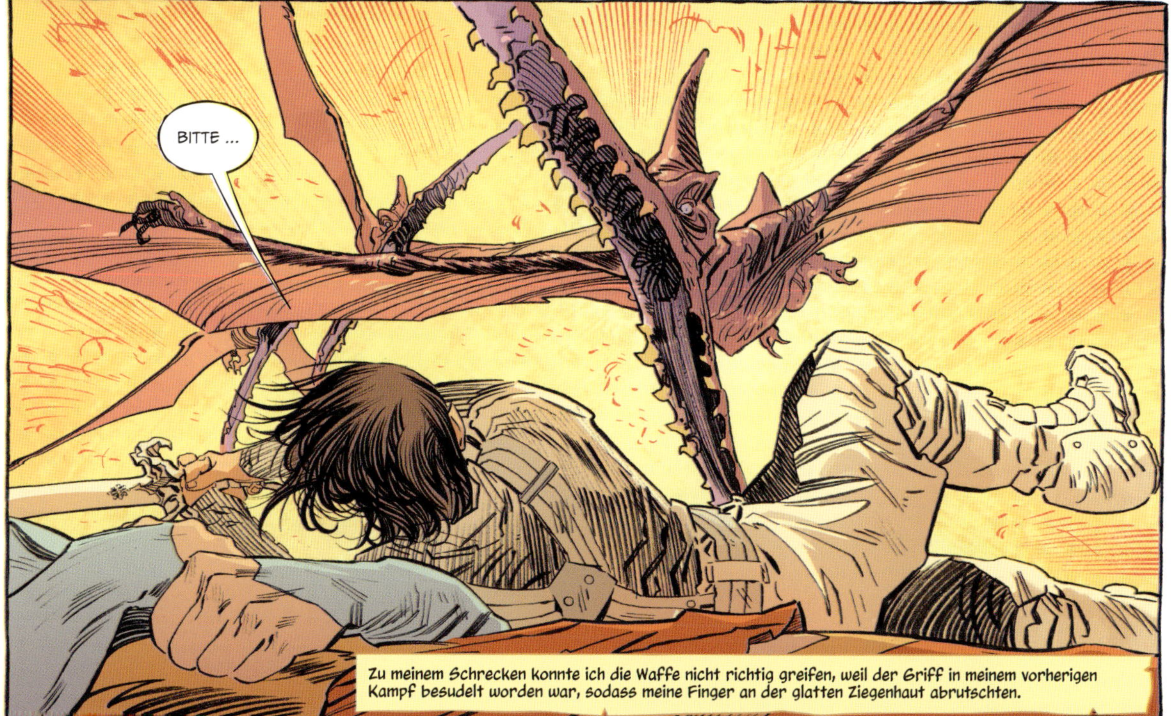
BITTE ...
Zu meinem Schrecken konnte ich die Waffe nicht richtig greifen, weil der Griff in meinem vorherigen Kampf besudelt worden war, sodass meine Finger an der glatten Ziegenhaut abrutschten.

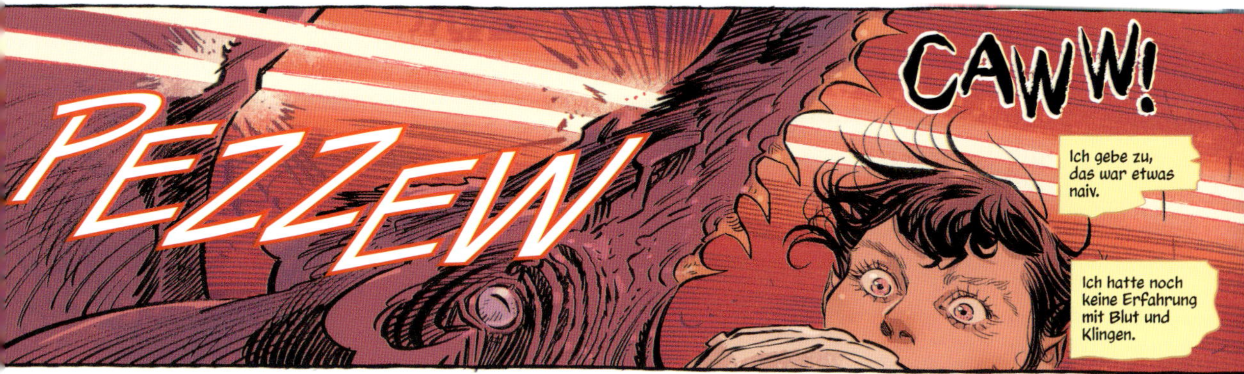
PEZZEW
CAWW!
Ich gebe zu, das war etwas naiv.
Ich hatte noch keine Erfahrung mit Blut und Klingen.

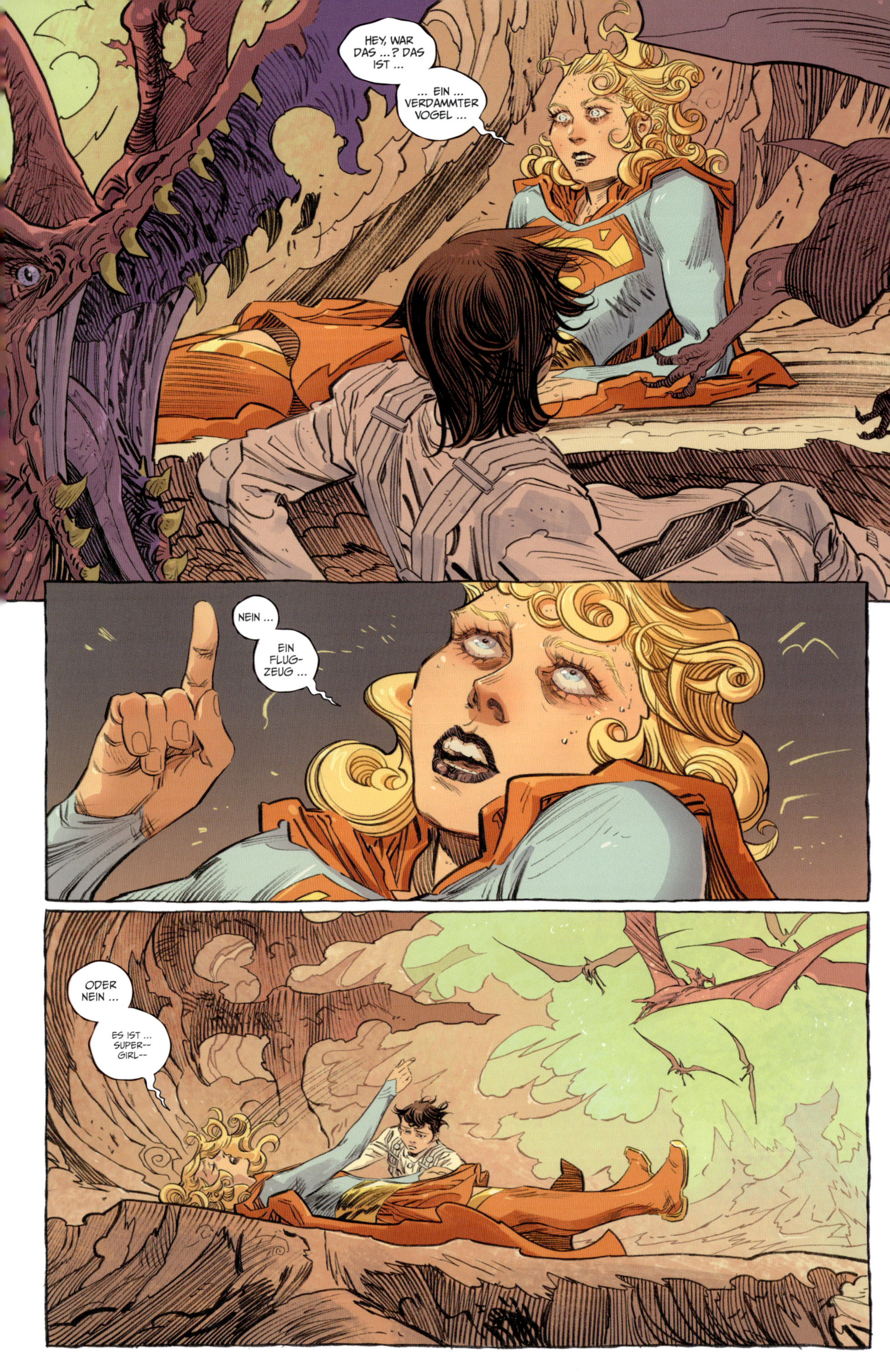
HEY, WAR DAS ...? DAS IST ...
... EIN ... VERDAMMTER VOGEL ...
NEIN ...
EIN FLUG-ZEUG ...
ODER NEIN ...
ES IST ... SUPER-GIRL--

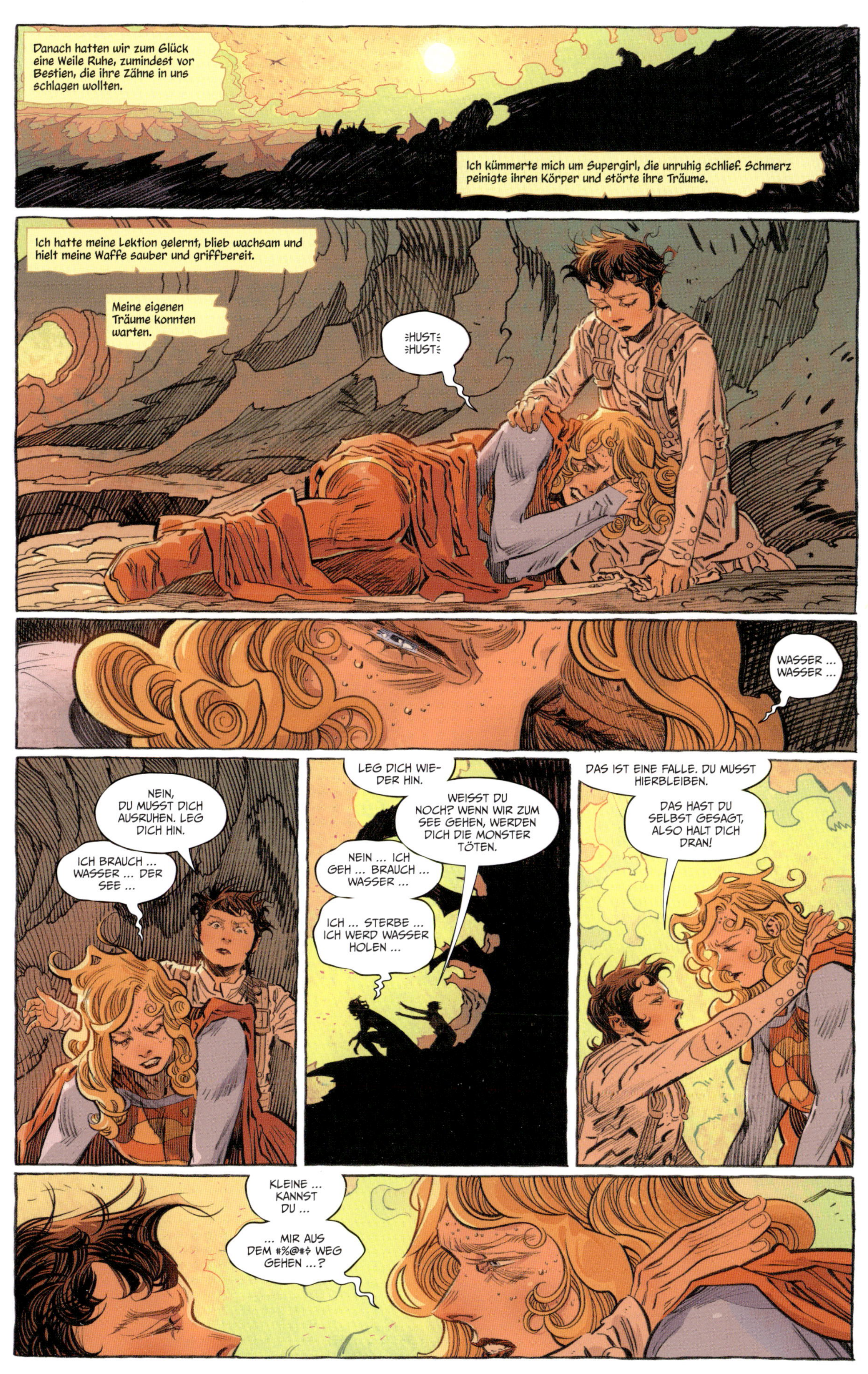
Danach hatten wir zum Glück eine Weile Ruhe, zumindest vor Bestien, die ihre Zähne in uns schlagen wollten.
Ich kümmerte mich um Supergirl, die unruhig schlief. Schmerz peinigte ihren Körper und störte ihre Träume.
Ich hatte meine Lektion gelernt, blieb wachsam und hielt meine Waffe sauber und griffbereit.
Meine eigenen Träume konnten warten.
HUST HUST
WASSER … WASSER …
NEIN, DU MUSST DICH AUSRUHEN. LEG DICH HIN.
ICH BRAUCH … WASSER … DER SEE …
LEG DICH WIEDER HIN.
WEISST DU NOCH? WENN WIR ZUM SEE GEHEN, WERDEN DICH DIE MONSTER TÖTEN.
NEIN … ICH GEH … BRAUCH … WASSER …
ICH … STERBE … ICH WERD WASSER HOLEN …
DAS IST EINE FALLE. DU MUSST HIERBLEIBEN.
DAS HAST DU SELBST GESAGT, ALSO HALT DICH DRAN!
KLEINE … KANNST DU …
… MIR AUS DEM #%@#$ WEG GEHEN …?

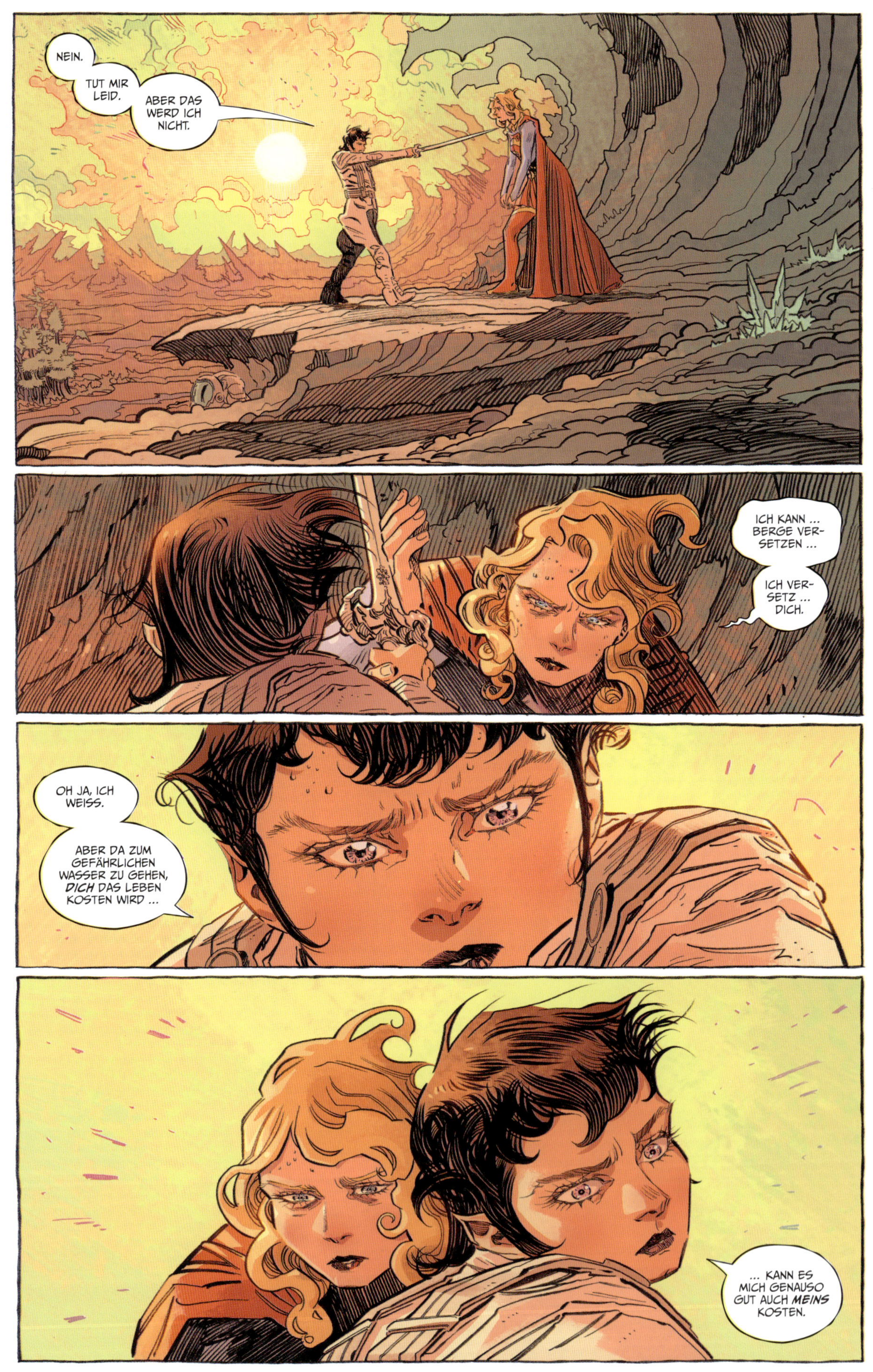
NEIN.
TUT MIR LEID.
ABER DAS WERD ICH NICHT.
ICH KANN ... BERGE VERSETZEN ...
ICH VERSETZ ... DICH.
OH JA, ICH WEISS.
ABER DA ZUM GEFÄHRLICHEN WASSER ZU GEHEN, *DICH* DAS LEBEN KOSTEN WIRD ...
... KANN ES MICH GENAUSO GUT AUCH *MEINS* KOSTEN.

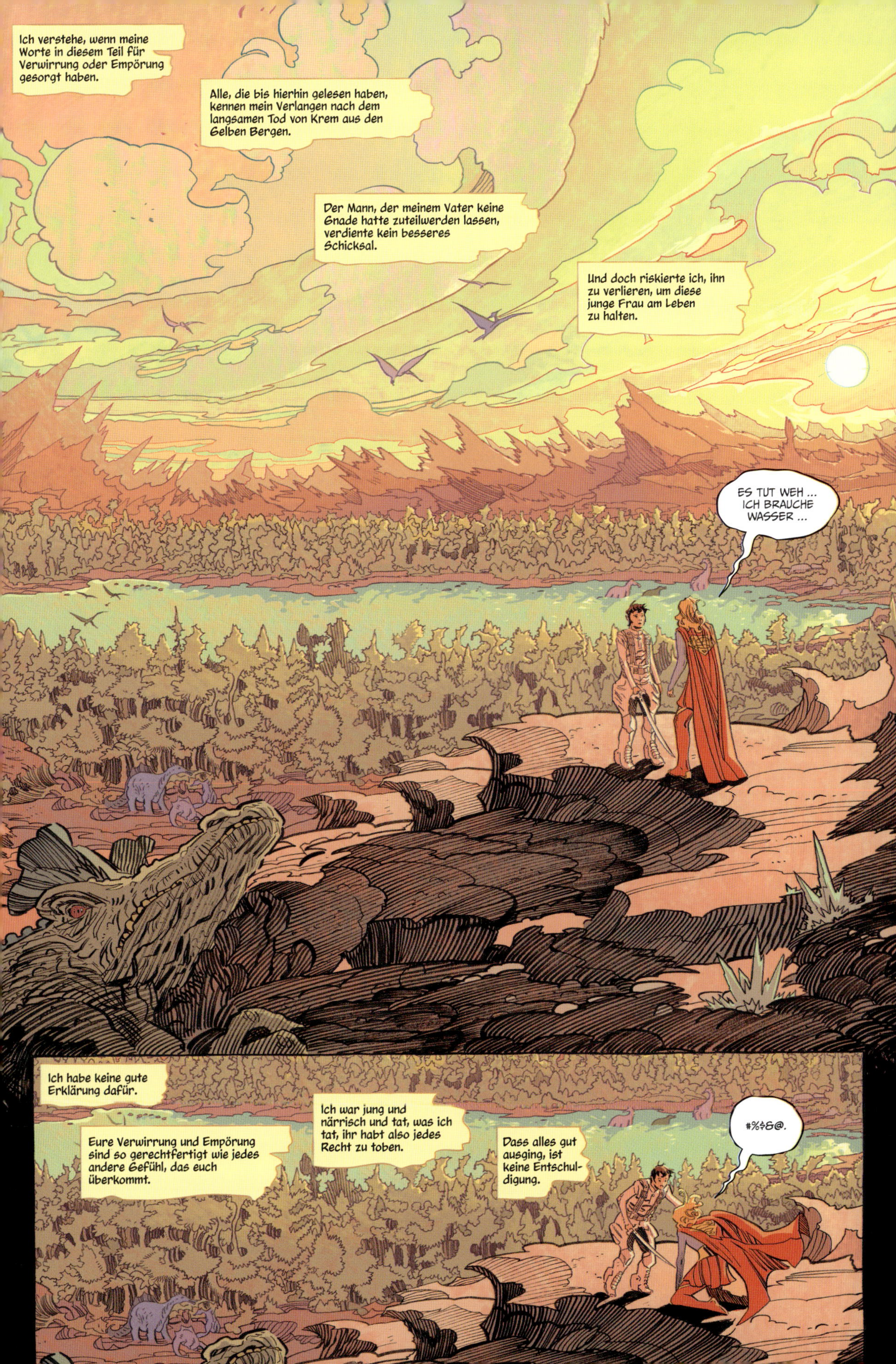

Ich verstehe, wenn meine Worte in diesem Teil für Verwirrung oder Empörung gesorgt haben.
Alle, die bis hierhin gelesen haben, kennen mein Verlangen nach dem langsamen Tod von Krem aus den Gelben Bergen.
Der Mann, der meinem Vater keine Gnade hatte zuteilwerden lassen, verdiente kein besseres Schicksal.
Und doch riskierte ich, ihn zu verlieren, um diese junge Frau am Leben zu halten.
ES TUT WEH ... ICH BRAUCHE WASSER ...
Ich habe keine gute Erklärung dafür.
Eure Verwirrung und Empörung sind so gerechtfertigt wie jedes andere Gefühl, das euch überkommt.
Ich war jung und närrisch und tat, was ich tat, ihr habt also jedes Recht zu toben.
Dass alles gut ausging, ist keine Entschuldigung.
#%$&@.

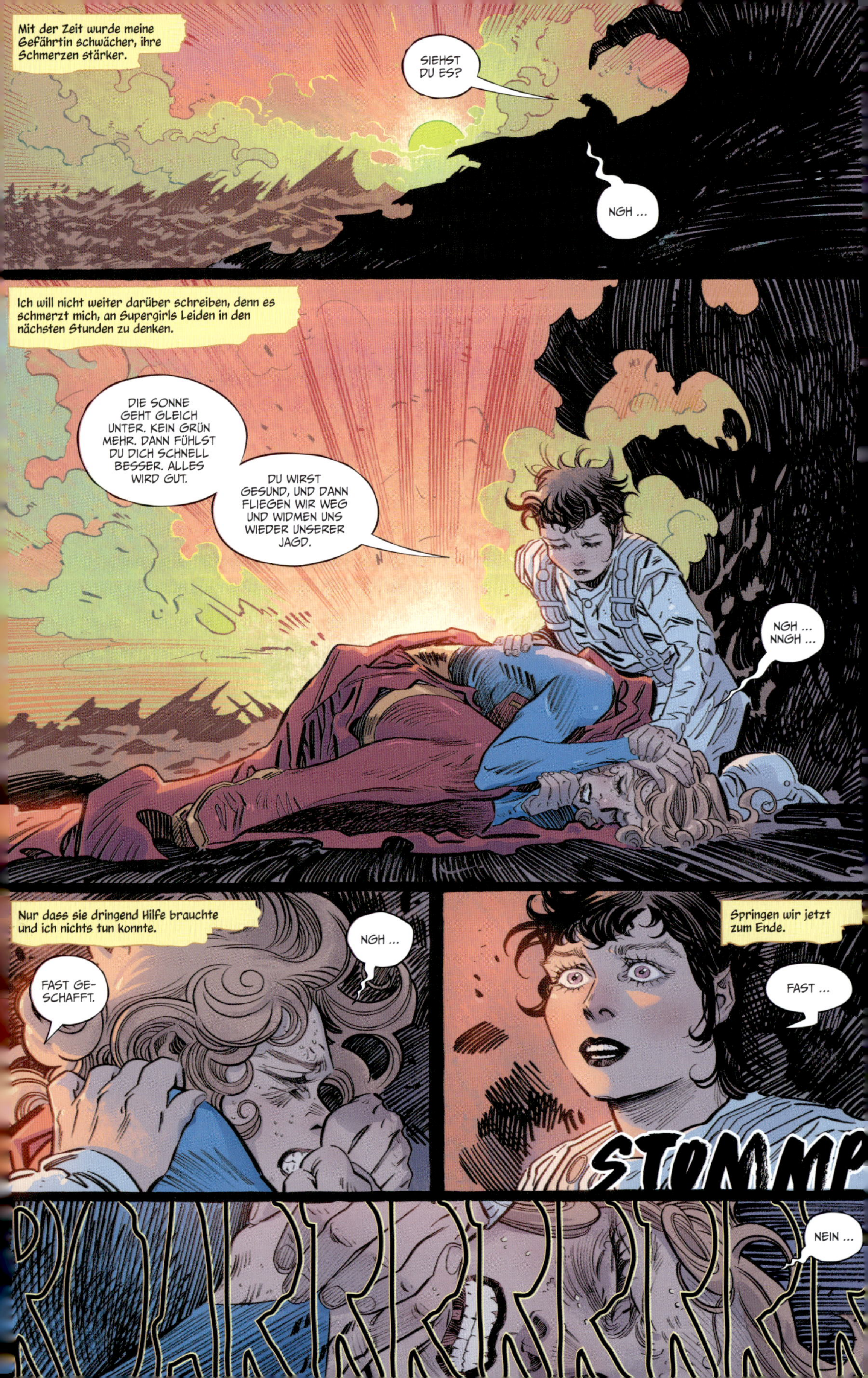
Mit der Zeit wurde meine Gefährtin schwächer, ihre Schmerzen stärker.
SIEHST DU ES?
NGH ...
Ich will nicht weiter darüber schreiben, denn es schmerzt mich, an Supergirls Leiden in den nächsten Stunden zu denken.
DIE SONNE GEHT GLEICH UNTER. KEIN GRÜN MEHR. DANN FÜHLST DU DICH SCHNELL BESSER. ALLES WIRD GUT.
DU WIRST GESUND, UND DANN FLIEGEN WIR WEG UND WIDMEN UNS WIEDER UNSERER JAGD.
NGH ... NNGH ...
Nur dass sie dringend Hilfe brauchte und ich nichts tun konnte.
NGH ...
FAST GE-SCHAFFT.
Springen wir jetzt zum Ende.
FAST ...
STOMMP
NEIN ...

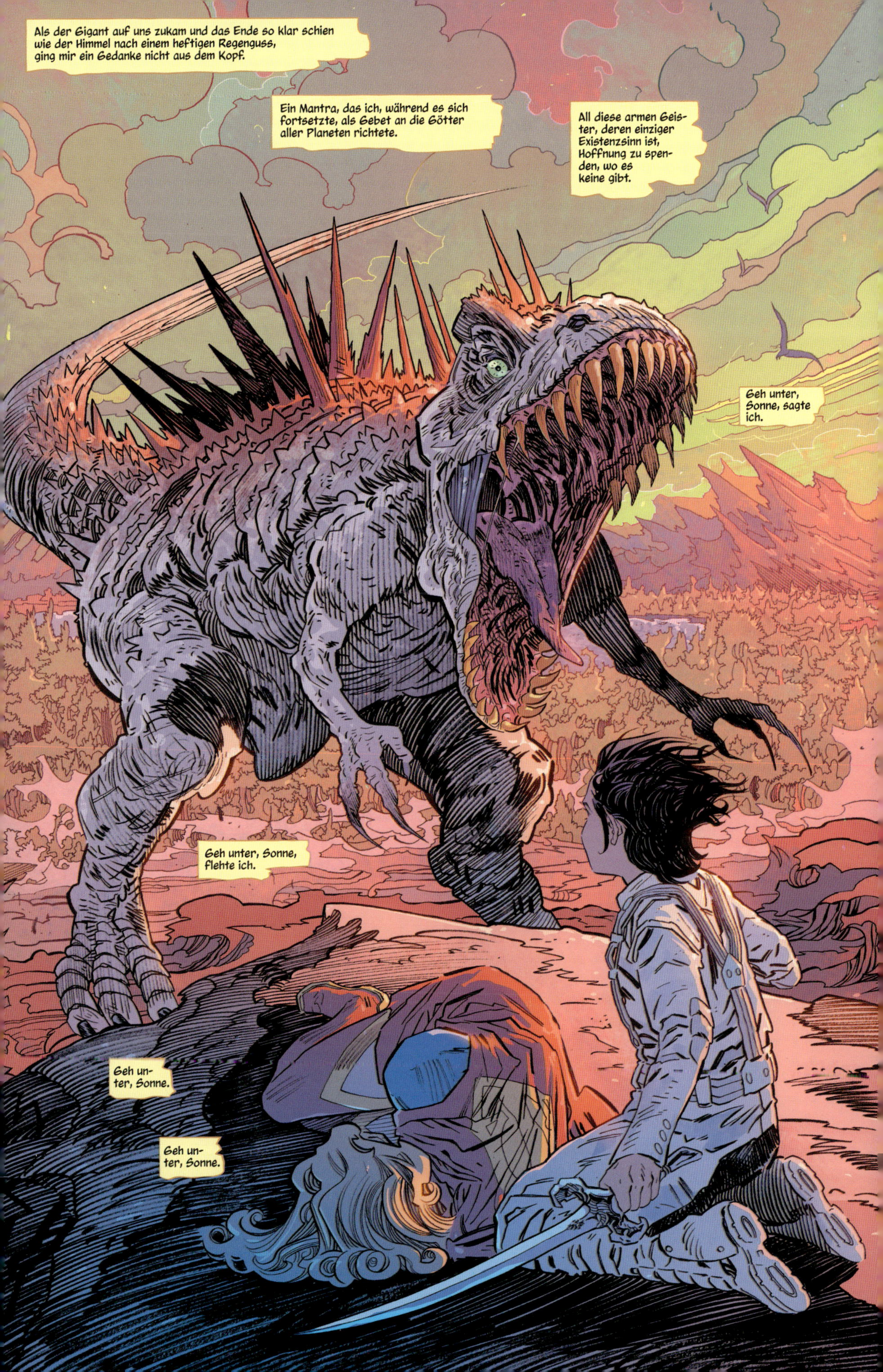
Als der Gigant auf uns zukam und das Ende so klar schien
wie der Himmel nach einem heftigen Regenguss,
ging mir ein Gedanke nicht aus dem Kopf.
Ein Mantra, das ich, während es sich fortsetzte, als Gebet an die Götter aller Planeten richtete.
All diese armen Geister, deren einziger Existenzsinn ist, Hoffnung zu spenden, wo es keine gibt.
Geh unter, Sonne, sagte ich.
Geh unter, Sonne, flehte ich.
Geh unter, Sonne.
Geh unter, Sonne.

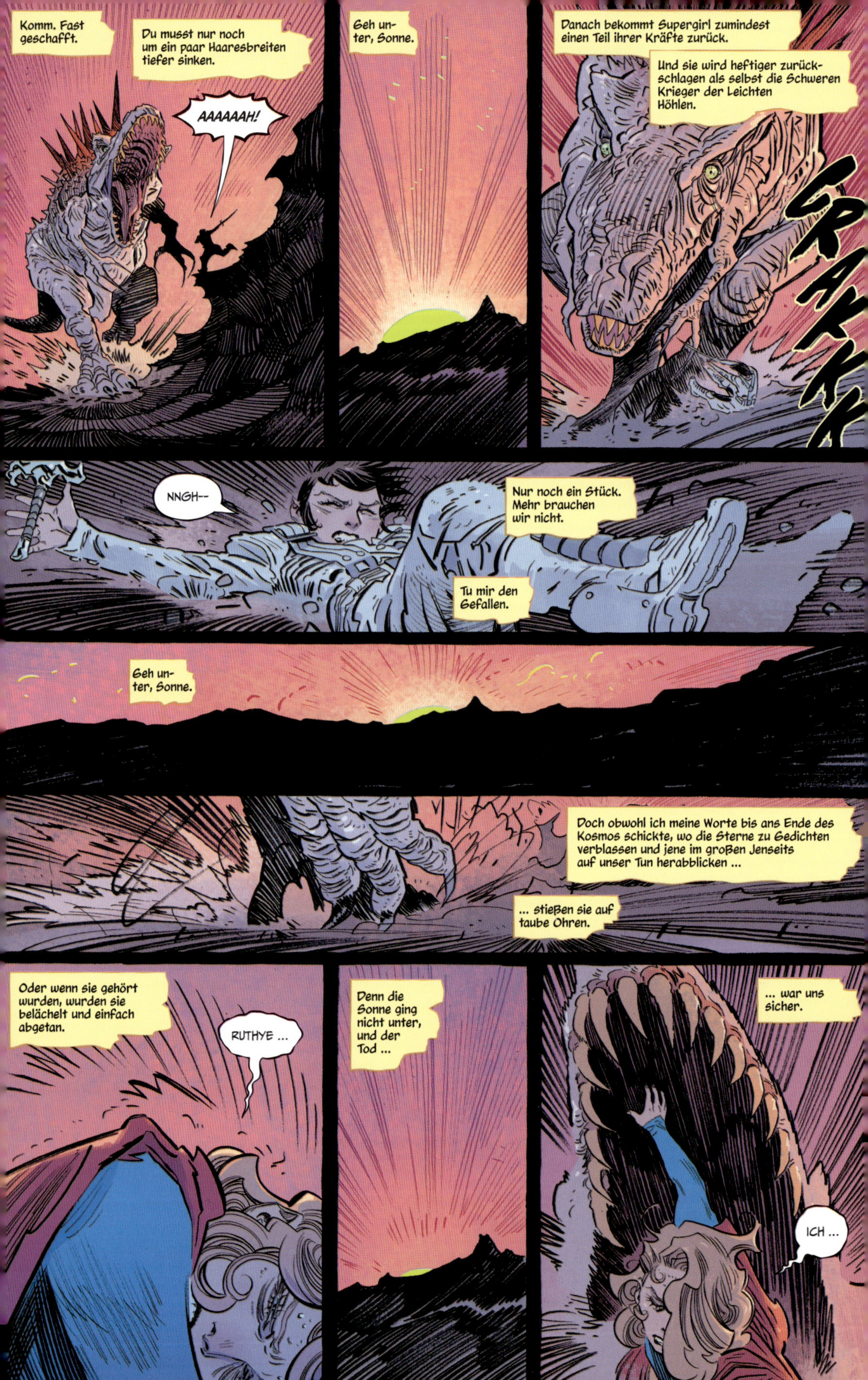

Komm. Fast geschafft.
Du musst nur noch um ein paar Haaresbreiten tiefer sinken.
AAAAAAH!
Geh unter, Sonne.
Danach bekommt Supergirl zumindest einen Teil ihrer Kräfte zurück.
Und sie wird heftiger zurückschlagen als selbst die Schweren Krieger der Leichten Höhlen.
CRAKKK
NNGH--
Nur noch ein Stück. Mehr brauchen wir nicht.
Tu mir den Gefallen.
Geh unter, Sonne.
Doch obwohl ich meine Worte bis ans Ende des Kosmos schickte, wo die Sterne zu Gedichten verblassen und jene im großen Jenseits auf unser Tun herabblicken ...
... stießen sie auf taube Ohren.
Oder wenn sie gehört wurden, wurden sie belächelt und einfach abgetan.
RUTHYE ...
Denn die Sonne ging nicht unter, und der Tod ...
... war uns sicher.
ICH ...

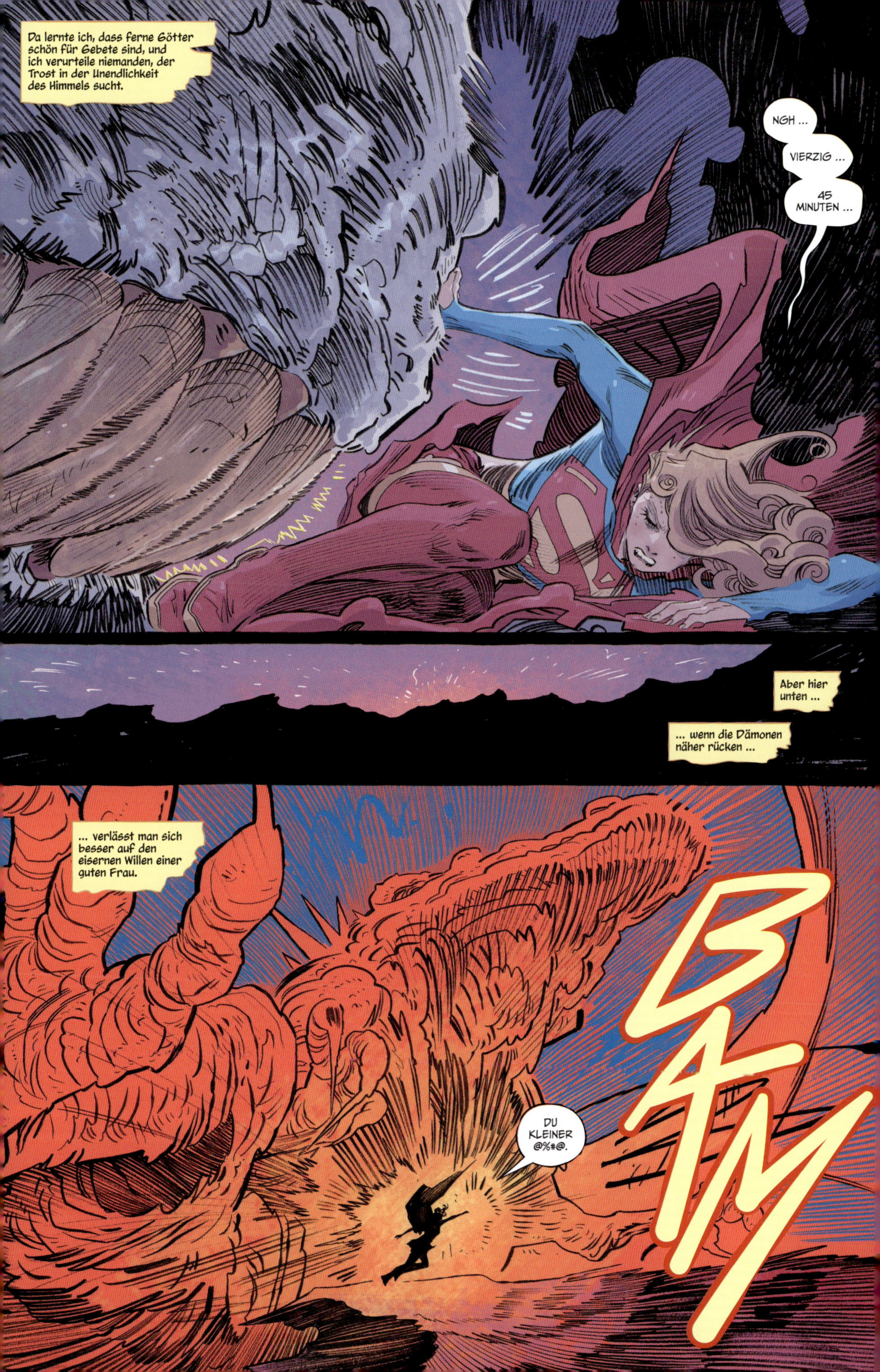
Da lernte ich, dass ferne Götter schön für Gebete sind, und ich verurteile niemanden, der Trost in der Unendlichkeit des Himmels sucht.
NGH ...
VIERZIG ...
45 MINUTEN ...
Aber hier unten ...
... wenn die Dämonen näher rücken ...
... verlässt man sich besser auf den eisernen Willen einer guten Frau.
DU KLEINER @%#@.
BAM

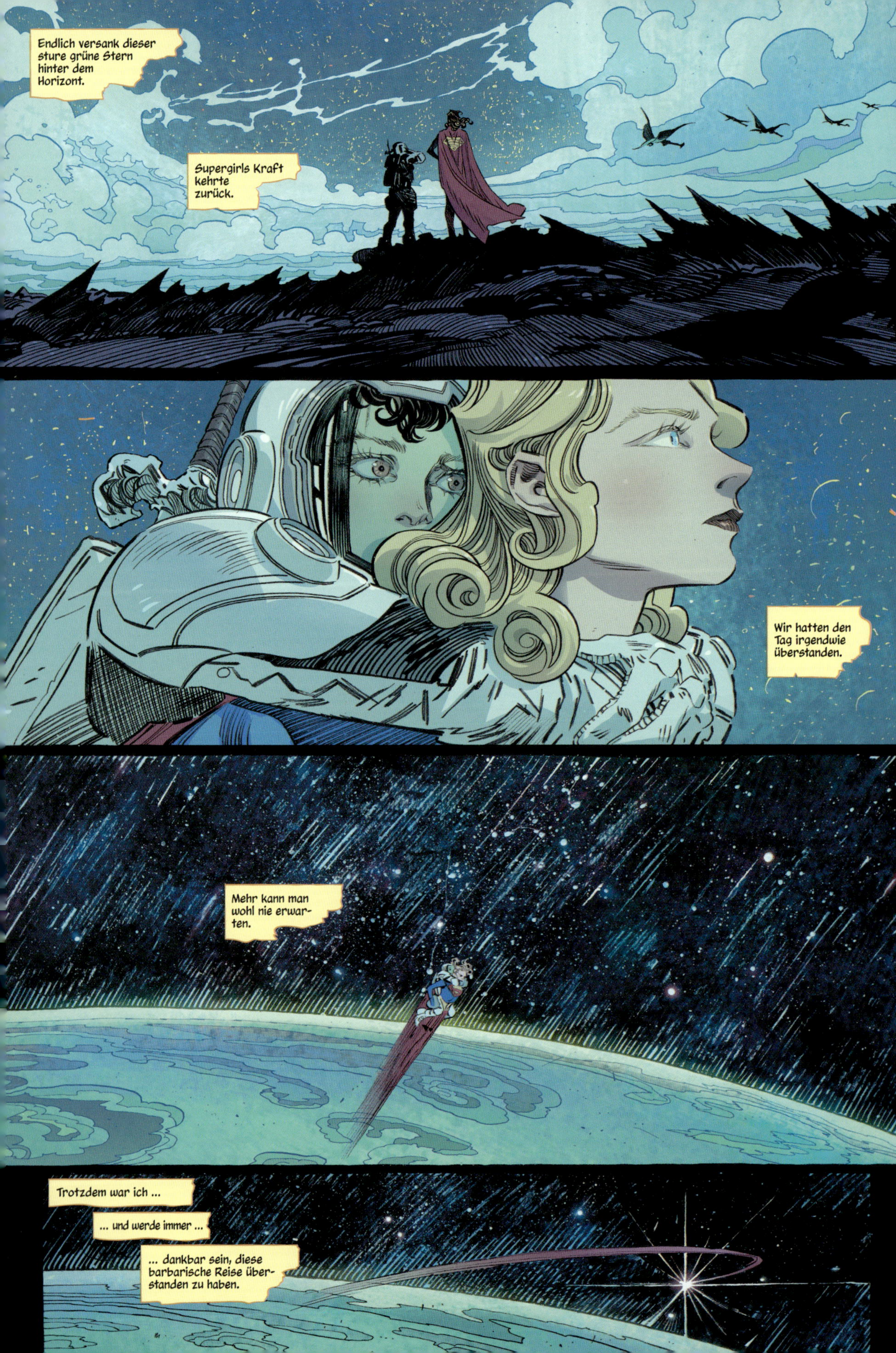
Endlich versank dieser sture grüne Stern hinter dem Horizont.
Supergirls Kraft kehrte zurück.
Wir hatten den Tag irgendwie überstanden.
Mehr kann man wohl nie erwarten.
Trotzdem war ich ...
... und werde immer ...
... dankbar sein, diese barbarische Reise überstanden zu haben.

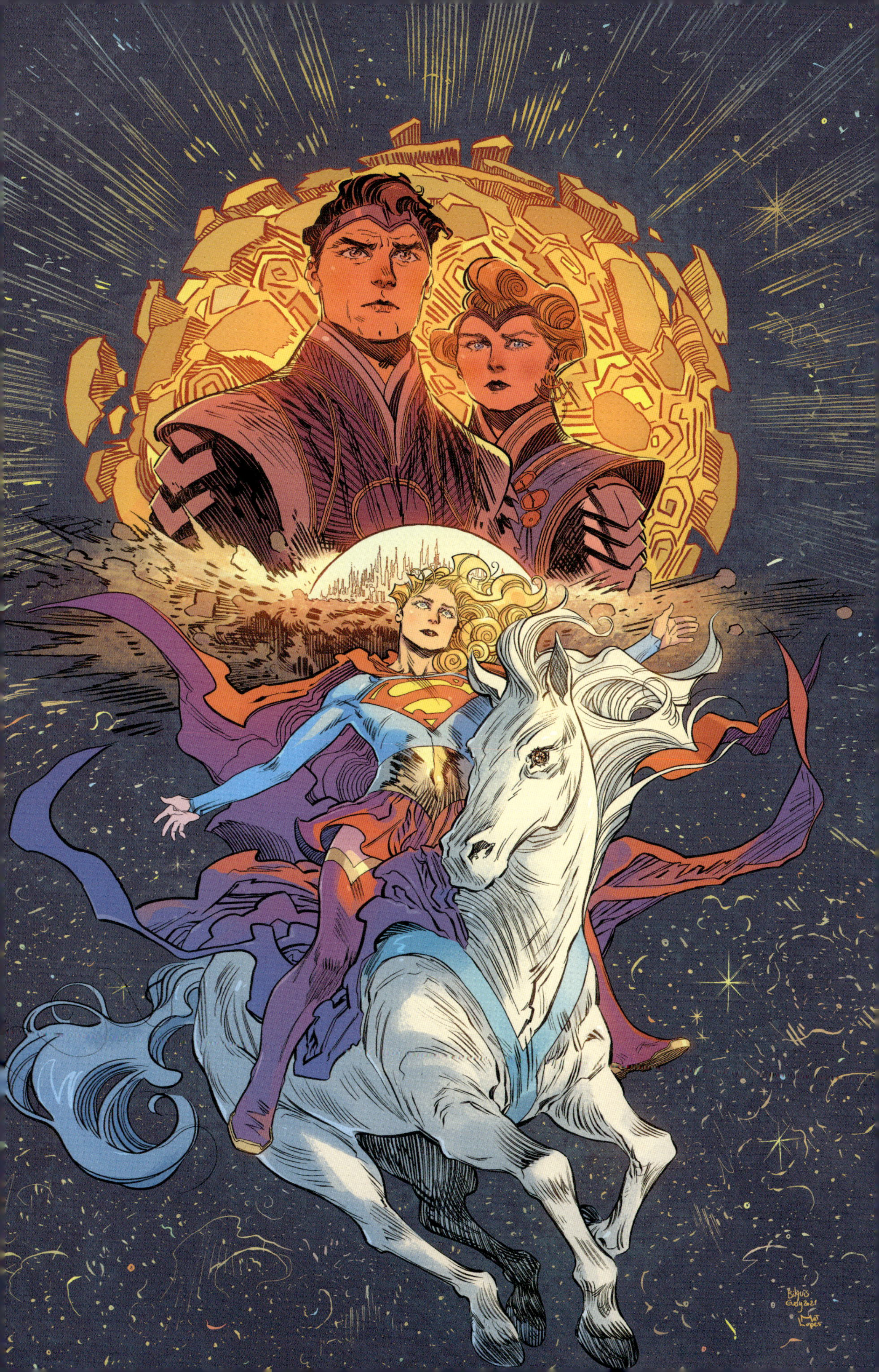

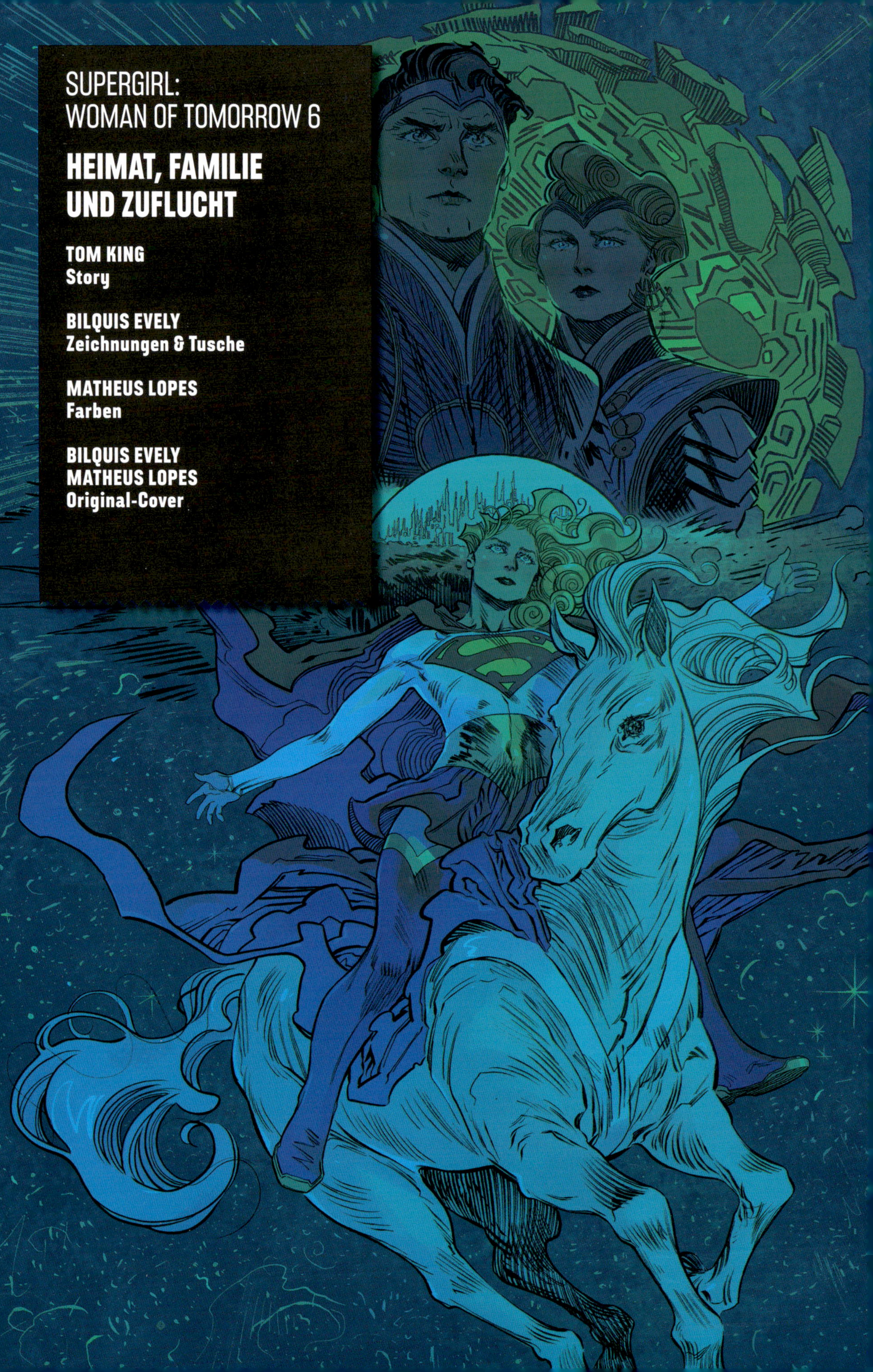
SUPERGIRL:
WOMAN OF TOMORROW 6
HEIMAT, FAMILIE UND ZUFLUCHT
TOM KING
Story
BILQUIS EVELY
Zeichnungen & Tusche
MATHEUS LOPES
Farben
BILQUIS EVELY
MATHEUS LOPES
Original-Cover

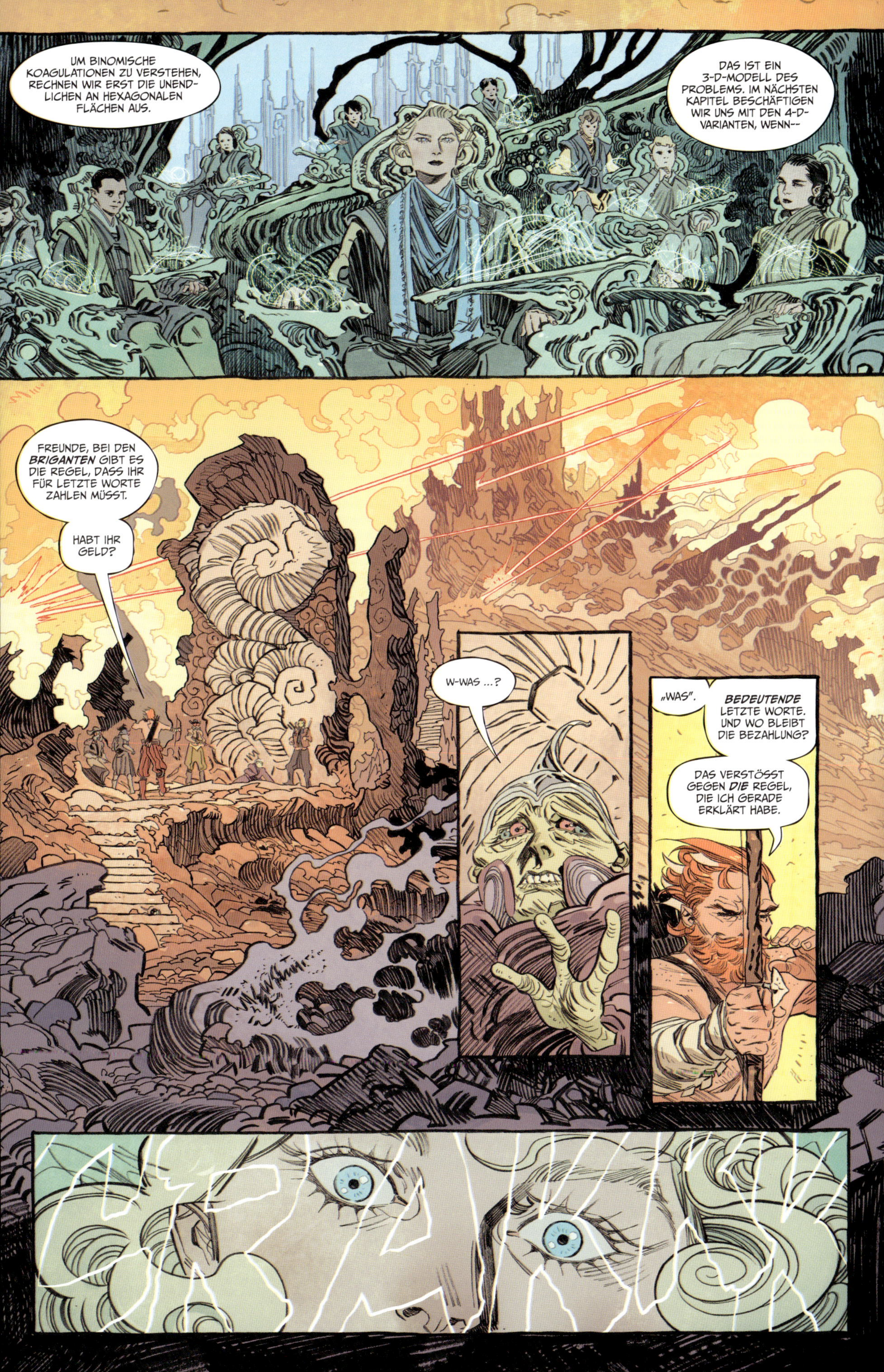
UM BINOMISCHE KOAGULATIONEN ZU VERSTEHEN, RECHNEN WIR ERST DIE UNENDLICHEN AN HEXAGONALEN FLÄCHEN AUS.
DAS IST EIN 3-D-MODELL DES PROBLEMS. IM NÄCHSTEN KAPITEL BESCHÄFTIGEN WIR UNS MIT DEN 4-D-VARIANTEN, WENN--
FREUNDE, BEI DEN BRIGANTEN GIBT ES DIE REGEL, DASS IHR FÜR LETZTE WORTE ZAHLEN MÜSST.
HABT IHR GELD?
W-WAS ...?
„WAS".
BEDEUTENDE LETZTE WORTE. UND WO BLEIBT DIE BEZAHLUNG?
DAS VERSTÖSST GEGEN DIE REGEL, DIE ICH GERADE ERKLÄRT HABE.

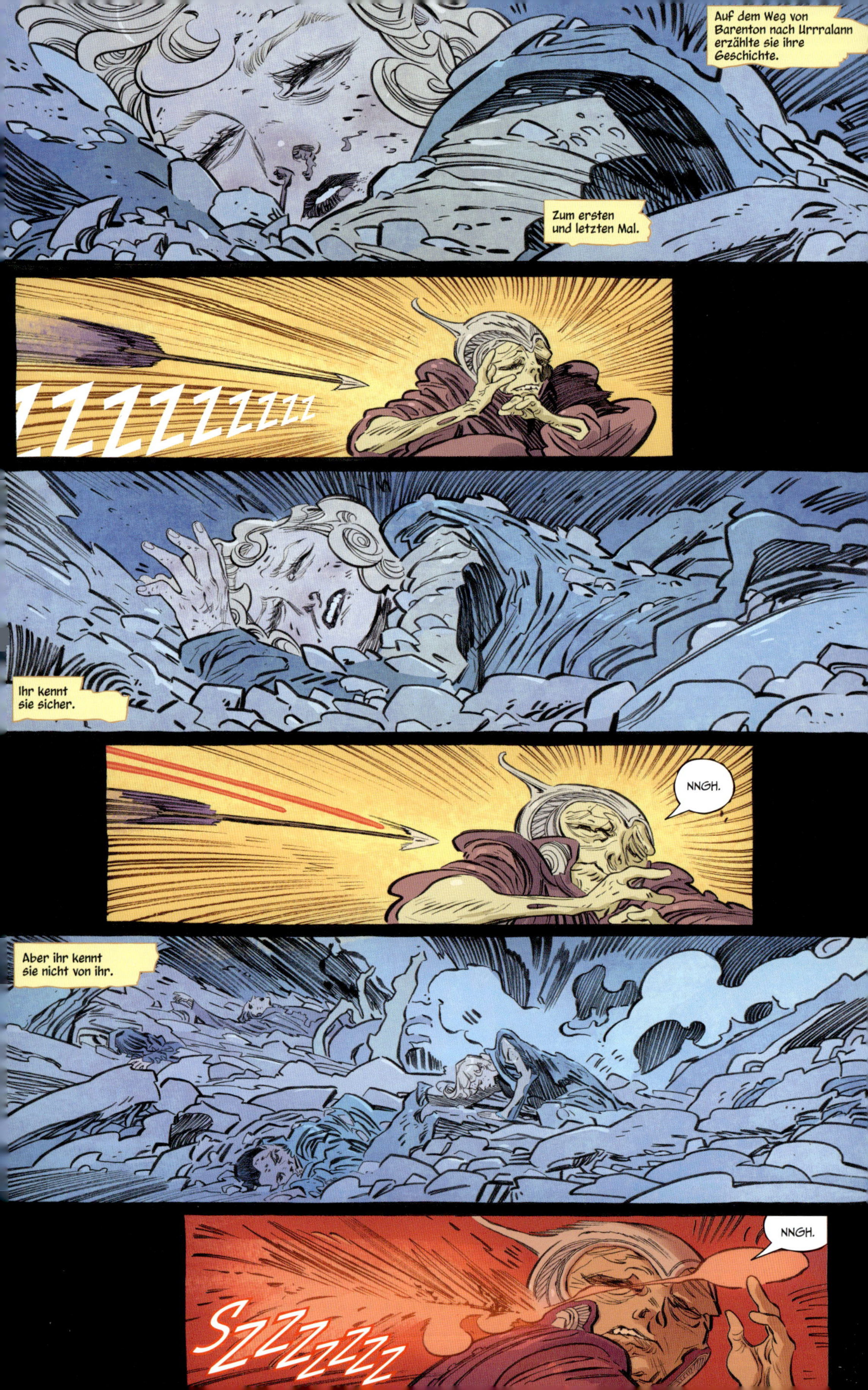
Auf dem Weg von Barenton nach Urrralann erzählte sie ihre Geschichte.
Zum ersten und letzten Mal.
ZZZZZZZZZZ
Ihr kennt sie sicher.
NNGH.
Aber ihr kennt sie nicht von ihr.
NNGH.
SZZZZZZZ

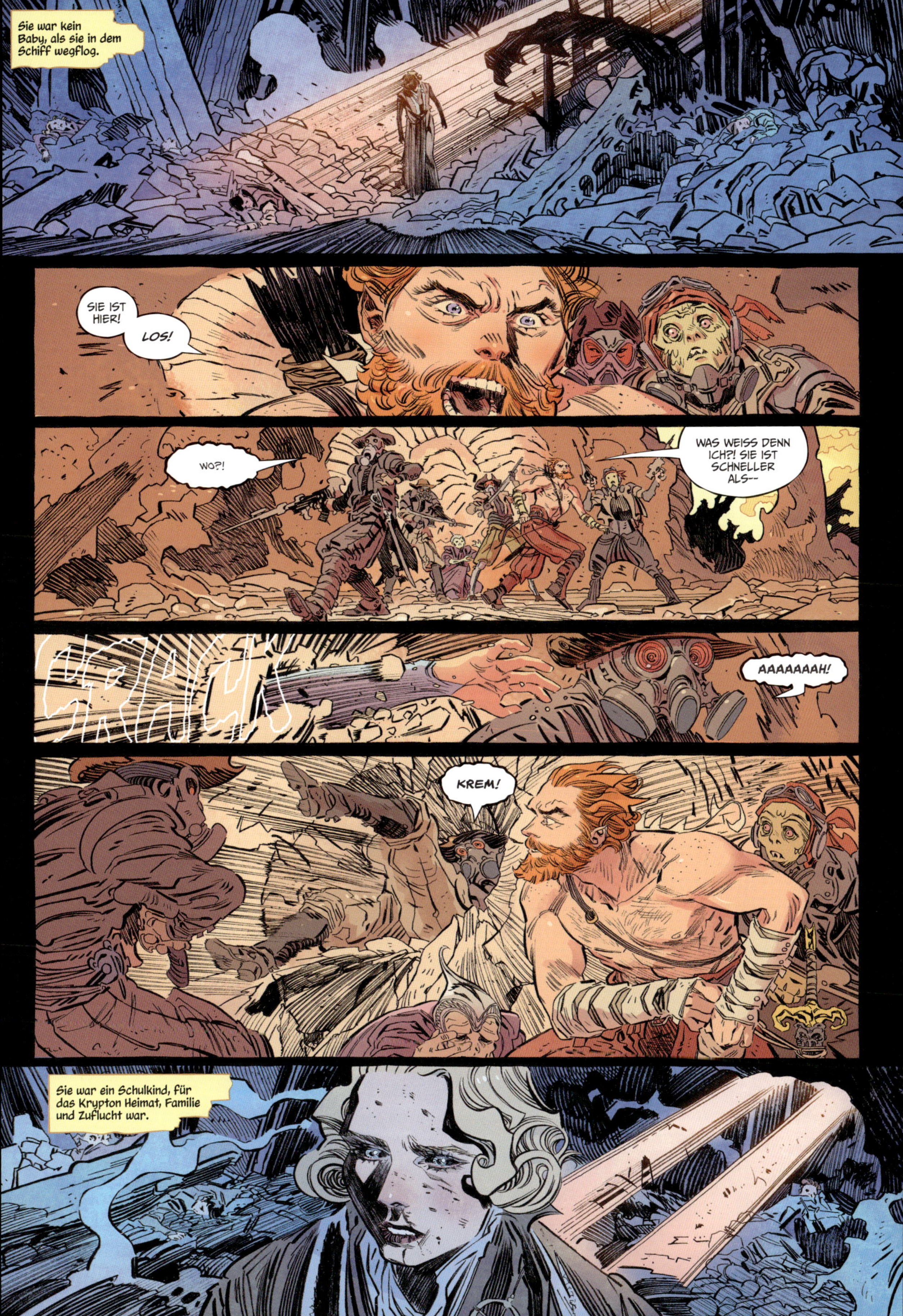
Sie war kein Baby, als sie in dem Schiff wegflog.
SIE IST HIER!
LOS!
WO?!
WAS WEISS DENN ICH?! SIE IST SCHNELLER ALS--
AAAAAAAH!
KREM!
Sie war ein Schulkind, für das Krypton Heimat, Familie und Zuflucht war.

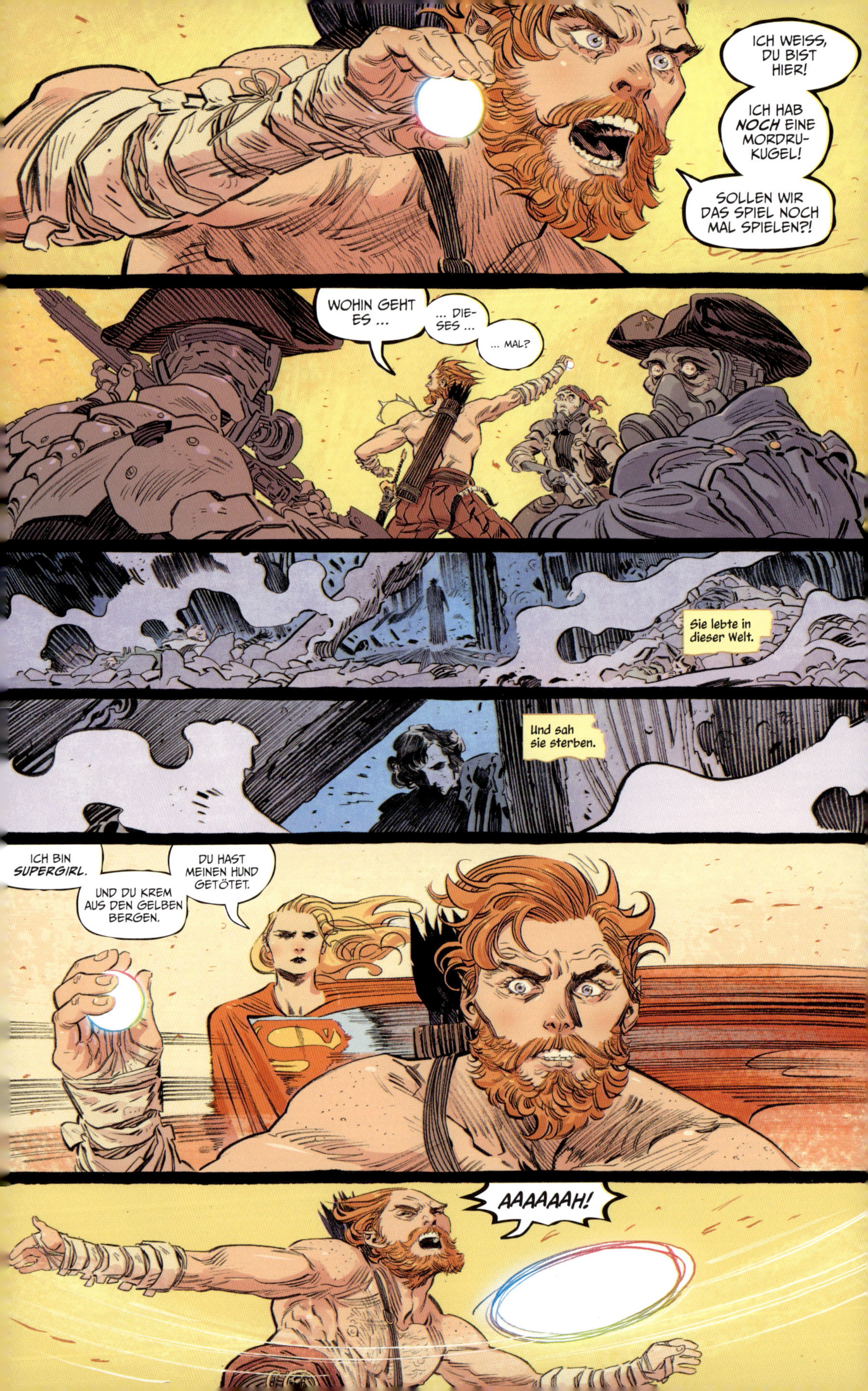
ICH WEISS, DU BIST HIER!
ICH HAB *NOCH* EINE MORDRU-KUGEL!
SOLLEN WIR DAS SPIEL NOCH MAL SPIELEN?!
WOHIN GEHT ES ...
... DIE-SES ...
... MAL?
Sie lebte in dieser Welt.
Und sah sie sterben.
ICH BIN *SUPERGIRL*.
UND DU KREM AUS DEN GELBEN BERGEN.
DU HAST MEINEN HUND GETÖTET.
AAAAAAH!

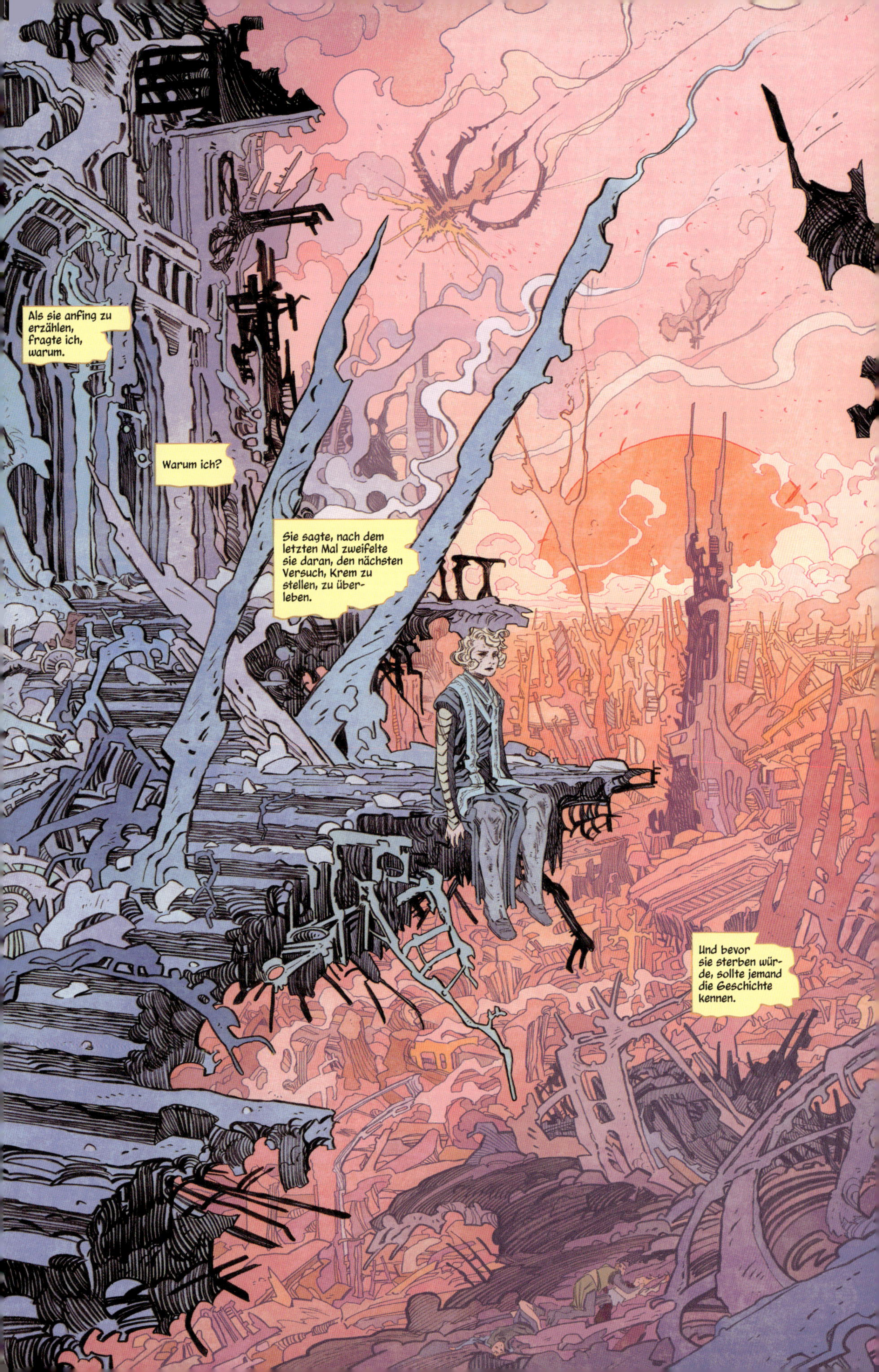
Als sie anfing zu erzählen, fragte ich, warum.
Warum ich?
Sie sagte, nach dem letzten Mal zweifelte sie daran, den nächsten Versuch, Krem zu stellen, zu überleben.
Und bevor sie sterben würde, sollte jemand die Geschichte kennen.

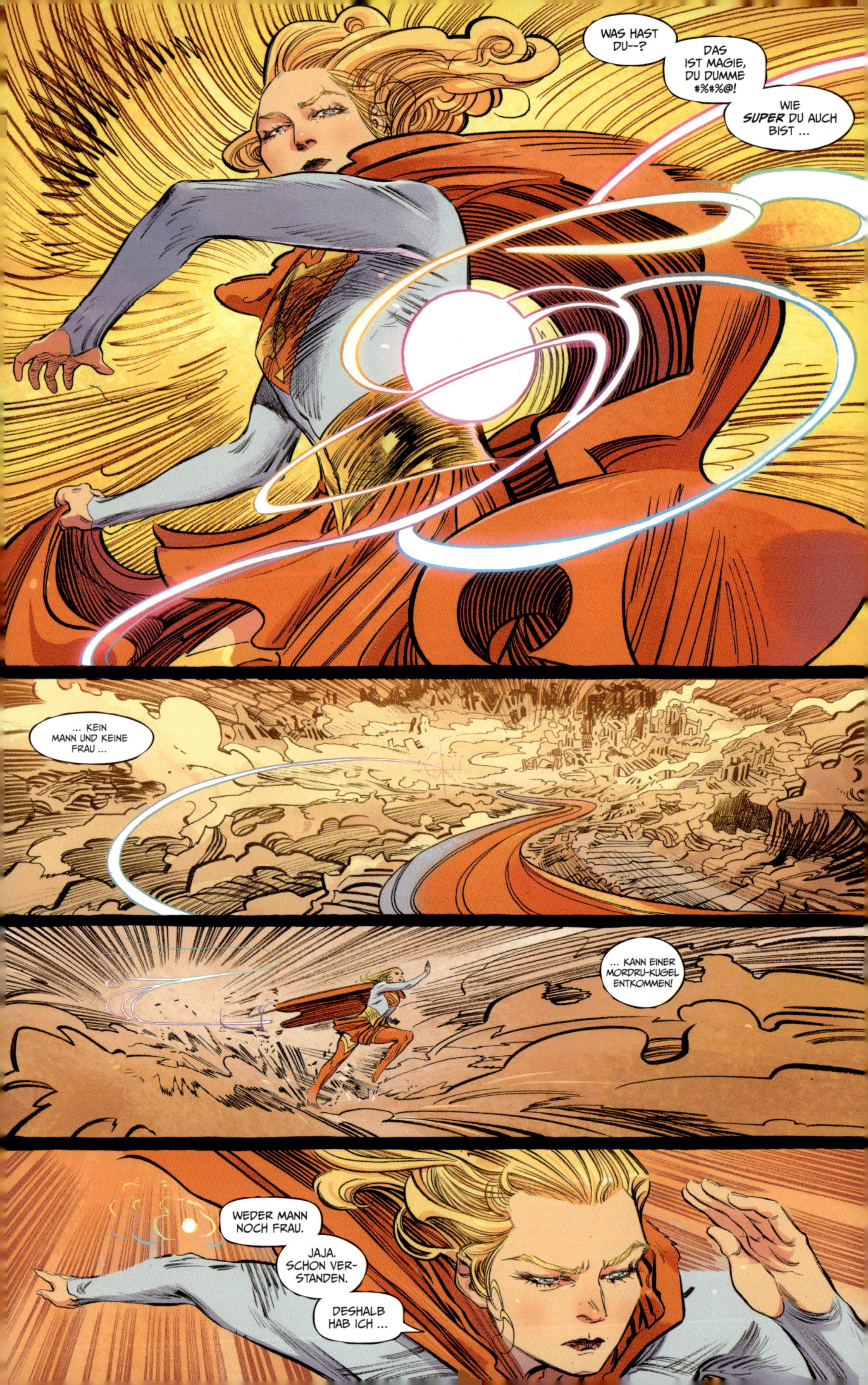
WAS HAST DU--?
DAS IST MAGIE, DU DUMME #%#%@!
WIE SUPER DU AUCH BIST ...
... KEIN MANN UND KEINE FRAU ...
... KANN EINER MORDRU-KUGEL ENTKOMMEN!
WEDER MANN NOCH FRAU.
JAJA. SCHON VERSTANDEN.
DESHALB HAB ICH ...

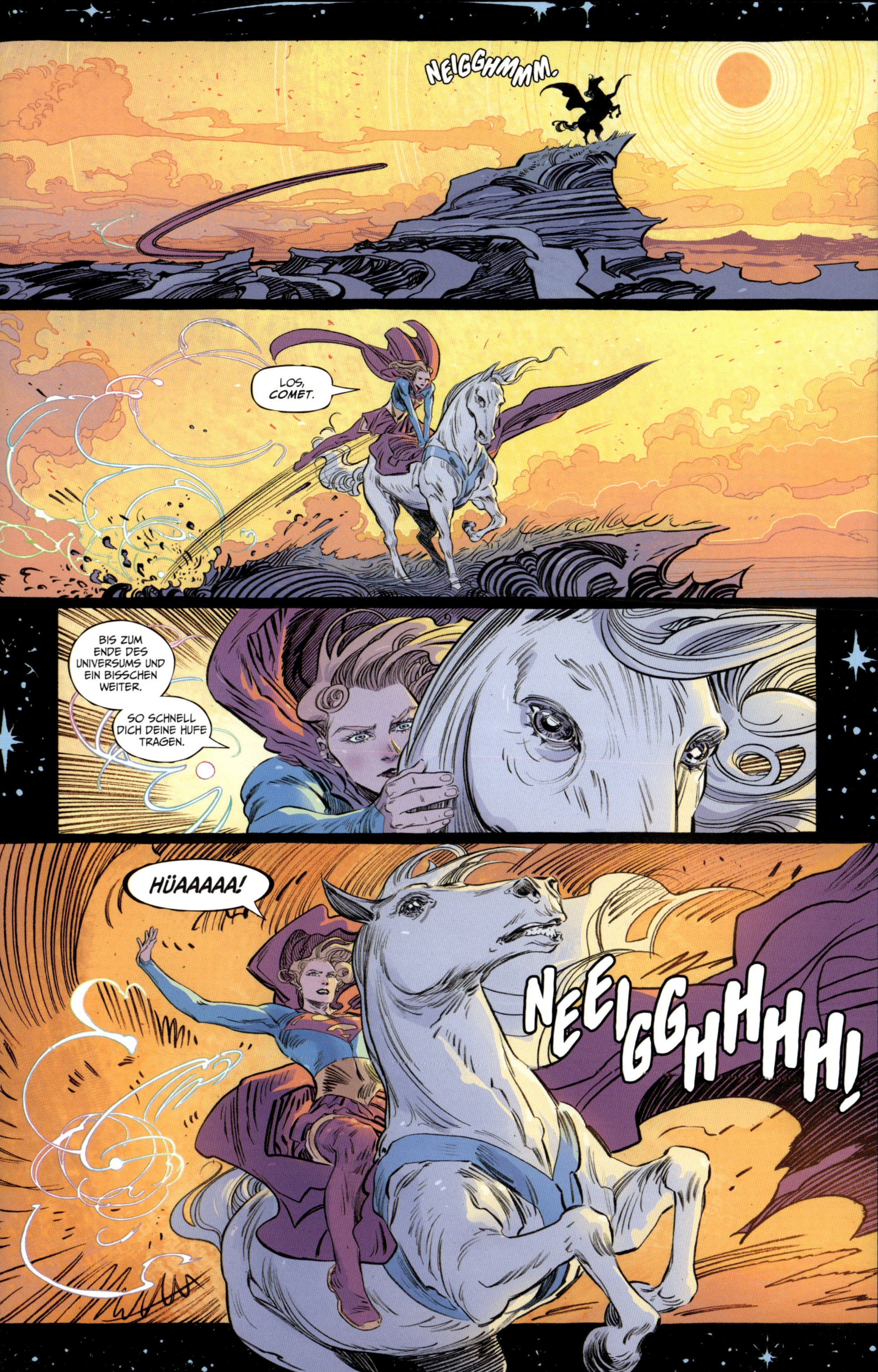
NEIGGHMMM.
LOS, COMET.
BIS ZUM ENDE DES UNIVERSUMS UND EIN BISSCHEN WEITER.
SO SCHNELL DICH DEINE HUFE TRAGEN.
HÜAAAAA!
NEEIGGHHHHH!

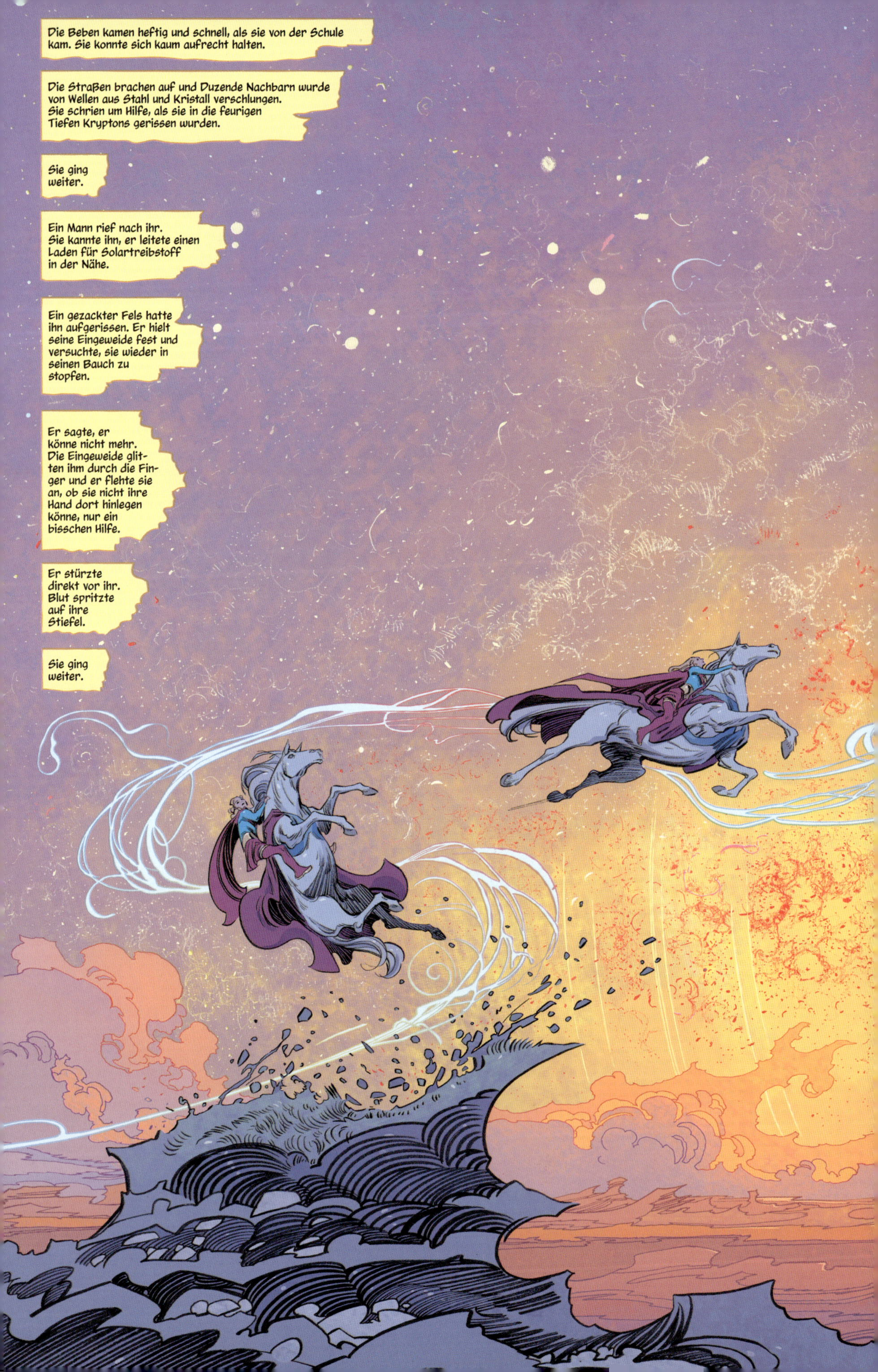

Die Beben kamen heftig und schnell, als sie von der Schule kam. Sie konnte sich kaum aufrecht halten.

Die Straßen brachen auf und Duzende Nachbarn wurde von Wellen aus Stahl und Kristall verschlungen. Sie schrien um Hilfe, als sie in die feurigen Tiefen Kryptons gerissen wurden.

Sie ging weiter.

Ein Mann rief nach ihr. Sie kannte ihn, er leitete einen Laden für Solartreibstoff in der Nähe.

Ein gezackter Fels hatte ihn aufgerissen. Er hielt seine Eingeweide fest und versuchte, sie wieder in seinen Bauch zu stopfen.

Er sagte, er könne nicht mehr. Die Eingeweide glitten ihm durch die Finger und er flehte sie an, ob sie nicht ihre Hand dort hinlegen könne, nur ein bisschen Hilfe.

Er stürzte direkt vor ihr. Blut spritzte auf ihre Stiefel.

Sie ging weiter.

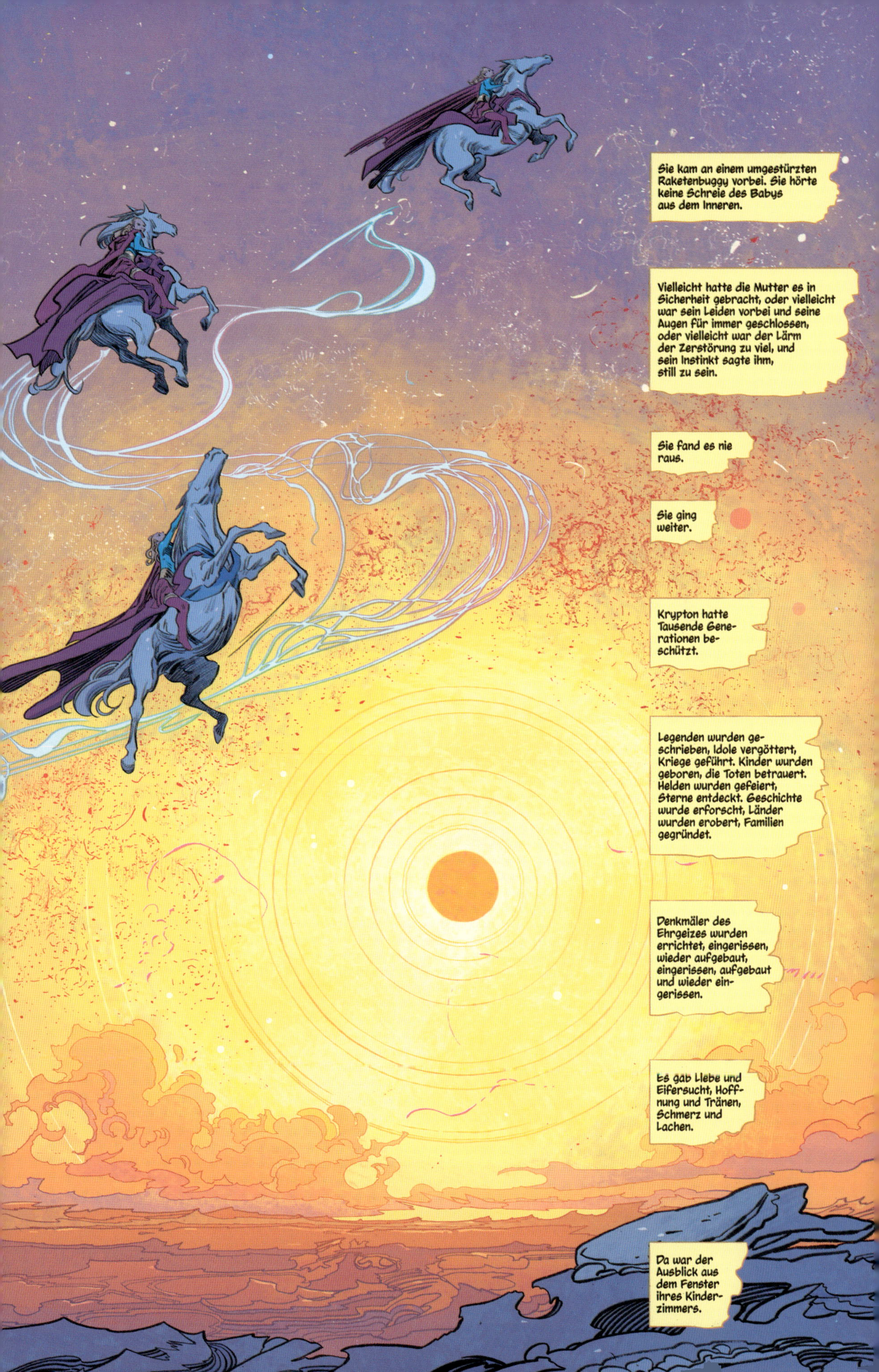
Sie kam an einem umgestürzten Raketenbuggy vorbei. Sie hörte keine Schreie des Babys aus dem Inneren.
Vielleicht hatte die Mutter es in Sicherheit gebracht, oder vielleicht war sein Leiden vorbei und seine Augen für immer geschlossen, oder vielleicht war der Lärm der Zerstörung zu viel, und sein Instinkt sagte ihm, still zu sein.
Sie fand es nie raus.
Sie ging weiter.
Krypton hatte Tausende Generationen beschützt.
Legenden wurden geschrieben, Idole vergöttert, Kriege geführt. Kinder wurden geboren, die Toten betrauert. Helden wurden gefeiert, Sterne entdeckt. Geschichte wurde erforscht, Länder wurden erobert, Familien gegründet.
Denkmäler des Ehrgeizes wurden errichtet, eingerissen, wieder aufgebaut, eingerissen, aufgebaut und wieder eingerissen.
Es gab Liebe und Eifersucht, Hoffnung und Tränen, Schmerz und Lachen.
Da war der Ausblick aus dem Fenster ihres Kinderzimmers.

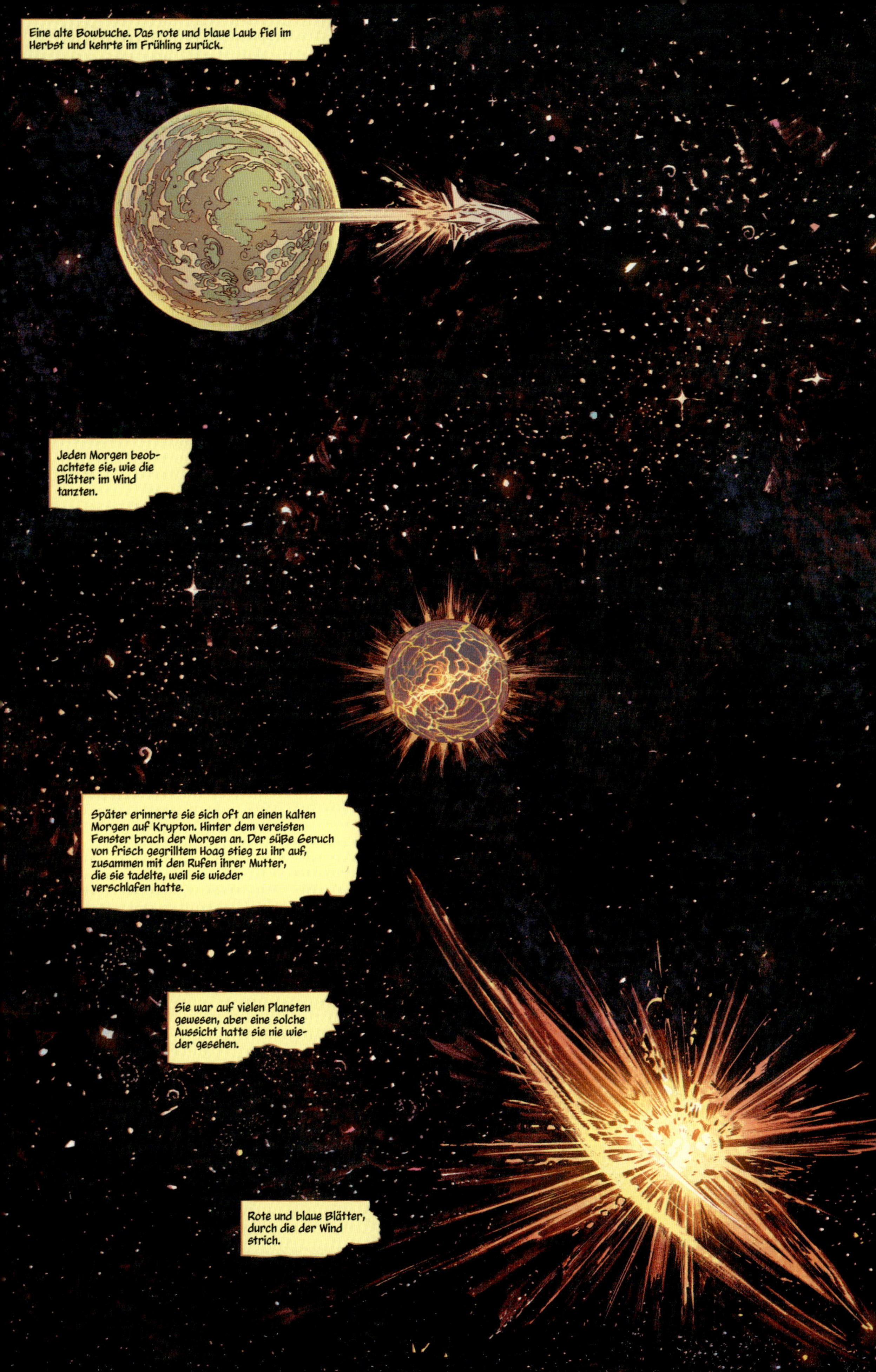
Eine alte Bowbuche. Das rote und blaue Laub fiel im Herbst und kehrte im Frühling zurück.
Jeden Morgen beobachtete sie, wie die Blätter im Wind tanzten.
Später erinnerte sie sich oft an einen kalten Morgen auf Krypton. Hinter dem vereisten Fenster brach der Morgen an. Der süße Geruch von frisch gegrilltem Hoag stieg zu ihr auf, zusammen mit den Rufen ihrer Mutter, die sie tadelte, weil sie wieder verschlafen hatte.
Sie war auf vielen Planeten gewesen, aber eine solche Aussicht hatte sie nie wieder gesehen.
Rote und blaue Blätter, durch die der Wind strich.

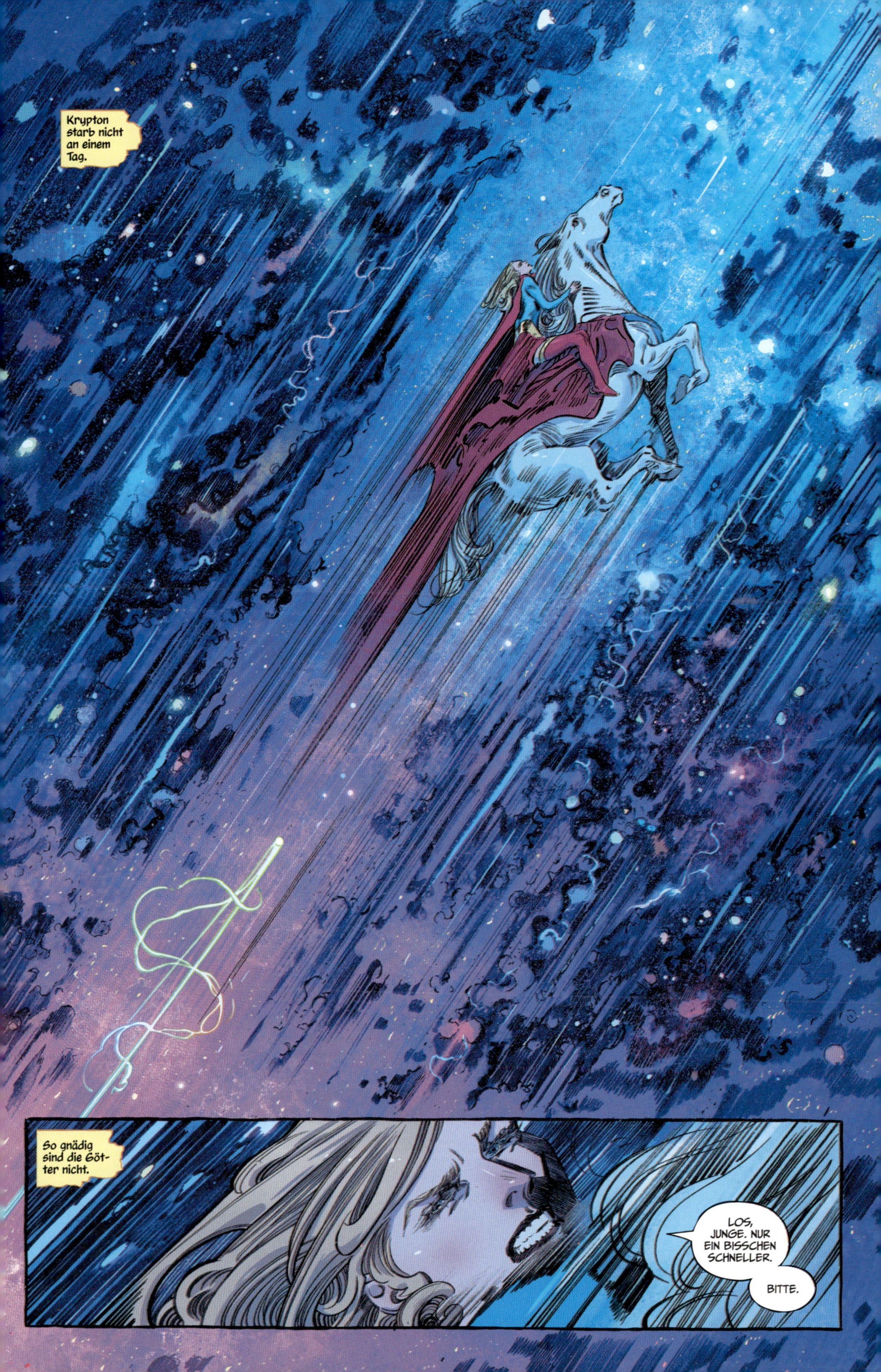
Krypton starb nicht an einem Tag.
So gnädig sind die Göt-ter nicht.
LOS, JUNGE. NUR EIN BISSCHEN SCHNELLER.
BITTE.

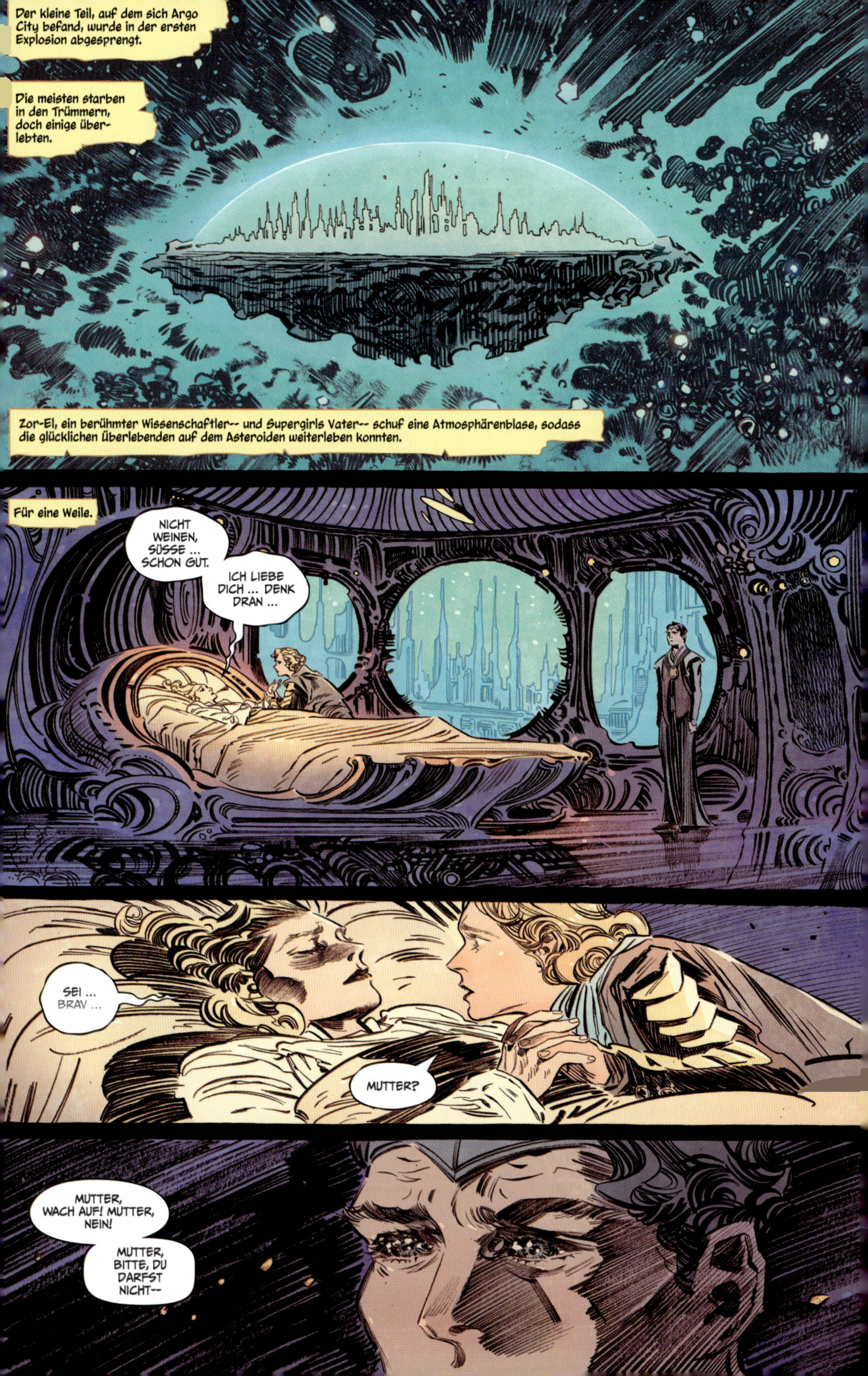
Der kleine Teil, auf dem sich Argo City befand, wurde in der ersten Explosion abgesprengt.
Die meisten starben in den Trümmern, doch einige überlebten.
Zor-El, ein berühmter Wissenschaftler-- und Supergirls Vater-- schuf eine Atmosphärenblase, sodass die glücklichen Überlebenden auf dem Asteroiden weiterleben konnten.
Für eine Weile.
NICHT WEINEN, SÜSSE ... SCHON GUT.
ICH LIEBE DICH ... DENK DRAN ...
SEI ... BRAV ...
MUTTER?
MUTTER, WACH AUF! MUTTER, NEIN!
MUTTER, BITTE, DU DARFST NICHT--

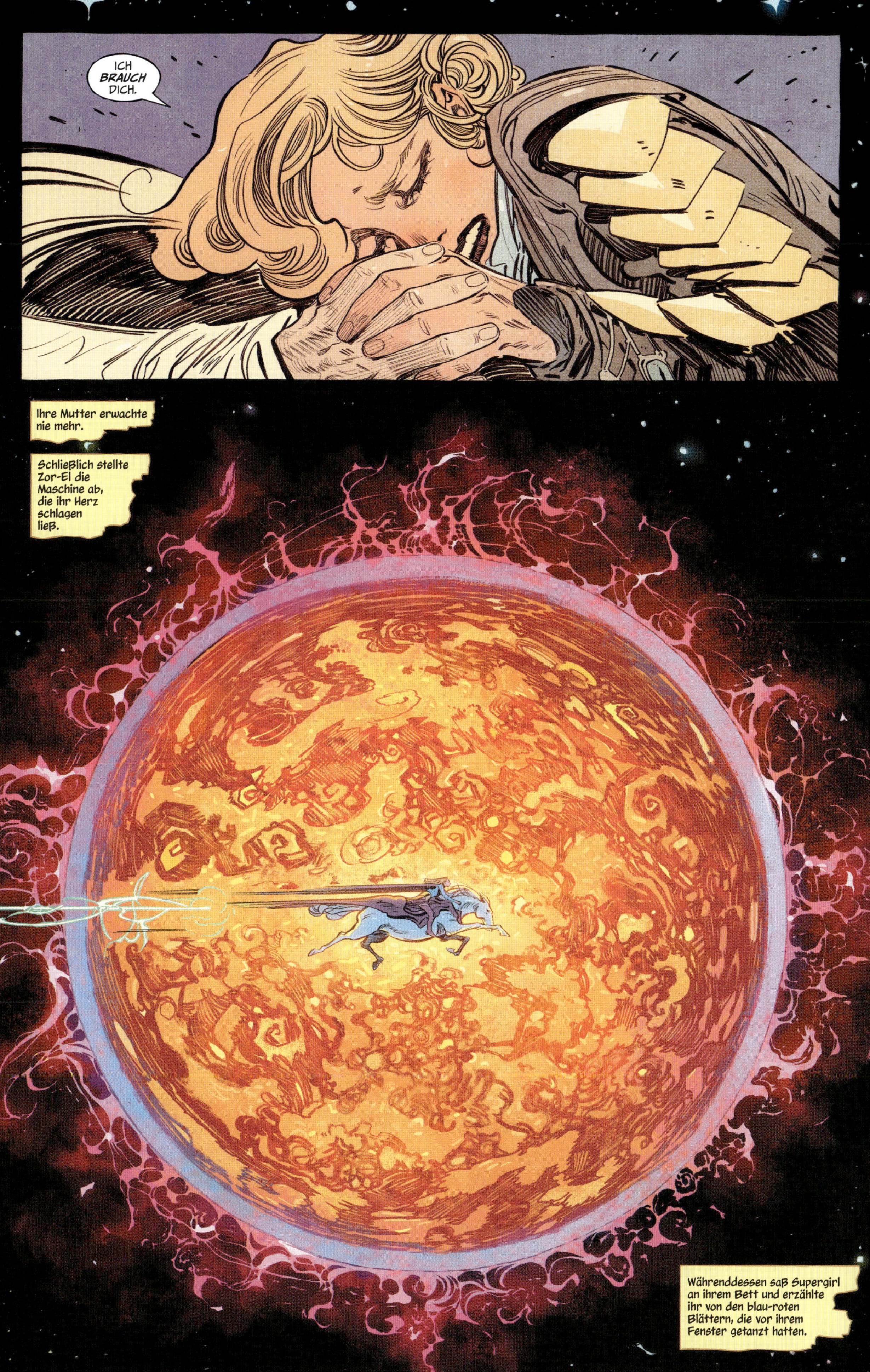
ICH BRAUCH DICH.
Ihre Mutter erwachte nie mehr.
Schließlich stellte Zor-El die Maschine ab, die ihr Herz schlagen ließ.
Währenddessen saß Supergirl an ihrem Bett und erzählte ihr von den blau-roten Blättern, die vor ihrem Fenster getanzt hatten.

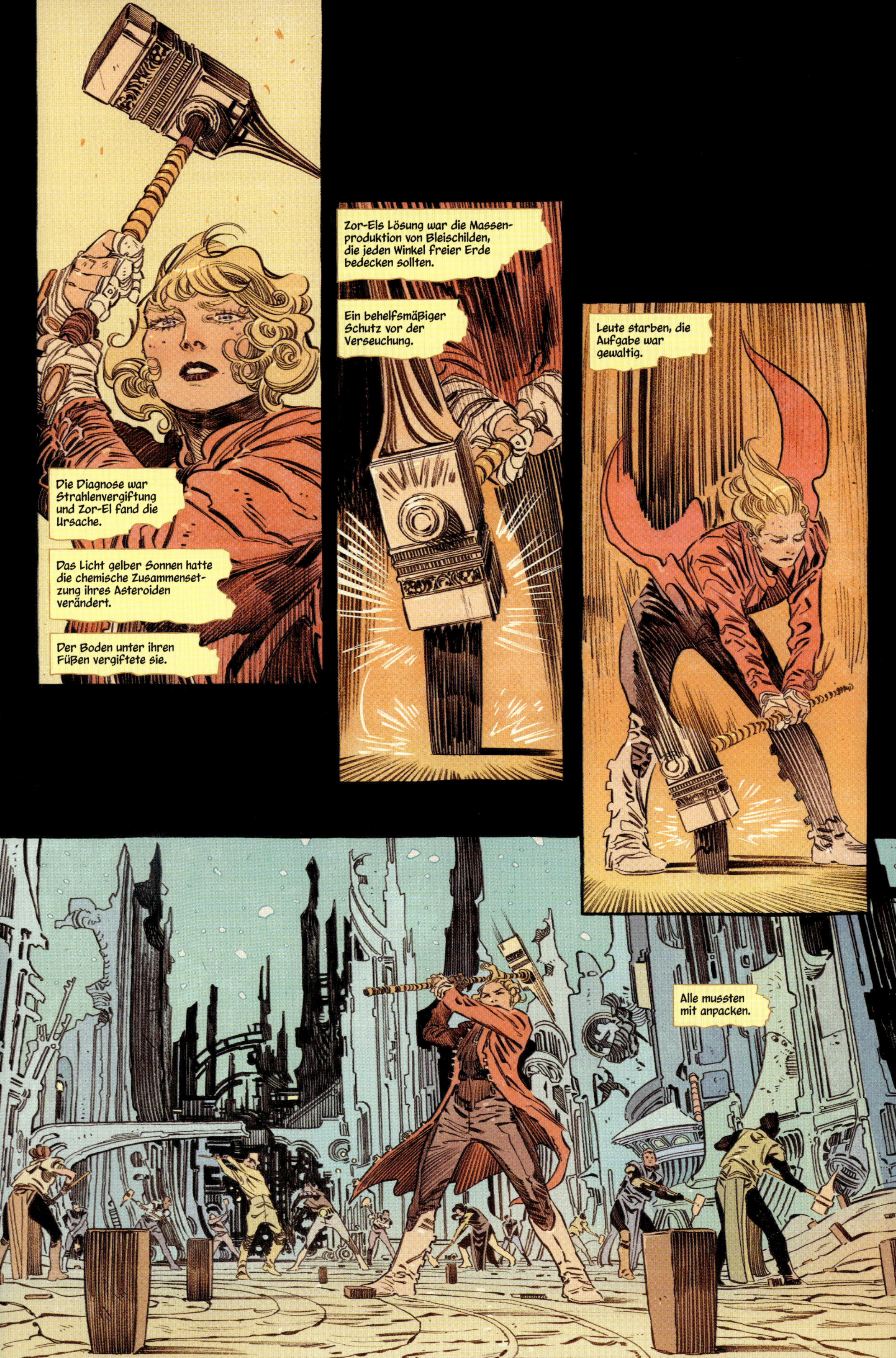
Die Diagnose war Strahlenvergiftung und Zor-El fand die Ursache.
Das Licht gelber Sonnen hatte die chemische Zusammenset-zung ihres Asteroiden verändert.
Der Boden unter ihren Füßen vergiftete sie.
Zor-Els Lösung war die Massen-produktion von Bleischilden, die jeden Winkel freier Erde bedecken sollten.
Ein behelfsmäßiger Schutz vor der Verseuchung.
Leute starben, die Aufgabe war gewaltig.
Alle mussten mit anpacken.

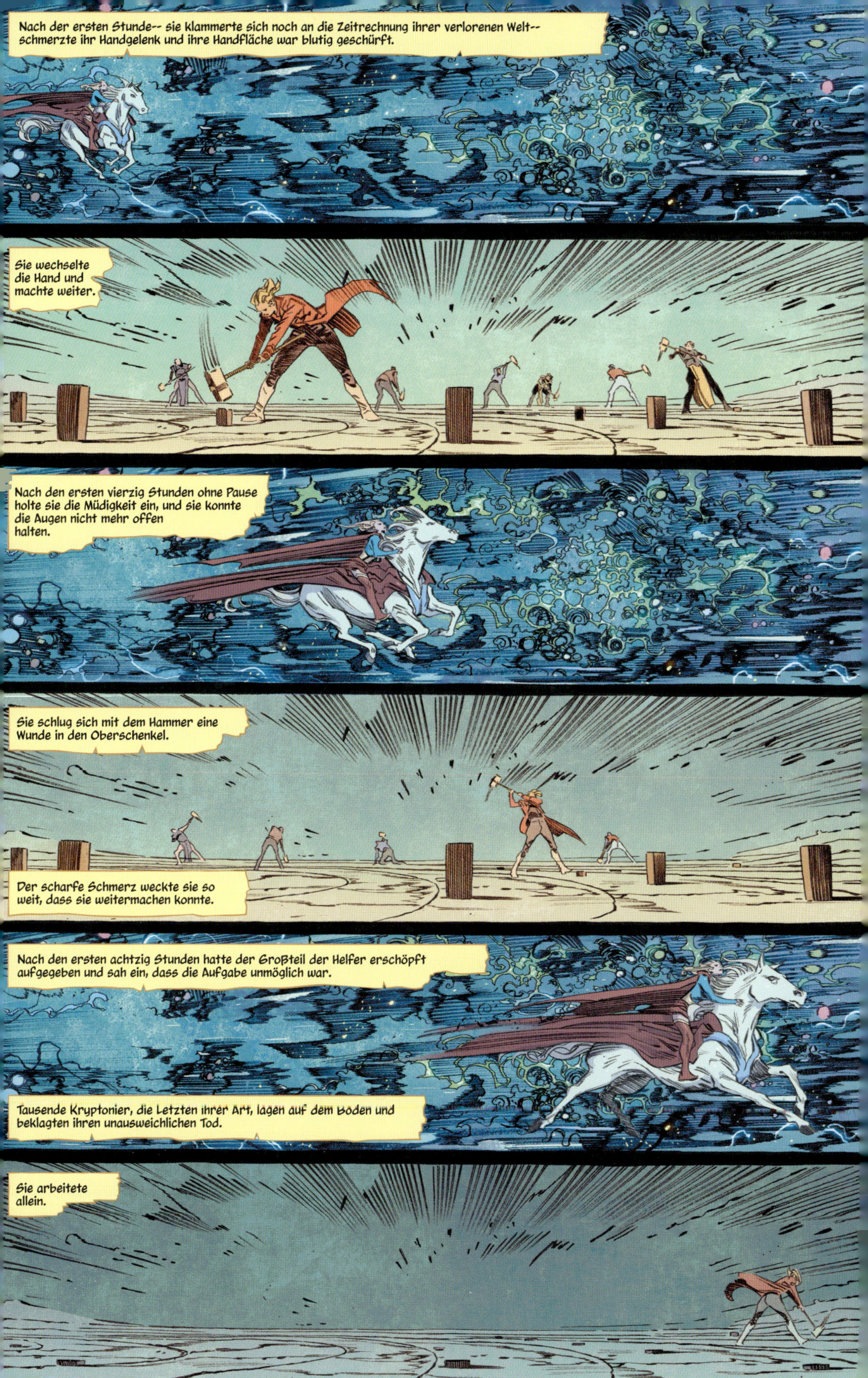
Nach der ersten Stunde-- sie klammerte sich noch an die Zeitrechnung ihrer verlorenen Welt-- schmerzte ihr Handgelenk und ihre Handfläche war blutig geschürft.
Sie wechselte die Hand und machte weiter.
Nach den ersten vierzig Stunden ohne Pause holte sie die Müdigkeit ein, und sie konnte die Augen nicht mehr offen halten.
Sie schlug sich mit dem Hammer eine Wunde in den Oberschenkel.
Der scharfe Schmerz weckte sie so weit, dass sie weitermachen konnte.
Nach den ersten achtzig Stunden hatte der Großteil der Helfer erschöpft aufgegeben und sah ein, dass die Aufgabe unmöglich war.
Tausende Kryptonier, die Letzten ihrer Art, lagen auf dem Boden und beklagten ihren unausweichlichen Tod.
Sie arbeitete allein.

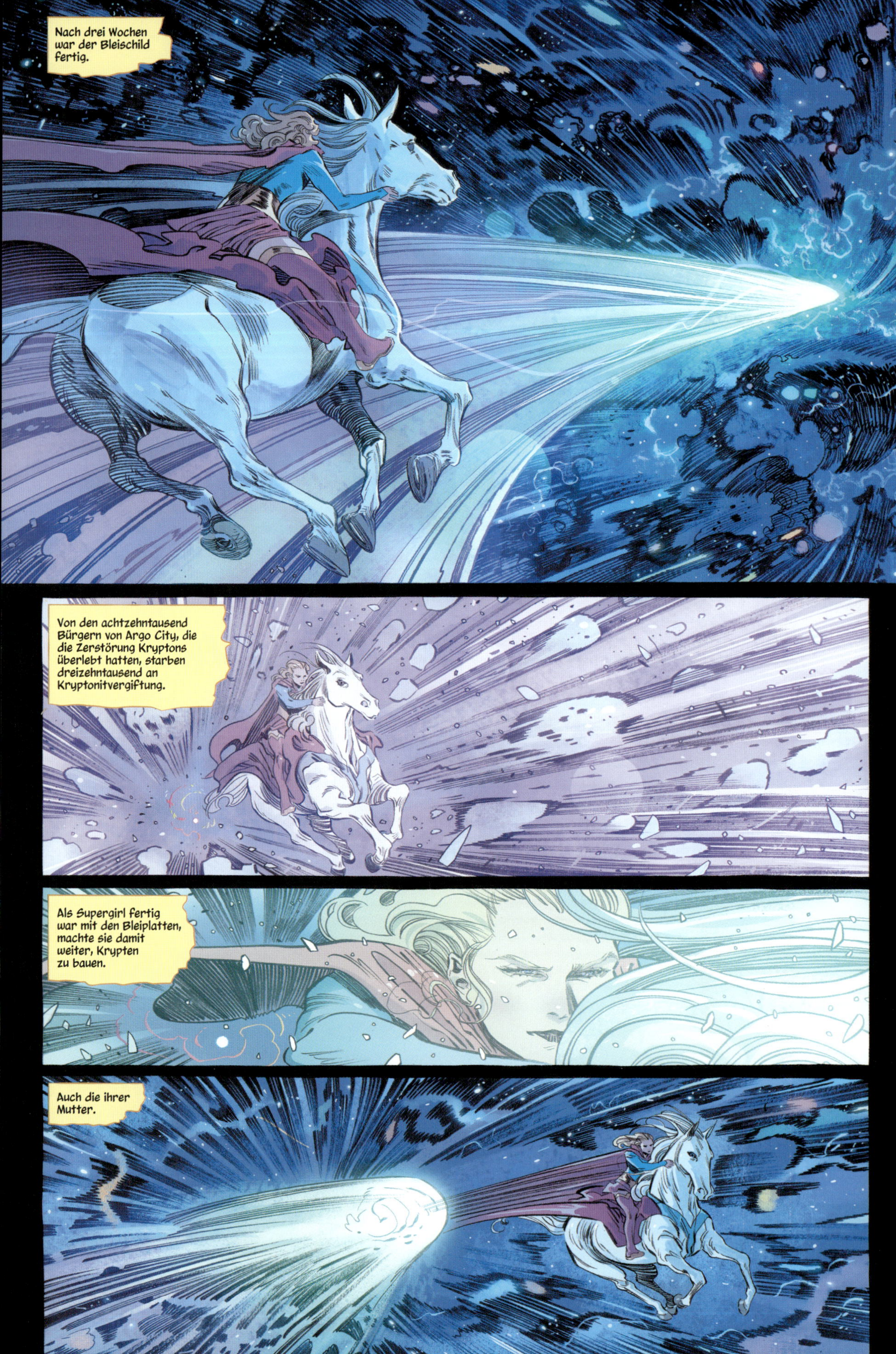
Nach drei Wochen war der Bleischild fertig.
Von den achtzehntausend Bürgern von Argo City, die die Zerstörung Kryptons überlebt hatten, starben dreizehntausend an Kryptonitvergiftung.
Als Supergirl fertig war mit den Bleiplatten, machte sie damit weiter, Krypten zu bauen.
Auch die ihrer Mutter.

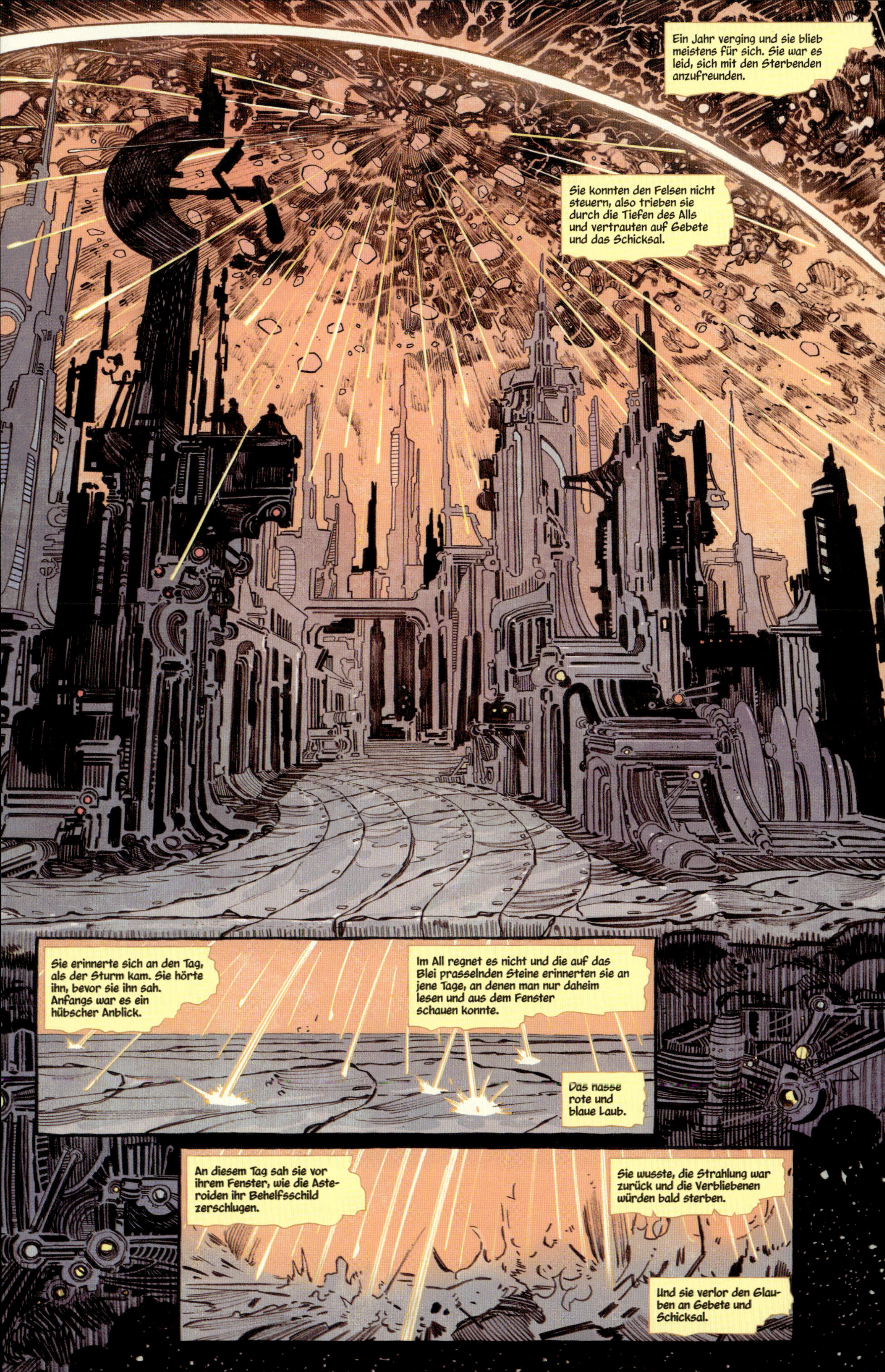
Ein Jahr verging und sie blieb meistens für sich. Sie war es leid, sich mit den Sterbenden anzufreunden.
Sie konnten den Felsen nicht steuern, also trieben sie durch die Tiefen des Alls und vertrauten auf Gebete und das Schicksal.
Sie erinnerte sich an den Tag, als der Sturm kam. Sie hörte ihn, bevor sie ihn sah. Anfangs war es ein hübscher Anblick.
Im All regnet es nicht und die auf das Blei prasselnden Steine erinnerten sie an jene Tage, an denen man nur daheim lesen und aus dem Fenster schauen konnte.
Das nasse rote und blaue Laub.
An diesem Tag sah sie vor ihrem Fenster, wie die Asteroiden ihr Behelfsschild zerschlugen.
Sie wusste, die Strahlung war zurück und die Verbliebenen würden bald sterben.
Und sie verlor den Glauben an Gebete und Schicksal.

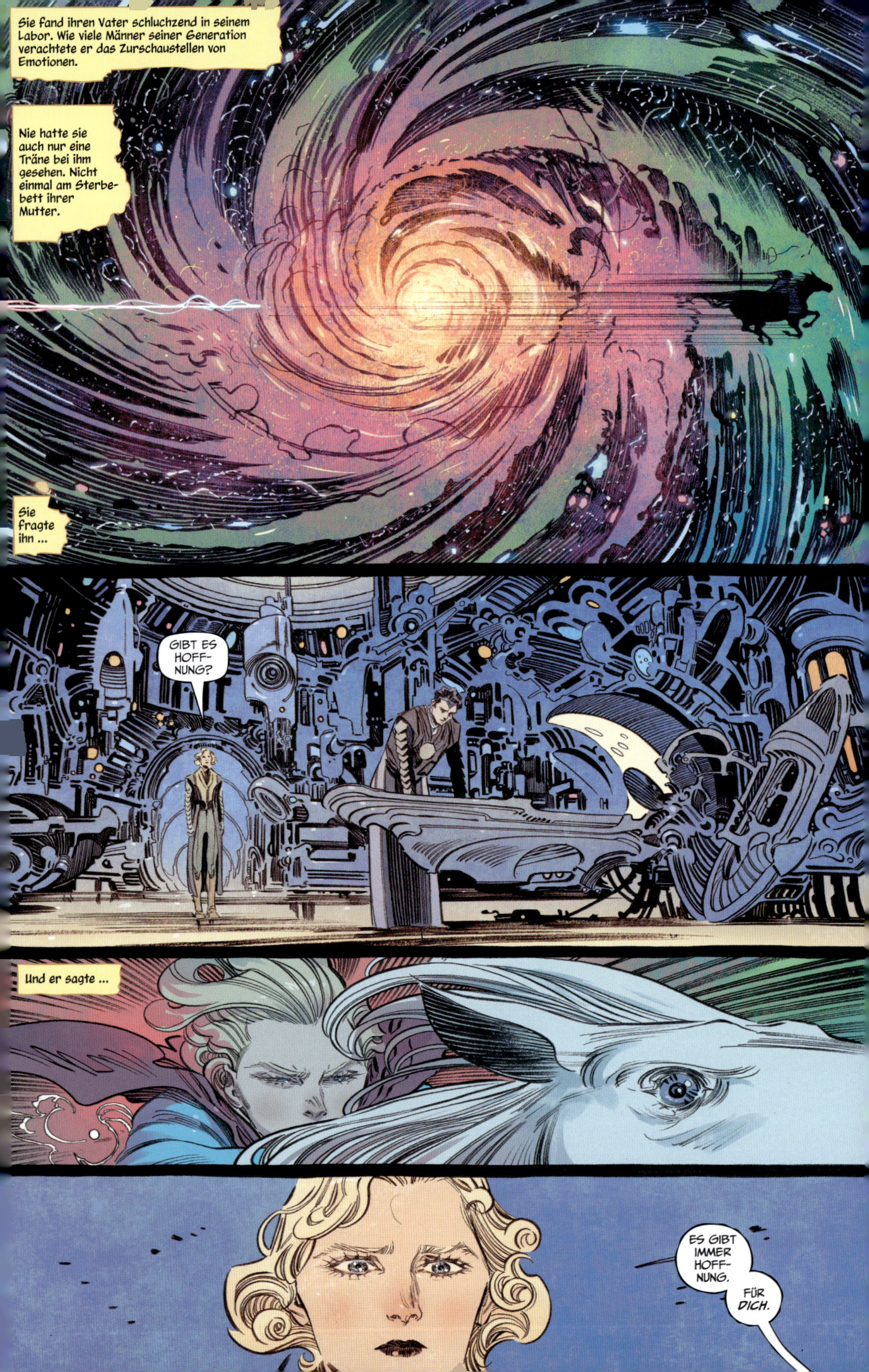
Sie fand ihren Vater schluchzend in seinem Labor. Wie viele Männer seiner Generation verachtete er das Zurschaustellen von Emotionen.
Nie hatte sie auch nur eine Träne bei ihm gesehen. Nicht einmal am Sterbebett ihrer Mutter.
Sie fragte ihn ...
GIBT ES HOFFNUNG?
Und er sagte ...
ES GIBT IMMER HOFFNUNG.
FÜR DICH.

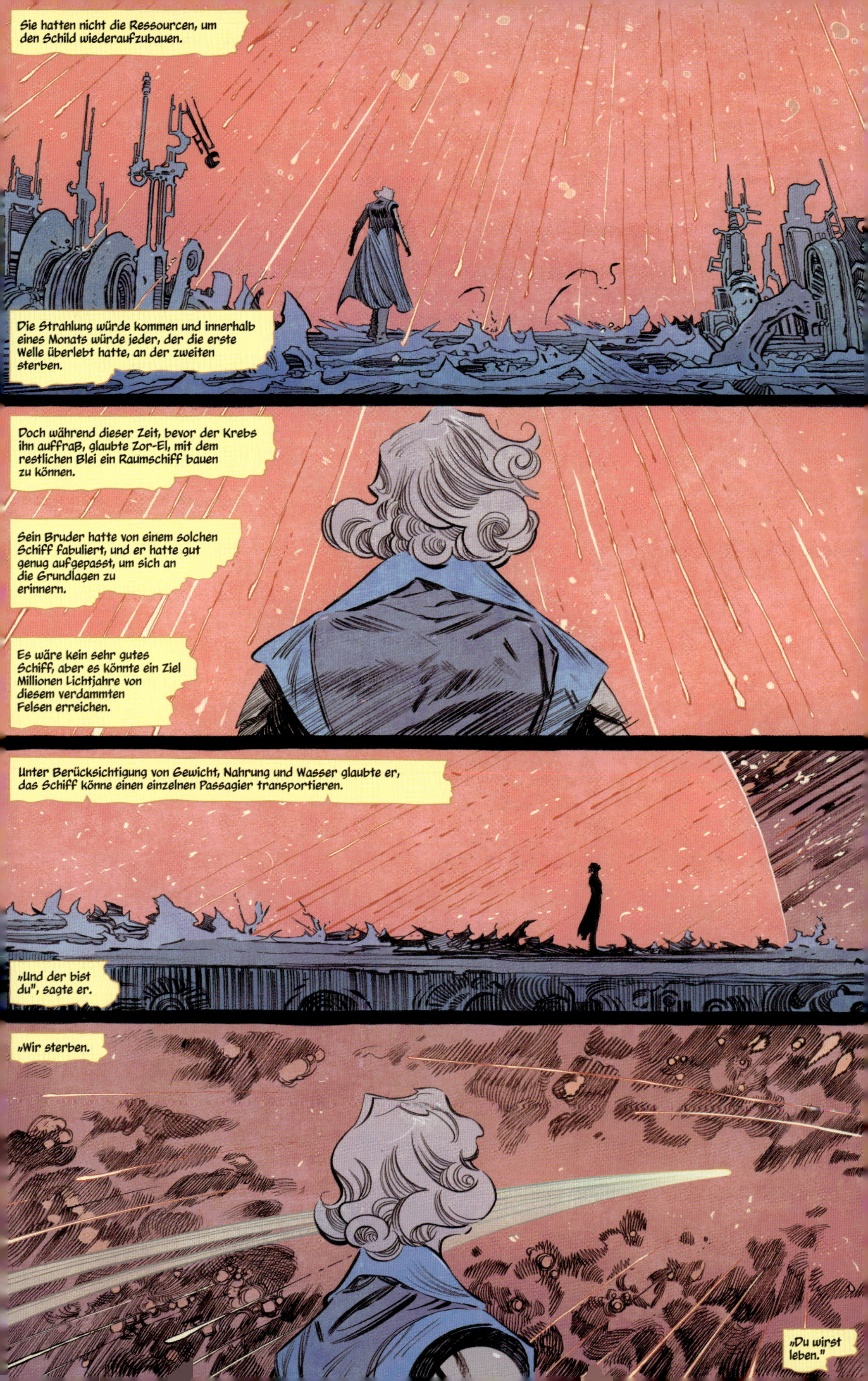
Sie hatten nicht die Ressourcen, um den Schild wiederaufzubauen.
Die Strahlung würde kommen und innerhalb eines Monats würde jeder, der die erste Welle überlebt hatte, an der zweiten sterben.
Doch während dieser Zeit, bevor der Krebs ihn auffraß, glaubte Zor-El, mit dem restlichen Blei ein Raumschiff bauen zu können.
Sein Bruder hatte von einem solchen Schiff fabuliert, und er hatte gut genug aufgepasst, um sich an die Grundlagen zu erinnern.
Es wäre kein sehr gutes Schiff, aber es könnte ein Ziel Millionen Lichtjahre von diesem verdammten Felsen erreichen.
Unter Berücksichtigung von Gewicht, Nahrung und Wasser glaubte er, das Schiff könne einen einzelnen Passagier transportieren.
„Und der bist du", sagte er.
„Wir sterben.
„Du wirst leben."

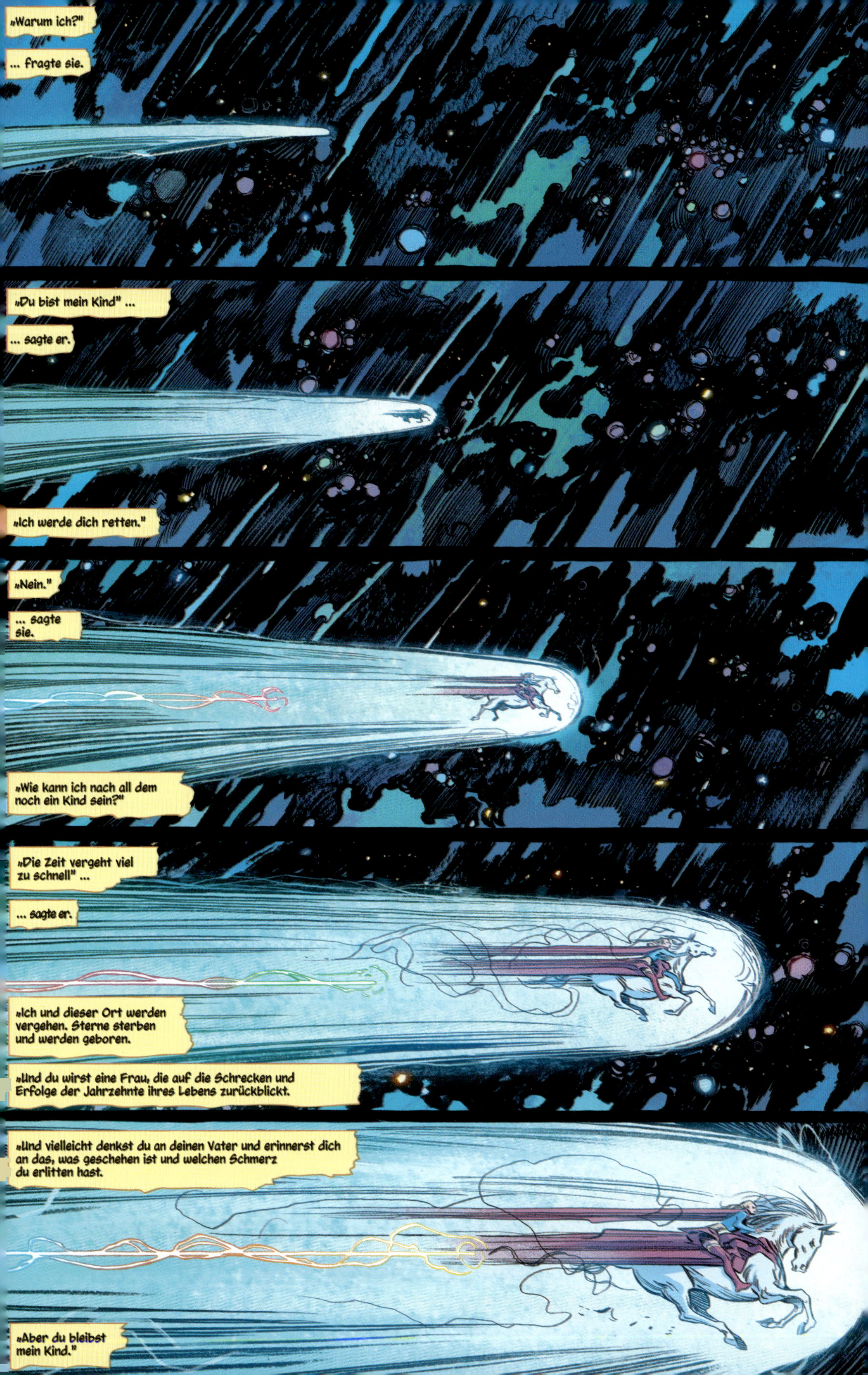
„Warum ich?"
... fragte sie.
„Du bist mein Kind" ...
... sagte er.
„Ich werde dich retten."
„Nein."
... sagte sie.
„Wie kann ich nach all dem noch ein Kind sein?"
„Die Zeit vergeht viel zu schnell" ...
... sagte er.
„Ich und dieser Ort werden vergehen. Sterne sterben und werden geboren.
„Und du wirst eine Frau, die auf die Schrecken und Erfolge der Jahrzehnte ihres Lebens zurückblickt.
„Und vielleicht denkst du an deinen Vater und erinnerst dich an das, was geschehen ist und welchen Schmerz du erlitten hast.
„Aber du bleibst mein Kind."

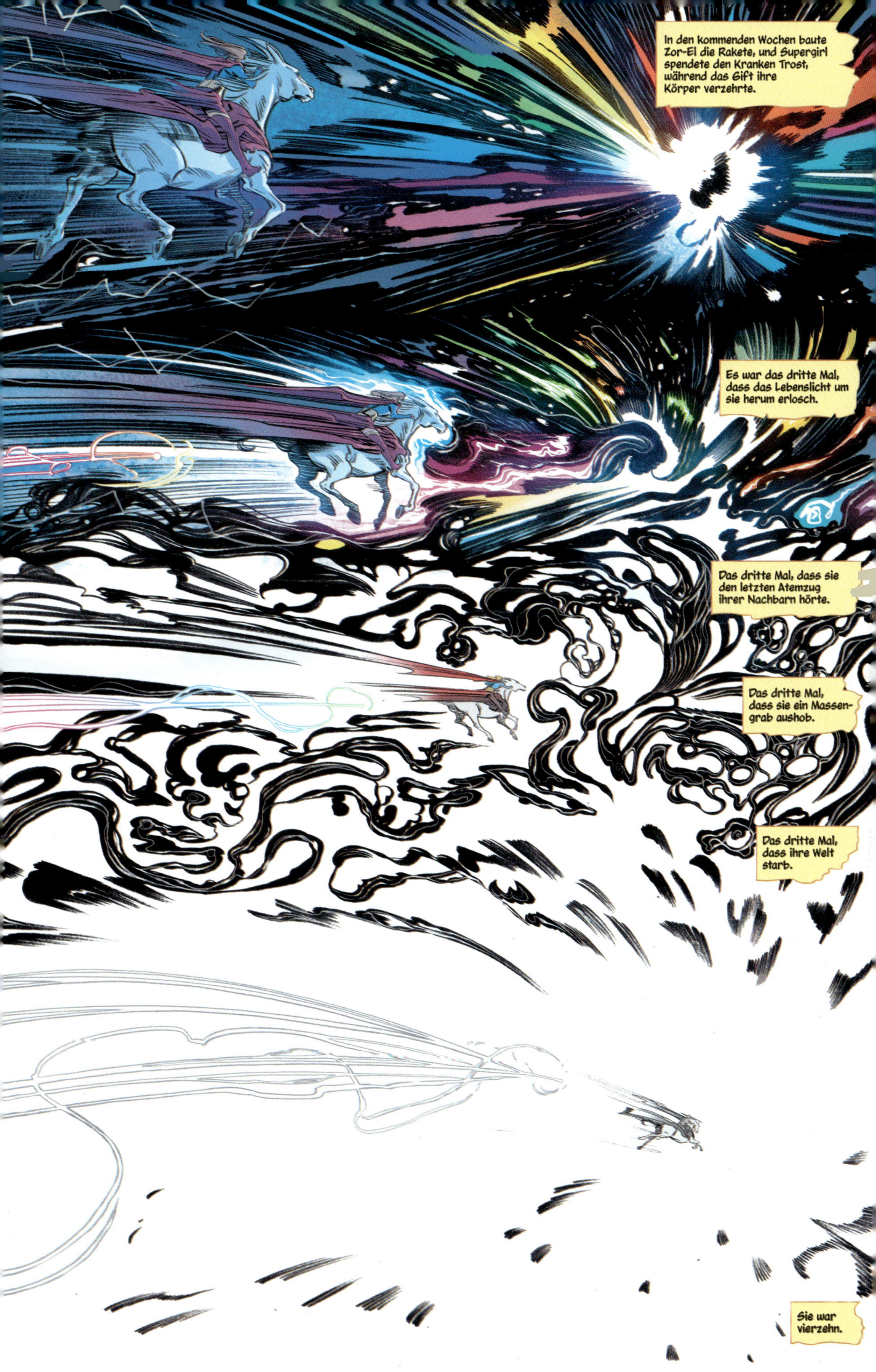
In den kommenden Wochen baute Zor-El die Rakete, und Supergirl spendete den Kranken Trost, während das Gift ihre Körper verzehrte.
Es war das dritte Mal, dass das Lebenslicht um sie herum erlosch.
Das dritte Mal, dass sie den letzten Atemzug ihrer Nachbarn hörte.
Das dritte Mal, dass sie ein Massengrab aushob.
Das dritte Mal, dass ihre Welt starb.
Sie war vierzehn.

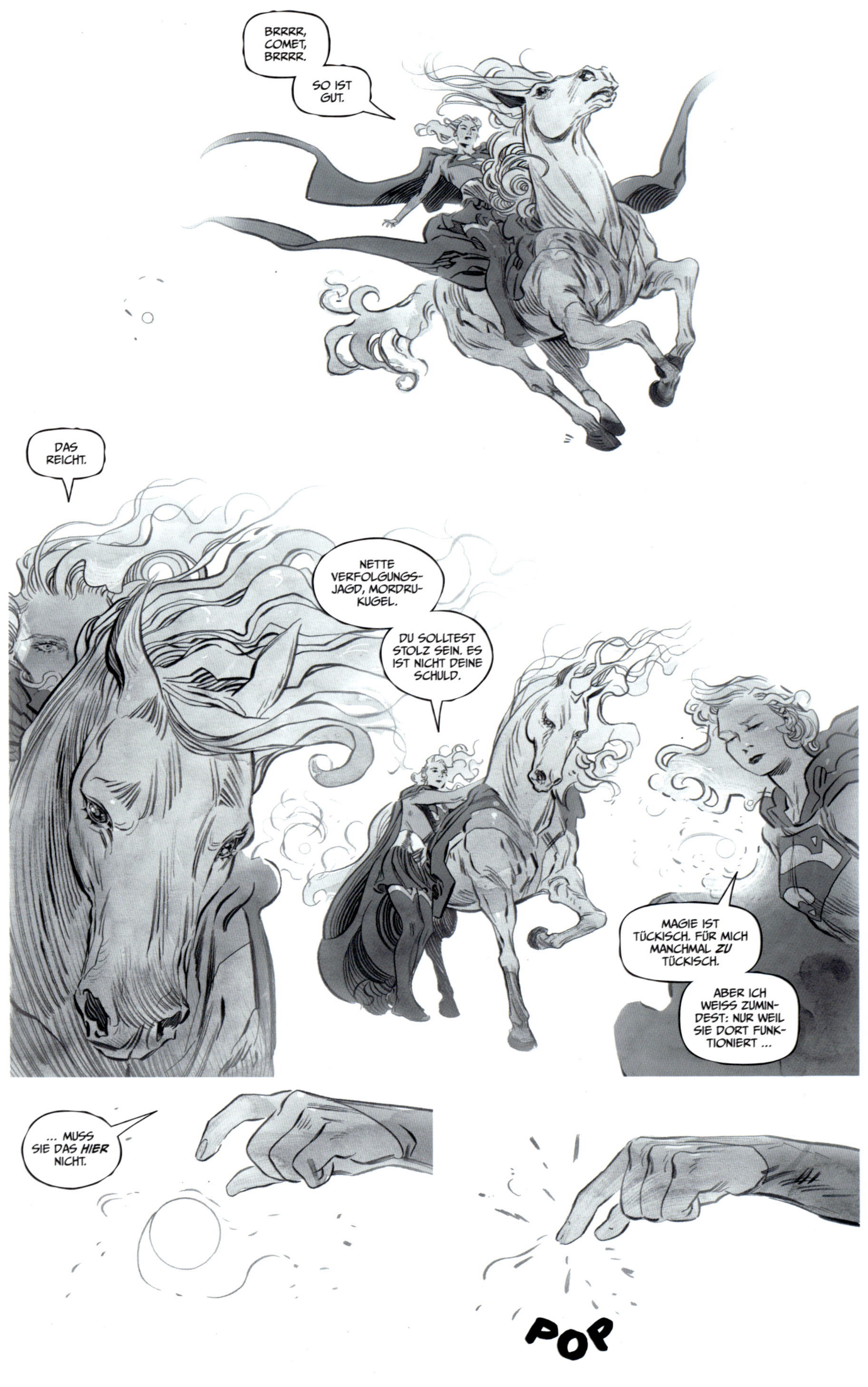
BRRRR, COMET, BRRRR.
SO IST GUT.
DAS REICHT.
NETTE VERFOLGUNGSJAGD, MORDRUKUGEL.
DU SOLLTEST STOLZ SEIN. ES IST NICHT DEINE SCHULD.
MAGIE IST TÜCKISCH. FÜR MICH MANCHMAL *ZU* TÜCKISCH.
ABER ICH WEISS ZUMINDEST: NUR WEIL SIE DORT FUNKTIONIERT ...
... MUSS SIE DAS *HIER* NICHT.
POP

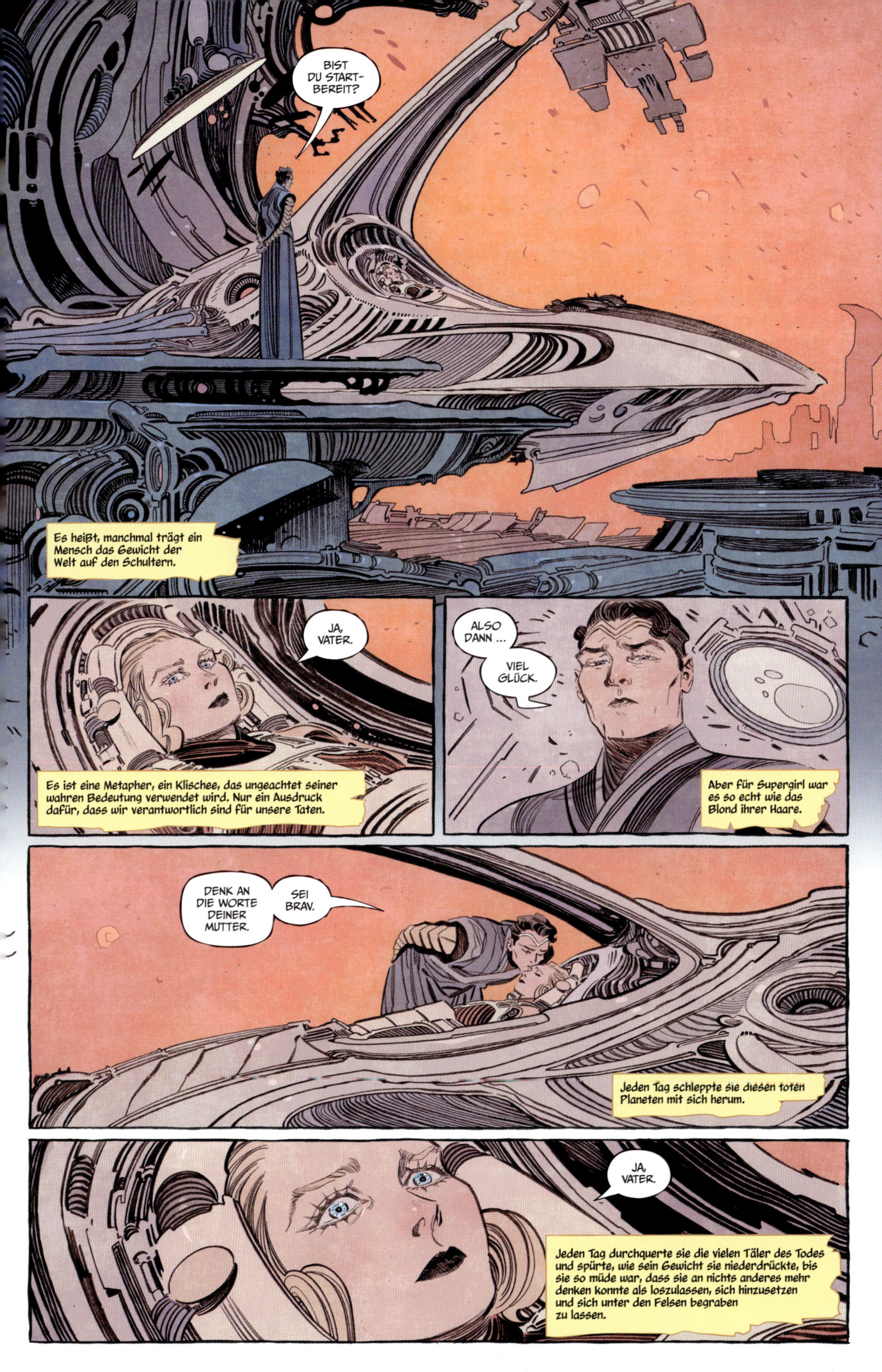
BIST DU START-BEREIT?
Es heißt, manchmal trägt ein Mensch das Gewicht der Welt auf den Schultern.
JA, VATER.
Es ist eine Metapher, ein Klischee, das ungeachtet seiner wahren Bedeutung verwendet wird. Nur ein Ausdruck dafür, dass wir verantwortlich sind für unsere Taten.
ALSO DANN ...
VIEL GLÜCK.
Aber für Supergirl war es so echt wie das Blond ihrer Haare.
DENK AN DIE WORTE DEINER MUTTER.
SEI BRAV.
Jeden Tag schleppte sie diesen toten Planeten mit sich herum.
JA, VATER.
Jeden Tag durchquerte sie die vielen Täler des Todes und spürte, wie sein Gewicht sie niederdrückte, bis sie so müde war, dass sie an nichts anderes mehr denken konnte als loszulassen, sich hinzusetzen und sich unter den Felsen begraben zu lassen.

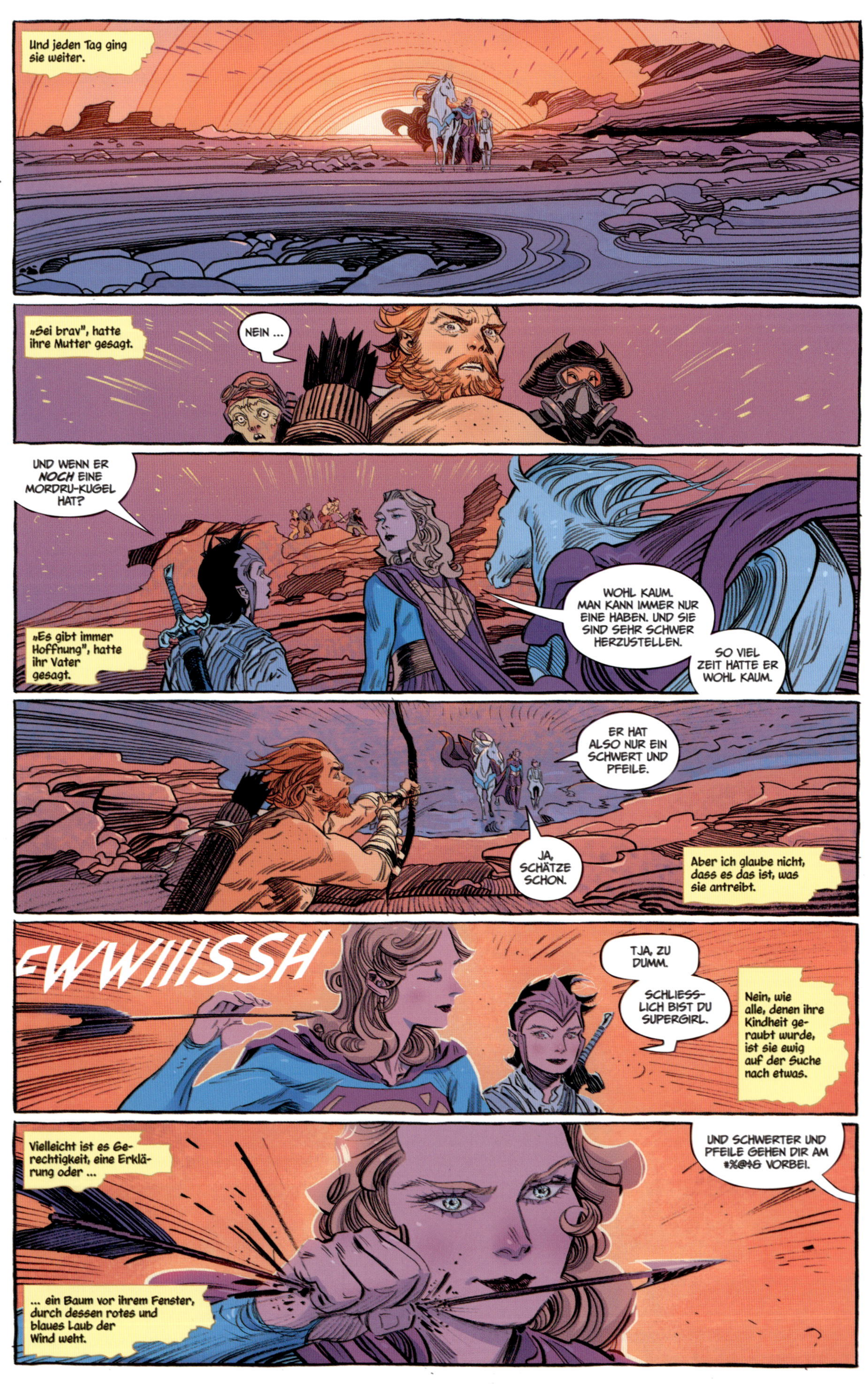
Und jeden Tag ging sie weiter.
„Sei brav“, hatte ihre Mutter gesagt.
NEIN ...
UND WENN ER *NOCH* EINE MORDRU-KUGEL HAT?
„Es gibt immer Hoffnung“, hatte ihr Vater gesagt.
WOHL KAUM. MAN KANN IMMER NUR EINE HABEN. UND SIE SIND SEHR SCHWER HERZUSTELLEN.
SO VIEL ZEIT HATTE ER WOHL KAUM.
ER HAT ALSO NUR EIN SCHWERT UND PFEILE.
JA, SCHÄTZE SCHON.
Aber ich glaube nicht, dass es das ist, was sie antreibt.
FWWIIISSH
TJA, ZU DUMM.
SCHLIESS-LICH BIST DU SUPERGIRL.
Nein, wie alle, denen ihre Kindheit geraubt wurde, ist sie ewig auf der Suche nach etwas.
Vielleicht ist es Gerechtigkeit, eine Erklärung oder ...
UND SCHWERTER UND PFEILE GEHEN DIR AM #%@$& VORBEI.
... ein Baum vor ihrem Fenster, durch dessen rotes und blaues Laub der Wind weht.

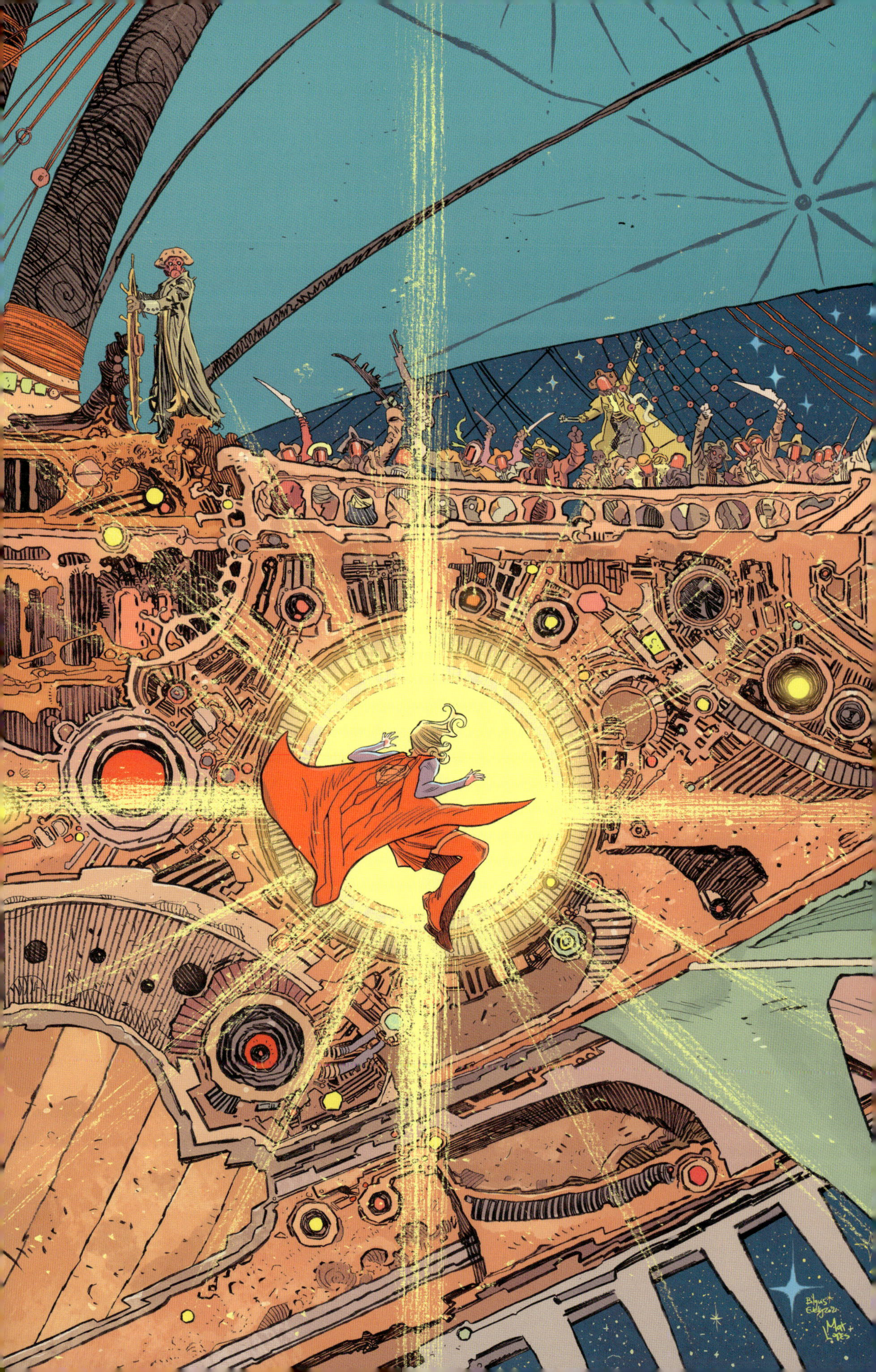

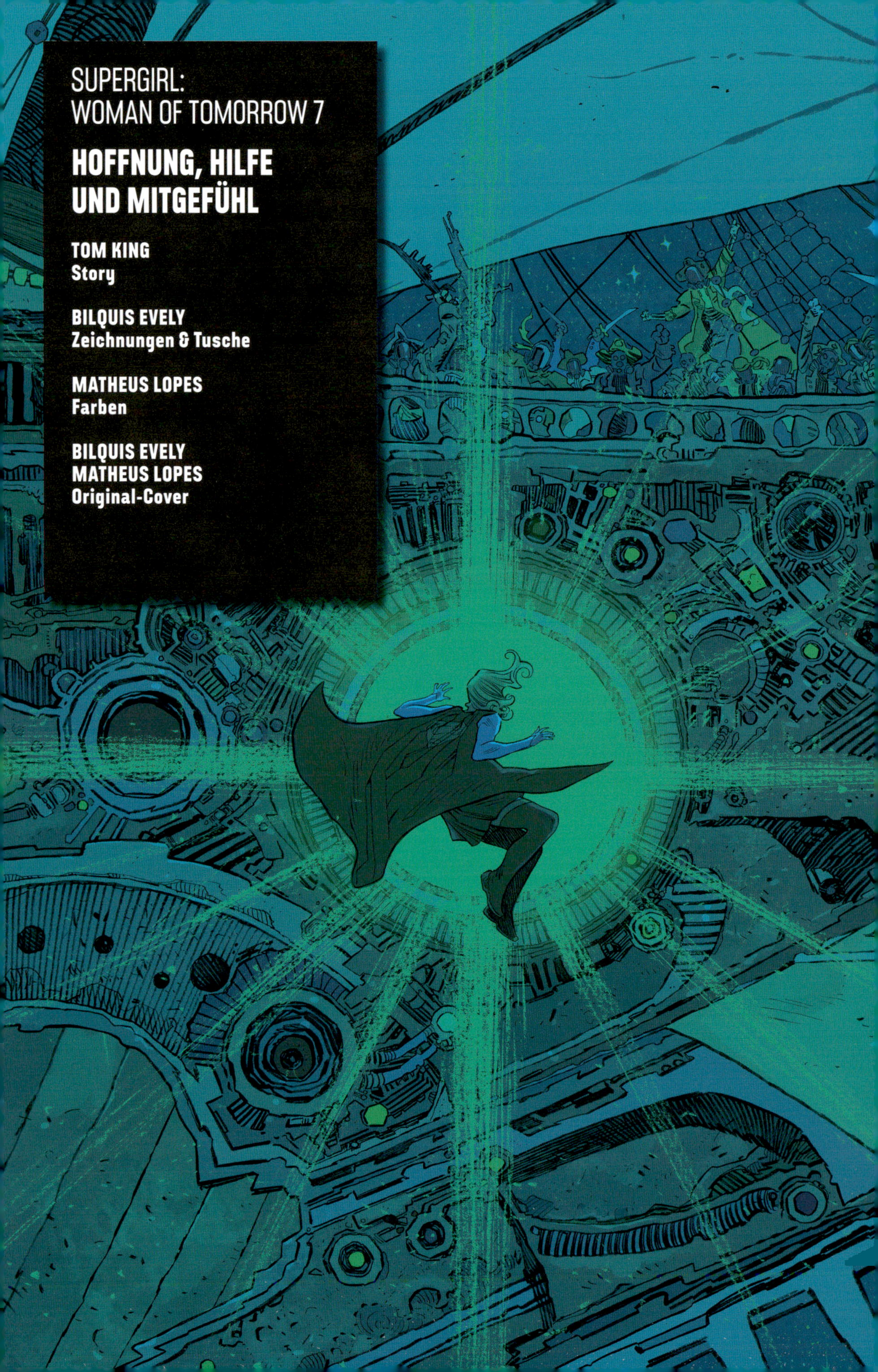

SUPERGIRL:
WOMAN OF TOMORROW 7

HOFFNUNG, HILFE UND MITGEFÜHL

TOM KING
Story

BILQUIS EVELY
Zeichnungen & Tusche

MATHEUS LOPES
Farben

BILQUIS EVELY
MATHEUS LOPES
Original-Cover

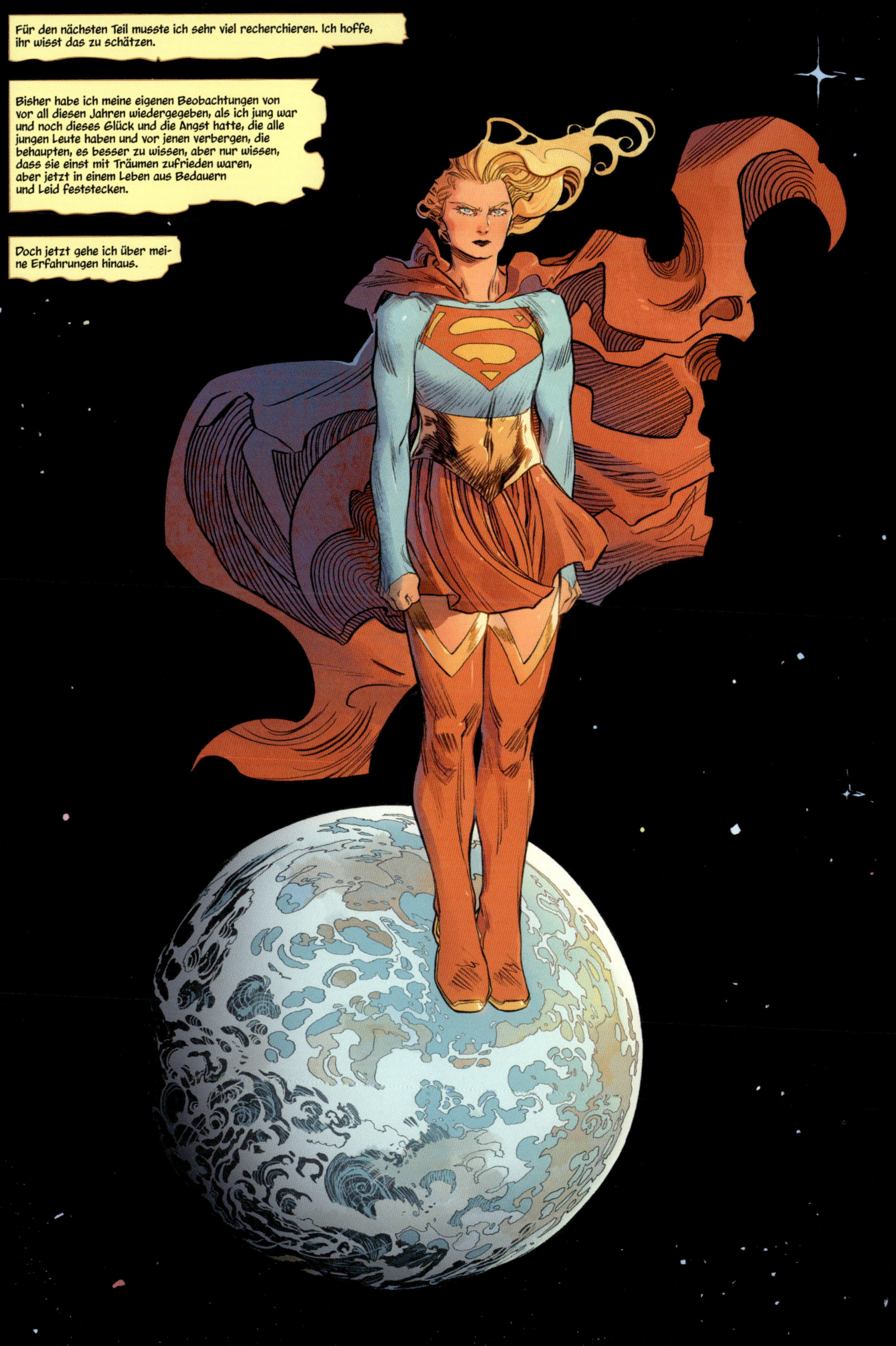
Für den nächsten Teil musste ich sehr viel recherchieren. Ich hoffe, ihr wisst das zu schätzen.
Bisher habe ich meine eigenen Beobachtungen von vor all diesen Jahren wiedergegeben, als ich jung war und noch dieses Glück und die Angst hatte, die alle jungen Leute haben und vor jenen verbergen, die behaupten, es besser zu wissen, aber nur wissen, dass sie einst mit Träumen zufrieden waren, aber jetzt in einem Leben aus Bedauern und Leid feststecken.
Doch jetzt gehe ich über meine Erfahrungen hinaus.

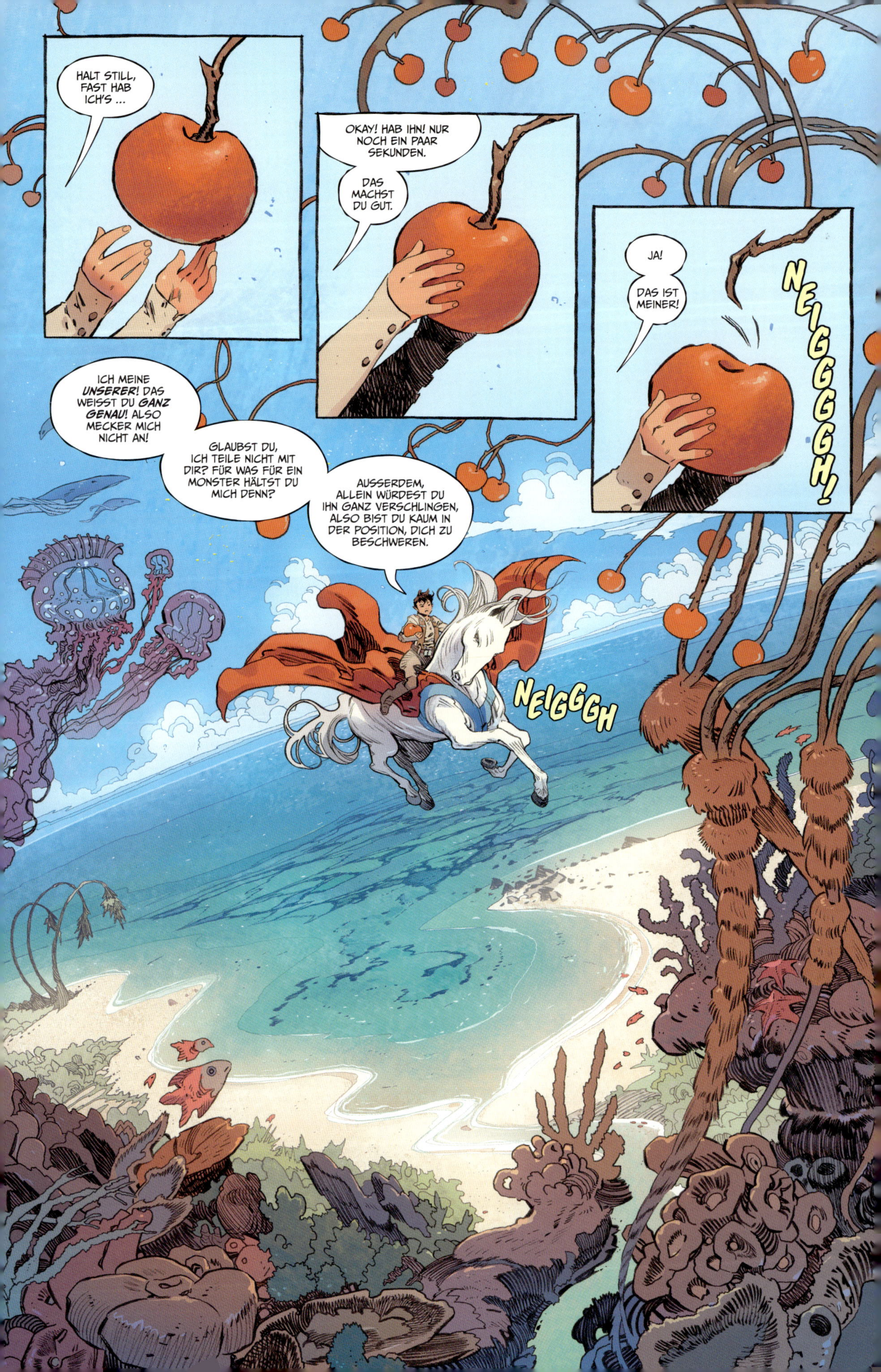
HALT STILL, FAST HAB ICH'S ...
OKAY! HAB IHN! NUR NOCH EIN PAAR SEKUNDEN.
DAS MACHST DU GUT.
JA!
DAS IST MEINER!
NEIGGGGH!
ICH MEINE *UNSERER*! DAS WEISST DU *GANZ GENAU*! ALSO MECKER MICH NICHT AN!
GLAUBST DU, ICH TEILE NICHT MIT DIR? FÜR WAS FÜR EIN MONSTER HÄLTST DU MICH DENN?
AUSSERDEM, ALLEIN WÜRDEST DU IHN GANZ VERSCHLINGEN, ALSO BIST DU KAUM IN DER POSITION, DICH ZU BESCHWEREN.
NEIGGGH

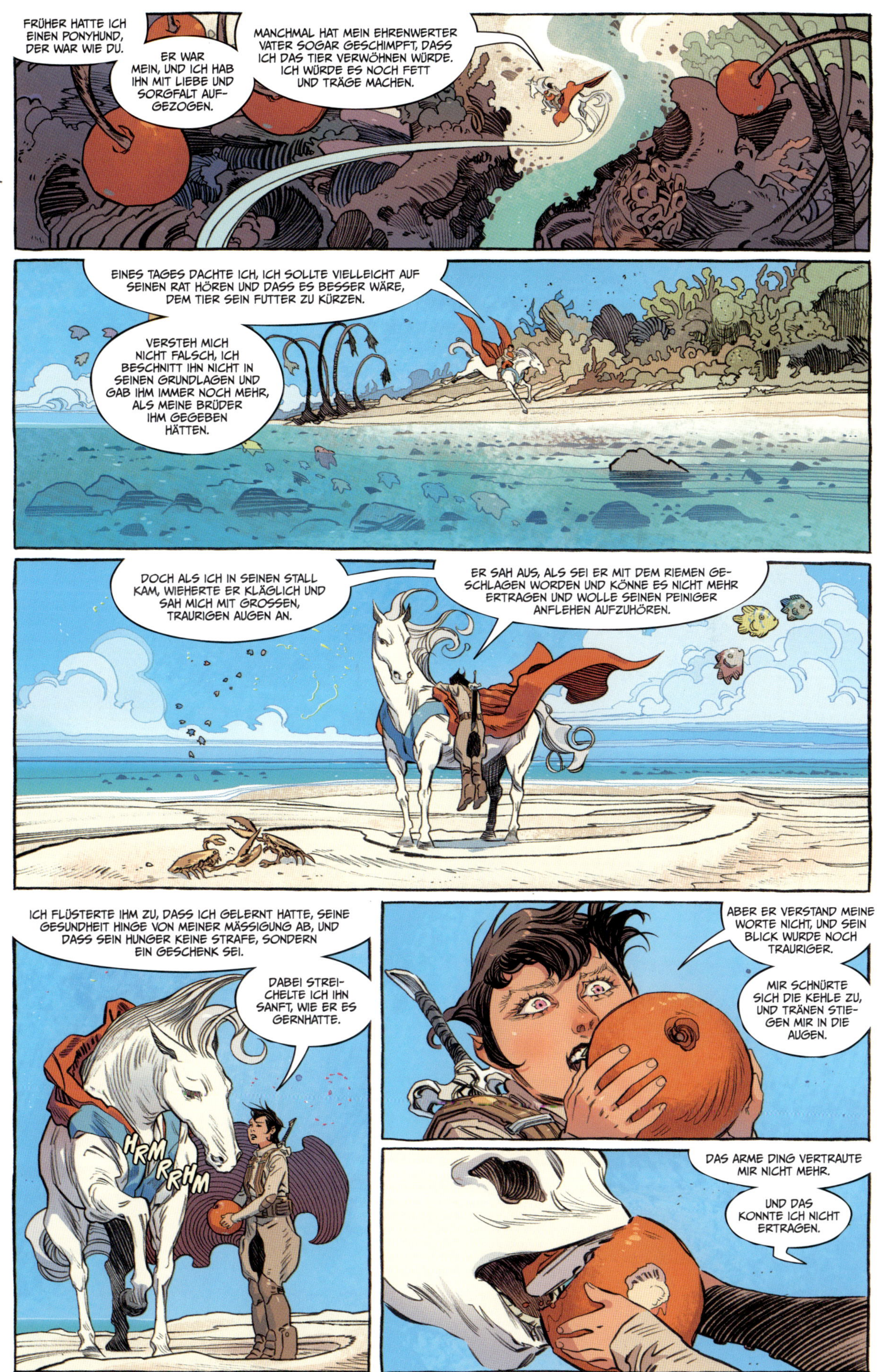

FRÜHER HATTE ICH EINEN PONYHUND, DER WAR WIE DU.
ER WAR MEIN, UND ICH HAB IHN MIT LIEBE UND SORGFALT AUF-GEZOGEN.
MANCHMAL HAT MEIN EHRENWERTER VATER SOGAR GESCHIMPFT, DASS ICH DAS TIER VERWÖHNEN WÜRDE. ICH WÜRDE ES NOCH FETT UND TRÄGE MACHEN.
EINES TAGES DACHTE ICH, ICH SOLLTE VIELLEICHT AUF SEINEN RAT HÖREN UND DASS ES BESSER WÄRE, DEM TIER SEIN FUTTER ZU KÜRZEN.
VERSTEH MICH NICHT FALSCH, ICH BESCHNITT IHN NICHT IN SEINEN GRUNDLAGEN UND GAB IHM IMMER NOCH MEHR, ALS MEINE BRÜDER IHM GEGEBEN HÄTTEN.
DOCH ALS ICH IN SEINEN STALL KAM, WIEHERTE ER KLÄGLICH UND SAH MICH MIT GROSSEN, TRAURIGEN AUGEN AN.
ER SAH AUS, ALS SEI ER MIT DEM RIEMEN GE-SCHLAGEN WORDEN UND KÖNNE ES NICHT MEHR ERTRAGEN UND WOLLE SEINEN PEINIGER ANFLEHEN AUFZUHÖREN.
ICH FLÜSTERTE IHM ZU, DASS ICH GELERNT HATTE, SEINE GESUNDHEIT HINGE VON MEINER MÄSSIGUNG AB, UND DASS SEIN HUNGER KEINE STRAFE, SONDERN EIN GESCHENK SEI.
DABEI STREI-CHELTE ICH IHN SANFT, WIE ER ES GERNHATTE.
HRMRRHM
ABER ER VERSTAND MEINE WORTE NICHT, UND SEIN BLICK WURDE NOCH TRAURIGER.
MIR SCHNÜRTE SICH DIE KEHLE ZU, UND TRÄNEN STIE-GEN MIR IN DIE AUGEN.
DAS ARME DING VERTRAUTE MIR NICHT MEHR.
UND DAS KONNTE ICH NICHT ERTRAGEN.

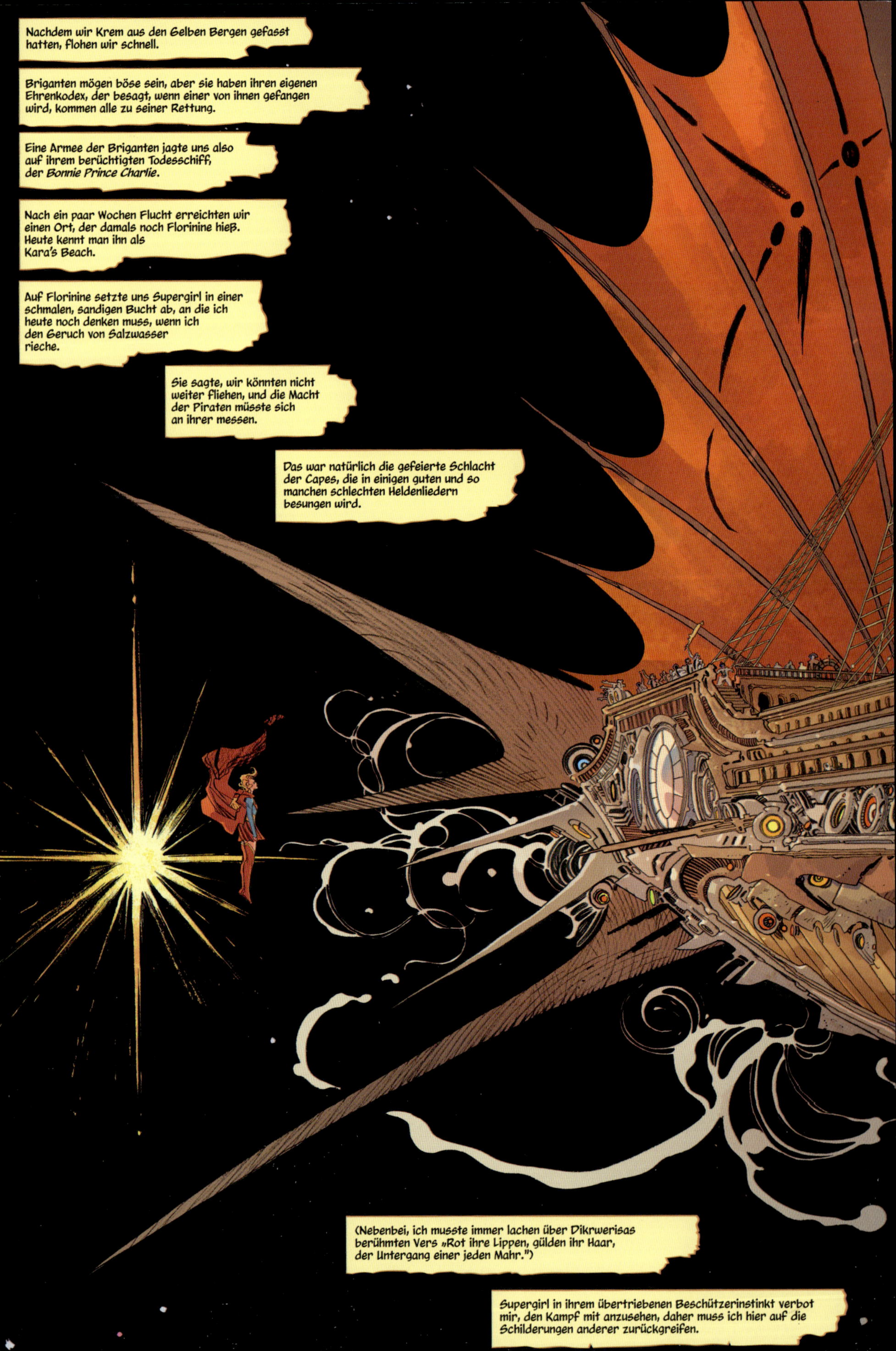

Nachdem wir Krem aus den Gelben Bergen gefasst hatten, flohen wir schnell.

Briganten mögen böse sein, aber sie haben ihren eigenen Ehrenkodex, der besagt, wenn einer von ihnen gefangen wird, kommen alle zu seiner Rettung.

Eine Armee der Briganten jagte uns also auf ihrem berüchtigten Todesschiff, der *Bonnie Prince Charlie*.

Nach ein paar Wochen Flucht erreichten wir einen Ort, der damals noch Florinine hieß. Heute kennt man ihn als Kara's Beach.

Auf Florinine setzte uns Supergirl in einer schmalen, sandigen Bucht ab, an die ich heute noch denken muss, wenn ich den Geruch von Salzwasser rieche.

Sie sagte, wir könnten nicht weiter fliehen, und die Macht der Piraten müsste sich an ihrer messen.

Das war natürlich die gefeierte Schlacht der Capes, die in einigen guten und so manchen schlechten Heldenliedern besungen wird.

(Nebenbei, ich musste immer lachen über Dikrwerisas berühmten Vers „Rot ihre Lippen, gülden ihr Haar, der Untergang einer jeden Mahr.")

Supergirl in ihrem übertriebenen Beschützerinstinkt verbot mir, den Kampf mit anzusehen, daher muss ich hier auf die Schilderungen anderer zurückgreifen.

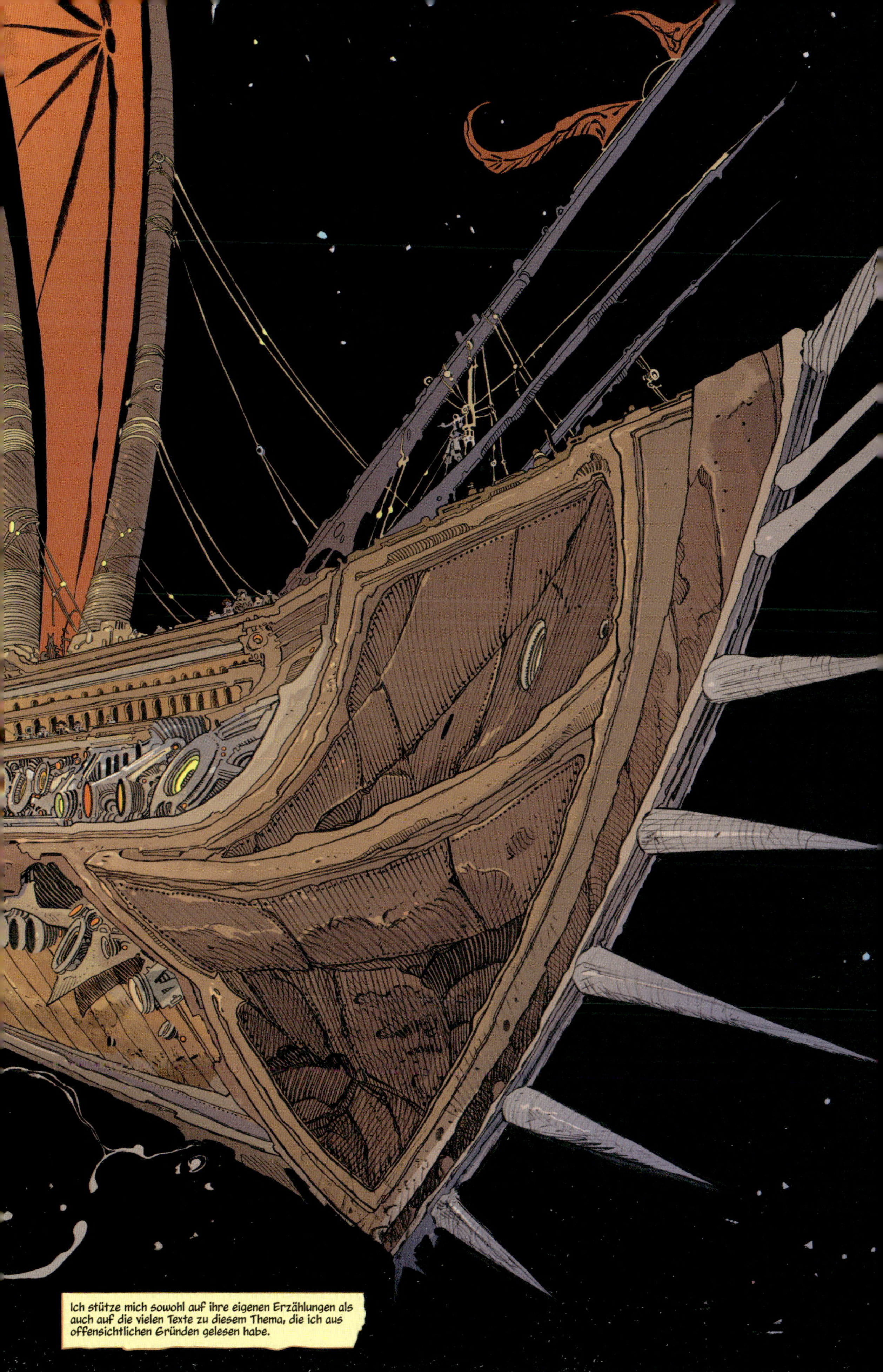
Ich stütze mich sowohl auf ihre eigenen Erzählungen als
auch auf die vielen Texte zu diesem Thema, die ich aus
offensichtlichen Gründen gelesen habe.

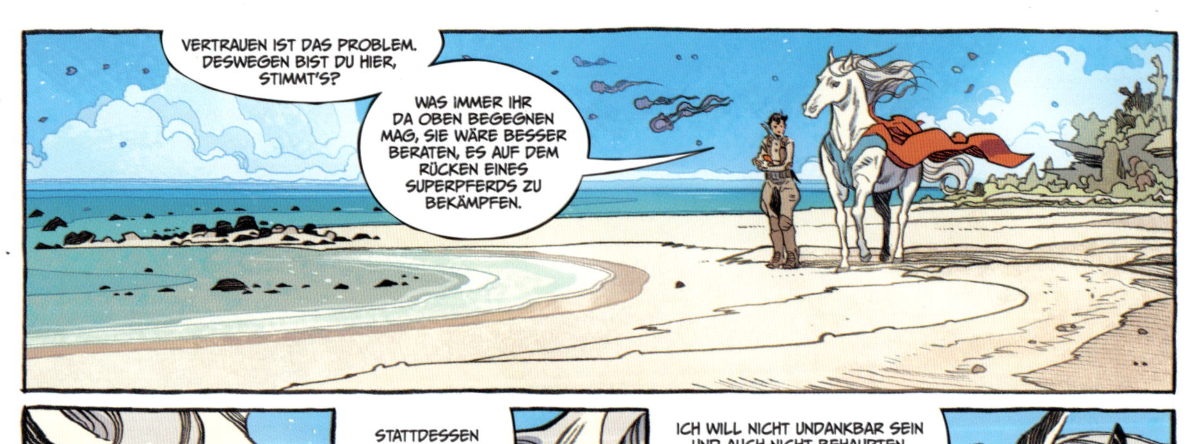
VERTRAUEN IST DAS PROBLEM. DESWEGEN BIST DU HIER, STIMMT'S?
WAS IMMER IHR DA OBEN BEGEGNEN MAG, SIE WÄRE BESSER BERATEN, ES AUF DEM RÜCKEN EINES SUPERPFERDS ZU BEKÄMPFEN.
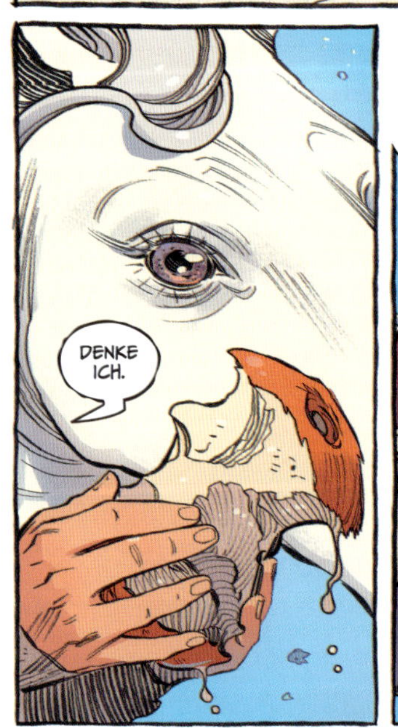
DENKE ICH.
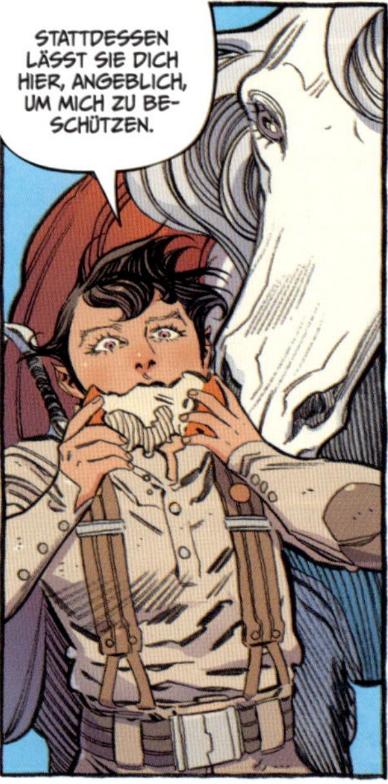
STATTDESSEN LÄSST SIE DICH HIER, ANGEBLICH, UM MICH ZU BESCHÜTZEN.
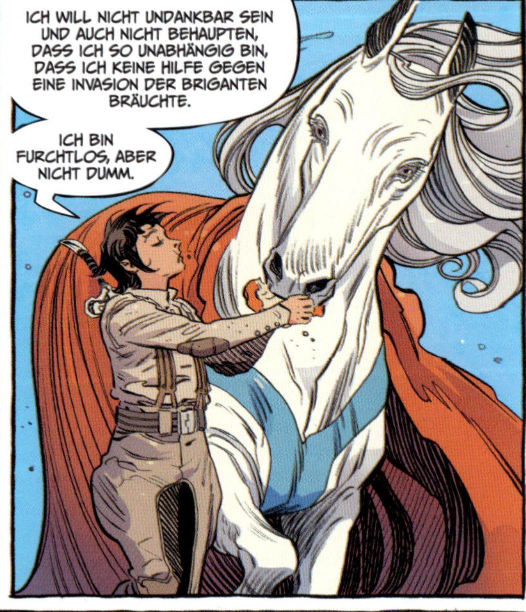
ICH WILL NICHT UNDANKBAR SEIN UND AUCH NICHT BEHAUPTEN, DASS ICH SO UNABHÄNGIG BIN, DASS ICH KEINE HILFE GEGEN EINE INVASION DER BRIGANTEN BRÄUCHTE.
ICH BIN FURCHTLOS, ABER NICHT DUMM.
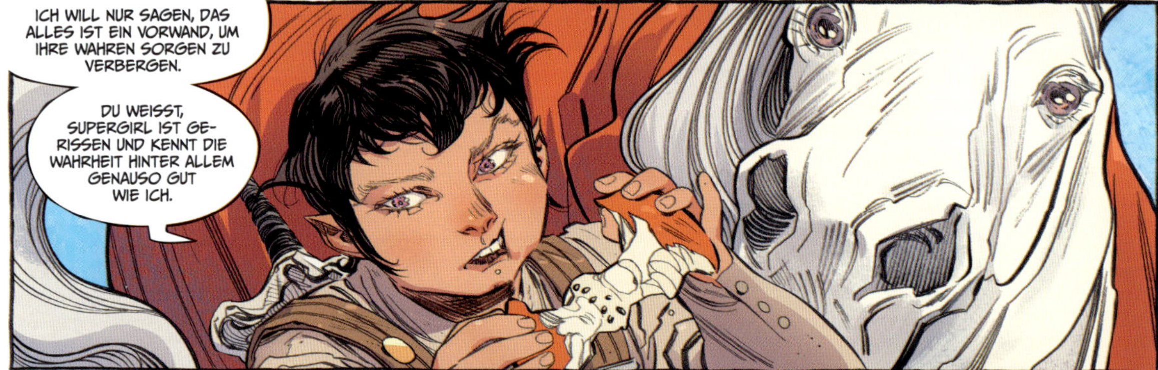
ICH WILL NUR SAGEN, DAS ALLES IST EIN VORWAND, UM IHRE WAHREN SORGEN ZU VERBERGEN.
DU WEISST, SUPERGIRL IST GERISSEN UND KENNT DIE WAHRHEIT HINTER ALLEM GENAUSO GUT WIE ICH.
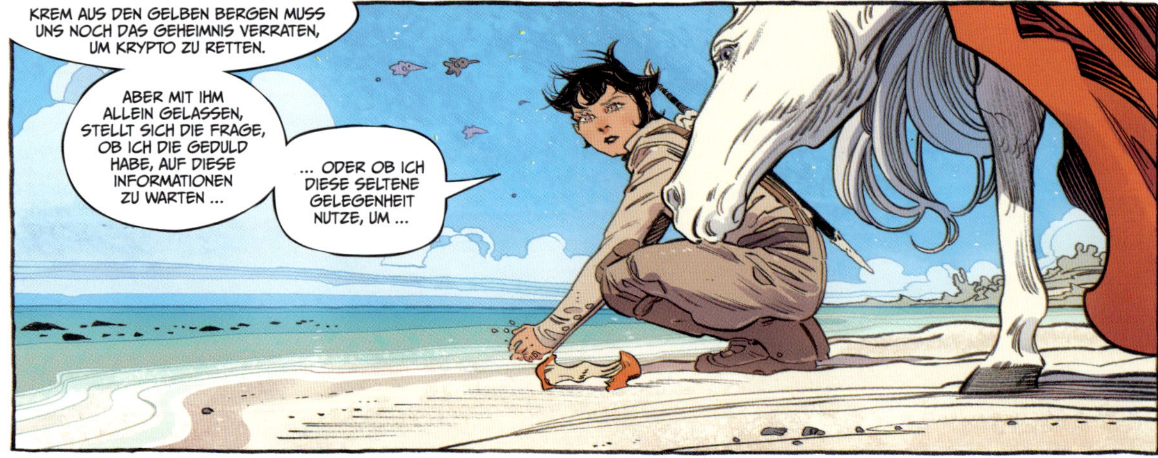
KREM AUS DEN GELBEN BERGEN MUSS UNS NOCH DAS GEHEIMNIS VERRATEN, UM KRYPTO ZU RETTEN.
ABER MIT IHM ALLEIN GELASSEN, STELLT SICH DIE FRAGE, OB ICH DIE GEDULD HABE, AUF DIESE INFORMATIONEN ZU WARTEN ...
... ODER OB ICH DIESE SELTENE GELEGENHEIT NUTZE, UM ...

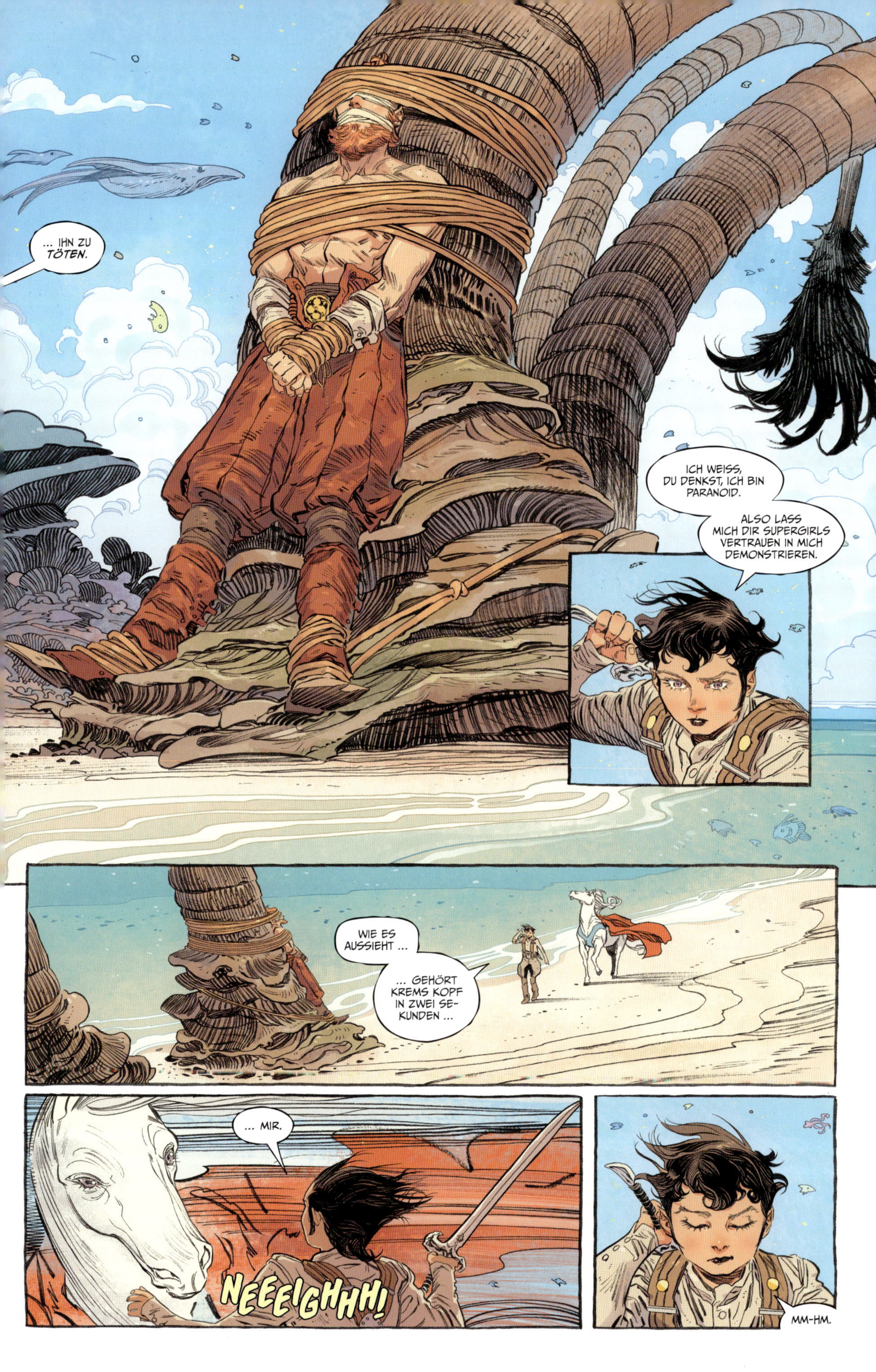
… IHN ZU TÖTEN.
ICH WEISS, DU DENKST, ICH BIN PARANOID.
ALSO LASS MICH DIR SUPERGIRLS VERTRAUEN IN MICH DEMONSTRIEREN.
WIE ES AUSSIEHT …
… GEHÖRT KREMS KOPF IN ZWEI SEKUNDEN …
… MIR.
NEEEIGHHH!
MM-HM.

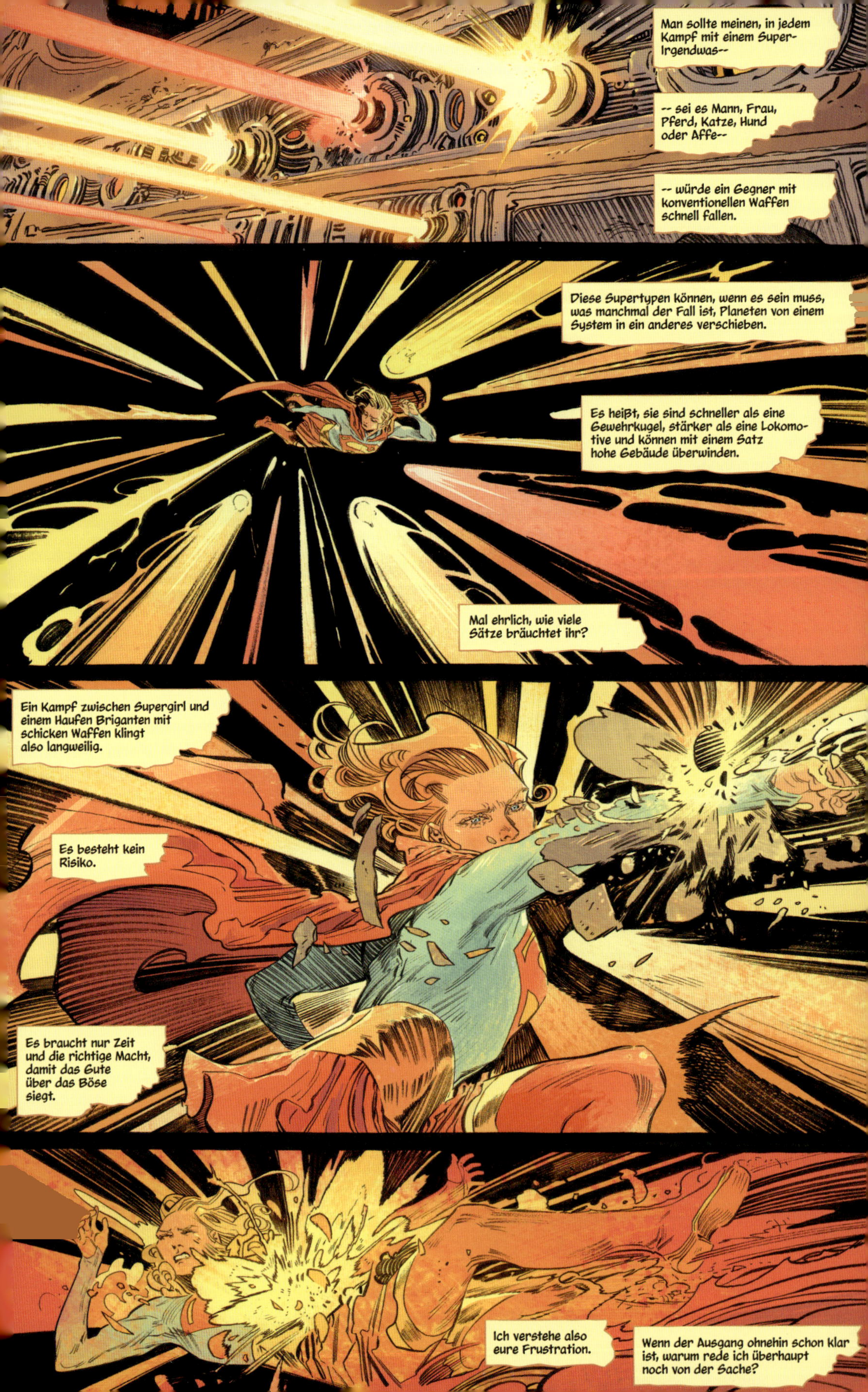
Man sollte meinen, in jedem Kampf mit einem Super-Irgendwas--
-- sei es Mann, Frau, Pferd, Katze, Hund oder Affe--
-- würde ein Gegner mit konventionellen Waffen schnell fallen.
Diese Supertypen können, wenn es sein muss, was manchmal der Fall ist, Planeten von einem System in ein anderes verschieben.
Es heißt, sie sind schneller als eine Gewehrkugel, stärker als eine Lokomotive und können mit einem Satz hohe Gebäude überwinden.
Mal ehrlich, wie viele Sätze bräuchtet ihr?
Ein Kampf zwischen Supergirl und einem Haufen Briganten mit schicken Waffen klingt also langweilig.
Es besteht kein Risiko.
Es braucht nur Zeit und die richtige Macht, damit das Gute über das Böse siegt.
Ich verstehe also eure Frustration.
Wenn der Ausgang ohnehin schon klar ist, warum rede ich überhaupt noch von der Sache?

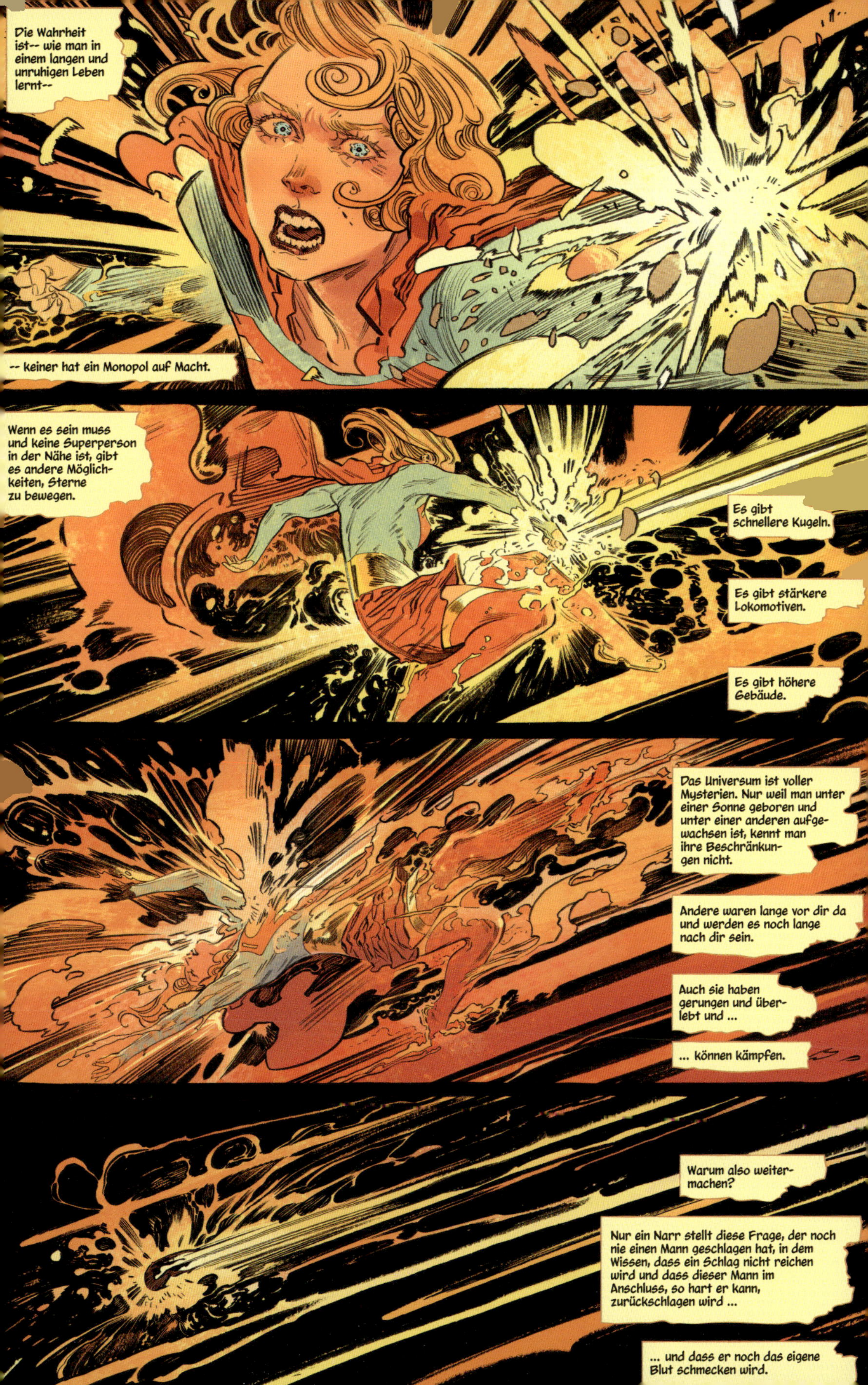
Die Wahrheit ist-- wie man in einem langen und unruhigen Leben lernt--
-- keiner hat ein Monopol auf Macht.
Wenn es sein muss und keine Superperson in der Nähe ist, gibt es andere Möglich-keiten, Sterne zu bewegen.
Es gibt schnellere Kugeln.
Es gibt stärkere Lokomotiven.
Es gibt höhere Gebäude.
Das Universum ist voller Mysterien. Nur weil man unter einer Sonne geboren und unter einer anderen aufge-wachsen ist, kennt man ihre Beschränkun-gen nicht.
Andere waren lange vor dir da und werden es noch lange nach dir sein.
Auch sie haben gerungen und über-lebt und ...
... können kämpfen.
Warum also weiter-machen?
Nur ein Narr stellt diese Frage, der noch nie einen Mann geschlagen hat, in dem Wissen, dass ein Schlag nicht reichen wird und dass dieser Mann im Anschluss, so hart er kann, zurückschlagen wird ...
... und dass er noch das eigene Blut schmecken wird.

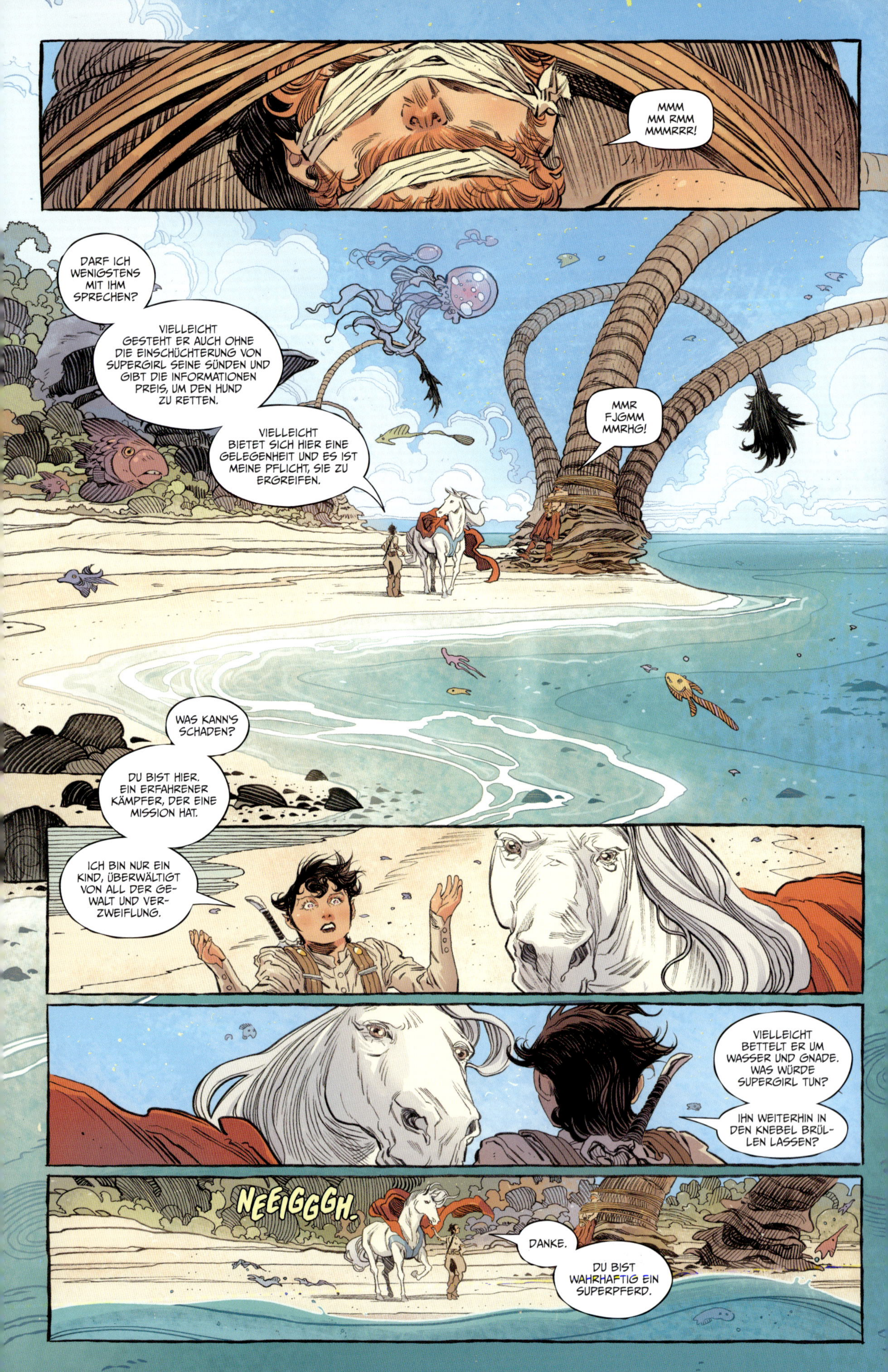
MMM
MM RMM
MMMRRR!
DARF ICH WENIGSTENS MIT IHM SPRECHEN?
VIELLEICHT GESTEHT ER AUCH OHNE DIE EINSCHÜCHTERUNG VON SUPERGIRL SEINE SÜNDEN UND GIBT DIE INFORMATIONEN PREIS, UM DEN HUND ZU RETTEN.
VIELLEICHT BIETET SICH HIER EINE GELEGENHEIT UND ES IST MEINE PFLICHT, SIE ZU ERGREIFEN.
MMR FJGMM MMRHG!
WAS KANN'S SCHADEN?
DU BIST HIER. EIN ERFAHRENER KÄMPFER, DER EINE MISSION HAT.
ICH BIN NUR EIN KIND, ÜBERWÄLTIGT VON ALL DER GEWALT UND VERZWEIFLUNG.
VIELLEICHT BETTELT ER UM WASSER UND GNADE. WAS WÜRDE SUPERGIRL TUN?
IHN WEITERHIN IN DEN KNEBEL BRÜLLEN LASSEN?
NEEIGGGH.
DANKE.
DU BIST WAHRHAFTIG EIN SUPERPFERD.

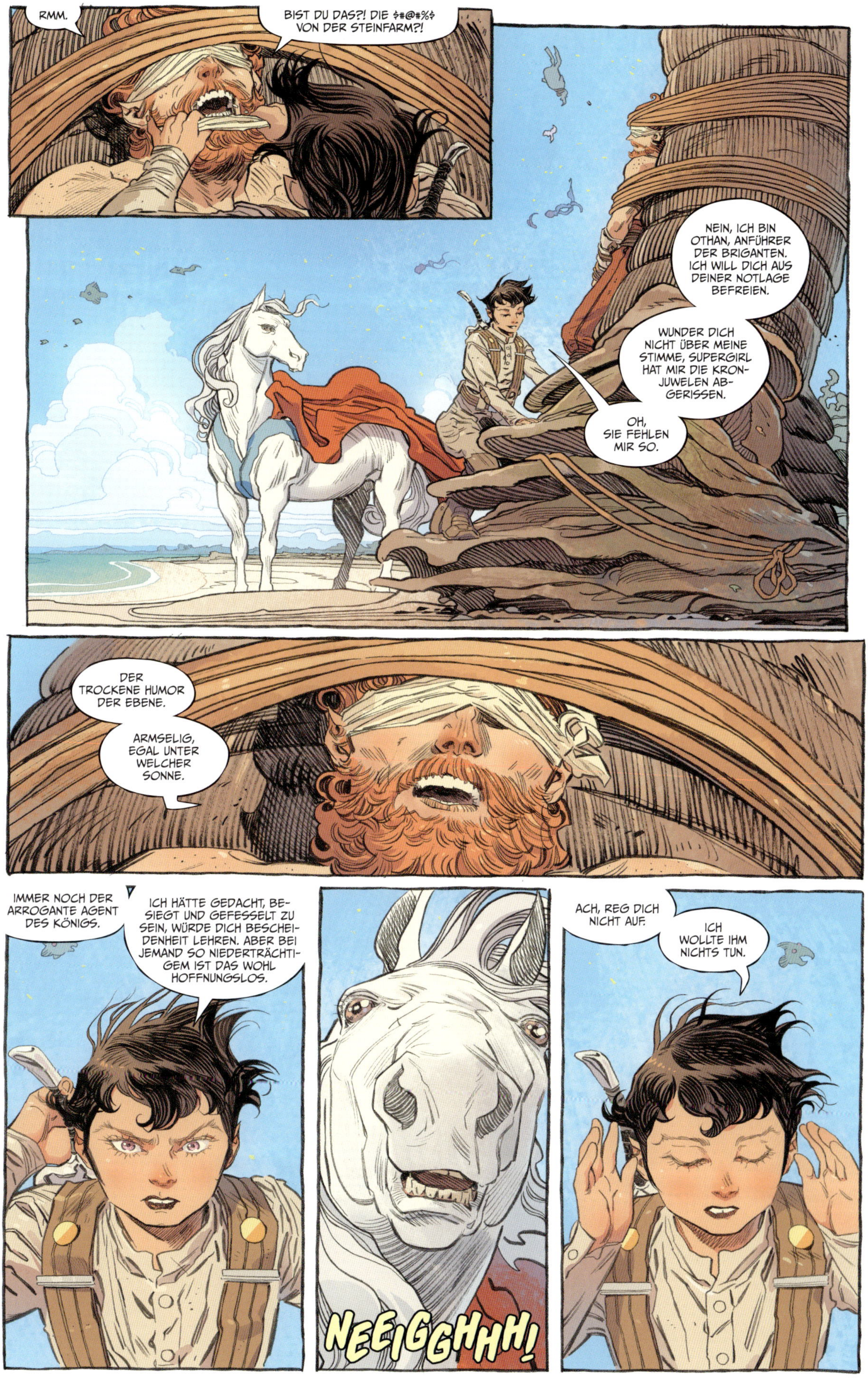

RMM.
BIST DU DAS?! DIE $#@#%$ VON DER STEINFARM?!
NEIN, ICH BIN OTHAN, ANFÜHRER DER BRIGANTEN. ICH WILL DICH AUS DEINER NOTLAGE BEFREIEN.
WUNDER DICH NICHT ÜBER MEINE STIMME, SUPERGIRL HAT MIR DIE KRON-JUWELEN AB-GERISSEN.
OH, SIE FEHLEN MIR SO.

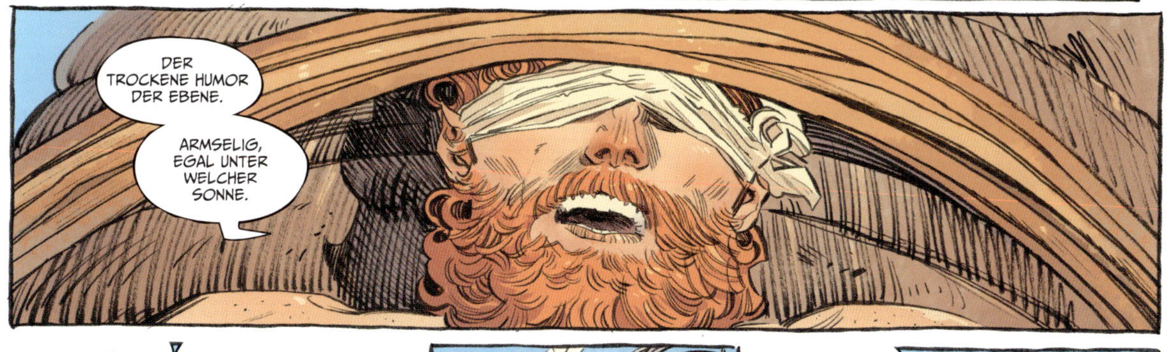
DER TROCKENE HUMOR DER EBENE.
ARMSELIG, EGAL UNTER WELCHER SONNE.

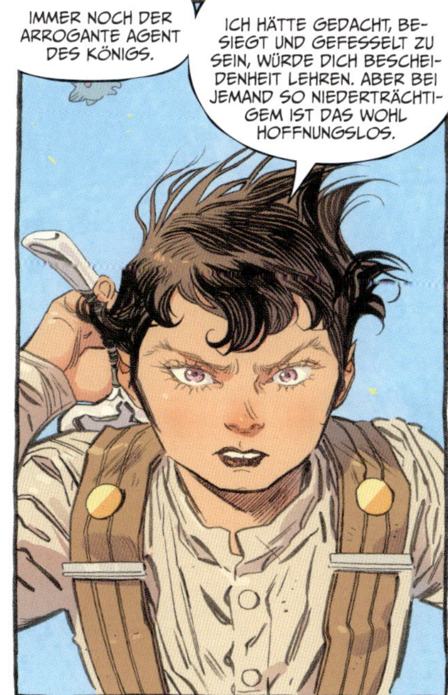
IMMER NOCH DER ARROGANTE AGENT DES KÖNIGS.
ICH HÄTTE GEDACHT, BE-SIEGT UND GEFESSELT ZU SEIN, WÜRDE DICH BESCHEI-DENHEIT LEHREN. ABER BEI JEMAND SO NIEDERTRÄCHTI-GEM IST DAS WOHL HOFFNUNGSLOS.

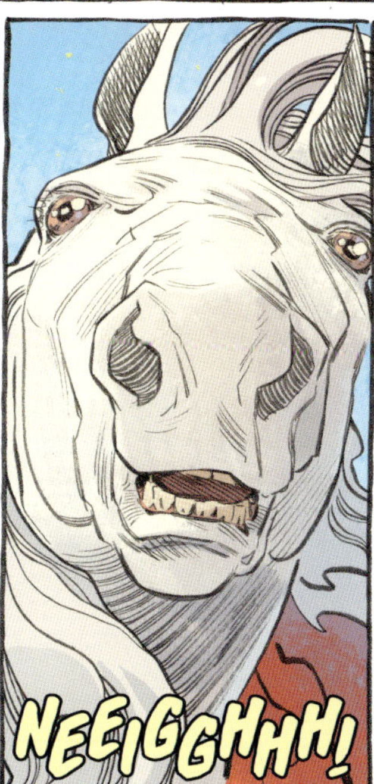
NEEIGGHHH!

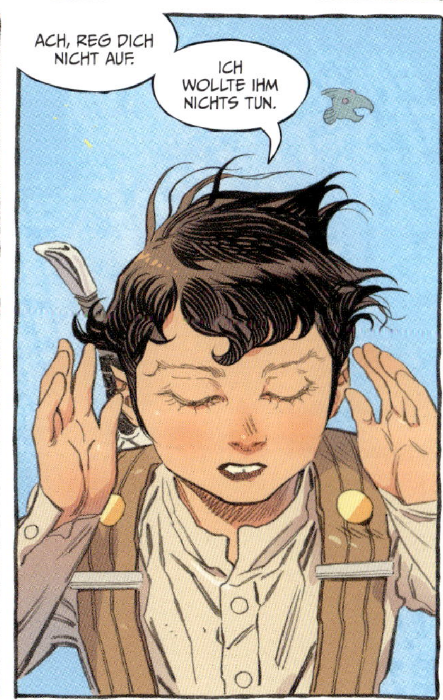
ACH, REG DICH NICHT AUF.
ICH WOLLTE IHM NICHTS TUN.

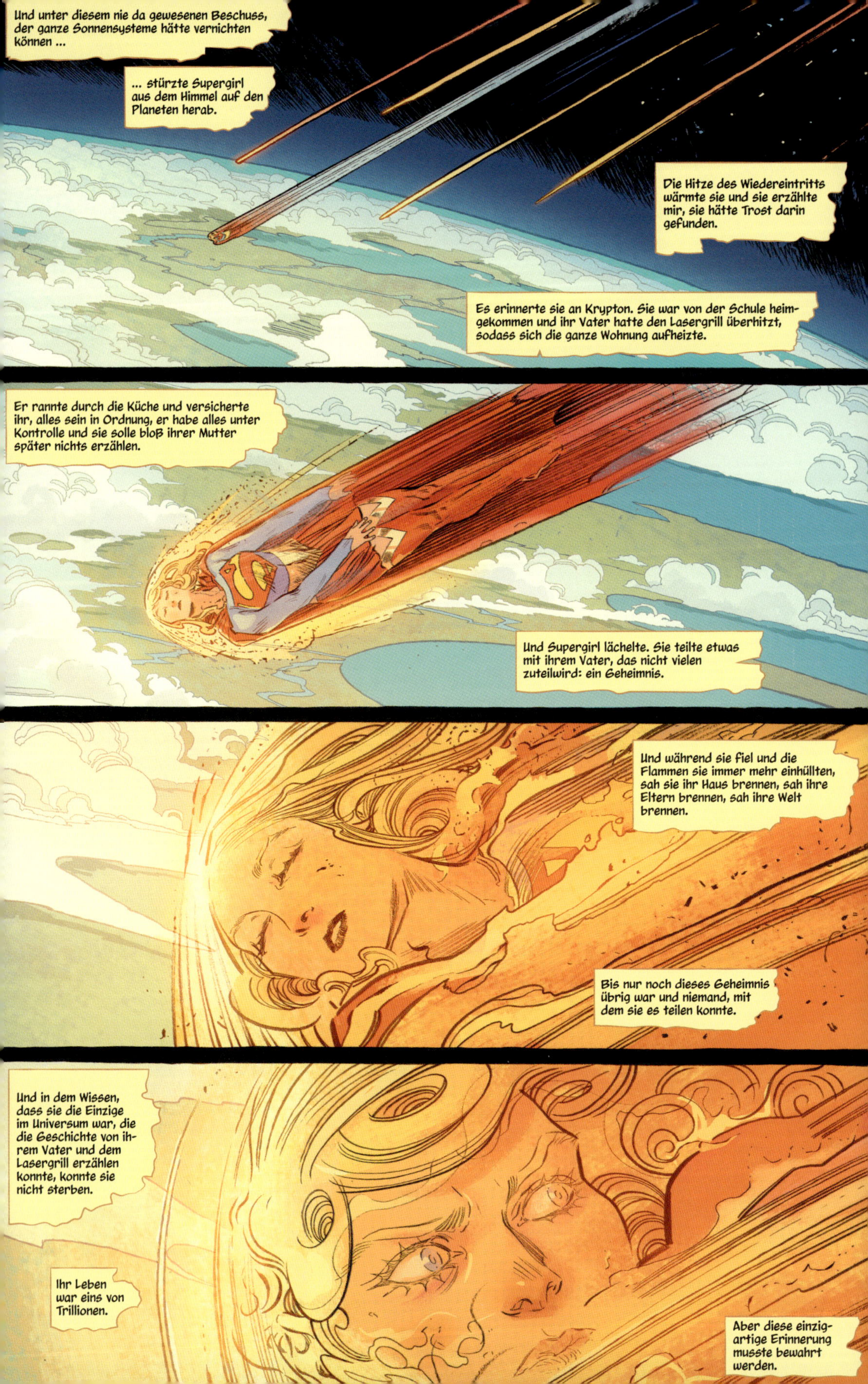
Und unter diesem nie da gewesenen Beschuss, der ganze Sonnensysteme hätte vernichten können ...
... stürzte Supergirl aus dem Himmel auf den Planeten herab.
Die Hitze des Wiedereintritts wärmte sie und sie erzählte mir, sie hätte Trost darin gefunden.
Es erinnerte sie an Krypton. Sie war von der Schule heimgekommen und ihr Vater hatte den Lasergrill überhitzt, sodass sich die ganze Wohnung aufheizte.
Er rannte durch die Küche und versicherte ihr, alles sein in Ordnung, er habe alles unter Kontrolle und sie solle bloß ihrer Mutter später nichts erzählen.
Und Supergirl lächelte. Sie teilte etwas mit ihrem Vater, das nicht vielen zuteilwird: ein Geheimnis.
Und während sie fiel und die Flammen sie immer mehr einhüllten, sah sie ihr Haus brennen, sah ihre Eltern brennen, sah ihre Welt brennen.
Bis nur noch dieses Geheimnis übrig war und niemand, mit dem sie es teilen konnte.
Und in dem Wissen, dass sie die Einzige im Universum war, die die Geschichte von ihrem Vater und dem Lasergrill erzählen konnte, konnte sie nicht sterben.
Ihr Leben war eins von Trillionen.
Aber diese einzigartige Erinnerung musste bewahrt werden.

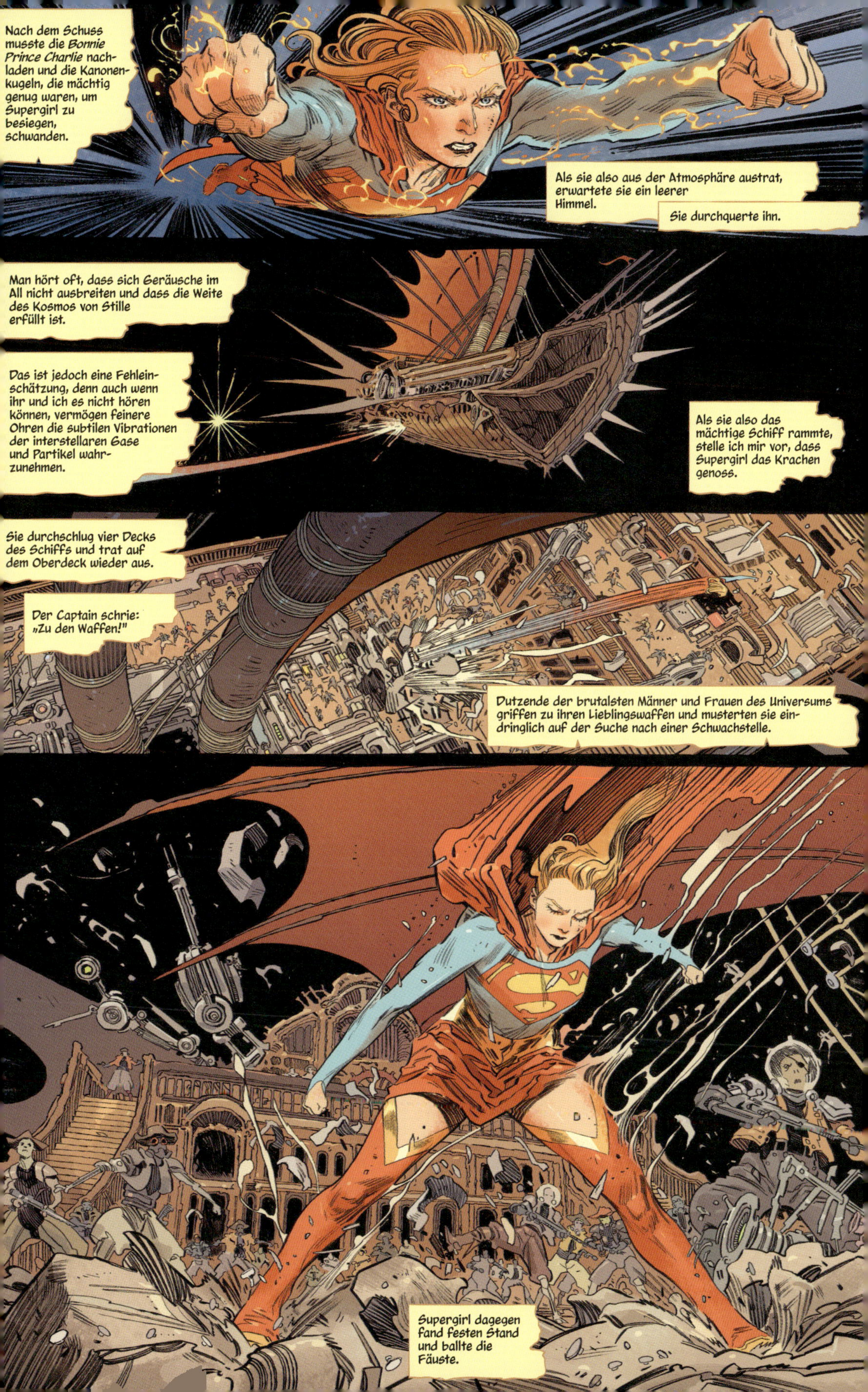
Nach dem Schuss musste die *Bonnie Prince Charlie* nachladen und die Kanonenkugeln, die mächtig genug waren, um Supergirl zu besiegen, schwanden.
Als sie also aus der Atmosphäre austrat, erwartete sie ein leerer Himmel.
Sie durchquerte ihn.
Man hört oft, dass sich Geräusche im All nicht ausbreiten und dass die Weite des Kosmos von Stille erfüllt ist.
Das ist jedoch eine Fehleinschätzung, denn auch wenn ihr und ich es nicht hören können, vermögen feinere Ohren die subtilen Vibrationen der interstellaren Gase und Partikel wahrzunehmen.
Als sie also das mächtige Schiff rammte, stelle ich mir vor, dass Supergirl das Krachen genoss.
Sie durchschlug vier Decks des Schiffs und trat auf dem Oberdeck wieder aus.
Der Captain schrie: „Zu den Waffen!"
Dutzende der brutalsten Männer und Frauen des Universums griffen zu ihren Lieblingswaffen und musterten sie eindringlich auf der Suche nach einer Schwachstelle.
Supergirl dagegen fand festen Stand und ballte die Fäuste.

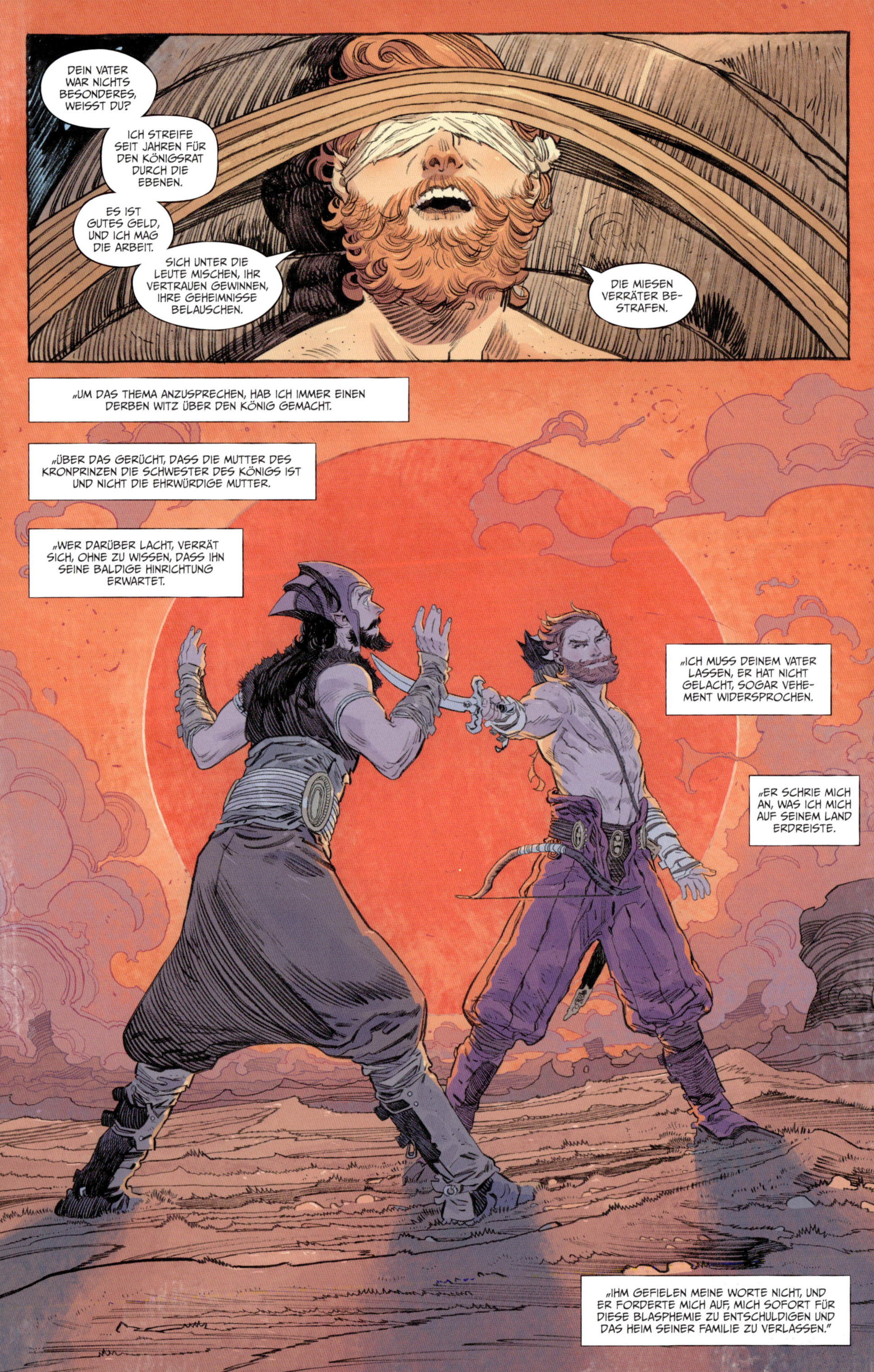
DEIN VATER WAR NICHTS BESONDERES, WEISST DU?
ICH STREIFE SEIT JAHREN FÜR DEN KÖNIGSRAT DURCH DIE EBENEN.
ES IST GUTES GELD, UND ICH MAG DIE ARBEIT.
SICH UNTER DIE LEUTE MISCHEN, IHR VERTRAUEN GEWINNEN, IHRE GEHEIMNISSE BELAUSCHEN.
DIE MIESEN VERRÄTER BESTRAFEN.
„UM DAS THEMA ANZUSPRECHEN, HAB ICH IMMER EINEN DERBEN WITZ ÜBER DEN KÖNIG GEMACHT.
„ÜBER DAS GERÜCHT, DASS DIE MUTTER DES KRONPRINZEN DIE SCHWESTER DES KÖNIGS IST UND NICHT DIE EHRWÜRDIGE MUTTER.
„WER DARÜBER LACHT, VERRÄT SICH, OHNE ZU WISSEN, DASS IHN SEINE BALDIGE HINRICHTUNG ERWARTET.
„ICH MUSS DEINEM VATER LASSEN, ER HAT NICHT GELACHT, SOGAR VEHEMENT WIDERSPROCHEN.
„ER SCHRIE MICH AN, WAS ICH MICH AUF SEINEM LAND ERDREISTE.
„IHM GEFIELEN MEINE WORTE NICHT, UND ER FORDERTE MICH AUF, MICH SOFORT FÜR DIESE BLASPHEMIE ZU ENTSCHULDIGEN UND DAS HEIM SEINER FAMILIE ZU VERLASSEN."

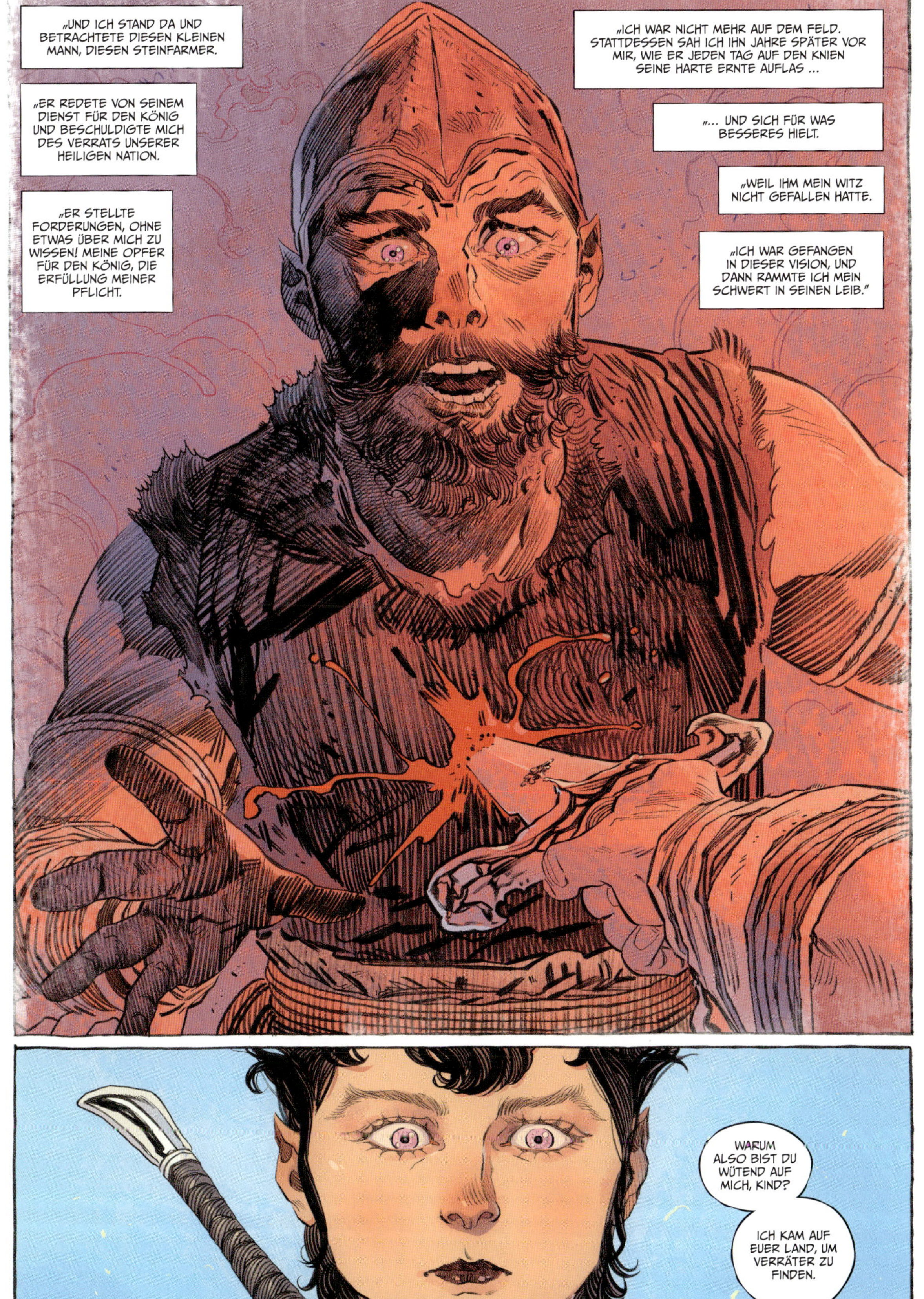
„UND ICH STAND DA UND BETRACHTETE DIESEN KLEINEN MANN, DIESEN STEINFARMER.
„ER REDETE VON SEINEM DIENST FÜR DEN KÖNIG UND BESCHULDIGTE MICH DES VERRATS UNSERER HEILIGEN NATION.
„ER STELLTE FORDERUNGEN, OHNE ETWAS ÜBER MICH ZU WISSEN! MEINE OPFER FÜR DEN KÖNIG, DIE ERFÜLLUNG MEINER PFLICHT.
„ICH WAR NICHT MEHR AUF DEM FELD. STATTDESSEN SAH ICH IHN JAHRE SPÄTER VOR MIR, WIE ER JEDEN TAG AUF DEN KNIEN SEINE HARTE ERNTE AUFLAS ...
„... UND SICH FÜR WAS BESSERES HIELT.
„WEIL IHM MEIN WITZ NICHT GEFALLEN HATTE.
„ICH WAR GEFANGEN IN DIESER VISION, UND DANN RAMMTE ICH MEIN SCHWERT IN SEINEN LEIB."
WARUM ALSO BIST DU WÜTEND AUF MICH, KIND?
ICH KAM AUF EUER LAND, UM VERRÄTER ZU FINDEN.
UND ICH DENKE, DAS HAB ICH.

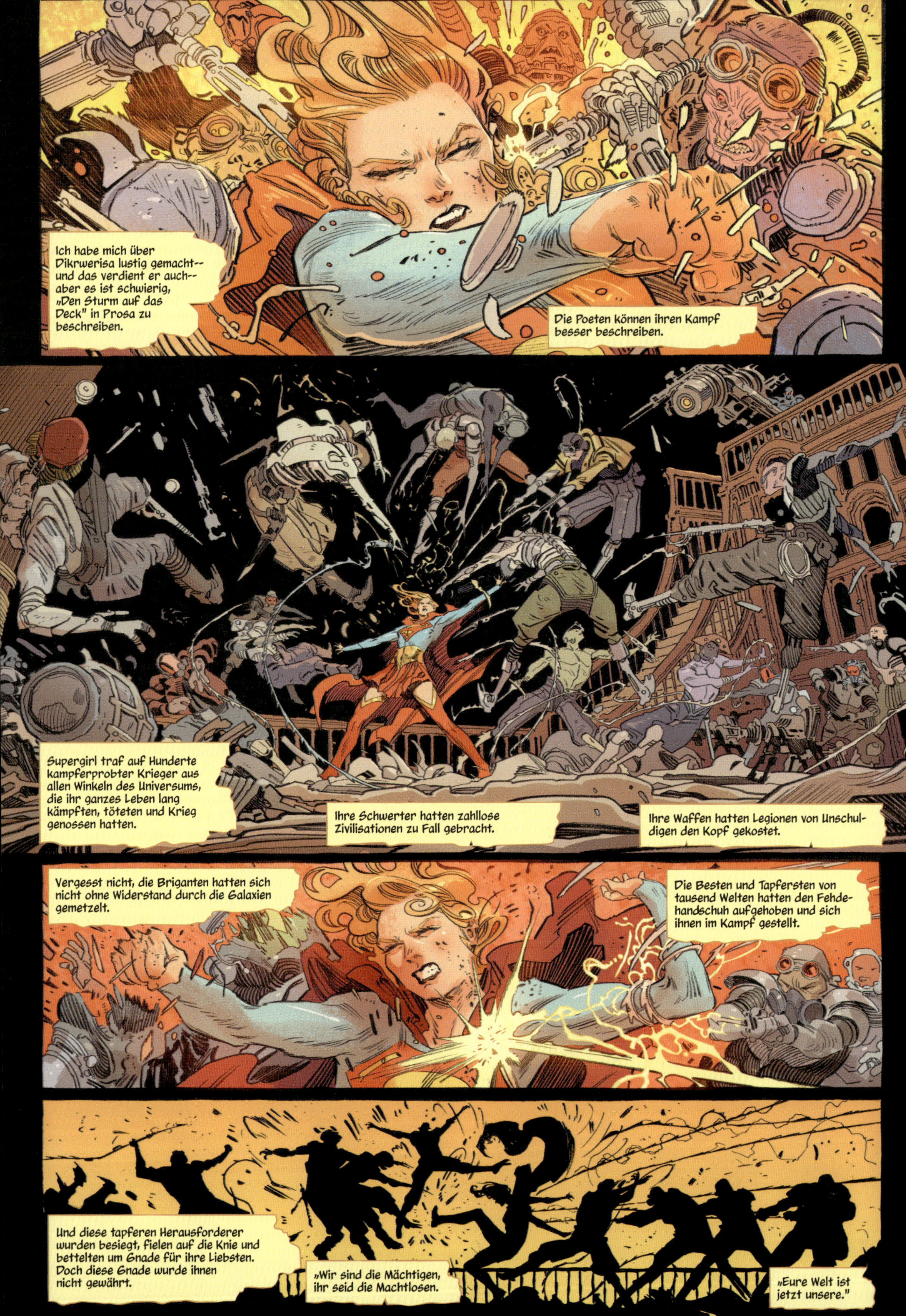
Ich habe mich über Dikrwerisa lustig gemacht-- und das verdient er auch-- aber es ist schwierig, „Den Sturm auf das Deck" in Prosa zu beschreiben.
Die Poeten können ihren Kampf besser beschreiben.
Supergirl traf auf Hunderte kampferprobter Krieger aus allen Winkeln des Universums, die ihr ganzes Leben lang kämpften, töteten und Krieg genossen hatten.
Ihre Schwerter hatten zahllose Zivilisationen zu Fall gebracht.
Ihre Waffen hatten Legionen von Unschuldigen den Kopf gekostet.
Vergesst nicht, die Briganten hatten sich nicht ohne Widerstand durch die Galaxien gemetzelt.
Die Besten und Tapfersten von tausend Welten hatten den Fehdehandschuh aufgehoben und sich ihnen im Kampf gestellt.
Und diese tapferen Herausforderer wurden besiegt, fielen auf die Knie und bettelten um Gnade für ihre Liebsten. Doch diese Gnade wurde ihnen nicht gewährt.
„Wir sind die Mächtigen, ihr seid die Machtlosen.
„Eure Welt ist jetzt unsere."

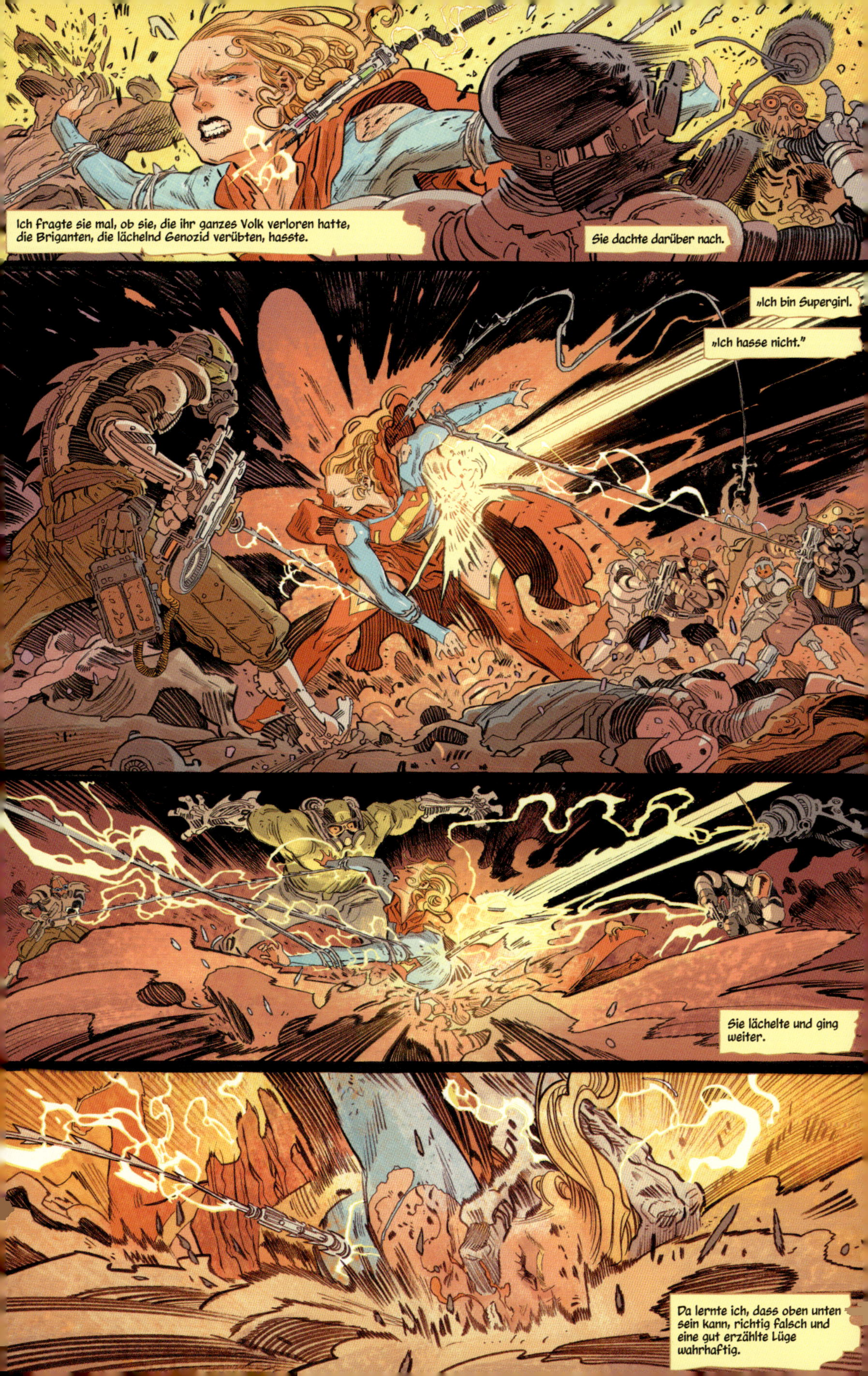
Ich fragte sie mal, ob sie, die ihr ganzes Volk verloren hatte, die Briganten, die lächelnd Genozid verübten, hasste.
Sie dachte darüber nach.
„Ich bin Supergirl.
„Ich hasse nicht."
Sie lächelte und ging weiter.
Da lernte ich, dass oben unten sein kann, richtig falsch und eine gut erzählte Lüge wahrhaftig.

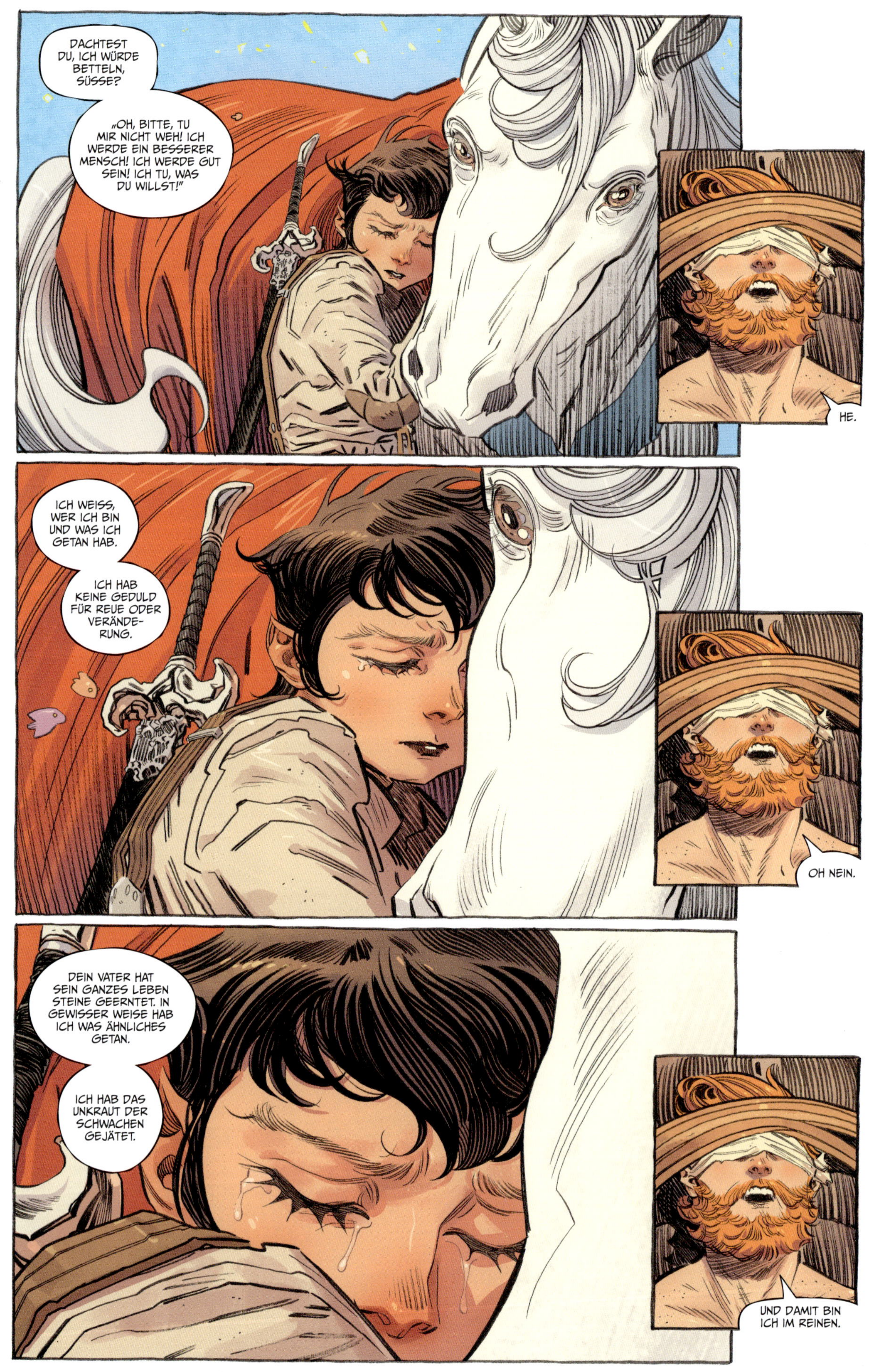
DACHTEST DU, ICH WÜRDE BETTELN, SÜSSE?
„OH, BITTE, TU MIR NICHT WEH! ICH WERDE EIN BESSERER MENSCH! ICH WERDE GUT SEIN! ICH TU, WAS DU WILLST!"
HE.
ICH WEISS, WER ICH BIN UND WAS ICH GETAN HAB.
ICH HAB KEINE GEDULD FÜR REUE ODER VERÄNDE-RUNG.
OH NEIN.
DEIN VATER HAT SEIN GANZES LEBEN STEINE GEERNTET. IN GEWISSER WEISE HAB ICH WAS ÄHNLICHES GETAN.
ICH HAB DAS UNKRAUT DER SCHWACHEN GEJÄTET.
UND DAMIT BIN ICH IM REINEN.

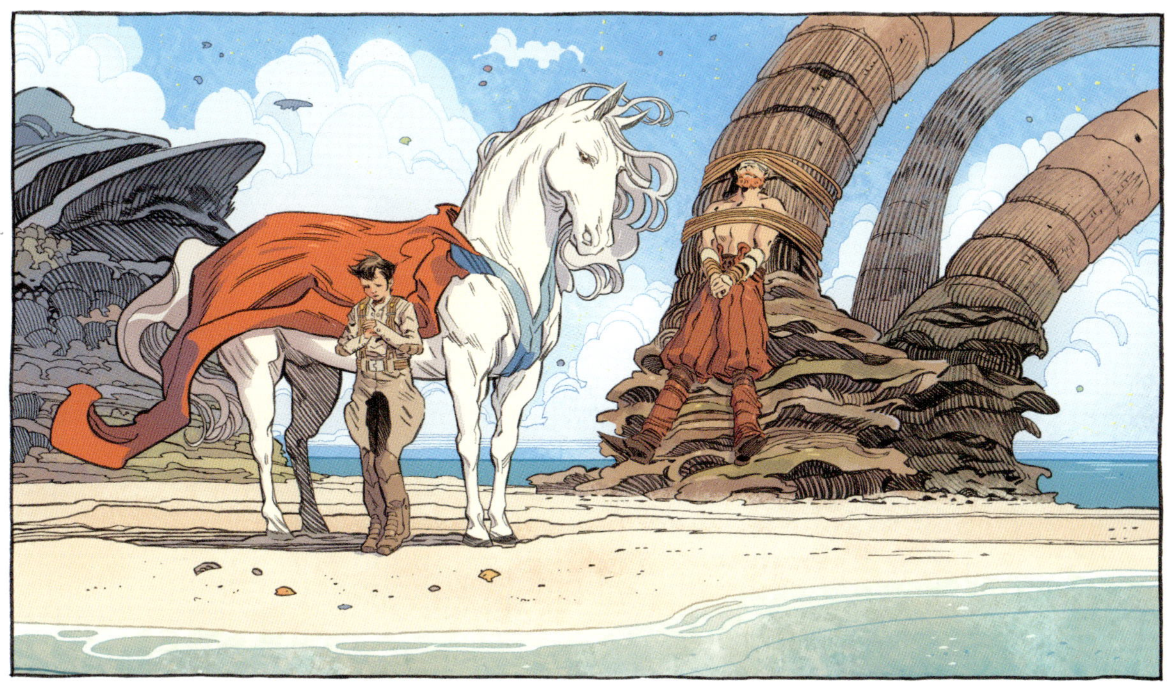

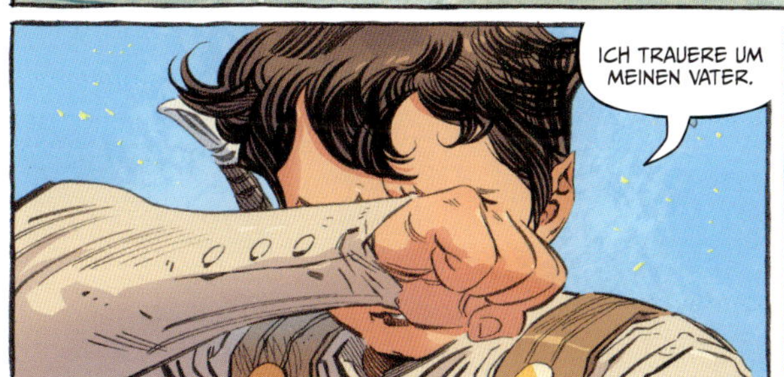
ICH TRAUERE UM MEINEN VATER.

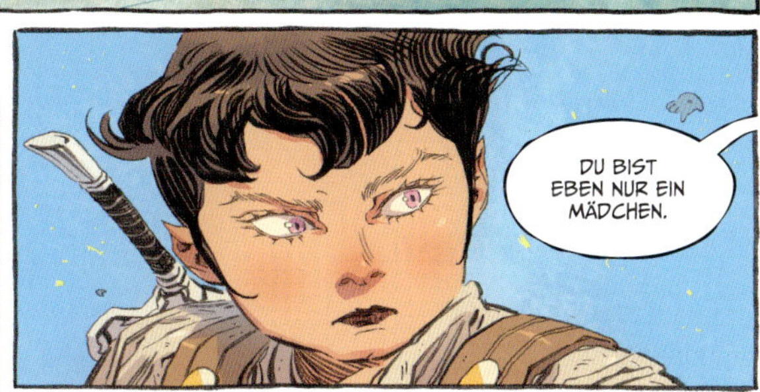
DU BIST EBEN NUR EIN MÄDCHEN.

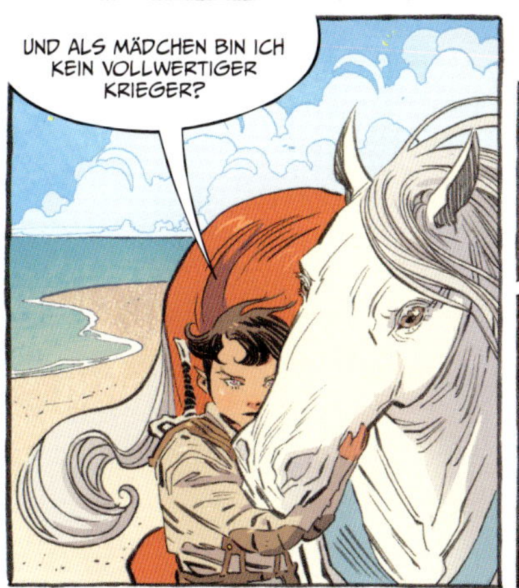
UND ALS MÄDCHEN BIN ICH KEIN VOLLWERTIGER KRIEGER?

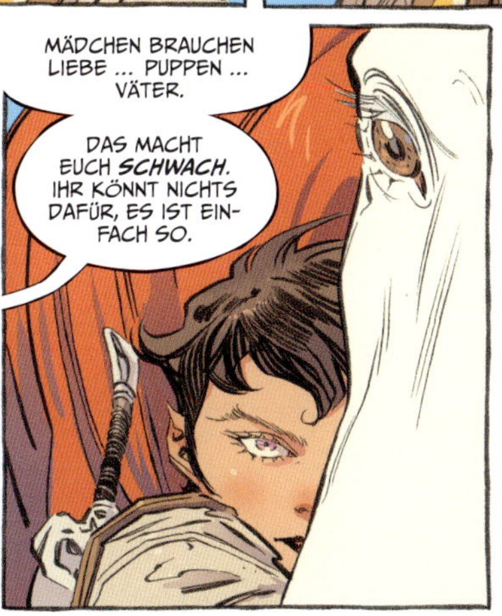
MÄDCHEN BRAUCHEN LIEBE ... PUPPEN ... VÄTER.
DAS MACHT EUCH **SCHWACH**. IHR KÖNNT NICHTS DAFÜR, ES IST EINFACH SO.

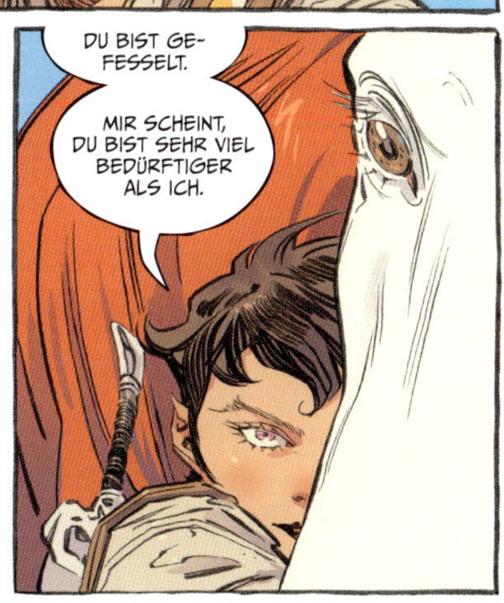
DU BIST GEFESSELT.
MIR SCHEINT, DU BIST SEHR VIEL BEDÜRFTIGER ALS ICH.

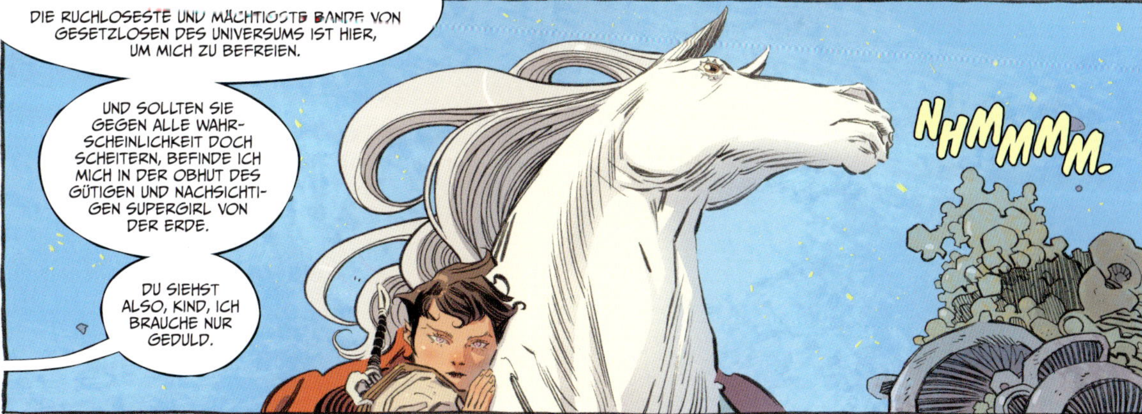
DIE RUCHLOSESTE UND MÄCHTIGSTE BANDE VON GESETZLOSEN DES UNIVERSUMS IST HIER, UM MICH ZU BEFREIEN.
UND SOLLTEN SIE GEGEN ALLE WAHRSCHEINLICHKEIT DOCH SCHEITERN, BEFINDE ICH MICH IN DER OBHUT DES GÜTIGEN UND NACHSICHTIGEN SUPERGIRL VON DER ERDE.
DU SIEHST ALSO, KIND, ICH BRAUCHE NUR GEDULD.
NHMMMM.

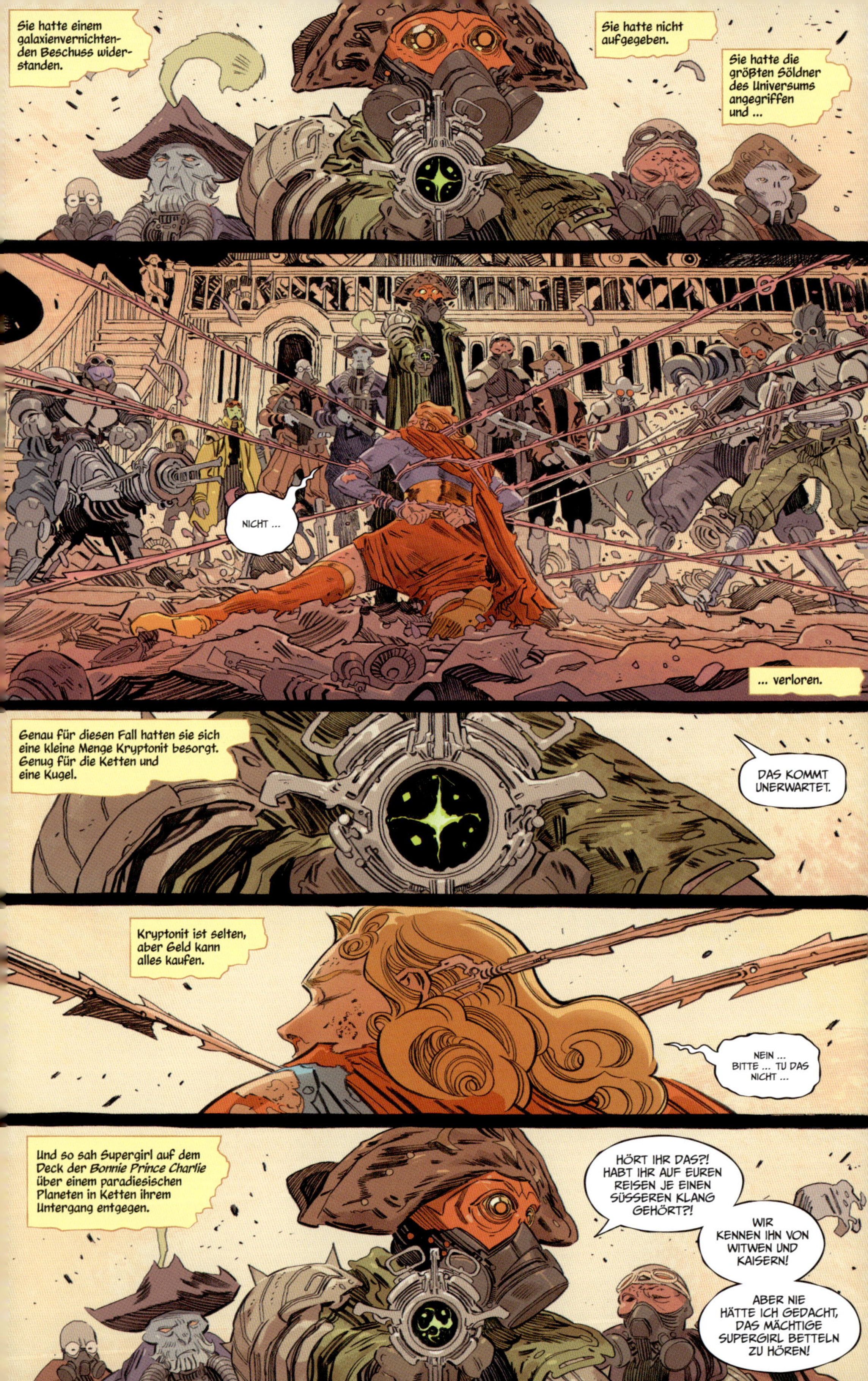
Sie hatte einem galaxienvernichtenden Beschuss widerstanden.
Sie hatte nicht aufgegeben.
Sie hatte die größten Söldner des Universums angegriffen und ...
NICHT ...
... verloren.
Genau für diesen Fall hatten sie sich eine kleine Menge Kryptonit besorgt. Genug für die Ketten und eine Kugel.
DAS KOMMT UNERWARTET.
Kryptonit ist selten, aber Geld kann alles kaufen.
NEIN ... BITTE ... TU DAS NICHT ...
Und so sah Supergirl auf dem Deck der Bonnie Prince Charlie über einem paradiesischen Planeten in Ketten ihrem Untergang entgegen.
HÖRT IHR DAS?! HABT IHR AUF EUREN REISEN JE EINEN SÜSSEREN KLANG GEHÖRT?!
WIR KENNEN IHN VON WITWEN UND KAISERN!
ABER NIE HÄTTE ICH GEDACHT, DAS MÄCHTIGE SUPERGIRL BETTELN ZU HÖREN!

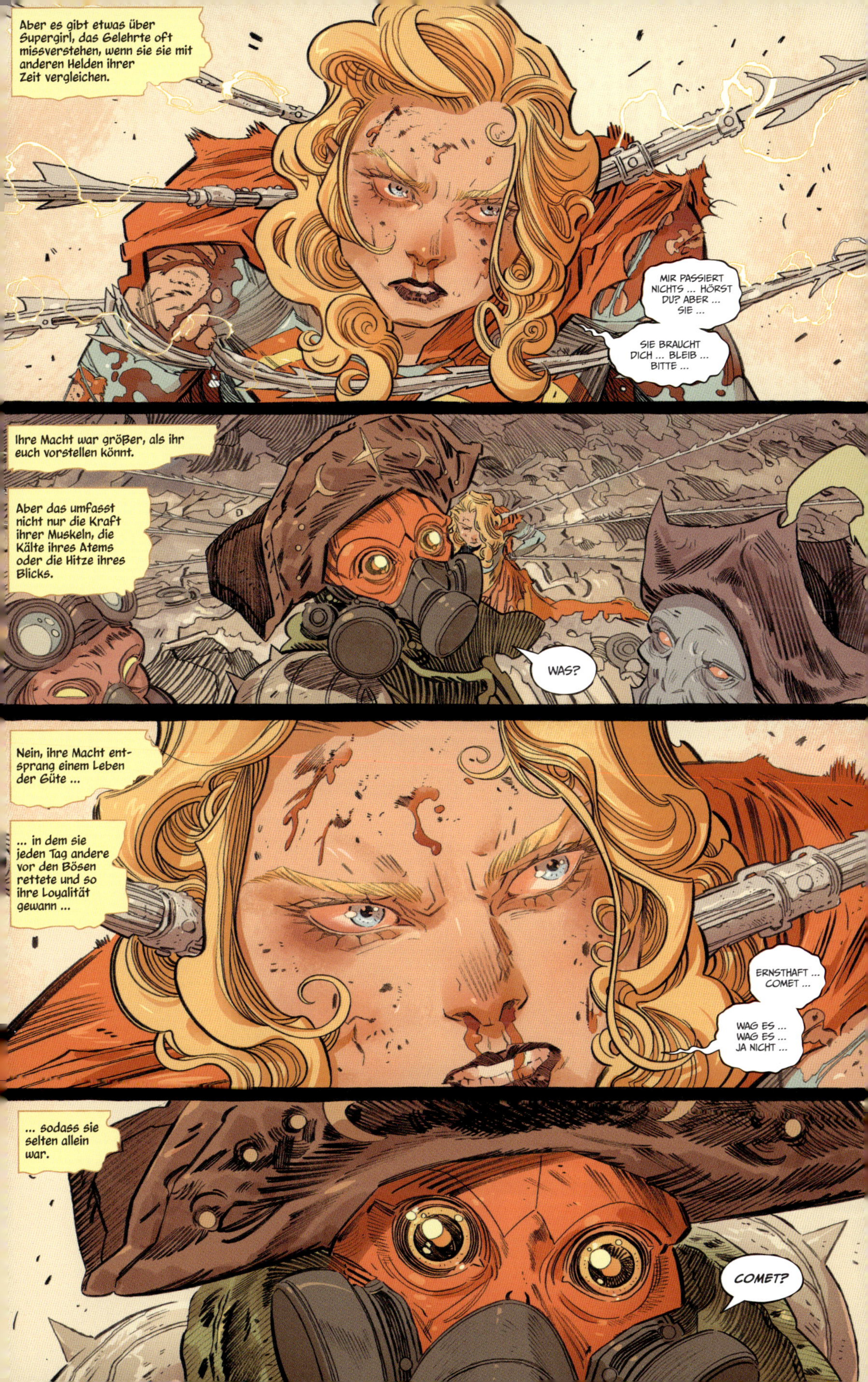
Aber es gibt etwas über Supergirl, das Gelehrte oft missverstehen, wenn sie sie mit anderen Helden ihrer Zeit vergleichen.
MIR PASSIERT NICHTS ... HÖRST DU? ABER ... SIE ...
SIE BRAUCHT DICH ... BLEIB ... BITTE ...
Ihre Macht war größer, als ihr euch vorstellen könnt.
Aber das umfasst nicht nur die Kraft ihrer Muskeln, die Kälte ihres Atems oder die Hitze ihres Blicks.
WAS?
Nein, ihre Macht entsprang einem Leben der Güte ...
... in dem sie jeden Tag andere vor den Bösen rettete und so ihre Loyalität gewann ...
ERNSTHAFT ... COMET ...
WAG ES ... WAG ES ... JA NICHT ...
... sodass sie selten allein war.
COMET?

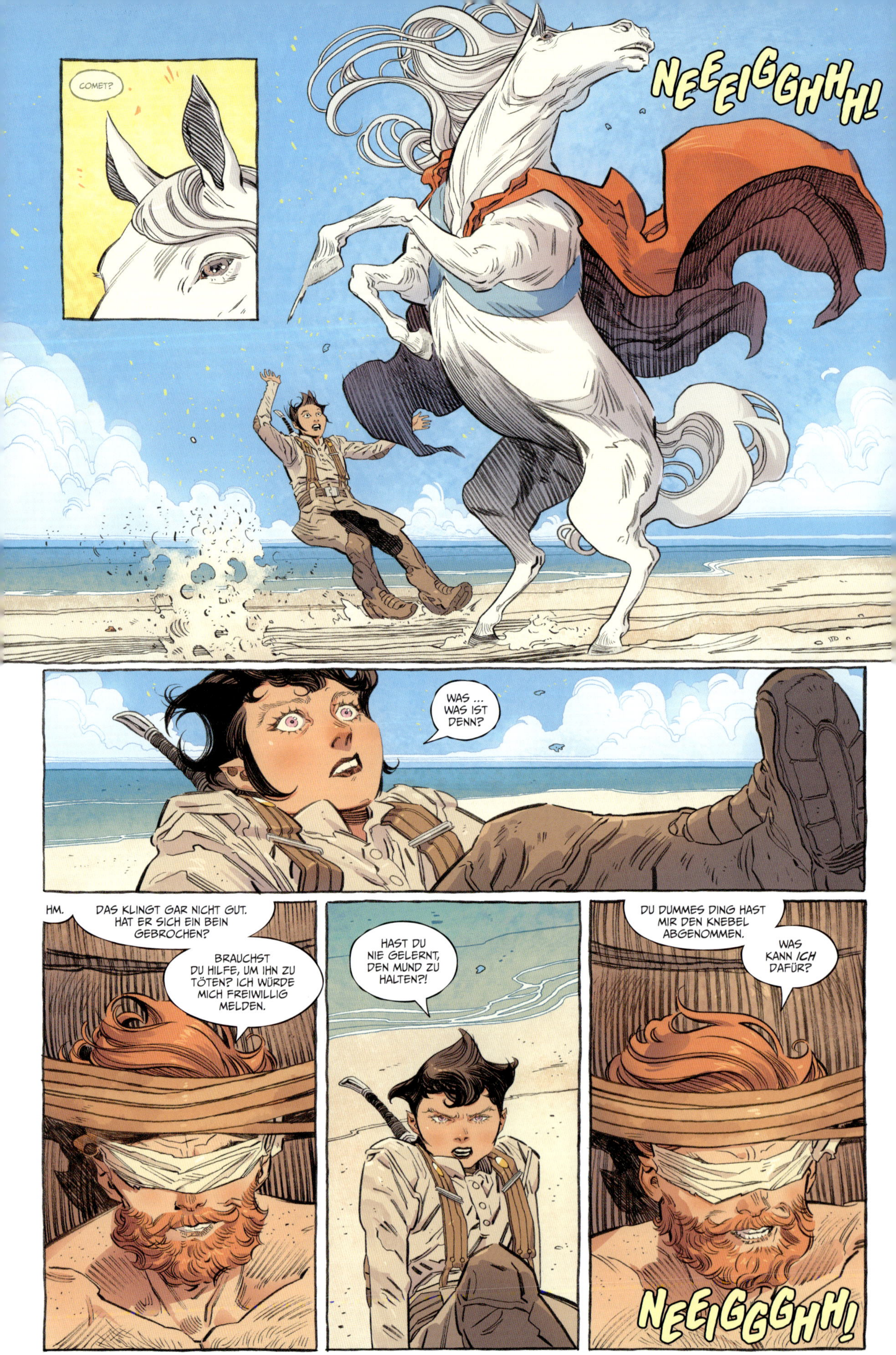

COMET?

NEEEIGGHHH!

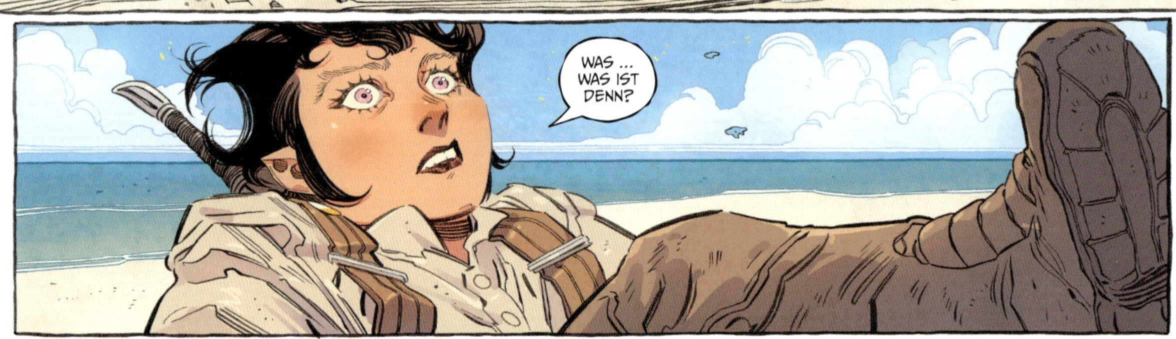

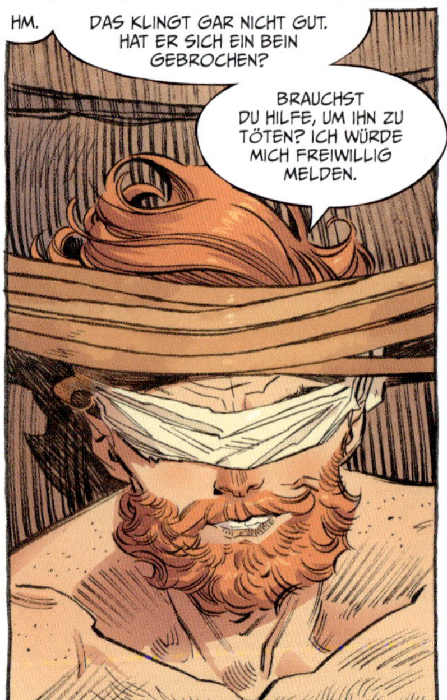

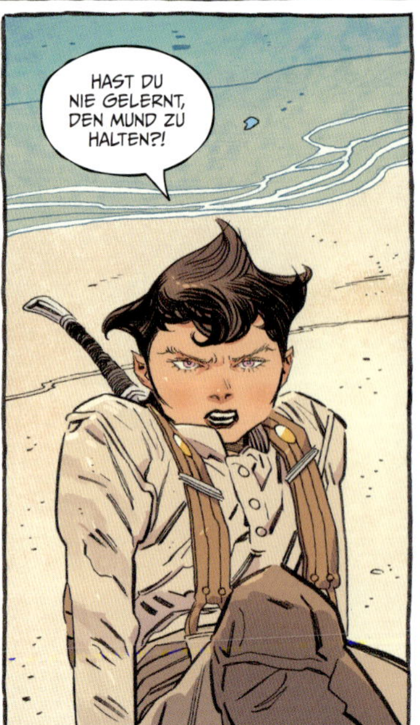

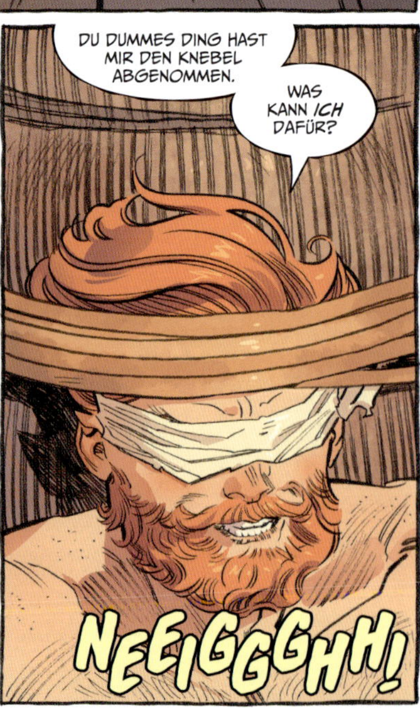

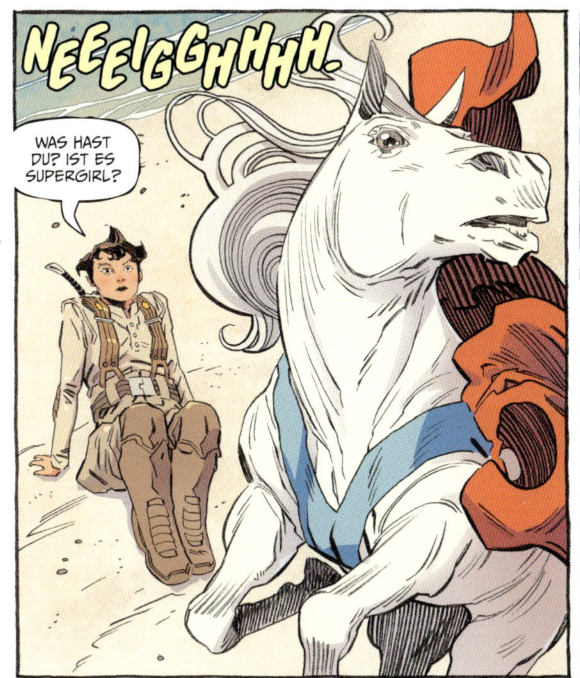
NEEEIGGHHHH.
WAS HAST DU? IST ES SUPERGIRL?

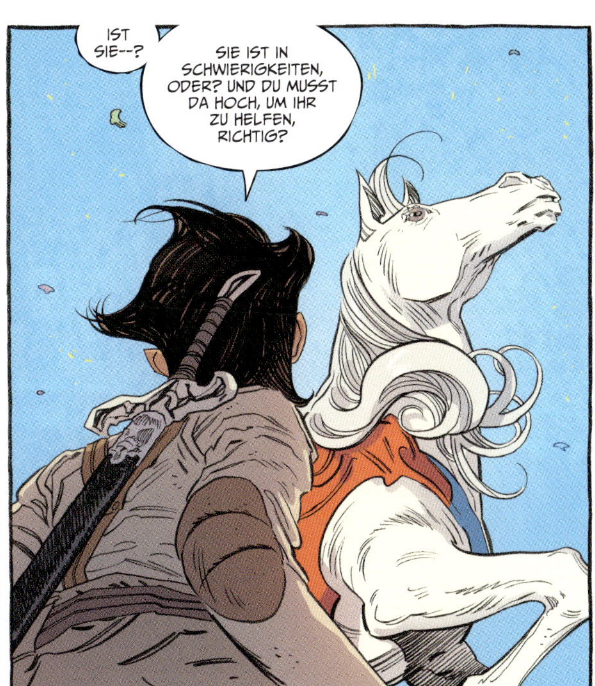
IST SIE--?
SIE IST IN SCHWIERIGKEITEN, ODER? UND DU MUSST DA HOCH, UM IHR ZU HELFEN, RICHTIG?

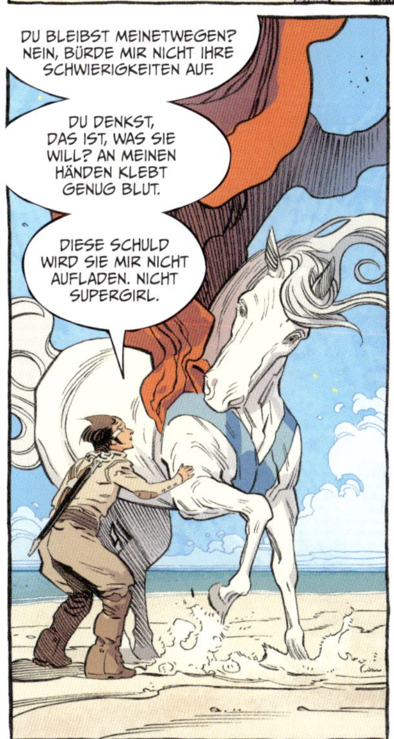
DU BLEIBST MEINETWEGEN? NEIN, BÜRDE MIR NICHT IHRE SCHWIERIGKEITEN AUF.
DU DENKST, DAS IST, WAS SIE WILL? AN MEINEN HÄNDEN KLEBT GENUG BLUT.
DIESE SCHULD WIRD SIE MIR NICHT AUFLADEN. NICHT SUPERGIRL.

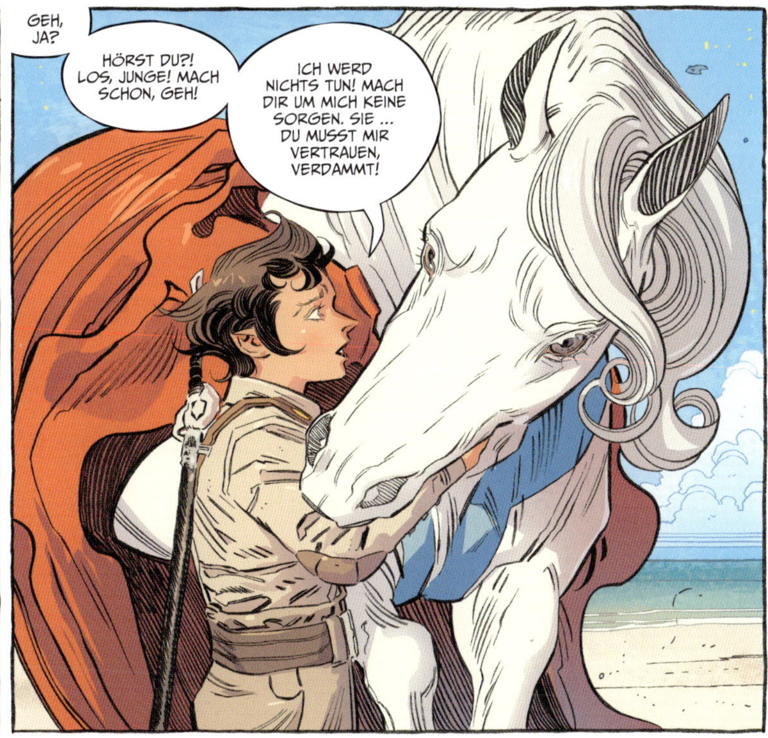
GEH, JA?
HÖRST DU?! LOS, JUNGE! MACH SCHON, GEH!
ICH WERD NICHTS TUN! MACH DIR UM MICH KEINE SORGEN. SIE ... DU MUSST MIR VERTRAUEN, VERDAMMT!

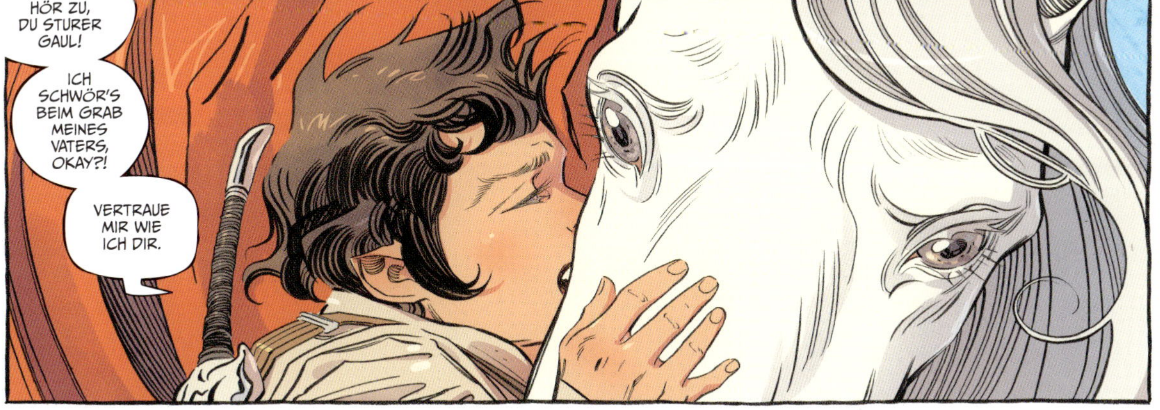
HÖR ZU, DU STURER GAUL!
ICH SCHWÖR'S BEIM GRAB MEINES VATERS, OKAY?!
VERTRAUE MIR WIE ICH DIR.

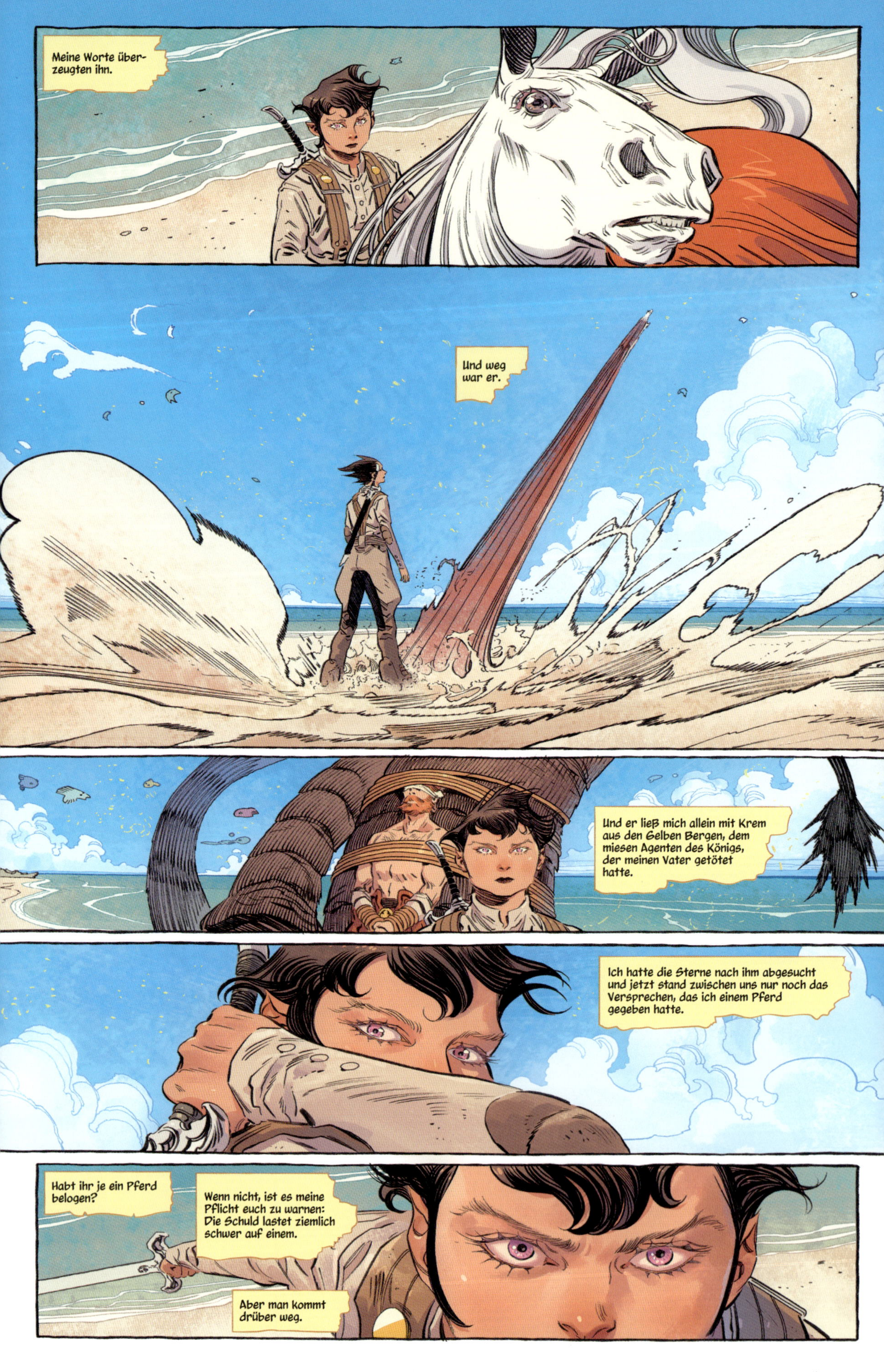
Meine Worte überzeugten ihn.
Und weg war er.
Und er ließ mich allein mit Krem aus den Gelben Bergen, dem miesen Agenten des Königs, der meinen Vater getötet hatte.
Ich hatte die Sterne nach ihm abgesucht und jetzt stand zwischen uns nur noch das Versprechen, das ich einem Pferd gegeben hatte.
Habt ihr je ein Pferd belogen?
Wenn nicht, ist es meine Pflicht euch zu warnen: Die Schuld lastet ziemlich schwer auf einem.
Aber man kommt drüber weg.

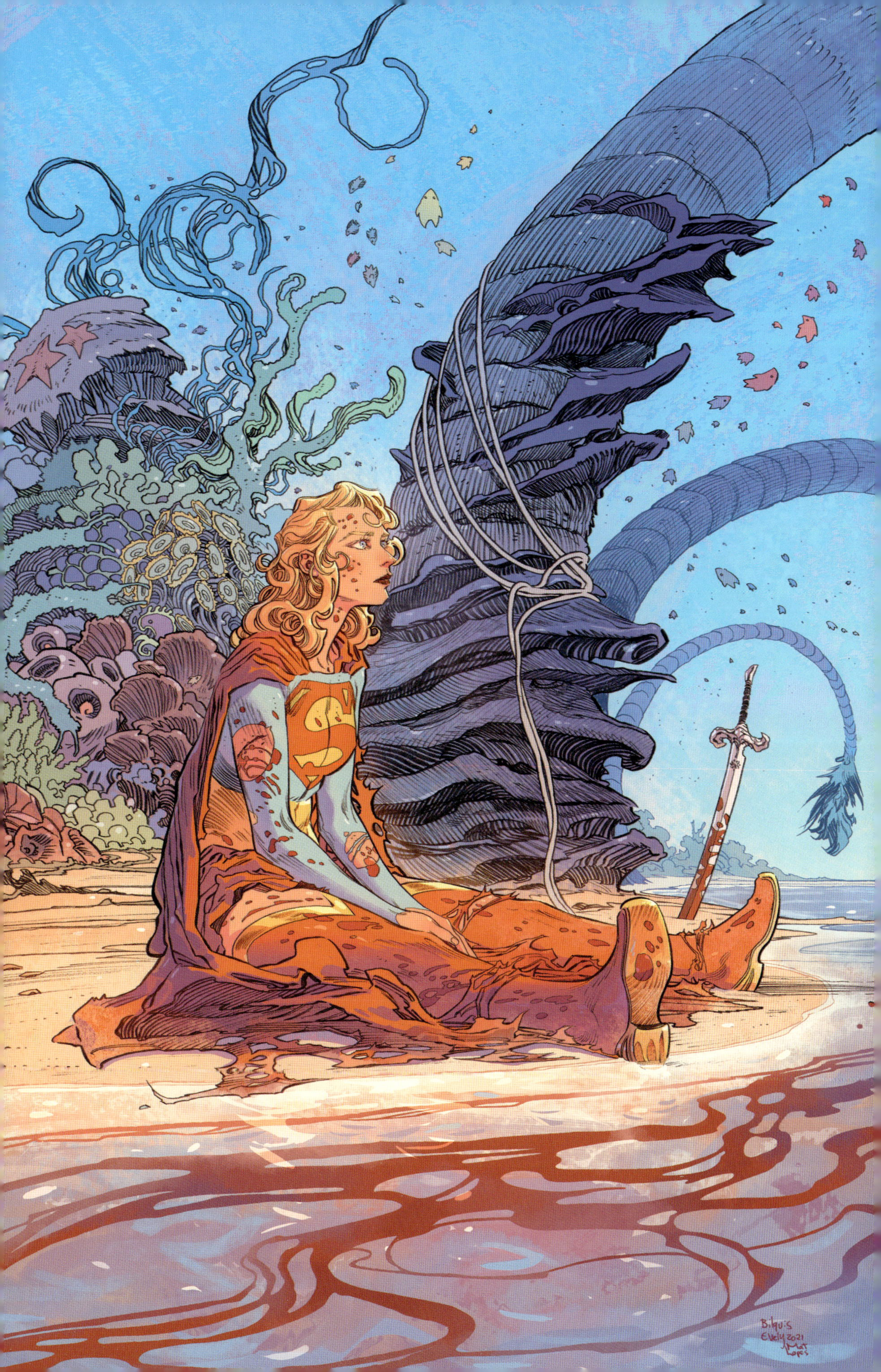
Bilquis
Evely 2021
Mat
Lopes

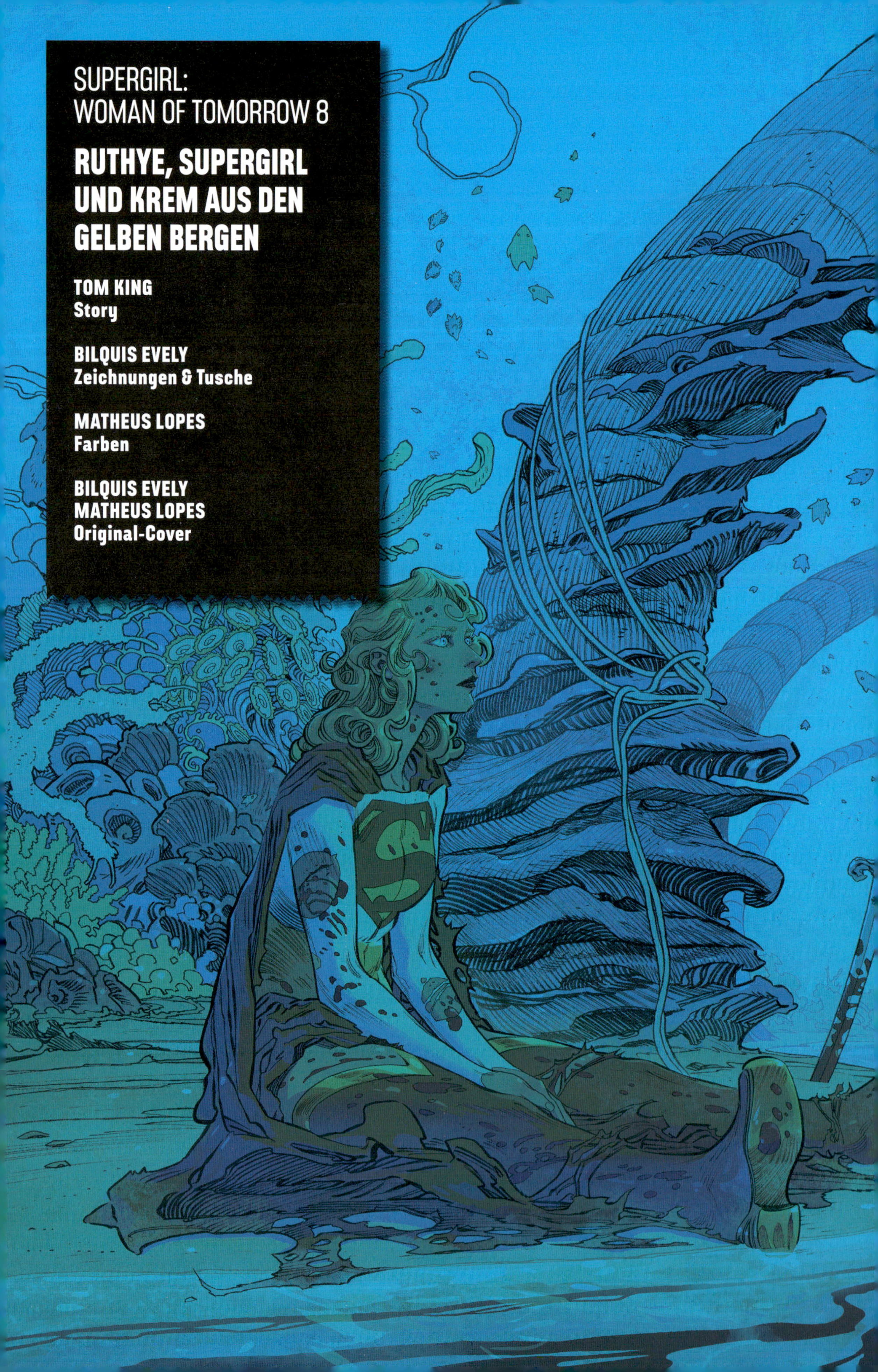
SUPERGIRL:
WOMAN OF TOMORROW 8
RUTHYE, SUPERGIRL UND KREM AUS DEN GELBEN BERGEN
TOM KING
Story
BILQUIS EVELY
Zeichnungen & Tusche
MATHEUS LOPES
Farben
BILQUIS EVELY
MATHEUS LOPES
Original-Cover

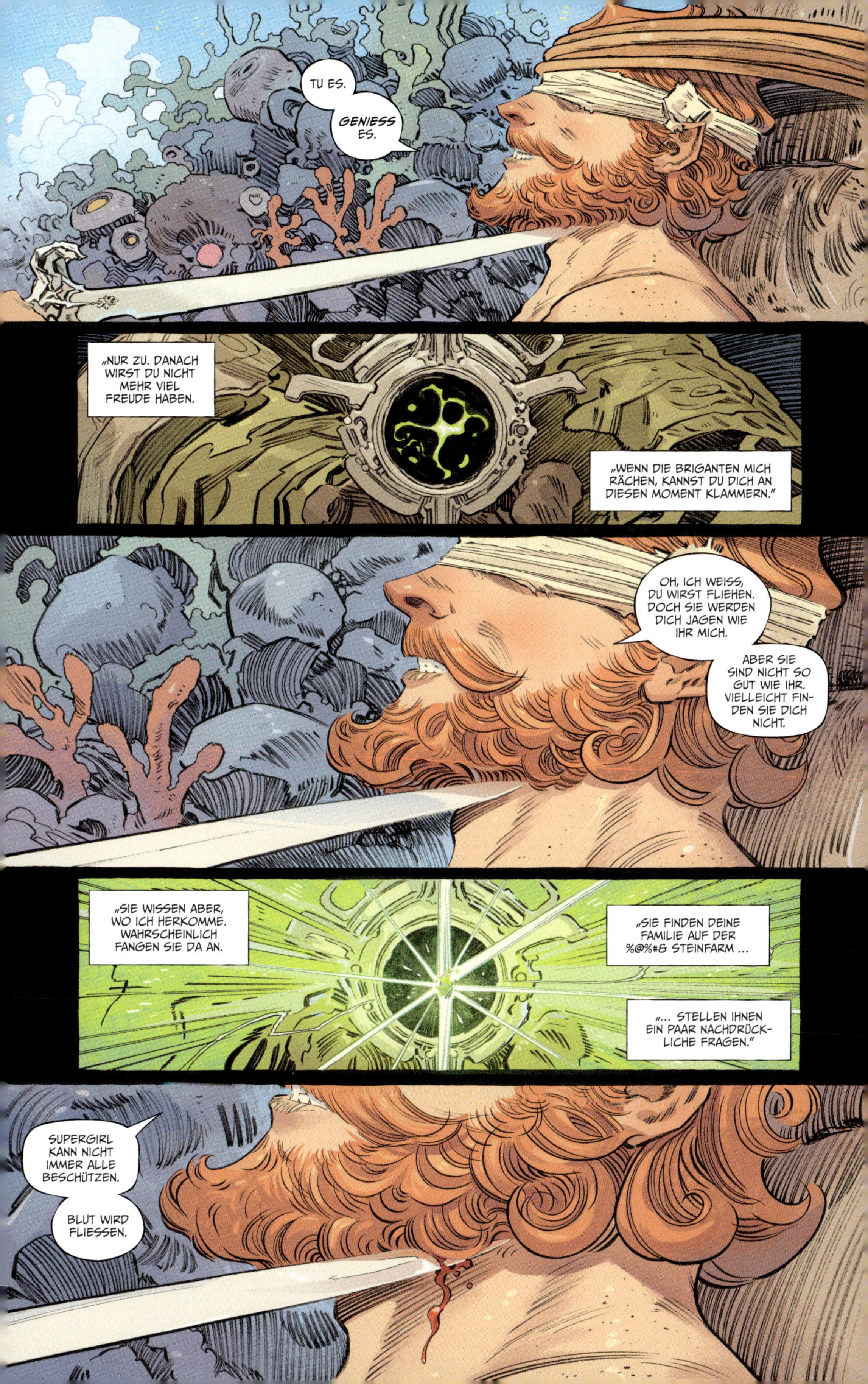
TU ES.
GENIESS ES.
„NUR ZU. DANACH WIRST DU NICHT MEHR VIEL FREUDE HABEN.
„WENN DIE BRIGANTEN MICH RÄCHEN, KANNST DU DICH AN DIESEN MOMENT KLAMMERN."
OH, ICH WEISS, DU WIRST FLIEHEN. DOCH SIE WERDEN DICH JAGEN WIE IHR MICH.
ABER SIE SIND NICHT SO GUT WIE IHR. VIELLEICHT FIN-DEN SIE DICH NICHT.
„SIE WISSEN ABER, WO ICH HERKOMME. WAHRSCHEINLICH FANGEN SIE DA AN.
„SIE FINDEN DEINE FAMILIE AUF DER %@%#& STEINFARM ...
„... STELLEN IHNEN EIN PAAR NACHDRÜCK-LICHE FRAGEN."
SUPERGIRL KANN NICHT IMMER ALLE BESCHÜTZEN.
BLUT WIRD FLIESSEN.

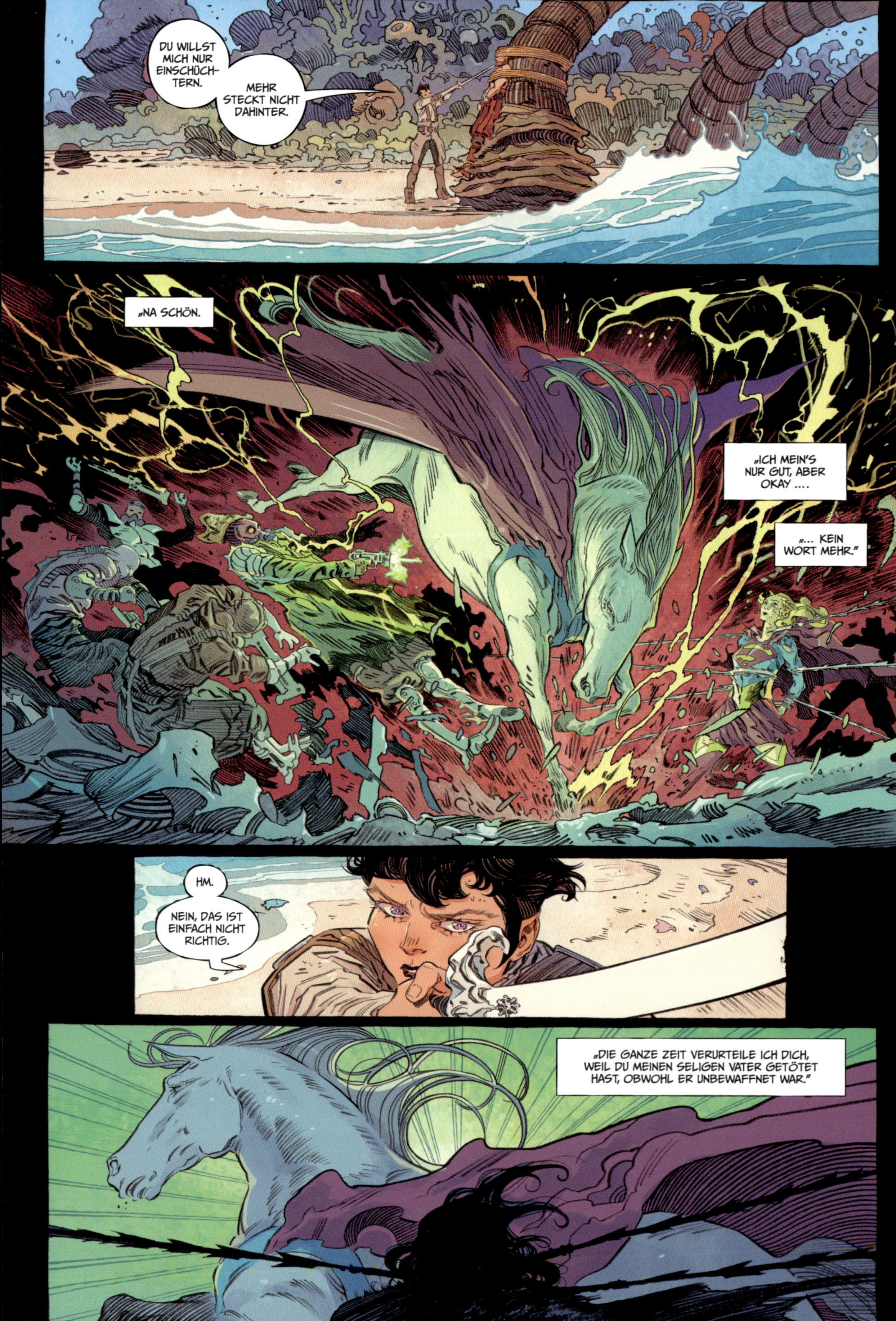
DU WILLST MICH NUR EINSCHÜCHTERN.
MEHR STECKT NICHT DAHINTER.
„NA SCHÖN.
„ICH MEIN'S NUR GUT, ABER OKAY ....
„... KEIN WORT MEHR."
HM.
NEIN, DAS IST EINFACH NICHT RICHTIG.
„DIE GANZE ZEIT VERURTEILE ICH DICH, WEIL DU MEINEN SELIGEN VATER GETÖTET HAST, OBWOHL ER UNBEWAFFNET WAR."

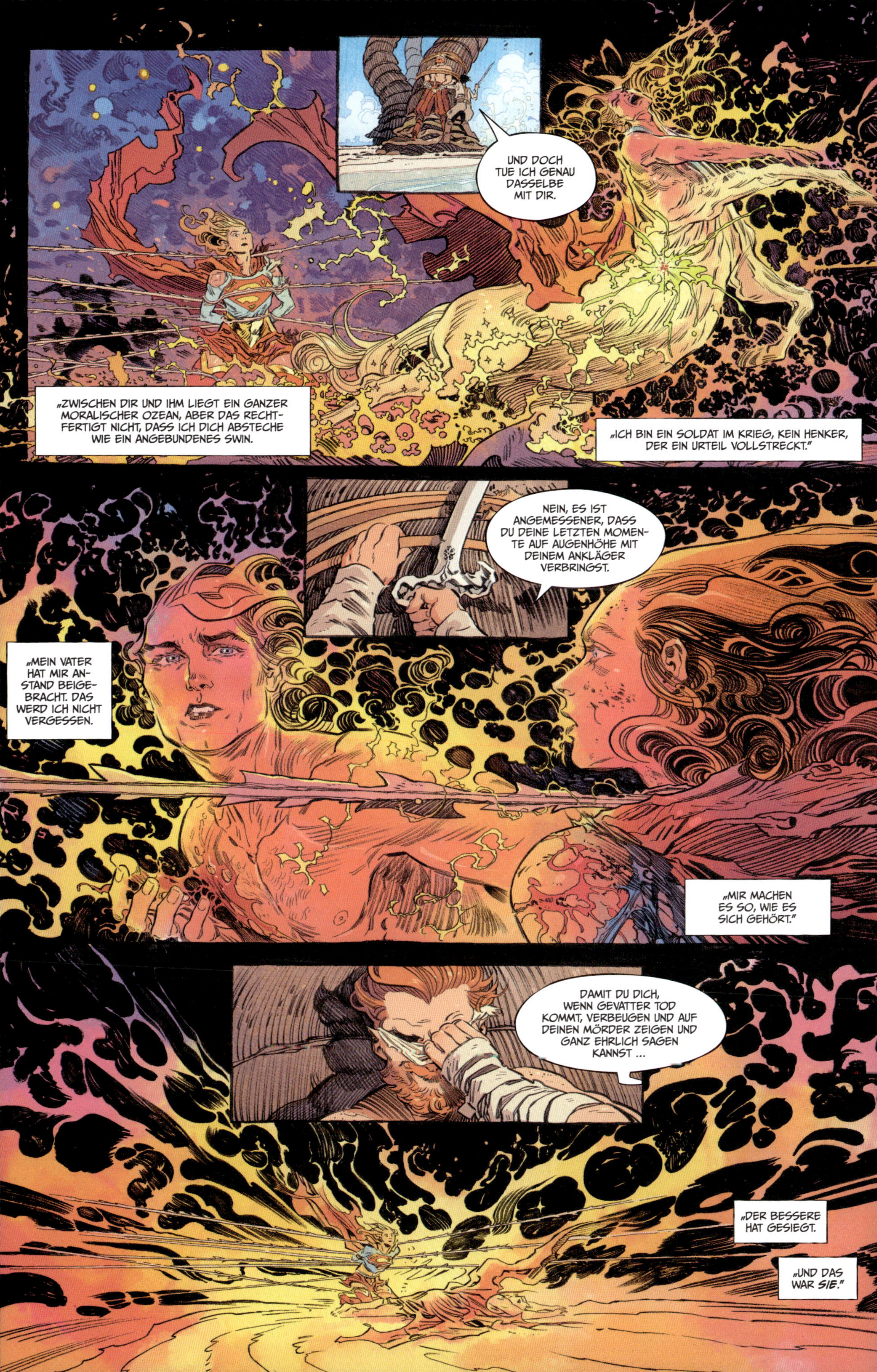
UND DOCH TUE ICH GENAU DASSELBE MIT DIR.
„ZWISCHEN DIR UND IHM LIEGT EIN GANZER MORALISCHER OZEAN, ABER DAS RECHTFERTIGT NICHT, DASS ICH DICH ABSTECHE WIE EIN ANGEBUNDENES SWIN.
„ICH BIN EIN SOLDAT IM KRIEG, KEIN HENKER, DER EIN URTEIL VOLLSTRECKT."
NEIN, ES IST ANGEMESSENER, DASS DU DEINE LETZTEN MOMENTE AUF AUGENHÖHE MIT DEINEM ANKLÄGER VERBRINGST.
„MEIN VATER HAT MIR ANSTAND BEIGEBRACHT. DAS WERD ICH NICHT VERGESSEN.
„MIR MACHEN ES SO, WIE ES SICH GEHÖRT."
DAMIT DU DICH, WENN GEVATTER TOD KOMMT, VERBEUGEN UND AUF DEINEN MÖRDER ZEIGEN UND GANZ EHRLICH SAGEN KANNST ...
„DER BESSERE HAT GESIEGT.
„UND DAS WAR *SIE*."

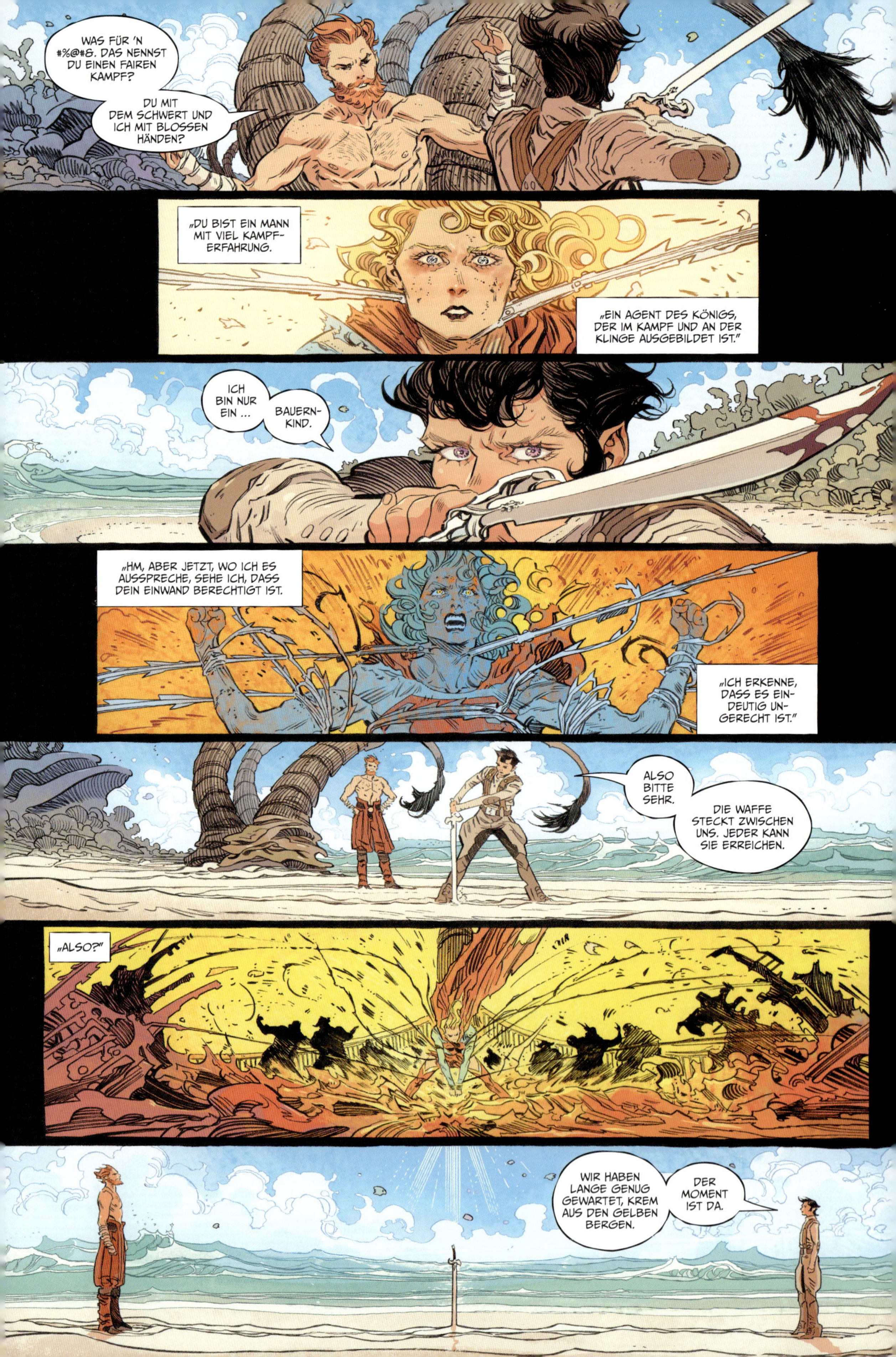
WAS FÜR 'N #%@#&. DAS NENNST DU EINEN FAIREN KAMPF?
DU MIT DEM SCHWERT UND ICH MIT BLOSSEN HÄNDEN?
„DU BIST EIN MANN MIT VIEL KAMPF-ERFAHRUNG.
„EIN AGENT DES KÖNIGS, DER IM KAMPF UND AN DER KLINGE AUSGEBILDET IST."
ICH BIN NUR EIN ...
BAUERN-KIND.
„HM, ABER JETZT, WO ICH ES AUSSPRECHE, SEHE ICH, DASS DEIN EINWAND BERECHTIGT IST.
„ICH ERKENNE, DASS ES EIN-DEUTIG UN-GERECHT IST."
ALSO BITTE SEHR.
DIE WAFFE STECKT ZWISCHEN UNS. JEDER KANN SIE ERREICHEN.
„ALSO?"
WIR HABEN LANGE GENUG GEWARTET, KREM AUS DEN GELBEN BERGEN.
DER MOMENT IST DA.

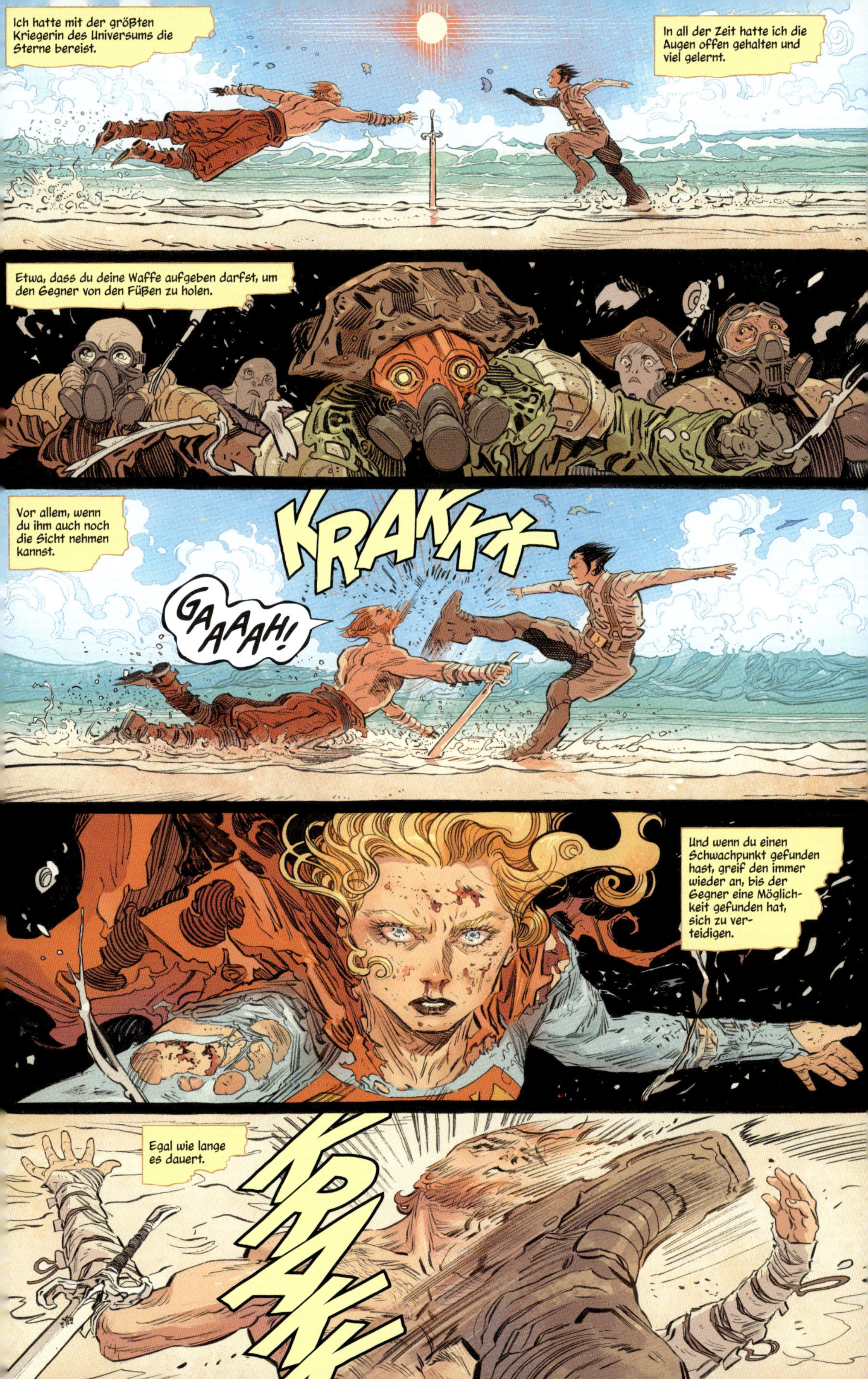
Ich hatte mit der größten Kriegerin des Universums die Sterne bereist.
In all der Zeit hatte ich die Augen offen gehalten und viel gelernt.
Etwa, dass du deine Waffe aufgeben darfst, um den Gegner von den Füßen zu holen.
Vor allem, wenn du ihm auch noch die Sicht nehmen kannst.
KRAKKK
GAAAAH!
Und wenn du einen Schwachpunkt gefunden hast, greif den immer wieder an, bis der Gegner eine Möglichkeit gefunden hat, sich zu verteidigen.
Egal wie lange es dauert.
KRAKK

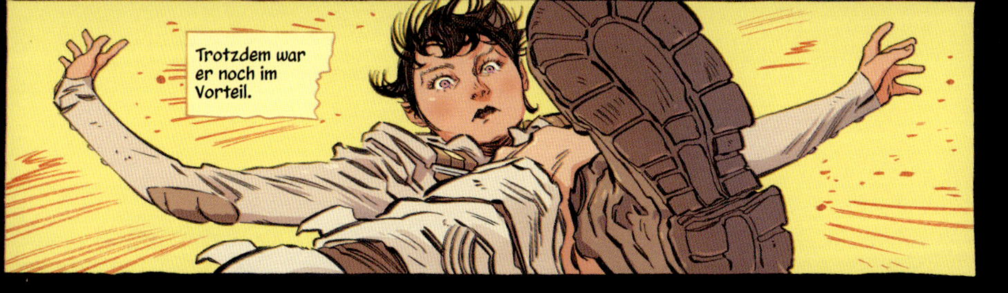
Trotzdem war er noch im Vorteil.

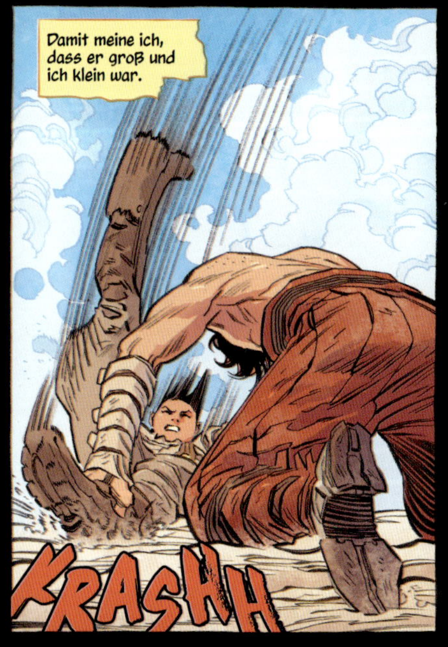
Damit meine ich, dass er groß und ich klein war.
KRASHH

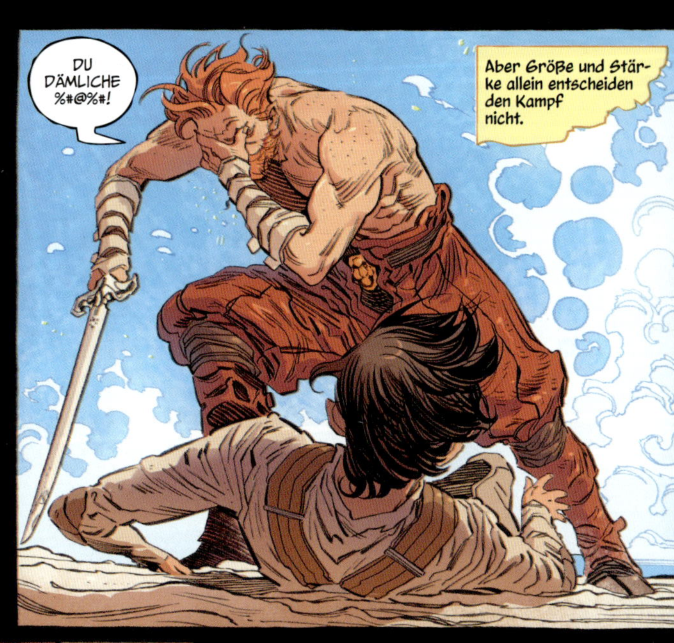
DU DÄMLICHE %#@%#!
Aber Größe und Stärke allein entscheiden den Kampf nicht.

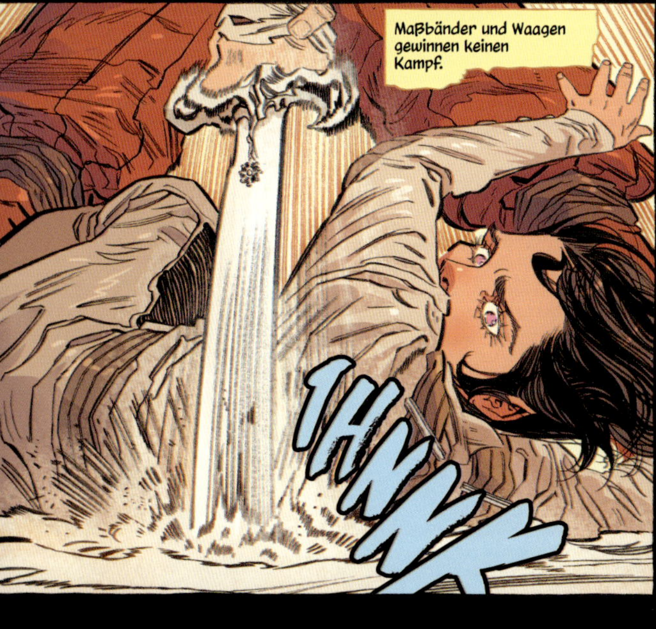
Maßbänder und Waagen gewinnen keinen Kampf.
THUNK

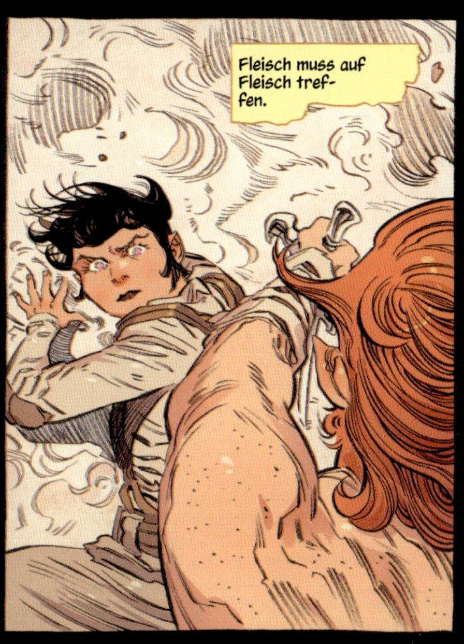
Fleisch muss auf Fleisch treffen.

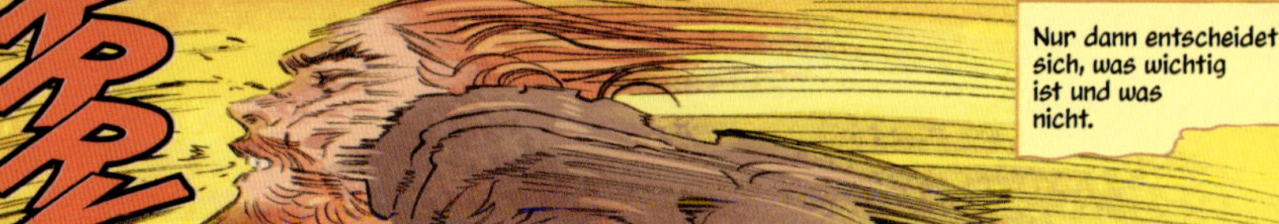
Nur dann entscheidet sich, was wichtig ist und was nicht.

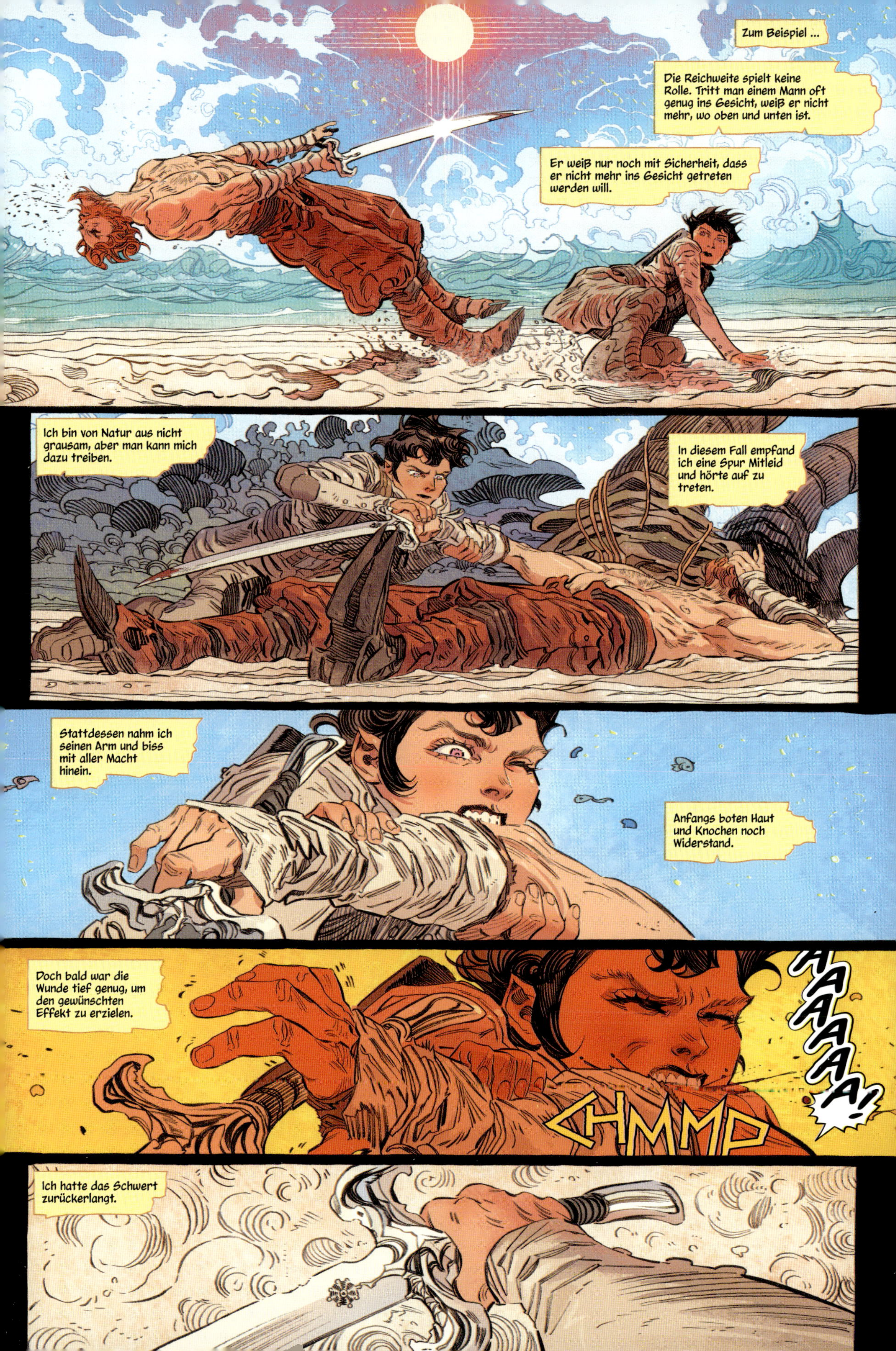
Zum Beispiel ...
Die Reichweite spielt keine Rolle. Tritt man einem Mann oft genug ins Gesicht, weiß er nicht mehr, wo oben und unten ist.
Er weiß nur noch mit Sicherheit, dass er nicht mehr ins Gesicht getreten werden will.
Ich bin von Natur aus nicht grausam, aber man kann mich dazu treiben.
In diesem Fall empfand ich eine Spur Mitleid und hörte auf zu treten.
Stattdessen nahm ich seinen Arm und biss mit aller Macht hinein.
Anfangs boten Haut und Knochen noch Widerstand.
Doch bald war die Wunde tief genug, um den gewünschten Effekt zu erzielen.
AAAAAA!
CHMMP
Ich hatte das Schwert zurückerlangt.

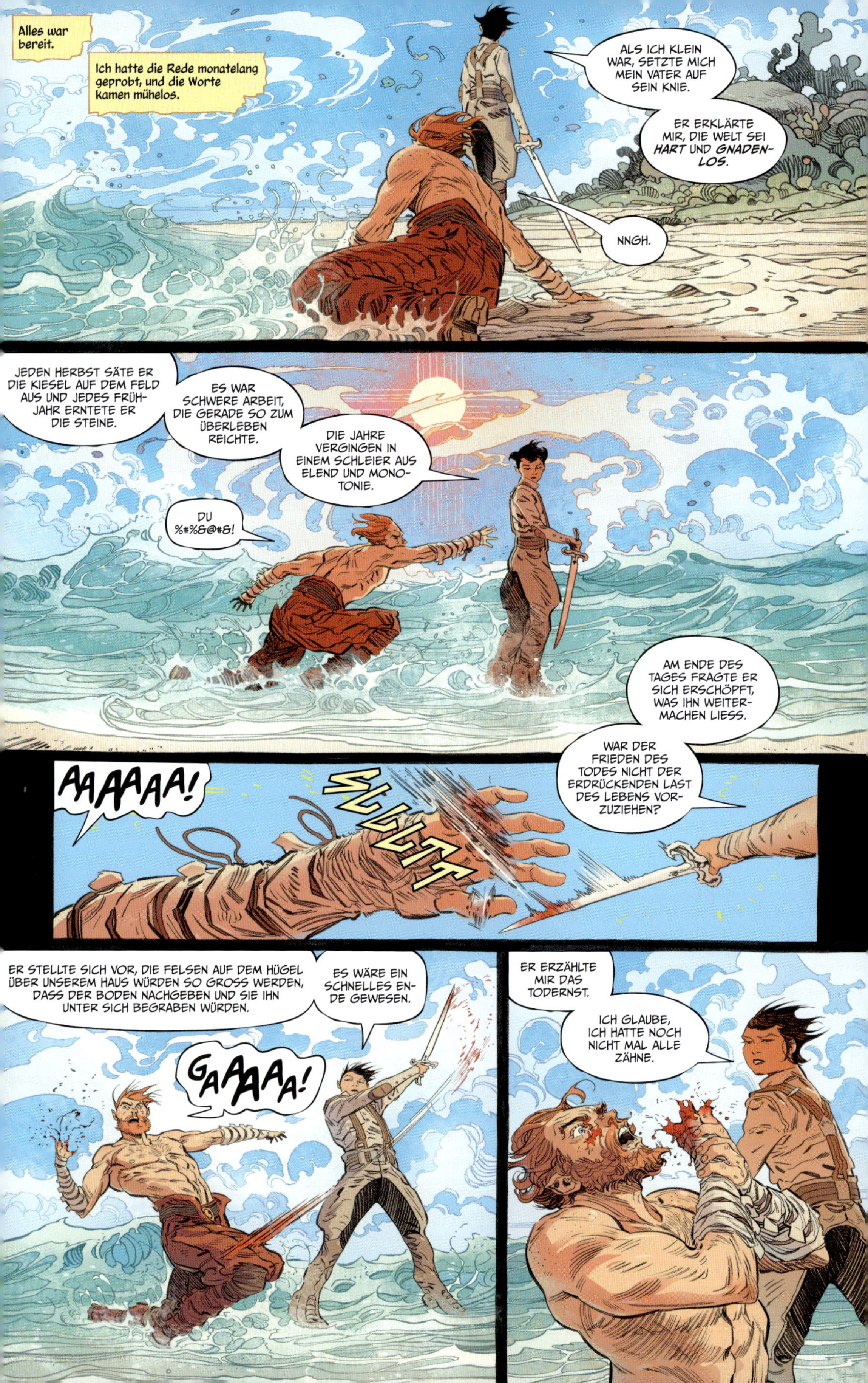

Alles war bereit.
Ich hatte die Rede monatelang geprobt, und die Worte kamen mühelos.
ALS ICH KLEIN WAR, SETZTE MICH MEIN VATER AUF SEIN KNIE.
ER ERKLÄRTE MIR, DIE WELT SEI HART UND GNADENLOS.
NNGH.
JEDEN HERBST SÄTE ER DIE KIESEL AUF DEM FELD AUS UND JEDES FRÜHJAHR ERNTETE ER DIE STEINE.
ES WAR SCHWERE ARBEIT, DIE GERADE SO ZUM ÜBERLEBEN REICHTE.
DIE JAHRE VERGINGEN IN EINEM SCHLEIER AUS ELEND UND MONOTONIE.
DU %#%&@#&!
AM ENDE DES TAGES FRAGTE ER SICH ERSCHÖPFT, WAS IHN WEITERMACHEN LIESS.
WAR DER FRIEDEN DES TODES NICHT DER ERDRÜCKENDEN LAST DES LEBENS VORZUZIEHEN?
AAAAAA!
SSLUTT
ER STELLTE SICH VOR, DIE FELSEN AUF DEM HÜGEL ÜBER UNSEREM HAUS WÜRDEN SO GROSS WERDEN, DASS DER BODEN NACHGEBEN UND SIE IHN UNTER SICH BEGRABEN WÜRDEN.
ES WÄRE EIN SCHNELLES ENDE GEWESEN.
GAAAAA!
ER ERZÄHLTE MIR DAS TODERNST.
ICH GLAUBE, ICH HATTE NOCH NICHT MAL ALLE ZÄHNE.

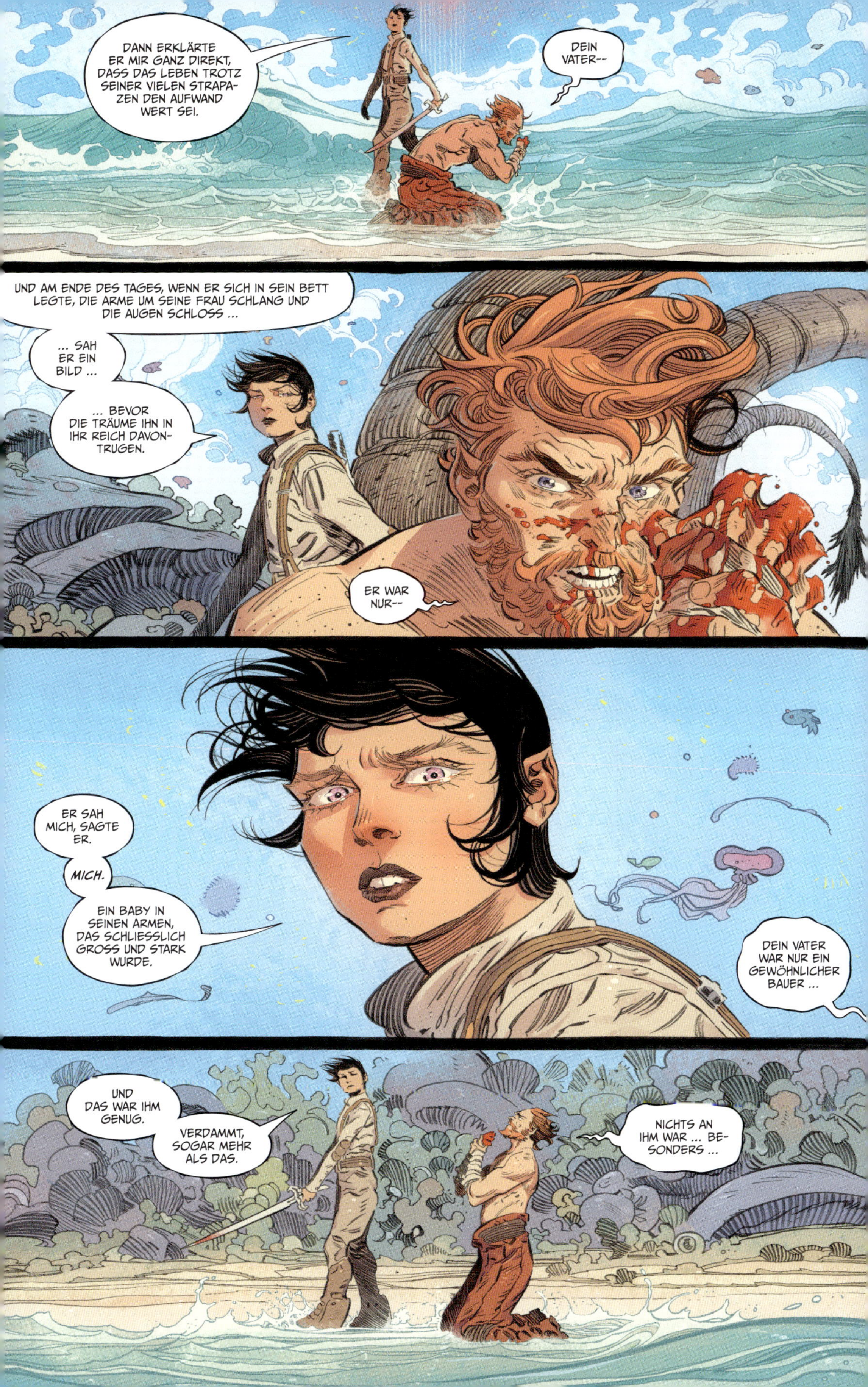
DANN ERKLÄRTE ER MIR GANZ DIREKT, DASS DAS LEBEN TROTZ SEINER VIELEN STRAPAZEN DEN AUFWAND WERT SEI.
DEIN VATER--
UND AM ENDE DES TAGES, WENN ER SICH IN SEIN BETT LEGTE, DIE ARME UM SEINE FRAU SCHLANG UND DIE AUGEN SCHLOSS ...
... SAH ER EIN BILD ...
... BEVOR DIE TRÄUME IHN IN IHR REICH DAVONTRUGEN.
ER WAR NUR--
ER SAH MICH, SAGTE ER.
MICH.
EIN BABY IN SEINEN ARMEN, DAS SCHLIESSLICH GROSS UND STARK WURDE.
DEIN VATER WAR NUR EIN GEWÖHNLICHER BAUER ...
UND DAS WAR IHM GENUG.
VERDAMMT, SOGAR MEHR ALS DAS.
NICHTS AN IHM WAR ... BESONDERS ...

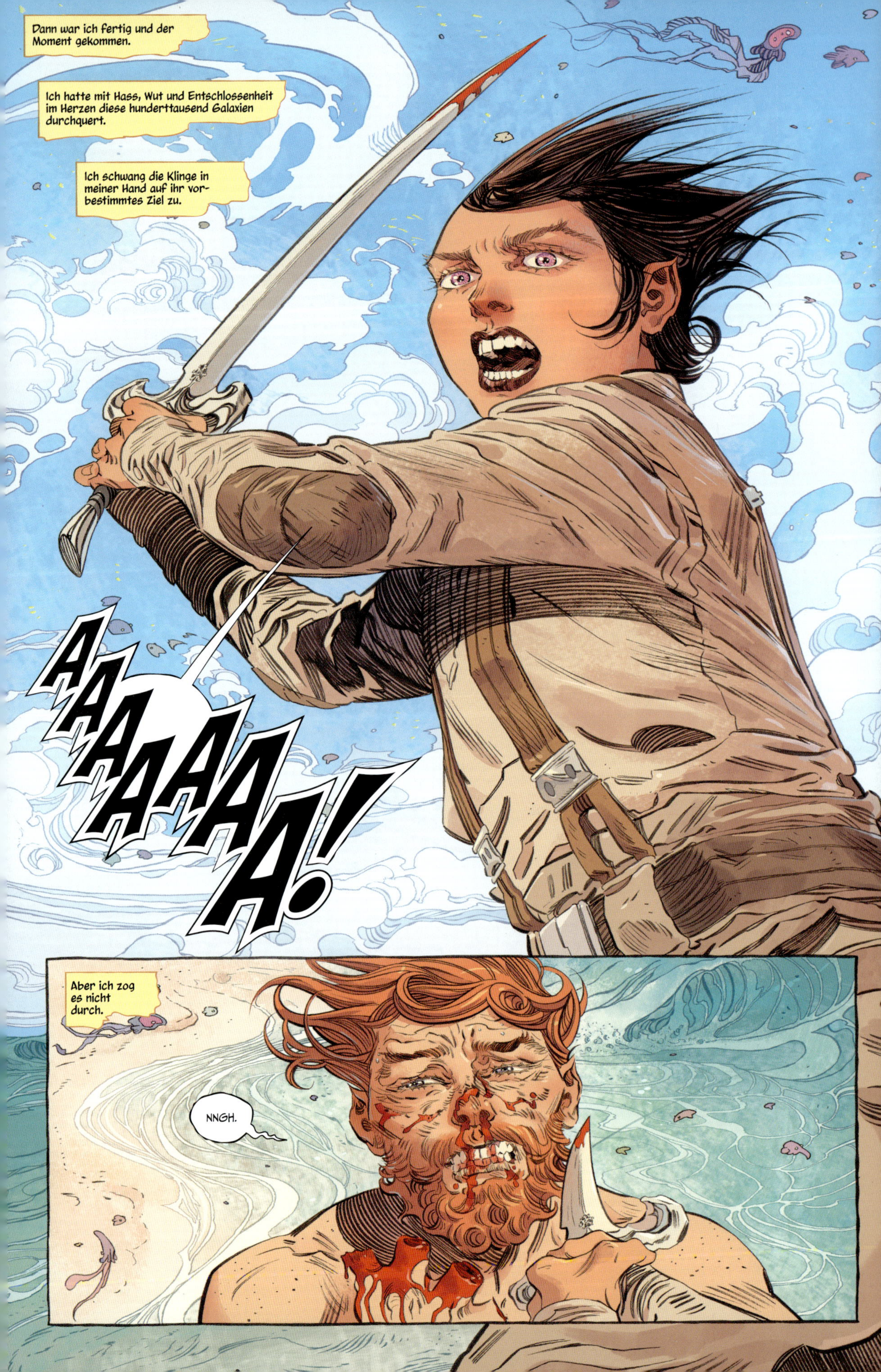
Dann war ich fertig und der Moment gekommen.
Ich hatte mit Hass, Wut und Entschlossenheit im Herzen diese hunderttausend Galaxien durchquert.
Ich schwang die Klinge in meiner Hand auf ihr vorbestimmtes Ziel zu.
AAAAAAA!
Aber ich zog es nicht durch.
NNGH.

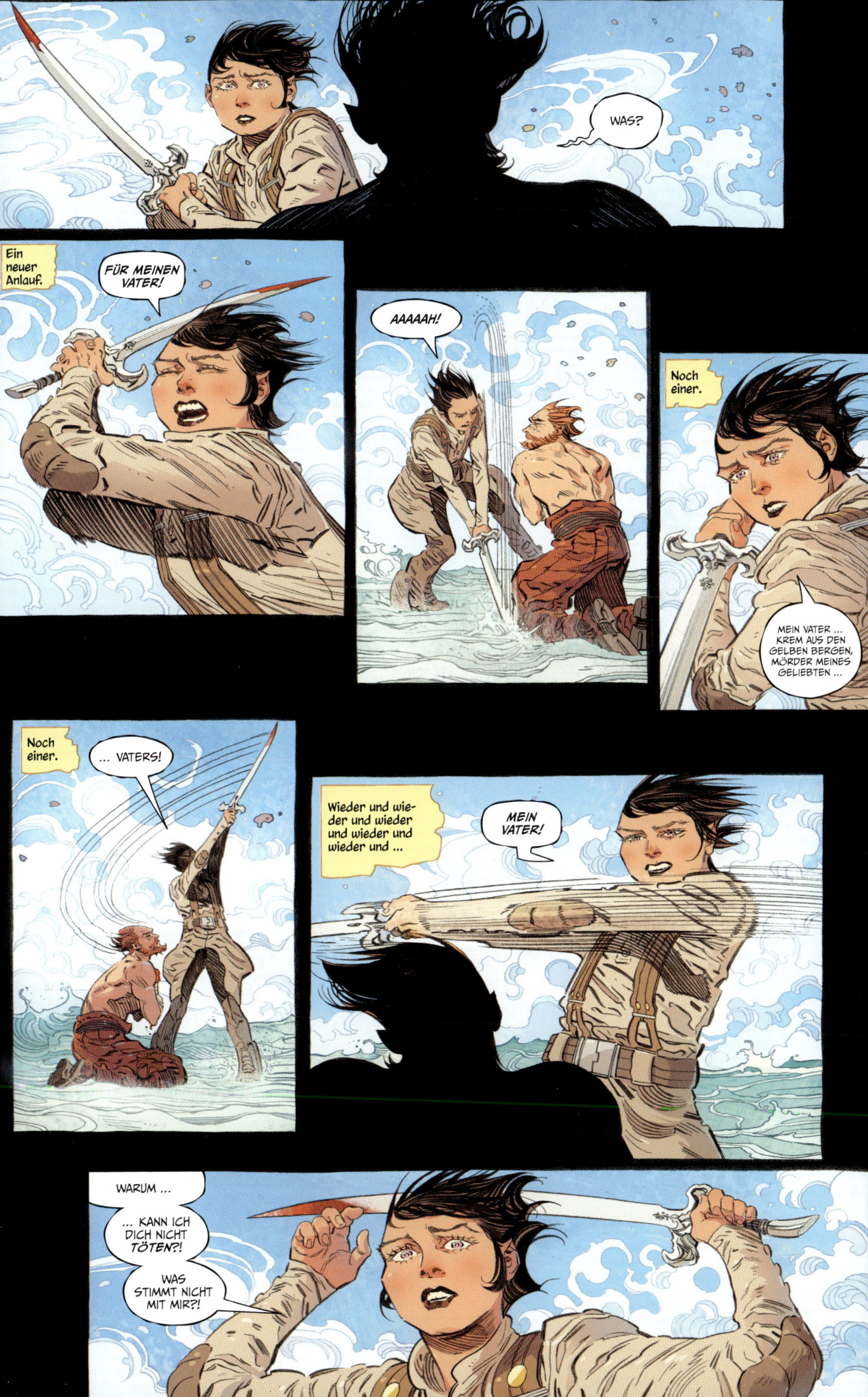
WAS?
Ein neuer Anlauf.
FÜR MEINEN VATER!
AAAAAH!
Noch einer.
MEIN VATER ... KREM AUS DEN GELBEN BERGEN, MÖRDER MEINES GELIEBTEN ...
Noch einer.
... VATERS!
Wieder und wieder und wieder und wieder und wieder und ...
MEIN VATER!
WARUM ...
... KANN ICH DICH NICHT TÖTEN?!
WAS STIMMT NICHT MIT MIR?!

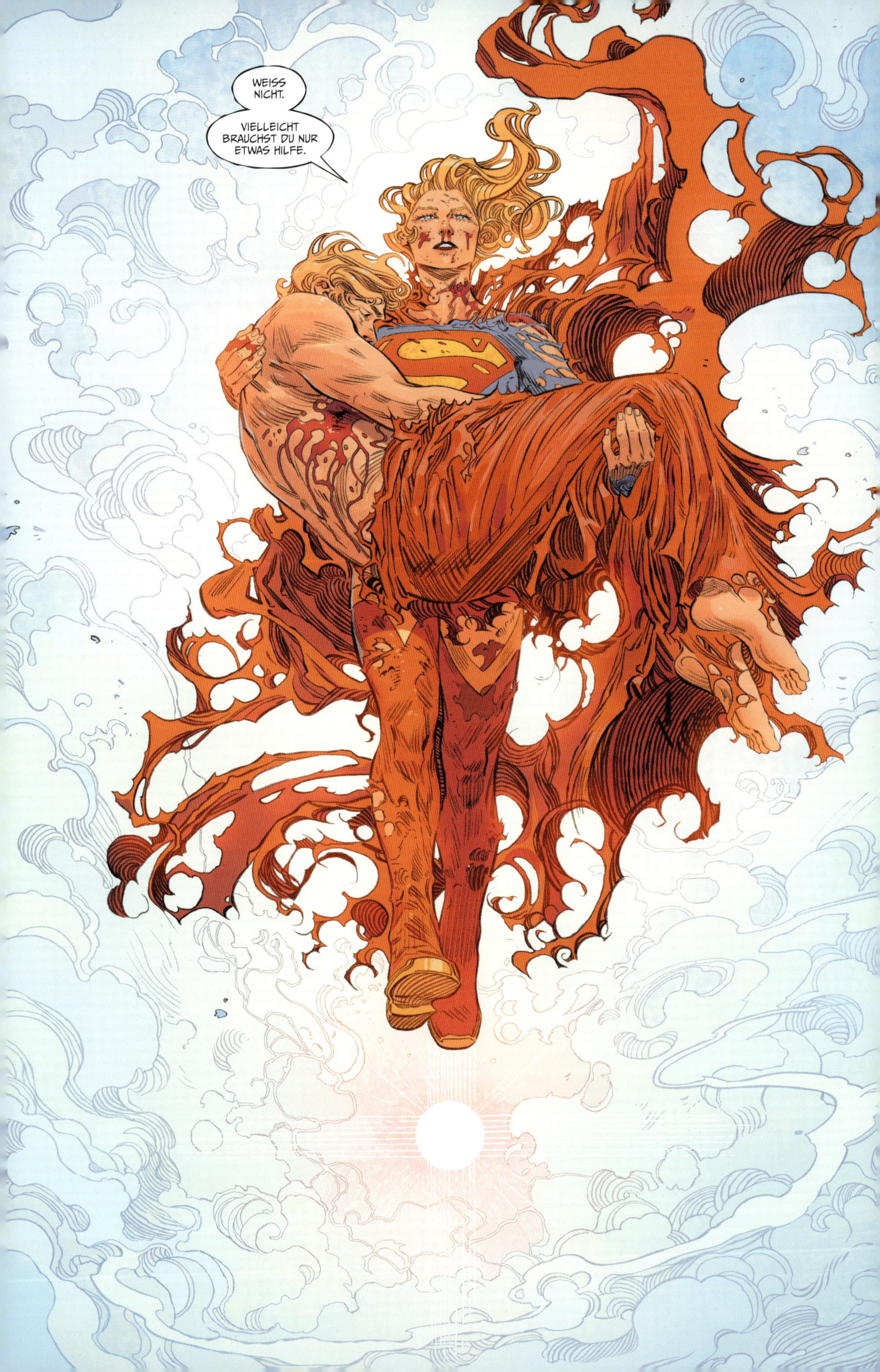
WEISS NICHT.
VIELLEICHT BRAUCHST DU NUR ETWAS HILFE.

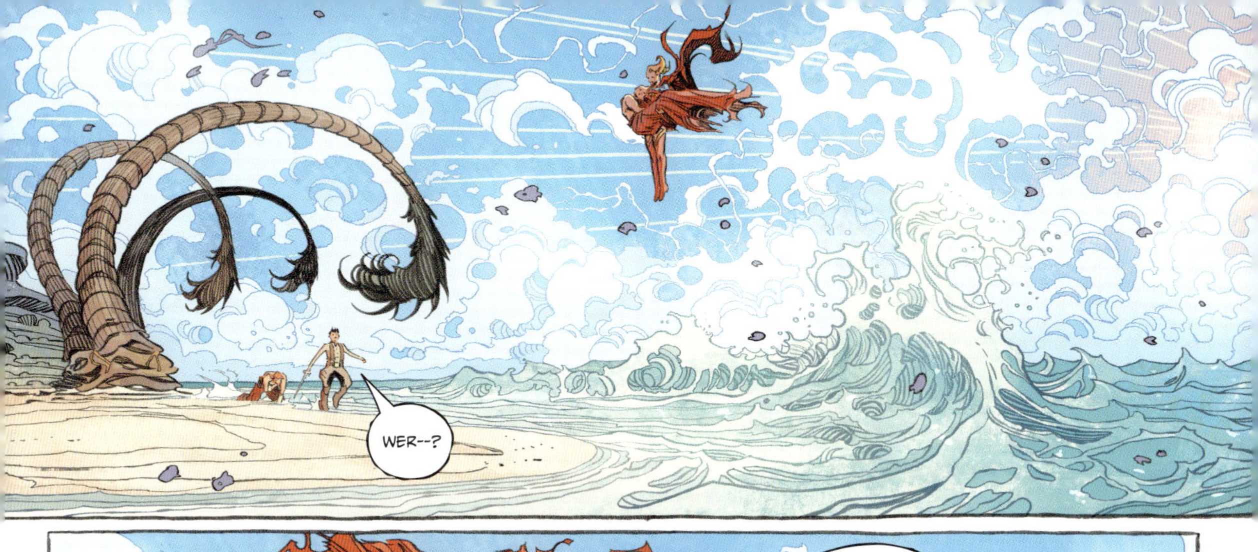
WER--?

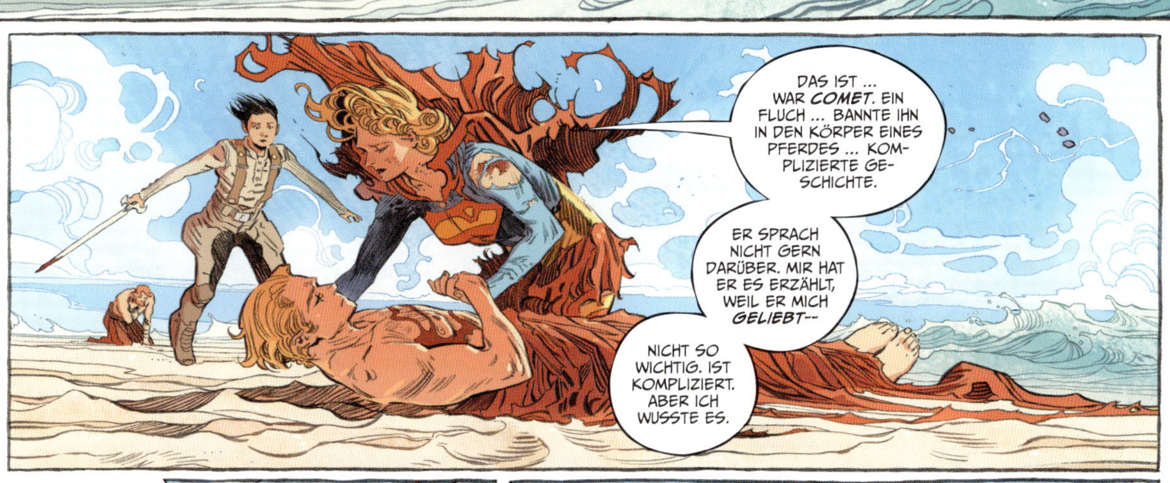
DAS IST ... WAR **COMET.** EIN FLUCH ... BANNTE IHN IN DEN KÖRPER EINES PFERDES ... KOMPLIZIERTE GESCHICHTE.
ER SPRACH NICHT GERN DARÜBER. MIR HAT ER ES ERZÄHLT, WEIL ER MICH **GELIEBT**--
NICHT SO WICHTIG. IST KOMPLIZIERT. ABER ICH WUSSTE ES.

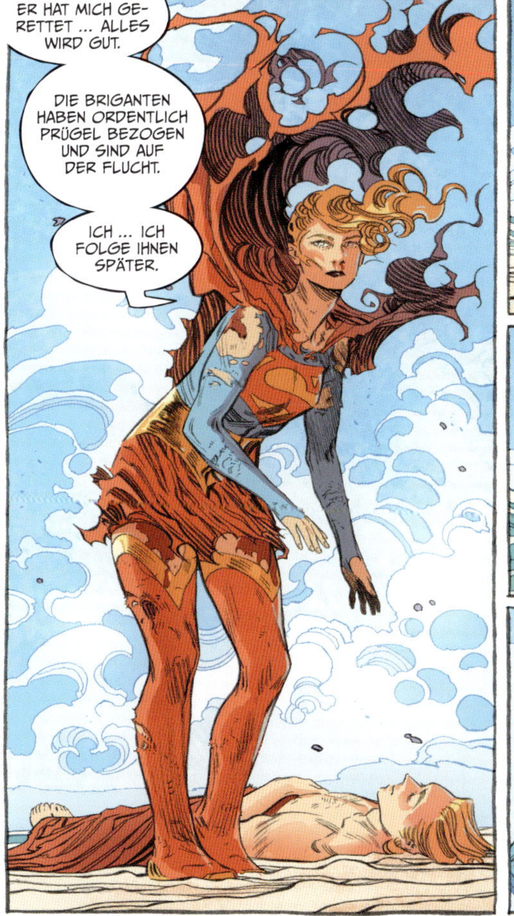
ER HAT MICH GERETTET ... ALLES WIRD GUT.
DIE BRIGANTEN HABEN ORDENTLICH PRÜGEL BEZOGEN UND SIND AUF DER FLUCHT.
ICH ... ICH FOLGE IHNEN SPÄTER.

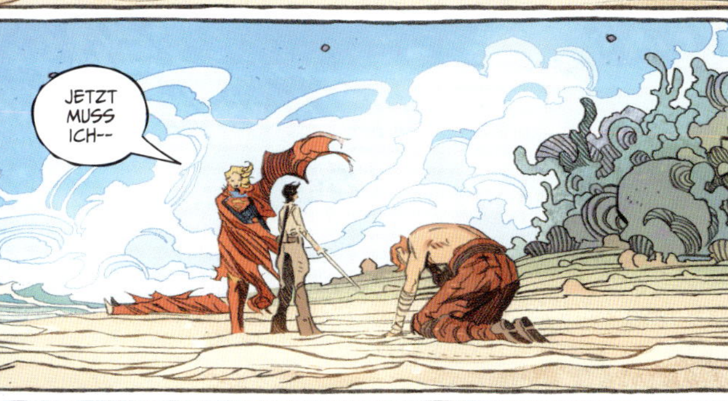
JETZT MUSS ICH--

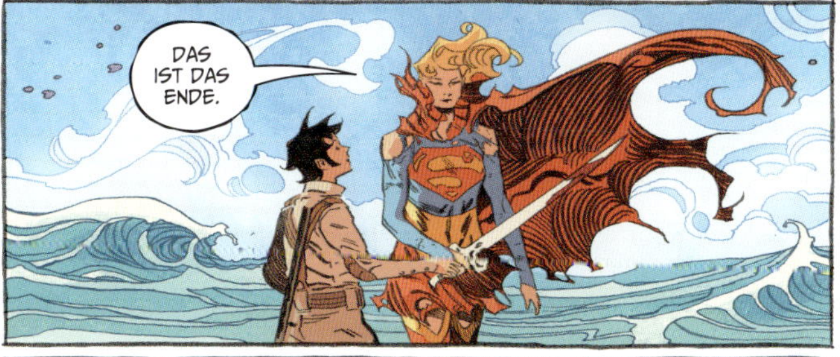
DAS IST DAS ENDE.

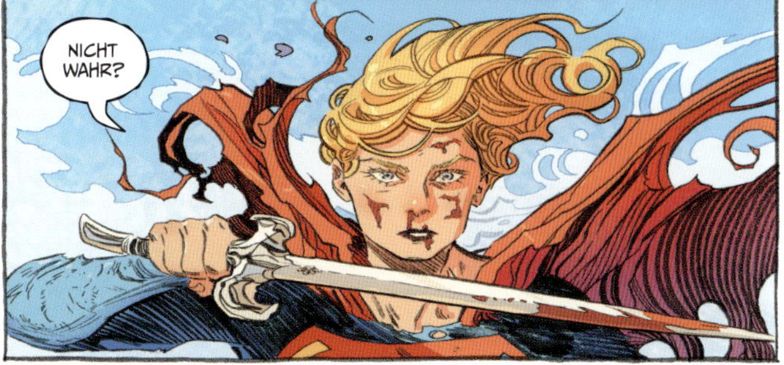
NICHT WAHR?

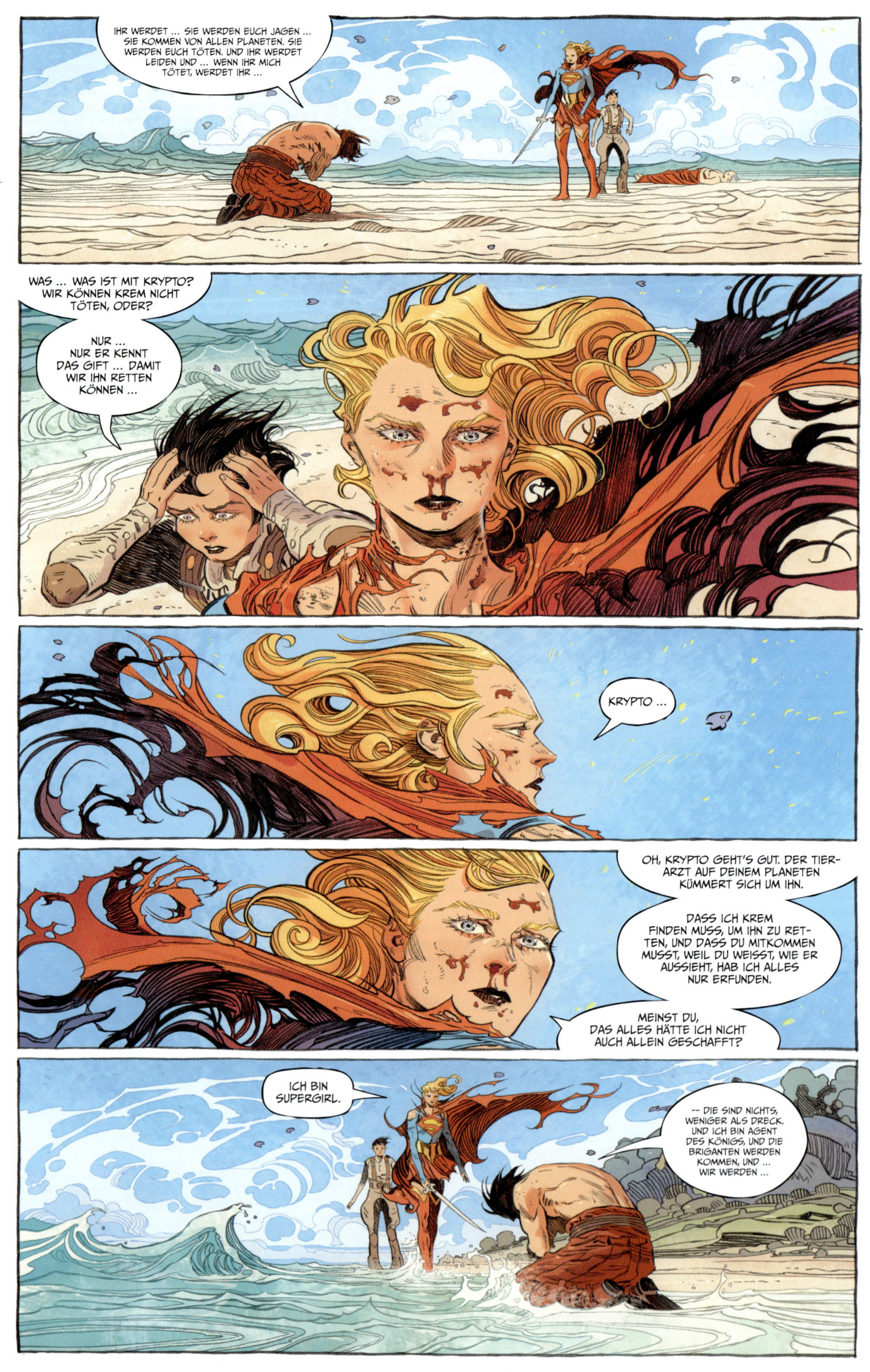
IHR WERDET ... SIE WERDEN EUCH JAGEN ... SIE KOMMEN VON ALLEN PLANETEN. SIE WERDEN EUCH TÖTEN. UND IHR WERDET LEIDEN UND ... WENN IHR MICH TÖTET, WERDET IHR ...
WAS ... WAS IST MIT KRYPTO? WIR KÖNNEN KREM NICHT TÖTEN, ODER?
NUR ... NUR ER KENNT DAS GIFT ... DAMIT WIR IHN RETTEN KÖNNEN ...
KRYPTO ...
OH, KRYPTO GEHT'S GUT. DER TIER-ARZT AUF DEINEM PLANETEN KÜMMERT SICH UM IHN.
DASS ICH KREM FINDEN MUSS, UM IHN ZU RET-TEN, UND DASS DU MITKOMMEN MUSST, WEIL DU WEISST, WIE ER AUSSIEHT, HAB ICH ALLES NUR ERFUNDEN.
MEINST DU, DAS ALLES HÄTTE ICH NICHT AUCH ALLEIN GESCHAFFT?
ICH BIN SUPERGIRL.
-- DIE SIND NICHTS, WENIGER ALS DRECK. UND ICH BIN AGENT DES KÖNIGS, UND DIE BRIGANTEN WERDEN KOMMEN, UND ... WIR WERDEN ...

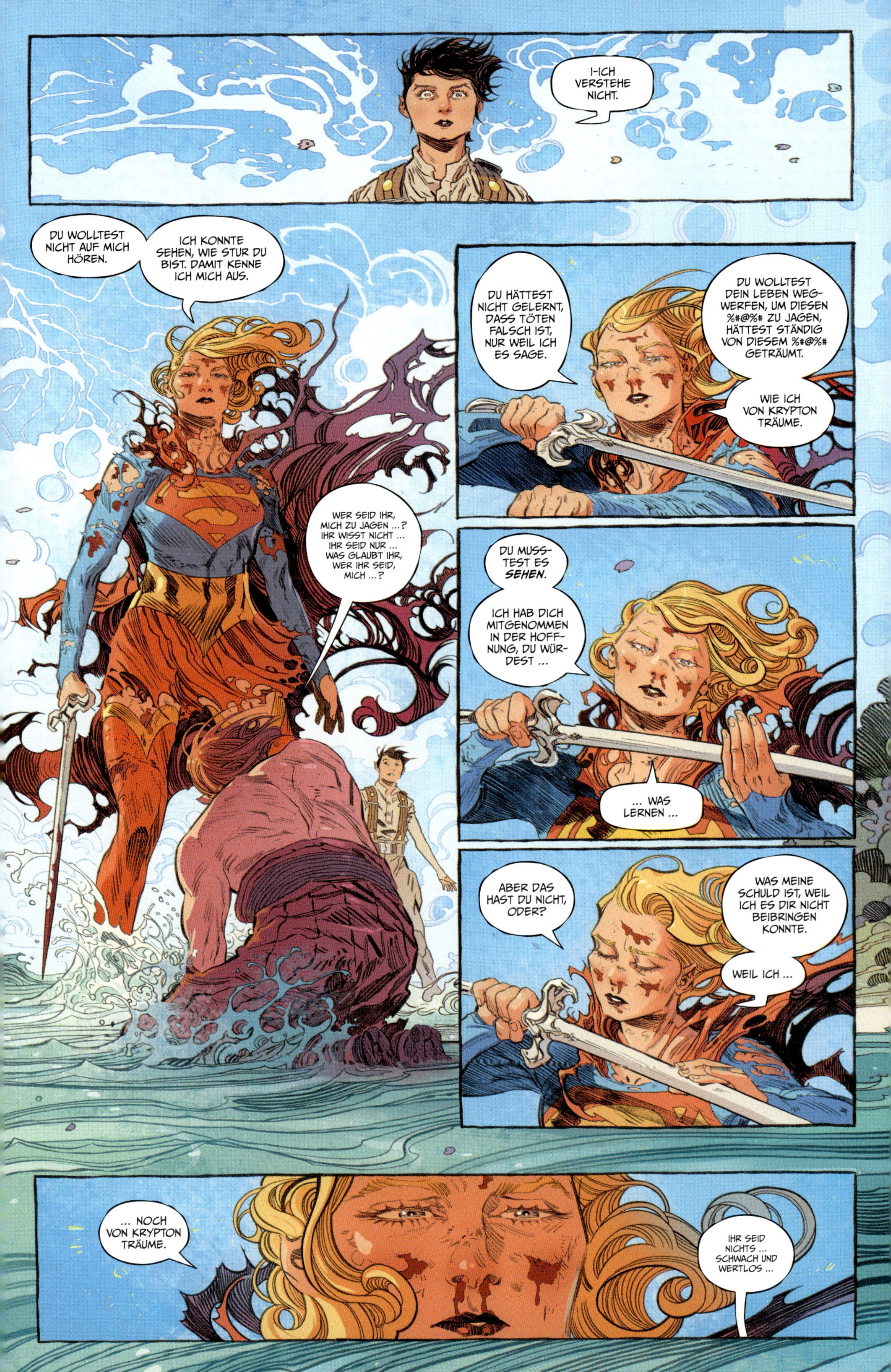
I-ICH VERSTEHE NICHT.
DU WOLLTEST NICHT AUF MICH HÖREN.
ICH KONNTE SEHEN, WIE STUR DU BIST. DAMIT KENNE ICH MICH AUS.
WER SEID IHR, MICH ZU JAGEN ...? IHR WISST NICHT ... IHR SEID NUR ... WAS GLAUBT IHR, WER IHR SEID, MICH ...?
DU HÄTTEST NICHT GELERNT, DASS TÖTEN FALSCH IST, NUR WEIL ICH ES SAGE.
DU WOLLTEST DEIN LEBEN WEG-WERFEN, UM DIESEN %#@%# ZU JAGEN, HÄTTEST STÄNDIG VON DIESEM %#@%# GETRÄUMT.
WIE ICH VON KRYPTON TRÄUME.
DU MUSS-TEST ES **SEHEN.**
ICH HAB DICH MITGENOMMEN IN DER HOFF-NUNG, DU WÜR-DEST ...
... WAS LERNEN ...
ABER DAS HAST DU NICHT, ODER?
WAS MEINE SCHULD IST, WEIL ICH ES DIR NICHT BEIBRINGEN KONNTE.
WEIL ICH ...
... NOCH VON KRYPTON TRÄUME.
IHR SEID NICHTS ... SCHWACH UND WERTLOS ...

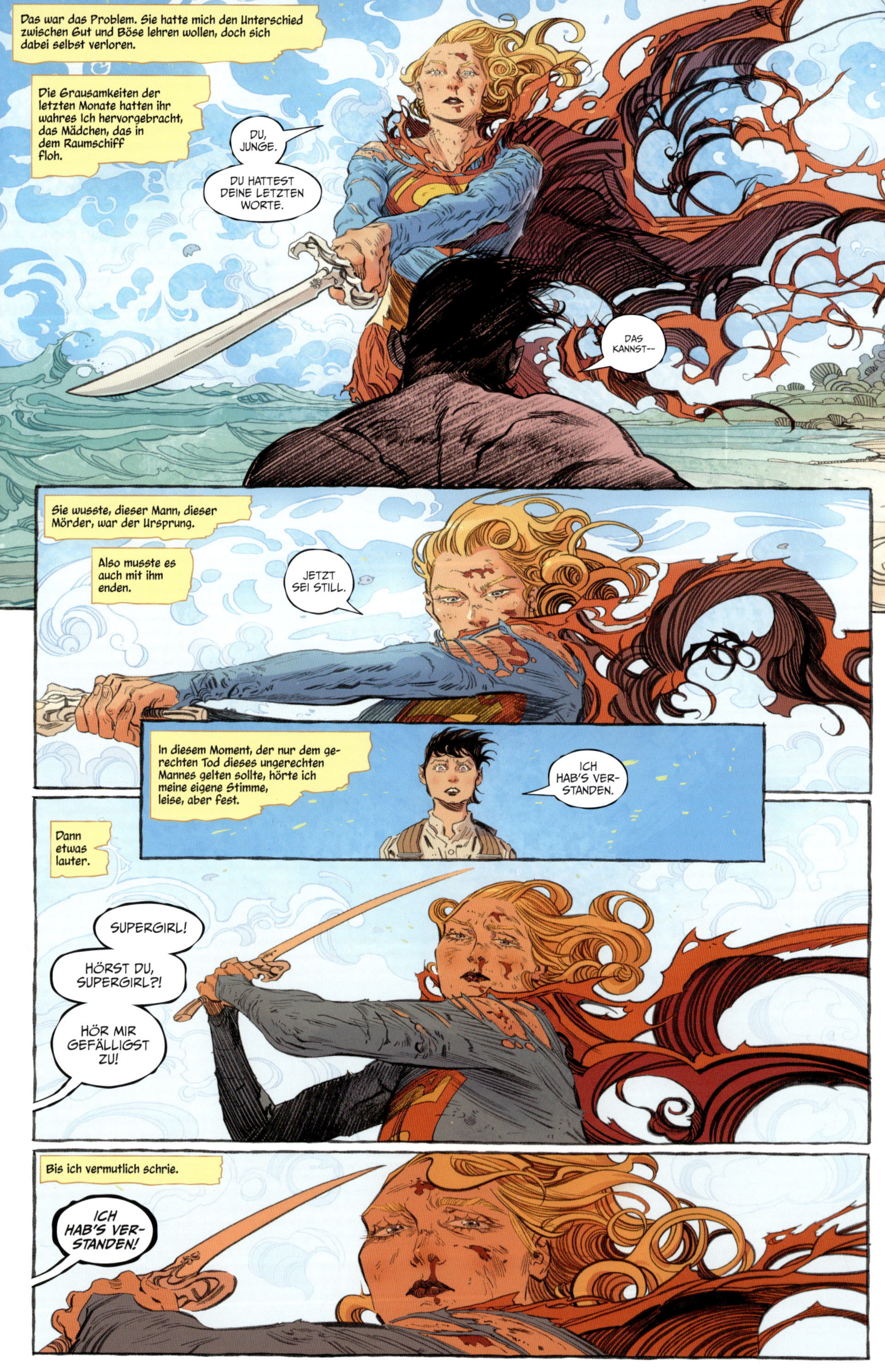
Das war das Problem. Sie hatte mich den Unterschied zwischen Gut und Böse lehren wollen, doch sich dabei selbst verloren.
Die Grausamkeiten der letzten Monate hatten ihr wahres Ich hervorgebracht, das Mädchen, das in dem Raumschiff floh.
DU, JUNGE.
DU HATTEST DEINE LETZTEN WORTE.
DAS KANNST--
Sie wusste, dieser Mann, dieser Mörder, war der Ursprung.
Also musste es auch mit ihm enden.
JETZT SEI STILL.
In diesem Moment, der nur dem gerechten Tod dieses ungerechten Mannes gelten sollte, hörte ich meine eigene Stimme, leise, aber fest.
ICH HAB'S VERSTANDEN.
Dann etwas lauter.
SUPERGIRL!
HÖRST DU, SUPERGIRL?!
HÖR MIR GEFÄLLIGST ZU!
Bis ich vermutlich schrie.
ICH HAB'S VERSTANDEN!

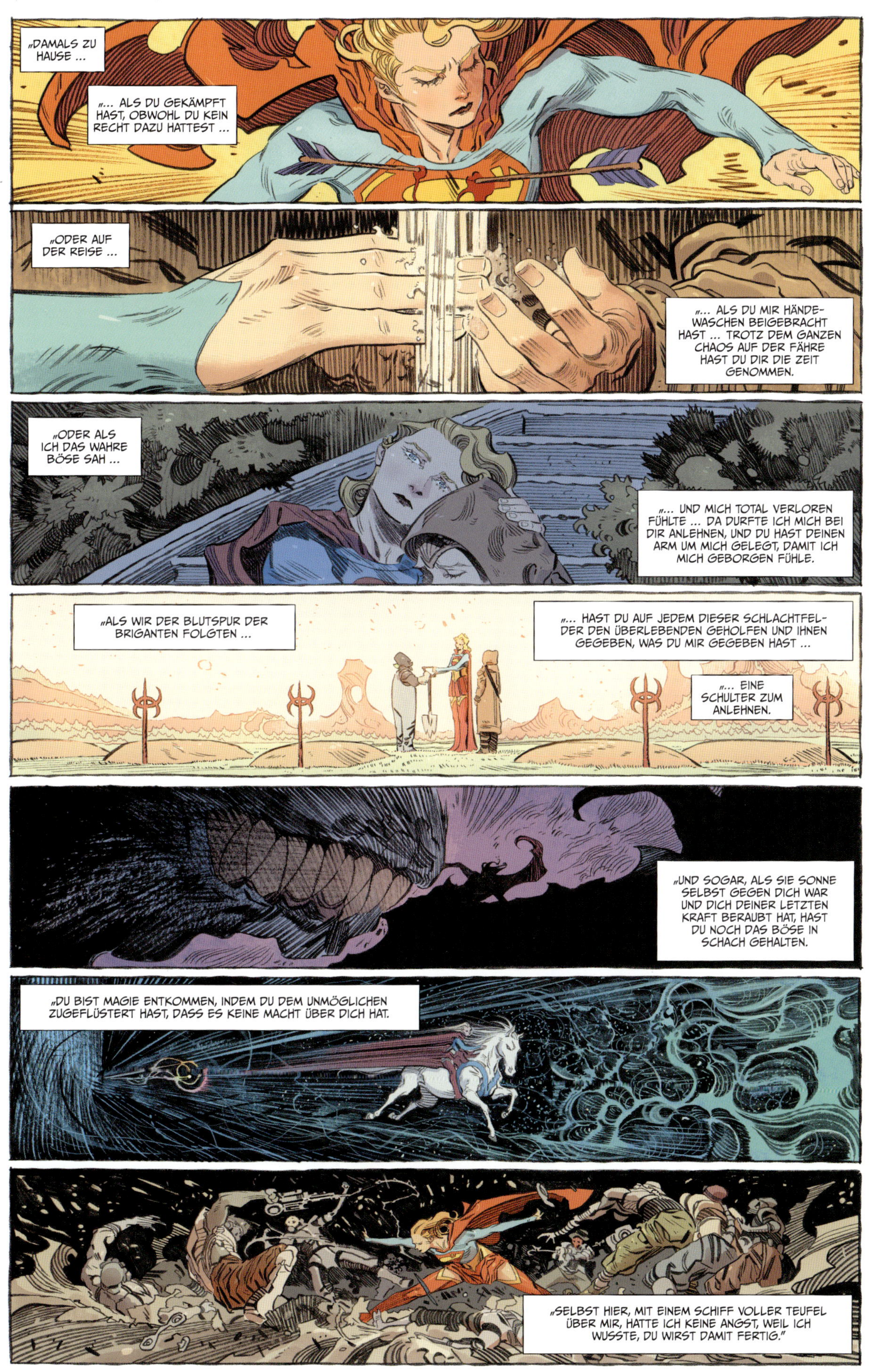
„DAMALS ZU HAUSE …
„… ALS DU GEKÄMPFT HAST, OBWOHL DU KEIN RECHT DAZU HATTEST …
„ODER AUF DER REISE …
„… ALS DU MIR HÄNDEWASCHEN BEIGEBRACHT HAST … TROTZ DEM GANZEN CHAOS AUF DER FÄHRE HAST DU DIR DIE ZEIT GENOMMEN.
„ODER ALS ICH DAS WAHRE BÖSE SAH …
„… UND MICH TOTAL VERLOREN FÜHLTE … DA DURFTE ICH MICH BEI DIR ANLEHNEN, UND DU HAST DEINEN ARM UM MICH GELEGT, DAMIT ICH MICH GEBORGEN FÜHLE.
„ALS WIR DER BLUTSPUR DER BRIGANTEN FOLGTEN …
„… HAST DU AUF JEDEM DIESER SCHLACHTFELDER DEN ÜBERLEBENDEN GEHOLFEN UND IHNEN GEGEBEN, WAS DU MIR GEGEBEN HAST …
„… EINE SCHULTER ZUM ANLEHNEN.
„UND SOGAR, ALS SIE SONNE SELBST GEGEN DICH WAR UND DICH DEINER LETZTEN KRAFT BERAUBT HAT, HAST DU NOCH DAS BÖSE IN SCHACH GEHALTEN.
„DU BIST MAGIE ENTKOMMEN, INDEM DU DEM UNMÖGLICHEN ZUGEFLÜSTERT HAST, DASS ES KEINE MACHT ÜBER DICH HAT.
„SELBST HIER, MIT EINEM SCHIFF VOLLER TEUFEL ÜBER MIR, HATTE ICH KEINE ANGST, WEIL ICH WUSSTE, DU WIRST DAMIT FERTIG.“

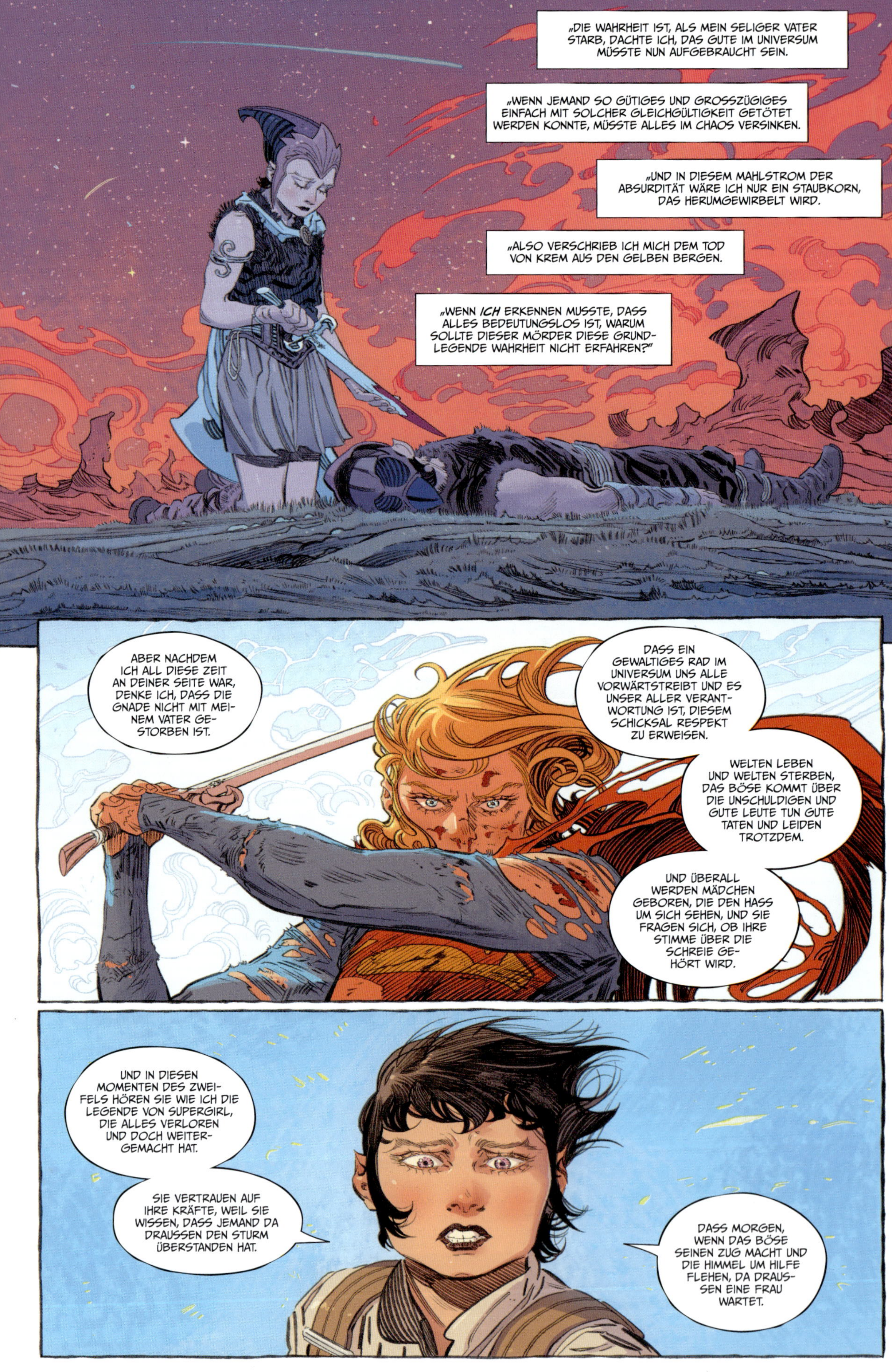
„DIE WAHRHEIT IST, ALS MEIN SELIGER VATER STARB, DACHTE ICH, DAS GUTE IM UNIVERSUM MÜSSTE NUN AUFGEBRAUCHT SEIN.
„WENN JEMAND SO GÜTIGES UND GROSSZÜGIGES EINFACH MIT SOLCHER GLEICHGÜLTIGKEIT GETÖTET WERDEN KONNTE, MÜSSTE ALLES IM CHAOS VERSINKEN.
„UND IN DIESEM MAHLSTROM DER ABSURDITÄT WÄRE ICH NUR EIN STAUBKORN, DAS HERUMGEWIRBELT WIRD.
„ALSO VERSCHRIEB ICH MICH DEM TOD VON KREM AUS DEN GELBEN BERGEN.
„WENN *ICH* ERKENNEN MUSSTE, DASS ALLES BEDEUTUNGSLOS IST, WARUM SOLLTE DIESER MÖRDER DIESE GRUNDLEGENDE WAHRHEIT NICHT ERFAHREN?"
ABER NACHDEM ICH ALL DIESE ZEIT AN DEINER SEITE WAR, DENKE ICH, DASS DIE GNADE NICHT MIT MEINEM VATER GESTORBEN IST.
DASS EIN GEWALTIGES RAD IM UNIVERSUM UNS ALLE VORWÄRTSTREIBT UND ES UNSER ALLER VERANTWORTUNG IST, DIESEM SCHICKSAL RESPEKT ZU ERWEISEN.
WELTEN LEBEN UND WELTEN STERBEN, DAS BÖSE KOMMT ÜBER DIE UNSCHULDIGEN UND GUTE LEUTE TUN GUTE TATEN UND LEIDEN TROTZDEM.
UND ÜBERALL WERDEN MÄDCHEN GEBOREN, DIE DEN HASS UM SICH SEHEN, UND SIE FRAGEN SICH, OB IHRE STIMME ÜBER DIE SCHREIE GEHÖRT WIRD.
UND IN DIESEN MOMENTEN DES ZWEIFELS HÖREN SIE WIE ICH DIE LEGENDE VON SUPERGIRL, DIE ALLES VERLOREN UND DOCH WEITERGEMACHT HAT.
SIE VERTRAUEN AUF IHRE KRÄFTE, WEIL SIE WISSEN, DASS JEMAND DA DRAUSSEN DEN STURM ÜBERSTANDEN HAT.
DASS MORGEN, WENN DAS BÖSE SEINEN ZUG MACHT UND DIE HIMMEL UM HILFE FLEHEN, DA DRAUSSEN EINE FRAU WARTET.

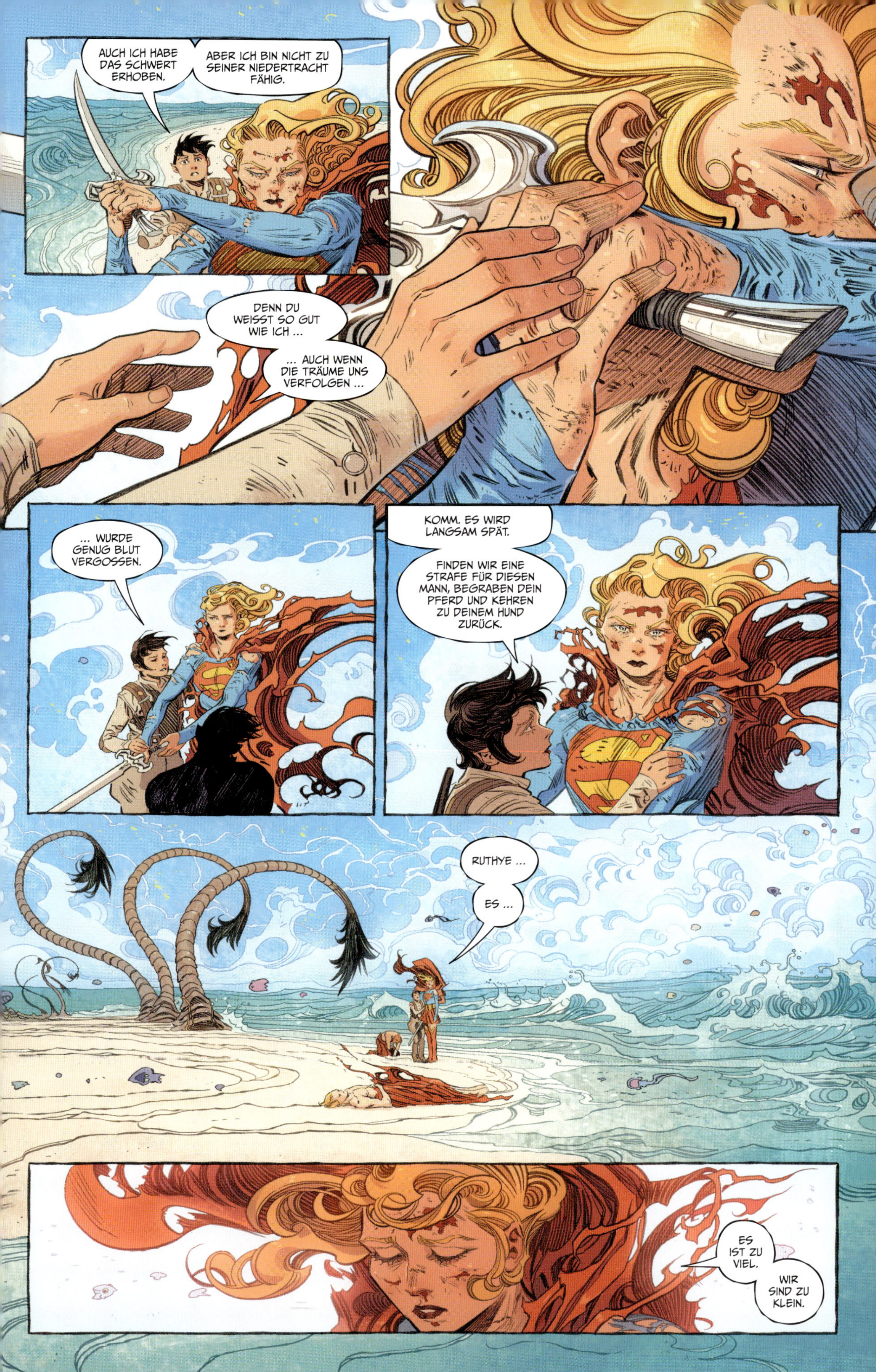
AUCH ICH HABE DAS SCHWERT ERHOBEN.
ABER ICH BIN NICHT ZU SEINER NIEDERTRACHT FÄHIG.
DENN DU WEISST SO GUT WIE ICH ...
... AUCH WENN DIE TRÄUME UNS VERFOLGEN ...
... WURDE GENUG BLUT VERGOSSEN.
KOMM. ES WIRD LANGSAM SPÄT.
FINDEN WIR EINE STRAFE FÜR DIESEN MANN, BEGRABEN DEIN PFERD UND KEHREN ZU DEINEM HUND ZURÜCK.
RUTHYE ...
ES ...
ES IST ZU VIEL.
WIR SIND ZU KLEIN.

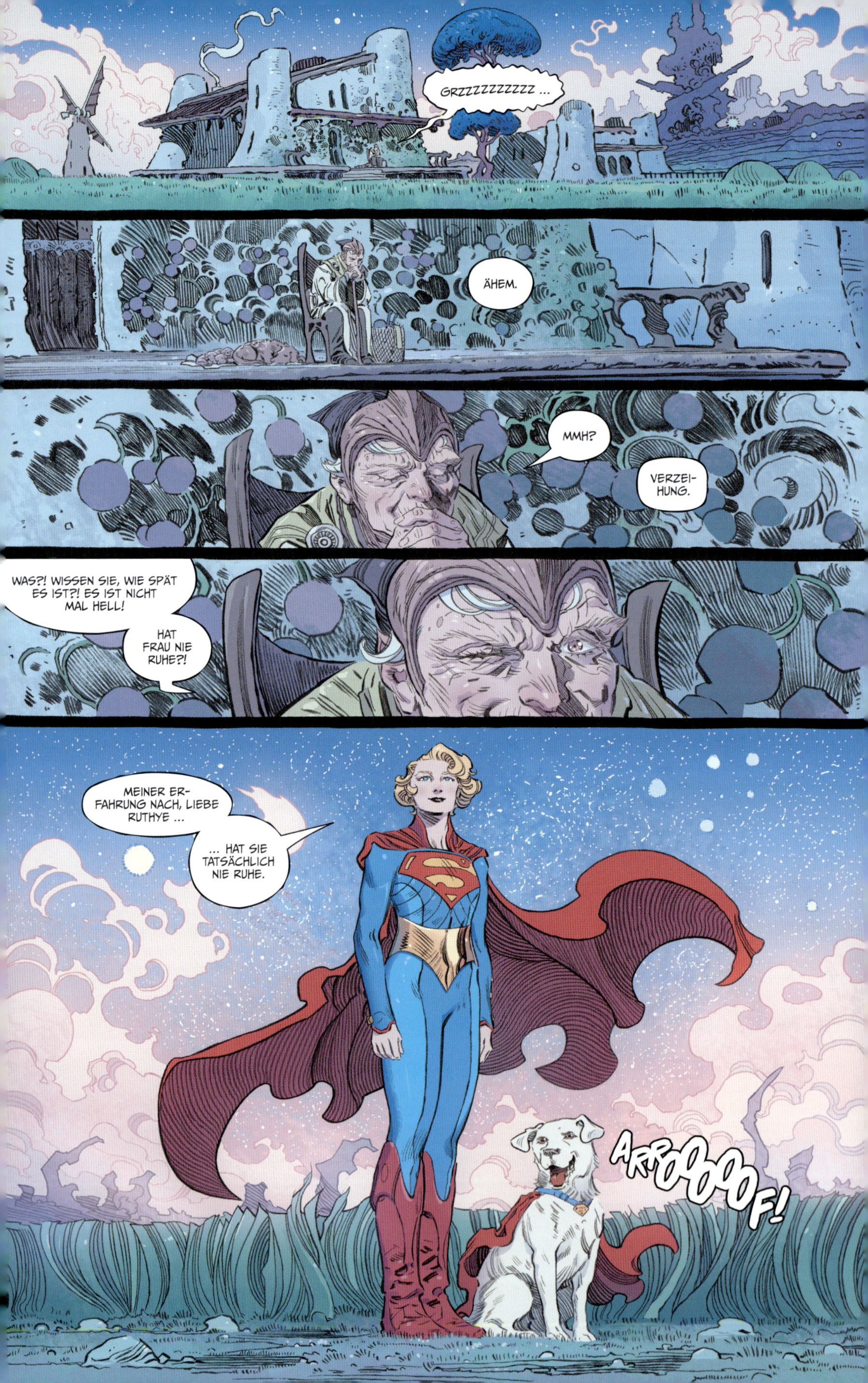
GRZZZZZZZZZZZ ...
ÄHEM.
MMH?
VERZEI-
HUNG.
WAS?! WISSEN SIE, WIE SPÄT ES IST?! ES IST NICHT MAL HELL!
HAT FRAU NIE RUHE?!
MEINER ER-
FAHRUNG NACH, LIEBE RUTHYE ...
... HAT SIE TATSÄCHLICH NIE RUHE.
ARROOOOOF!

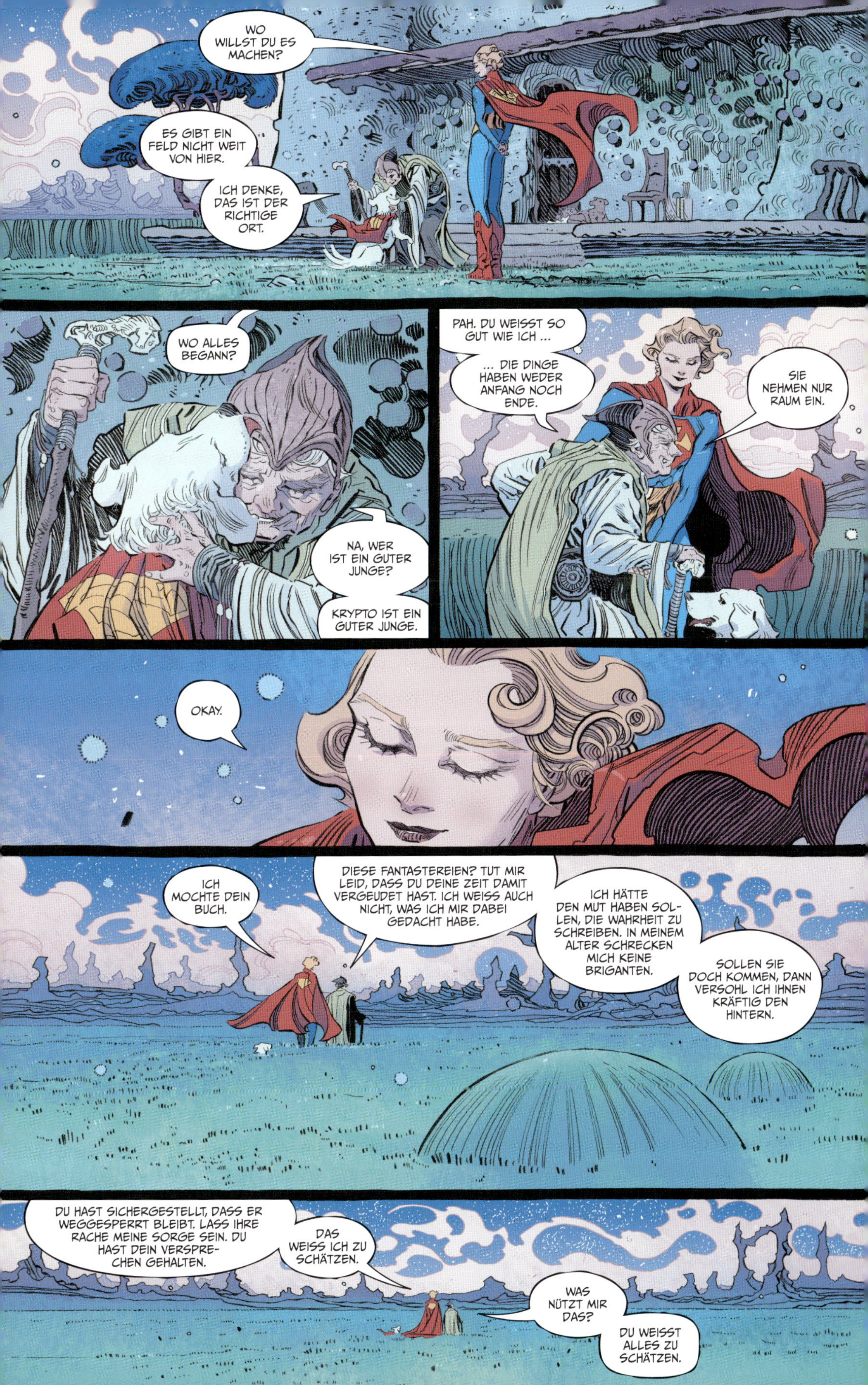
WO WILLST DU ES MACHEN?
ES GIBT EIN FELD NICHT WEIT VON HIER.
ICH DENKE, DAS IST DER RICHTIGE ORT.
WO ALLES BEGANN?
NA, WER IST EIN GUTER JUNGE?
KRYPTO IST EIN GUTER JUNGE.
PAH. DU WEISST SO GUT WIE ICH ...
... DIE DINGE HABEN WEDER ANFANG NOCH ENDE.
SIE NEHMEN NUR RAUM EIN.
OKAY.
ICH MOCHTE DEIN BUCH.
DIESE FANTASTEREIEN? TUT MIR LEID, DASS DU DEINE ZEIT DAMIT VERGEUDET HAST. ICH WEISS AUCH NICHT, WAS ICH MIR DABEI GEDACHT HABE.
ICH HÄTTE DEN MUT HABEN SOLLEN, DIE WAHRHEIT ZU SCHREIBEN. IN MEINEM ALTER SCHRECKEN MICH KEINE BRIGANTEN.
SOLLEN SIE DOCH KOMMEN, DANN VERSOHL ICH IHNEN KRÄFTIG DEN HINTERN.
DU HAST SICHERGESTELLT, DASS ER WEGGESPERRT BLEIBT. LASS IHRE RACHE MEINE SORGE SEIN. DU HAST DEIN VERSPRECHEN GEHALTEN.
DAS WEISS ICH ZU SCHÄTZEN.
WAS NÜTZT MIR DAS?
DU WEISST ALLES ZU SCHÄTZEN.

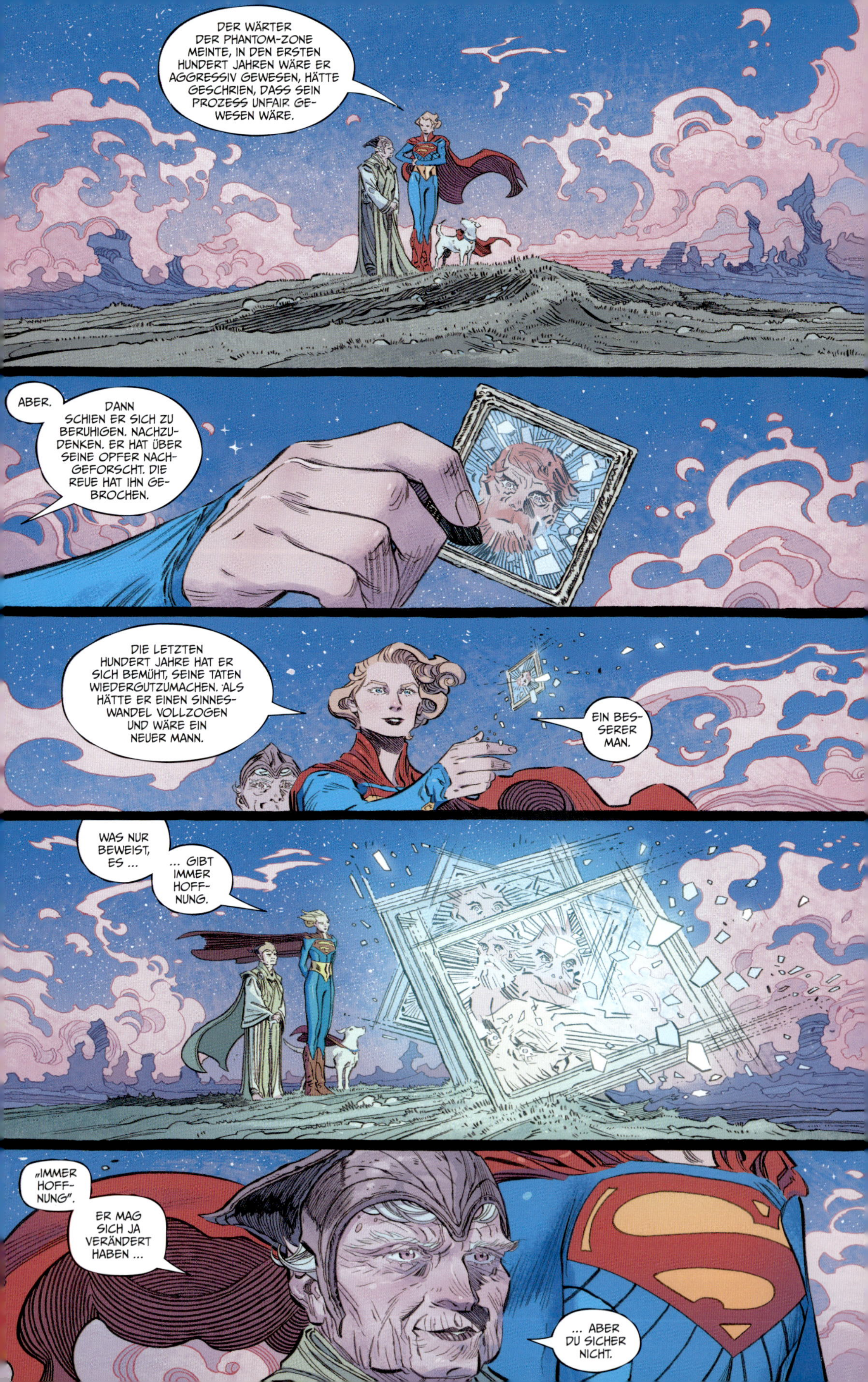
DER WÄRTER DER PHANTOM-ZONE MEINTE, IN DEN ERSTEN HUNDERT JAHREN WÄRE ER AGGRESSIV GEWESEN, HÄTTE GESCHRIEN, DASS SEIN PROZESS UNFAIR GEWESEN WÄRE.
ABER.
DANN SCHIEN ER SICH ZU BERUHIGEN. NACHZUDENKEN. ER HAT ÜBER SEINE OPFER NACHGEFORSCHT. DIE REUE HAT IHN GEBROCHEN.
DIE LETZTEN HUNDERT JAHRE HAT ER SICH BEMÜHT, SEINE TATEN WIEDERGUTZUMACHEN. ALS HÄTTE ER EINEN SINNESWANDEL VOLLZOGEN UND WÄRE EIN NEUER MANN.
EIN BESSERER MANN.
WAS NUR BEWEIST, ES ...
... GIBT IMMER HOFFNUNG.
„IMMER HOFFNUNG".
ER MAG SICH JA VERÄNDERT HABEN ...
... ABER DU SICHER NICHT.

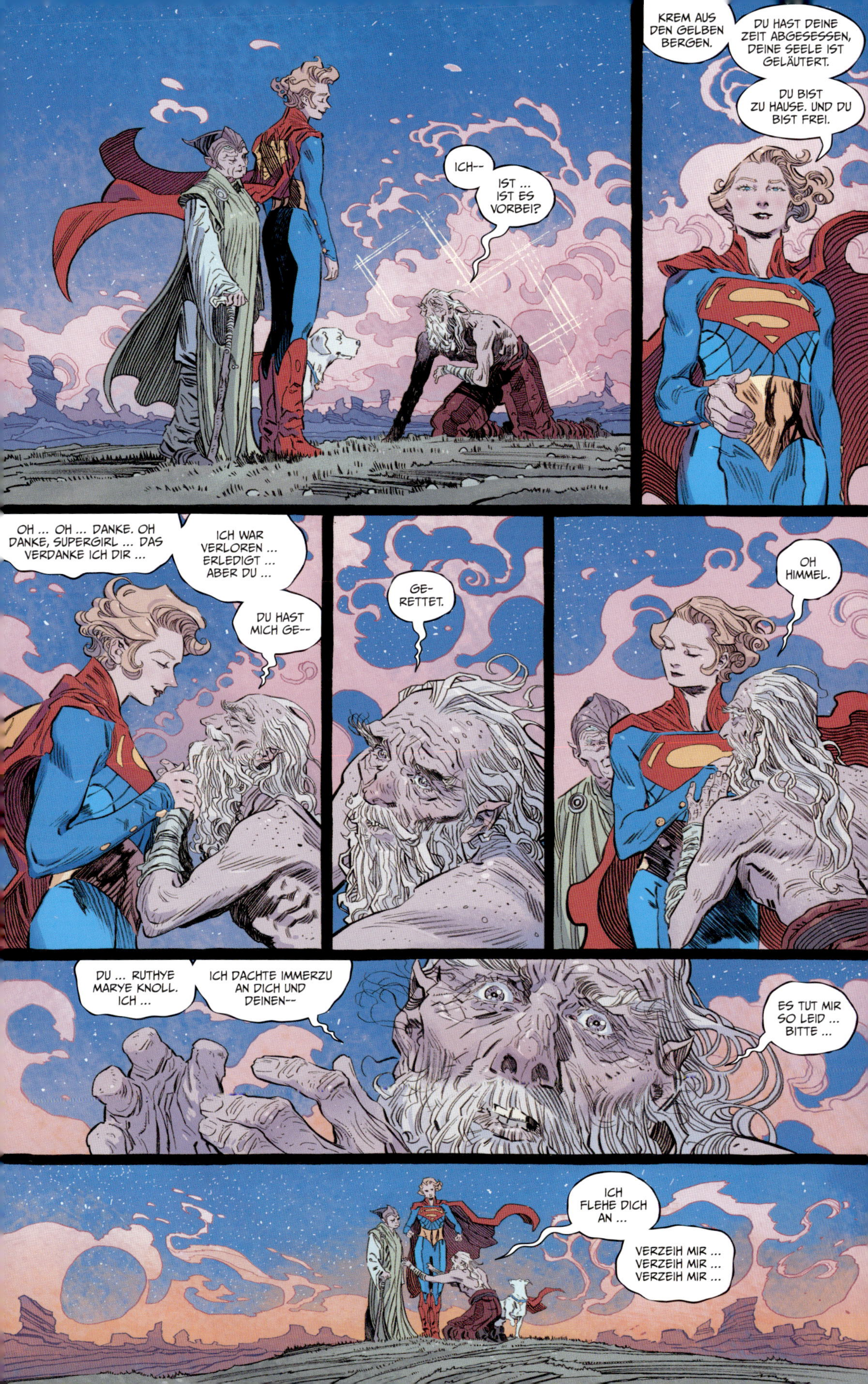
ICH--
IST ... IST ES VORBEI?
KREM AUS DEN GELBEN BERGEN.
DU HAST DEINE ZEIT ABGESESSEN, DEINE SEELE IST GELÄUTERT.
DU BIST ZU HAUSE. UND DU BIST FREI.
OH ... OH ... DANKE. OH DANKE, SUPERGIRL ... DAS VERDANKE ICH DIR ...
ICH WAR VERLOREN ... ERLEDIGT ... ABER DU ...
DU HAST MICH GE--
GE-RETTET.
OH HIMMEL.
DU ... RUTHYE MARYE KNOLL. ICH ...
ICH DACHTE IMMERZU AN DICH UND DEINEN--
ES TUT MIR SO LEID ... BITTE ...
ICH FLEHE DICH AN ...
VERZEIH MIR ... VERZEIH MIR ... VERZEIH MIR ...

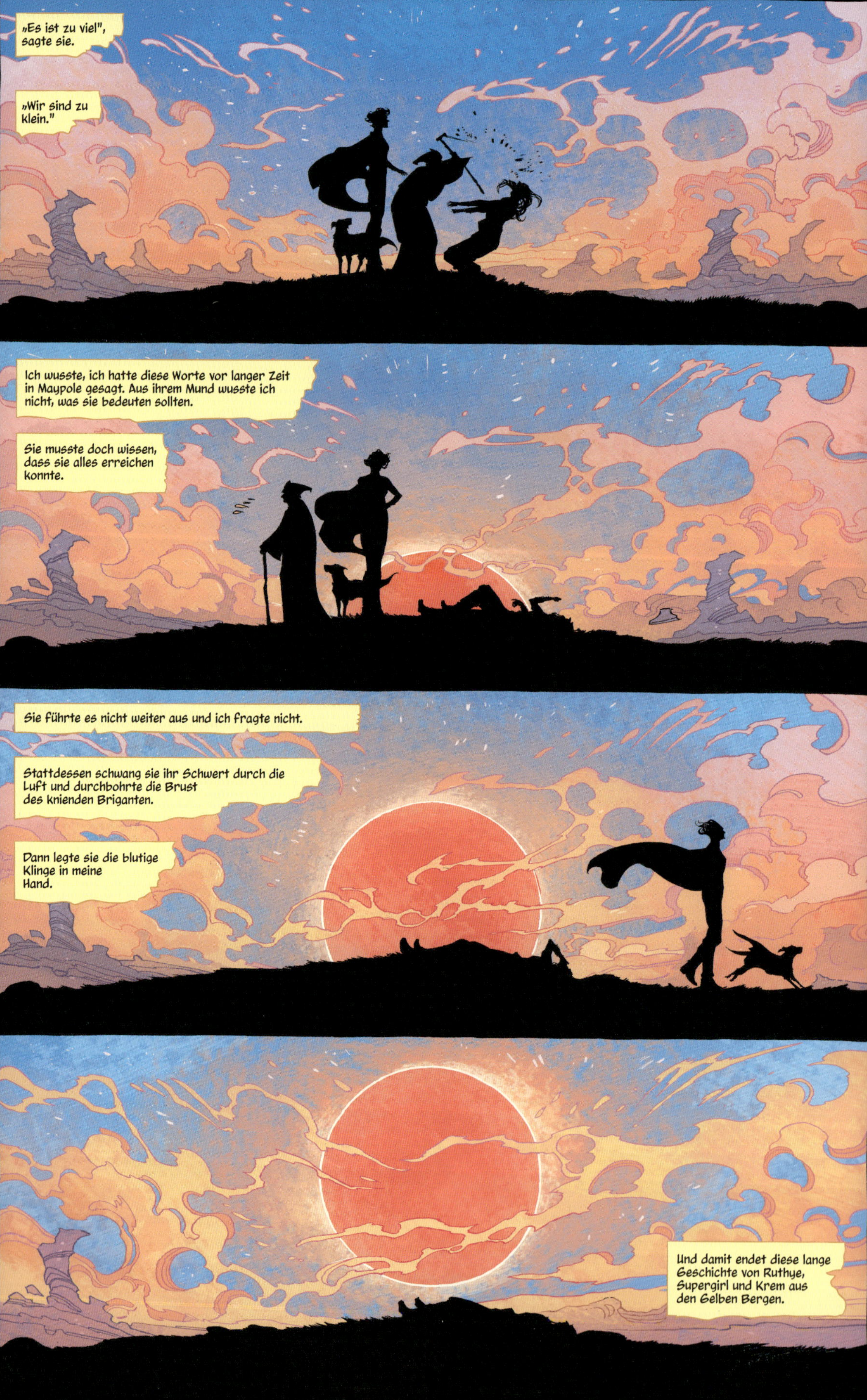
„Es ist zu viel", sagte sie.
„Wir sind zu klein."
Ich wusste, ich hatte diese Worte vor langer Zeit in Maypole gesagt. Aus ihrem Mund wusste ich nicht, was sie bedeuten sollten.
Sie musste doch wissen, dass sie alles erreichen konnte.
Sie führte es nicht weiter aus und ich fragte nicht.
Stattdessen schwang sie ihr Schwert durch die Luft und durchbohrte die Brust des knienden Briganten.
Dann legte sie die blutige Klinge in meine Hand.
Und damit endet diese lange Geschichte von Ruthye, Supergirl und Krem aus den Gelben Bergen.

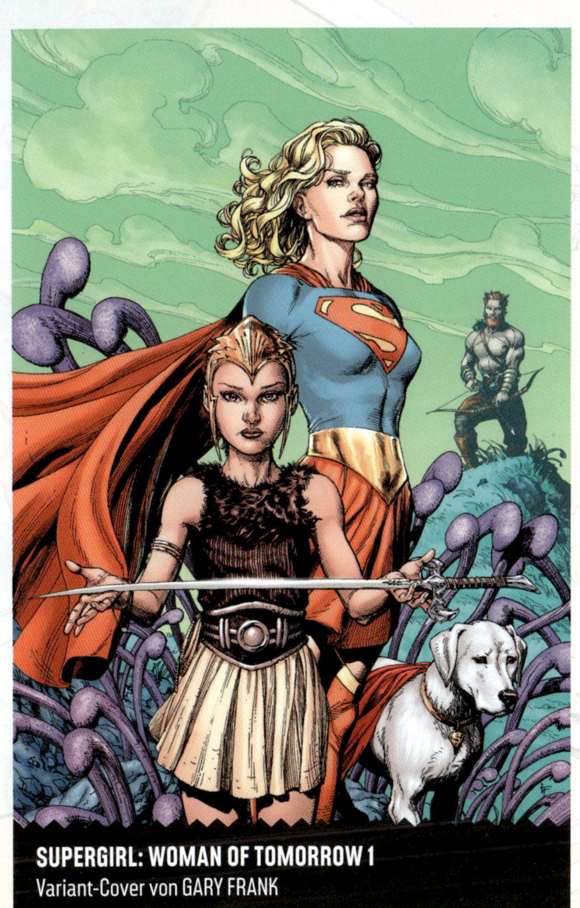

SUPERGIRL: WOMAN OF TOMORROW 1
Variant-Cover von GARY FRANK

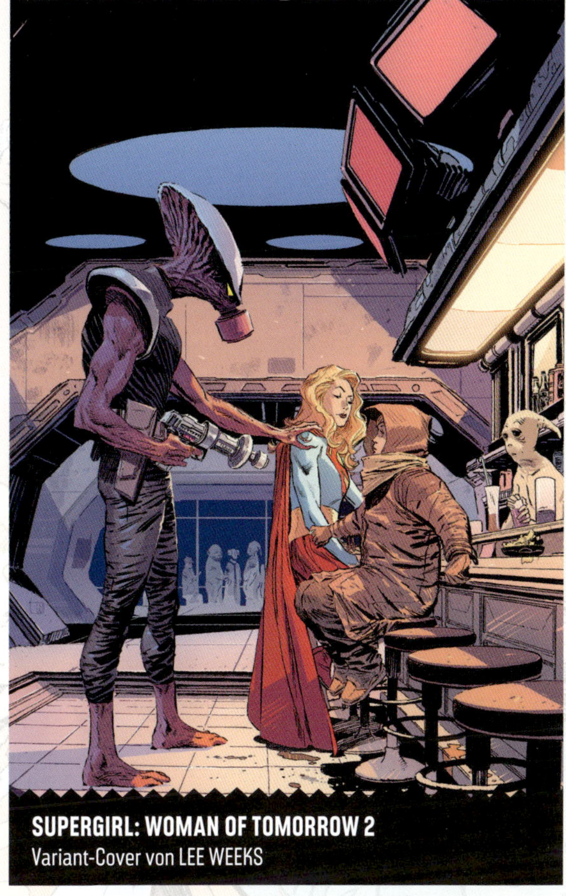

SUPERGIRL: WOMAN OF TOMORROW 2
Variant-Cover von LEE WEEKS

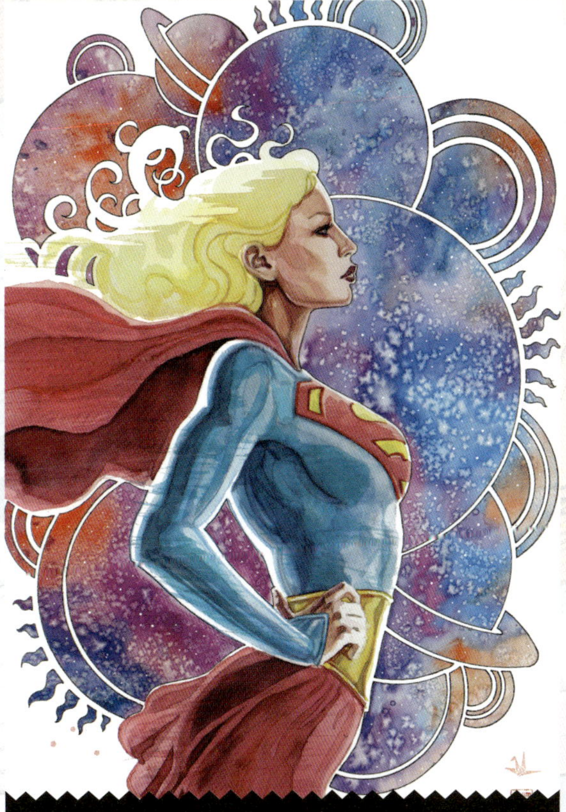

SUPERGIRL: WOMAN OF TOMORROW 3
Variant-Cover von DAVID MACK

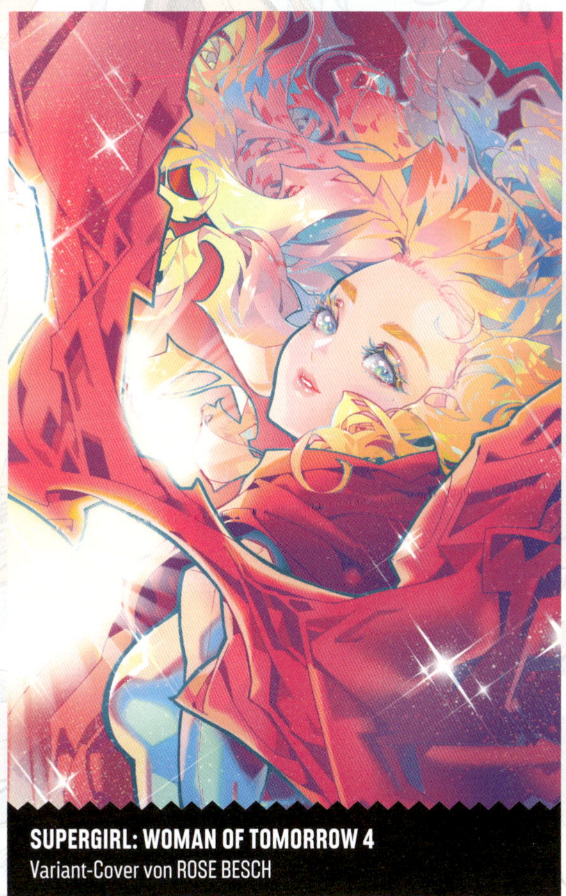

SUPERGIRL: WOMAN OF TOMORROW 4
Variant-Cover von ROSE BESCH

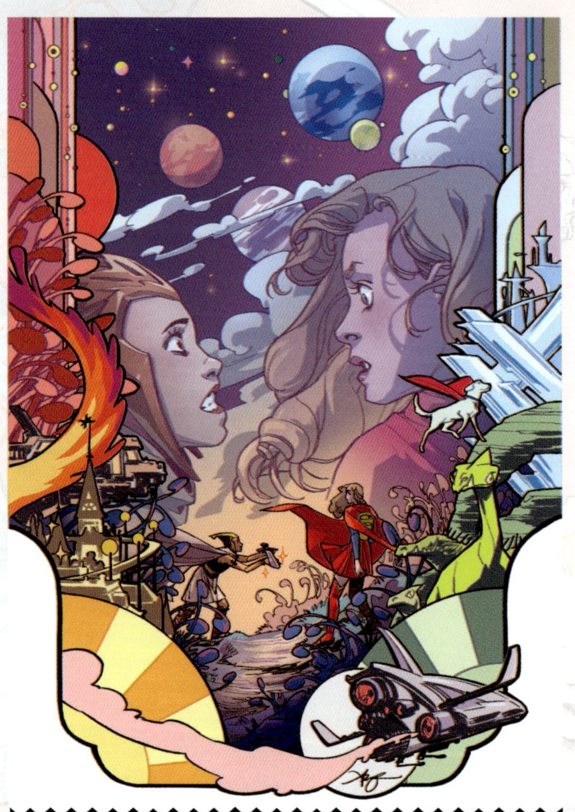

SUPERGIRL: WOMAN OF TOMORROW 5
Variant-Cover von AMY REEDER

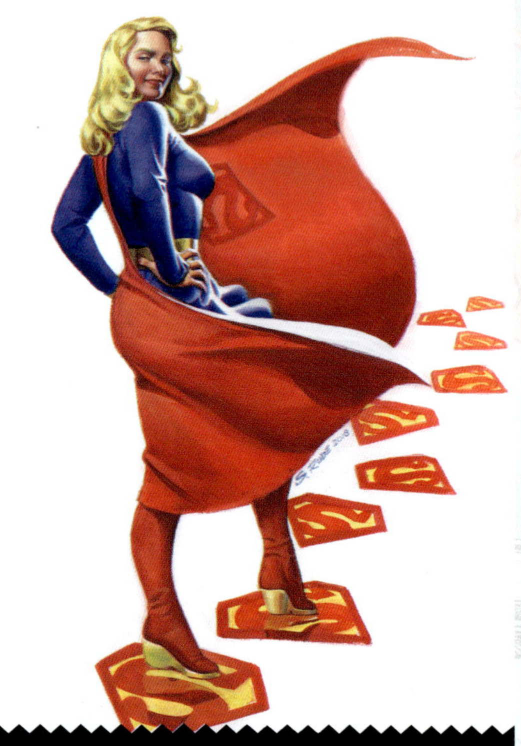

SUPERGIRL: WOMAN OF TOMORROW 6
Variant-Cover von STEVE RUDE

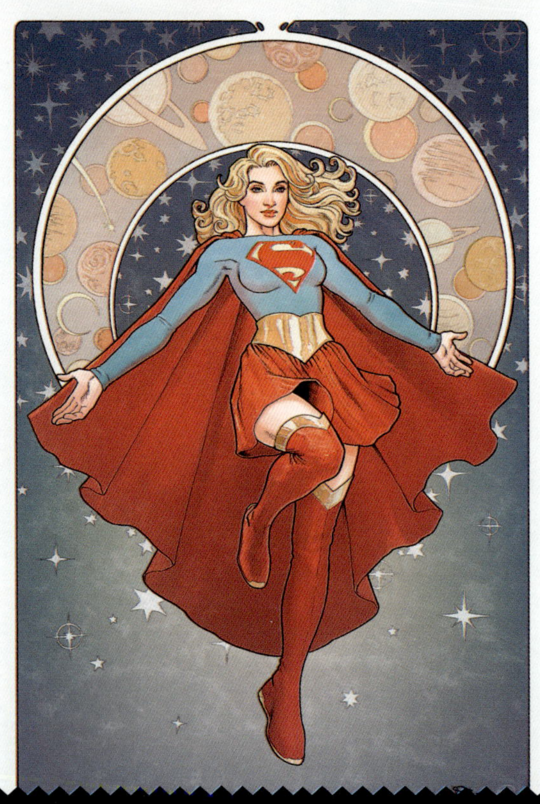

SUPERGIRL: WOMAN OF TOMORROW 7
Variant-Cover von NICOLA SCOTT

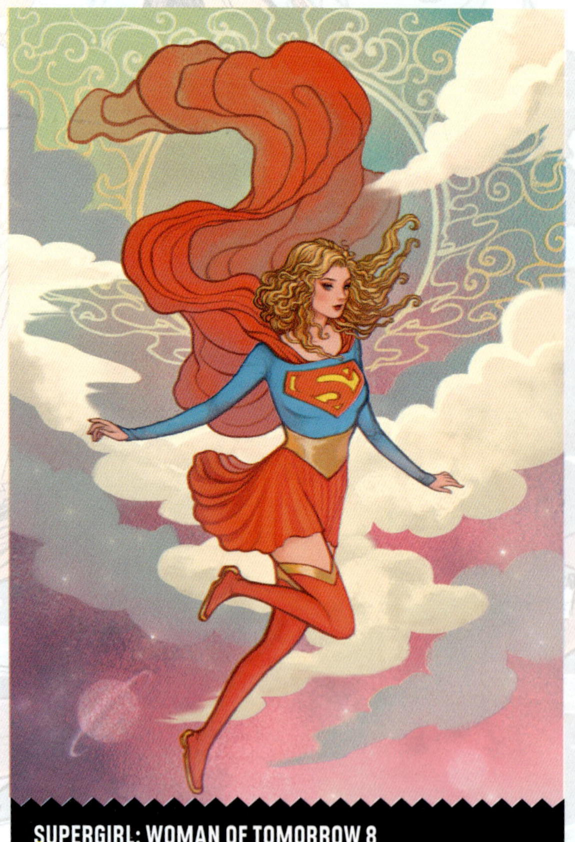

SUPERGIRL: WOMAN OF TOMORROW 8
Variant-Cover von JANAINA MEDEIROS